区块链
技术丛书

区块链

原理、设计与应用

杨保华 陈昌 编著

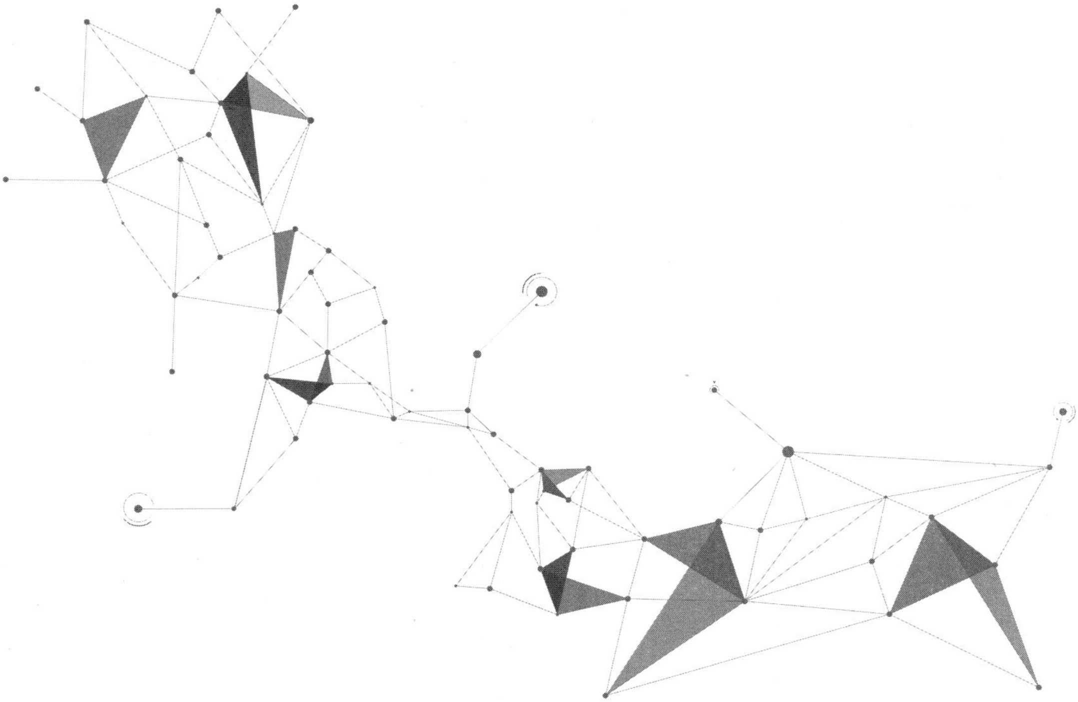

机械工业出版社
China Machine Press

图书在版编目（CIP）数据

区块链原理、设计与应用 / 杨保华，陈昌编著．—北京：机械工业出版社，2017.8（2018.5 重印）
（区块链技术丛书）

ISBN 978-7-111-57782-9

I. 区… II. ①杨… ②陈… III. 电子商务 – 支付方式 – 研究 IV. F713.361.3

中国版本图书馆 CIP 数据核字（2017）第 197360 号

区块链原理、设计与应用

出版发行：机械工业出版社（北京市西城区百万庄大街 22 号 邮政编码：100037）
责任编辑：吴 怡 责任校对：李秋荣
印 刷：北京市荣盛彩色印刷有限公司 版 次：2018 年 5 月第 1 版第 6 次印刷
开 本：186mm×240mm 1/16 印 张：23
书 号：ISBN 978-7-111-57782-9 定 价：89.00 元

凡购本书，如有缺页、倒页、脱页，由本社发行部调换
客服热线：（010）88379426 88361066 投稿热线：（010）88379604
购书热线：（010）68326294 88379649 68995259 读者信箱：hzit@hzbook.com

Preface 序　言

金融是人类文明发展过程中经济运行的基础，自诞生起，金融领域就伴随经济发展的阶段和商业模式的变迁不断涌现出先进的技术手段，这些都大大提升了社会和经济的运转效率。从延续了近千年的纸质记账，到二十世纪的电子化交易，再到影响现在及未来的互联网、大数据、人工智能和区块链，金融行业和金融科技领域始终以开放的姿态迎接新技术和新变化，并不断进行自我革新和升华。

区块链技术是金融科技领域当下最受人关注的方向之一。区块链作为一个新兴技术，具备去中心化、防篡改、可追溯等众多金融领域十分需要的特点。它可以实现多方场景下开放、扁平化的全新合作信任模型，而这些都为实现更高效的资源配置，更具体地说是金融交易，提供了有效的技术手段。在可见的未来，区块链技术将为人类商业社会的快速发展带来更多发展机遇和成长空间。

区块链技术在金融领域的实际应用之一——新型数字货币，被认为具备了变革整个金融行业的潜力，引发了国内外广泛的研究讨论和实践。英国央行已在研发利用分布式账本技术的下一代支付系统。中国人民银行也组建了数字货币研究所，深入研究数字货币相关的技术和监管课题。国际货币基金组织也公开认可区块链技术在清算和结算方面的独特优势。

清华五道口金融学院始终密切关注和积极开展金融行业及区块链相关领域的学术与研究，于 2012 年成立互联网金融实验室，专注于互联网金融和金融科技领域的研究、开发与孵化，并联合国内外众多的创新型企业和研究机构，一起开展数字资产和区块链相关的课题和项目。

当然，创新技术的发展和落地往往难以一蹴而就。我们应该认识到，区块链技术目前仍处于早期阶段，在支撑大规模商业应用场景上还存在不少挑战，例如如何在不影响业务运行的前提下，将区块链系统融合到已有的业务系统；如何让区块链系统的处理性能满足金融交易的苛刻需求；如何设计基于区块链的全新业务运营框架，并对其实现有效的监管。这些都是非常值得进一步探索的课题。

在此之际，很欣喜地看到有这样一本系统讲解区块链技术及实践的书籍出版。与其他介绍区块链的图书不同，本书并没有局限在阐述区块链的思想、概念和应用场景等理论知识层面，而是进一步从实现角度剖析了区块链平台的架构、设计，并提供了大量一手的开发实践案例，特别是全球区块链领域首屈一指的开源项目——超级账本。这些都将帮助读者更深刻地理解和掌握区块链技术的核心原理与应用方法。

本书作者在技术体系的经验和视野 、创新意识、国际化合作等方面都展现出了作为金融科技专家的综合素养，让我们对中国金融业进入下一个全新的发展阶段的人才储备充满了信心。我们愿意跟作者们一起，共同关注、共同努力于中国金融科技的未来。

廖理，教授，博士生导师，清华大学五道口金融学院

2017 年 8 月于清华五道口

Preface 前　言

区块链和机器学习被誉为未来十年内最有可能提高人类社会生产力的两大创新科技。如果说机器学习的兴起依赖于新型芯片技术的发展，那么区块链技术的出现，则是来自商业、金融、信息、安全等多个领域众多科技成果和业务创新的共同推动。

比特币网络自横空出世，以前所未有的新型理念支持了前所未有的交易模式；以太坊项目站在前人肩膀上，引入图灵完备的智能合约机制，进一步释放了区块链技术的应用威力；众多商业、科技巨头，集合来自大型企业的应用需求和最先进的技术成果，打造出支持权限管理的联盟式分布式账本平台——超级账本……开源技术从未如今天这样，对各行各业都产生着极为深远的影响。本书在剖析区块链核心技术时，正是以这些开源项目（特别是超级账本 Fabric 项目）为具体实现进行讲解，力图探索其核心思想，展现其设计精华，剖析其应用特性。

我们在写作中秉承了由浅入深、由理论到实践的思想，将全书分为两大部分：理论篇和实践篇。前三章介绍了区块链技术的由来、核心思想及典型的应用场景。第 4 ~ 5 章重点介绍了区块链技术中大量出现的分布式系统技术和密码学安全技术。第 6 ~ 8 章分别介绍了区块链领域的三个典型开源项目：比特币、以太坊和超级账本。第 9 ~ 11 章以超级账本 Fabric 项目为例，具体讲解了安装部署、配置管理，以及使用 Fabric CA 进行证书管理的实践经验。第 12 章重点剖析了超级账本 Fabric 项目的核心架构设计。第 13 章介绍了区块链应用开发的相关技巧和示例。最后，本书还就热门的“区块链即服务”平台进行了介绍，并讲解应用超级账本 Cello 项目构建区块链服务和管理平台的相关经验和知识。

相信读者在阅读完本书后，在深入理解区块链核心概念和原理的同时，对于区块链和分布式账本领域最新的技术和典型设计实现也能了然于心，可以更加高效地开发基于区块链平台的分布式应用。

在本书长达两年时间的编写过程中，得到了来自家人、同事以及开源社区开发者和技术爱好者的众多支持和鼓励，在此表示感谢！

最后，希望本书能为推动区块链技术的进步和开源文化的普及做出一点微薄的贡献！

作者

2017 年 8 月于北京

目　录 Contents

实 践 篇

附　录

理 论 篇

Chapter 1 第1章

区块链思想的诞生

新事物往往不是凭空而生，其发展过程也并非一蹴而就。

认识一个从未见过的新事物，最重要的是弄清楚它的来龙去脉，知其出身，方能知其所以然。区块链（blockchain）思想最早出现在大名鼎鼎的比特币（Bitcoin）开源项目中。比特币项目在诞生和发展过程中，借鉴了来自数字货币、密码学、博弈论、分布式系统、控制论等多个领域的技术成果，可谓博采众家之长于一身，作为其核心支撑结构的区块链技术更是令人瞩目的创新成果。

本章将从数字货币的历史讲起，简要介绍区块链思想诞生的摇篮——比特币项目的诞生和发展过程，并初步剖析区块链技术带来的潜在商业价值。通过阅读本章内容，读者可以了解区块链技术产生的背景、原因，以及在诸多商业应用场景中的潜在价值。

1.1 从实体货币到数字货币

区块链最初的思想诞生于无数先哲对于用数字货币替代实体货币的探讨和设计中。

1. 货币的历史演化

众所周知，货币是人类文明发展过程中的一大发明。其最重要的职能包括价值尺度、流通手段、贮藏手段等。很难想象离开了货币，现代社会庞大而复杂的经济和金融体系如何保持运转。也正是因为它如此重要，货币的设计和发行机制是关系到国计民生的大事。

历史上，在自然和人为因素的干预下，货币的形态经历了多个阶段的演化，包括实物货币、金属货币、代用货币、信用货币、电子货币、数字货币等。近代以前相当长的一段时间里，货币的形态一直是以实体的形式存在，可统称为“实体货币”。计算机诞生后，为货币的虚拟化提供了可能性。

同时，货币自身的价值依托也不断发生演化，从最早的实物价值、发行方信用价值，直到今天的对科学技术和信息系统（包括算法、数学、密码学、软件等）的信任价值。

提示　中国最早关于货币的确切记载“夏后以玄币”，出现在恒宽的《盐铁论·错币》。

---

2. 纸币的缺陷

理论上，一般等价物都可以作为货币使用。当今世界最常见的货币制度是纸币本位制，因为纸质货币既方便携带、不易仿制，又相对容易辨伪。

或许有人会认为信用卡等电子方式相对于纸币等货币形式使用起来更为方便。确实，信用卡在某些场景下会更为便捷，但它依赖背后的集中式支付体系，一旦碰到支付系统故障、断网、缺乏支付终端等情况，信用卡就无法使用。另外，信用卡形式往往还需要额外的终端设备支持。

目前，无论是货币形式，还是信用卡形式，都需要额外的支持机构（例如银行）来完成生产、分发、管理等操作。中心化的结构带来了管理和监管上的便利，但系统安全性存在很大挑战，诸如伪造、信用卡诈骗、盗刷、转账骗局等安全事件屡见不鲜。

有学者认为，如果能实现一种新型货币，保持既有货币方便易用的特性，同时消除使用上的缺陷，将有可能进一步提高社会整体经济活动的运作效率。

让我们来对比一下现有的数字货币（以比特币为例）和现实生活中的纸币，见表 1-1。

表 1-1　数字货币和纸币的对比

属性	分　析	优势方
便携	大部分场景（特别是较大数额支付时）下数字货币将具备更好的便携性	数字货币
防伪	两者各有千秋，但数字货币整体上会略胜一筹。纸币依靠的是各种设计（纸张、油墨、暗纹、夹层等）上的精巧，数字货币依靠的则是密码学上的保障。事实上，纸币的伪造时有发生，但数字货币的伪造目前还无法实现	数字货币
辨伪	纸币即使依托验钞机等专用设备仍会有误判情况，数字货币依靠密码学易于校验	数字货币
匿名	通常情况下，两者都能提供很好的匿名性。但都无法防御有意的追踪	持平
交易	对纸币来说，谁持有纸币谁就是合法拥有者，交易通过纸币自身的转移即可完成，无法复制。对数字货币来说则复杂得多，因为任何数字物品都是可以被复制的，但数字形式也意味着转移成本会更低。总体上看，两者适用不同的情景	持平
资源	通常情况下，纸币的生产成本要远低于面额。数字货币消耗资源的计算则复杂得多。以比特币为例，最坏情况下可能需要消耗接近甚至超过面值的电能	纸币
发行	纸币的发行需要第三方机构的参与，数字货币则通过分布式算法来完成发行。在人类历史上，通胀和通缩往往是不合理地发行货币造成的，而数字货币尚缺乏大规模验证，还有待观察	持平
管理	纸币发行和回收往往通过统一机构，易于监管和审计；目前出现的数字货币在这方面还缺乏足够支持和验证	纸币

可见，数字货币并非在所有领域都优于已有的货币形式。要比较两者的优劣应该针对具体情况具体分析。不带前提地鼓吹数字货币并不是一种科学和严谨的态度。实际上，仔细观察数字货币的应用情况就会发现，虽然以比特币为代表的数字货币已在众多领域得到应用，但目前还没有任何一种数字货币能完全替代已有货币。

另外，虽然当前的数字货币“实验”已经有不小的影响，但局限也很明显：其依赖的区块链和分布式账本技术还缺乏大规模场景的考验；系统的性能和安全性还有待提升；资源的消耗还过高；对监管和审计支持不足。这些问题的解决，有待金融科技的进一步发展。

注意 严格来讲，货币（money）不等于现金或通货（cash/currency），货币的含义范围更广。

3.“去中心化”的技术难关

虽然数字货币带来的预期优势可能很美好，但要设计和实现一套能经得住实用考验的数字货币并非易事。

现实生活中常用的纸币具备良好的可转移性，可以相对容易地完成价值的交割。但是对于数字货币来说，数字化内容容易被复制，数字货币持有人可以将同一份货币发给多个接收者，这种攻击称为“双重支付攻击”。

也许有人会想到，银行中的货币实际上也是数字化的，因为通过电子账号里面的数字记录了客户的资产。说的没错，有人称这种电子货币模式为“数字货币 1.0”，它实际上依赖于一个前提：假定存在一个安全可靠的第三方记账机构负责记账，这个机构负责所有的担保环节，最终完成交易。

中心化控制下，数字货币的实现相对容易。但是，很多时候很难找到一个安全可靠的第三方记账机构来充当这个中心管控的角色。

例如，发生贸易的两国可能缺乏足够的外汇储备用以支付；汇率的变化等导致双方对合同有不同意见；网络上的匿名双方进行直接买卖而不通过电子商务平台；交易的两个机构彼此互不信任，找不到双方都认可的第三方担保；使用第三方担保系统，但某些时候可能无法连接；第三方的系统可能会出现故障或受到篡改攻击……

这个时候，就只有实现去中心化（de-centralized）或多中心化（multi-centralized）的数字货币系统。在“去中心化”的场景下，实现数字货币存在如下几个难题：

- 货币的防伪：谁来负责对货币的真伪进行鉴定；
- 货币的交易：如何确保货币从一方安全转移到另外一方；
- 避免双重支付：如何避免同一份货币支付给多个接收者。

可见，在不存在第三方记账机构的情况下，实现一个数字货币系统的挑战着实不小。能否通过技术创新来解决这个难题呢？

众多金融专家、科研人员向着这个方向不懈努力了数十年，创造出了许多具有深远影响的巧妙设计。

1.2　站在巨人的肩膀上

从上世纪 80 年代开始，数字货币技术就一直是研究的热门，前后经历了几代演进，比较典型的成果包括 e-Cash、HashCash、B-money 等。

1983 年，David Chaum 最早在论文《Blind Signature for Untraceable Payments》中提出了 e-Cash，并于 1989 年创建了 Digicash 公司。e-Cash 系统是首个匿名化的数字加密货币（anonymous cryptographic electronic money 或 electronic cash system），基于 David Chaum 自己发明的盲签名技术，曾被应用于部分银行的小额支付系统中。e-Cash 依赖于一个中心化的中介机构，这导致它最终失败。

1997 年，Adam Back 发明了 HashCash，来解决邮件系统中 DoS 攻击问题。HashCash 首次提出用工作量证明（Proof of Work，PoW）机制来获取额度，该机制后来被随后出现的数字货币技术所采用。

1998 年，Wei Dai 提出了 B-money，将 PoW 引入数字货币生成过程中。B-money 同时是首个面向去中心化设计的数字货币。从概念上看 B-money 已经比较完善，但是很遗憾，其未能提出具体的设计实现。

上面这些数字货币都或多或少地依赖于一个第三方的信用担保系统。直到比特币的出现，将 PoW 与共识机制联系在一起，**首次从实践意义上实现了一套去中心化的数字货币系统**。

比特币依托的分布式网络无需任何管理机构，自身通过数学和密码学原理来确保所有交易的成功进行，并且，比特币自身的价值通过背后的计算力进行背书。这也促使人们开始思考，在越来越数字化的世界中，应该如何发行货币，以及如何衡量价值。

目前，除了像比特币这样完全丢弃已有体系的分布式技术之外，仍然存在中心化代理模式的数字货币机制，包括类似 PayPal 这样的平台，通过跟已有的支付系统合作，代理完成交易。

现在还很难讲哪种模式将会成为日后的主流，未来甚至还可能出现更先进的技术。但毫无疑问，这些成果都为后来的数字货币设计提供了极具价值的参考；而站在巨人们肩膀上的比特币，必将在人类货币史上留下难以磨灭的印记。

1.3　了不起的社会学实验

1. 比特币的诞生

2008 年 10 月 31 日，一位化名 Satoshi Nakamoto（中本聪）的人在 metzdowd 密码学邮件列表中提出了比特币（Bitcoin）的设计白皮书《Bitcoin: A Peer-to-Peer Electronic Cash System》，并在 2009 年公开了最初的实现代码。首个比特币于 UTC 时间 2009 年 1 月 3 日

18 : 15 : 05 生成。但比特币真正流行开来并被人们所关注则是至少两年以后了。

作为开源项目，比特币很快吸引了大量开发者的加入，目前的官方网站 bitcoin.org 提供了比特币相关的代码实现和各种工具软件。

除了精妙的设计理念外，比特币最为人津津乐道的一点是发明人“中本聪”到目前为止尚无法确认真实身份。也有人推测，“中本聪”背后可能不止一个人，而是一个团队。这些猜测都为比特币项目带来了不少传奇色彩。

2. 比特币的意义和价值

直到今天，关于比特币的话题仍充满了不少争议。但大部分人应该都会认可，比特币是数字货币历史上，甚至整个金融历史上一次了不起的社会学实验。

比特币网络自 2009 年上线以来，在无人管理的情况下，已经在全球范围内 7×24 小时运行超过 8 年时间，成功处理了几百万笔交易，甚至支持过单笔 1.5 亿美元的交易。更为难得的是，比特币网络从未出现过重大的系统故障。

比特币网络目前由数千个核心节点参与构成，不需要任何中心化的支持机构参与，纯靠分布式机制支持了稳定上升的交易量。

比特币**首次真正从实践意义上实现了安全可靠的去中心化数字货币机制**，这也是它受到无数金融科技从业者热捧的根本原因。

作为一种概念货币，比特币主要希望解决已有货币系统面临的几个核心问题：

- 被掌控在单一机构手中，容易被攻击；
- 自身的价值无法保证，容易出现波动；
- 无法匿名化交易，不够隐私。

在前文中曾探讨过，要实现一套去中心化的数字货币机制，最关键的是要建立一套可靠的交易记录系统，以及形成一套合理的货币发行机制。

这个交易记录系统要能准确、公正地记录发生过的每一笔交易，并且无法被恶意篡改。对比已有的银行系统，可以看出，现有的银行机制作为金融交易的第三方中介机构，有代价地提供了交易记录服务。如果参与交易的多方都完全相信银行的记录（数据库），就不存在信任问题。可是如果是更大范围（甚至跨多家银行）进行流通的货币呢？哪家银行的系统能提供完全可靠不中断的服务呢？唯一可能的方案是一套分布式账本。这个账本可以被所有用户自由访问，而且任何个体都无法对所记录的数据进行恶意篡改和控制。为了实现这样一个前所未有的账本系统，比特币网络巧妙地设计了区块链结构，提供了可靠、无法被恶意篡改的数字货币账本功能。

比特币网络中，货币的发行是通过比特币协议来规定的。货币总量受到控制，发行速度随时间自动进行调整。既然总量一定，那么单个比特币的价值会随着越来越多的经济实体认可比特币而水涨船高。发行速度的自动调整则避免出现通胀或者滞涨的情况。

另一方面，也要冷静地看到，作为社会学实验，比特币已经获得了巨大的成功，特别是基于区块链技术，已经出现了许多颇有价值的商业场景和创新技术。但这绝不意味着比特币自身必然能够进入未来的商业体系中。

3. 更有价值的区块链技术

如果说比特币是影响力巨大的社会学实验，那么从比特币核心设计中提炼出来的区块链技术，则让大家看到了塑造更高效、更安全的未来商业网络的可能。

2014 年开始，比特币背后的区块链技术开始逐渐受到大家关注，并进一步引发了**分布式记账本**（distributed ledger）技术的革新浪潮。

实际上，人们很早就意识到，记账相关的技术对于资产（包括有形资产和无形资产）的管理（包括所有权和流通）十分关键；而去中心化或多中心化的分布式记账本技术，对于当前开放、多维化的商业模式意义重大。区块链的思想和结构，正是实现这种分布式记账本系统的一种极具可行潜力的技术。

区块链技术现在已经脱离比特币网络自身，在金融、贸易、征信、物联网、共享经济等诸多领域崭露头角。现在，除非特别指出是“比特币区块链”，否则当人们提到“区块链技术”时，往往所指已经与比特币没有什么必然联系了。

1.4　潜在的商业价值

商业行为的典型模式为：交易的多方通过协商和执行合约，完成交易过程。区块链擅长的正是在多方之间达成合约，并确保合约的顺利执行。

根据类别和应用场景不同，区块链所体现的特点和价值也不同。从技术角度一般认为，区块链具有如下特点：

- 分布式容错性：分布式网络极其鲁棒，能够容忍部分节点的异常状态；
- 不可篡改性：一致提交后的数据会一直存在，不可被销毁或修改；
- 隐私保护性：密码学保证了数据隐私，即便数据泄露，也无法解析。

随之带来的业务可能包括如下特性：

- **可信任性**：区块链技术可以提供天然可信的分布式账本平台，不需要额外第三方中介机构参与；
- **降低成本**：跟传统技术相比，区块链技术可能需要的时间、人力和维护成本更少；
- **增强安全**：区块链技术将有利于安全、可靠的审计管理和账目清算，减少犯罪风险。

区块链并非凭空诞生的新技术，而更像是技术演化到一定程度突破应用阈值后的产物，因此，其商业应用场景也跟促生其出现的环境息息相关。对于基于数字方式的交易行为，区块链技术能潜在地降低交易成本、加快交易速度，同时能提高安全性。**能否最终带来成本的降低，将是一项技术能否得到深入应用的关键**。

所有跟信息、价值（包括货币、证券、专利、版权、数字商品、实际物品等）、信用等相关的交换过程，都将可能从区块链技术中得到启发或直接受益（见图 1-1）。但这个过程绝不是一蹴而就的，可能需要较长时间的探索和论证。具体的商业应用案例可以参考本书后续的应用场景章节。

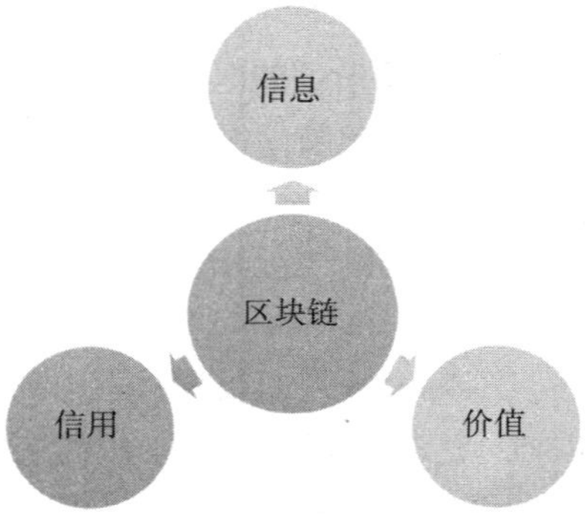

图 1-1 区块链影响的交换过程

目前，区块链技术已经得到了众多金融机构和商业公司的关注，包括大量金融界和信息技术界的领军性企业和团体。典型企业组织如下（排名不分先后）：

- Visa 国际组织；
- 美国纳斯达克证券交易所（Nasdaq）；
- 高盛投资银行（Goldman Sachs）；
- 花旗银行（Citi Bank）；
- 美国富国银行（Wells Fargo）；
- 中国人民银行；
- 中国浦发银行；
- 日本三菱日联金融集团；
- 瑞士联合银行；
- 德意志银行；
- 美国证券集中保管结算公司（DTCC）；
- 全球同业银行金融电讯协会（SWIFT）；
- 国际商业机器公司（IBM）；
- 微软（Microsoft）；
- 英特尔（Intel）；
- 思科（Cisco）；
- 埃森哲（Accenture）。

1.5 本章小结

区块链思想诞生于数字货币长达三十多年的发展过程中，它支持了首个试图自带信任、防篡改的分布式记账本——比特币网络。这也第一次让大家意识到，除了互联网这样的尽力而为（不保证可信）的基础设施外，基于区块链技术还将可能打造一个实现彼此信任的基础网络设施。

当然，从应用角度讲，比特币也只是基于区块链技术的一种金融应用。区块链技术其实还能带来更通用的计算能力和商业价值。本书后续章节将介绍更多的商业应用案例，并介绍开源界打造的区块链平台项目，包括“以太坊”和“超级账本”等项目。这些开源项目加速释放了区块链技术的威力，为更多更复杂的区块链应用场景提供了技术支持。

第 2 章 Chapter 2

核心技术概览

运用之妙夺造化，存乎一心胜天工。

有人可能会遇到这样的问题：

- 跨境商贸合作中签订的合同，怎么确保对方能严格遵守和及时执行？
- 酒店宣称刚打捞上来的三文鱼，怎么追踪捕捞和运输过程中的时间和卫生？
- 现代数字世界里，怎么证明你是谁？怎么证明某个资产属于你？
- 经典囚徒困境中的两个人，怎样才能达成利益的最大化？
- 宇宙不同文明之间的“黑暗森林”猜疑链，有没有可能被彻底打破？

这些看似很难解决的问题，在区块链的世界里已经有了初步的答案。本章将带领大家探索区块链的核心技术，包括其定义与原理、关键的问题等，还将探讨区块链技术的演化，并对未来发展的趋势进行展望。最后，对一些常见的认识误区进行了澄清。

2.1 定义与原理

1. 定义

公认的最早关于区块链的描述性文献是中本聪所撰写的文章《Bitcoin：A Peer-to Peer Electronic Cach System》，但该文献重点在于讨论比特币系统，实际上并没有明确提出区块链的定义和概念，在其中指出，区块链是用于记录比特币交易账目历史的数据结构。

另外，Wikipedia 上给出的定义中，将区块链类比为一种分布式数据库技术，通过维护数据块的链式结构，可以维持持续增长的、不可篡改的数据记录。

区块链技术最早的应用出现在比特币项目中。作为比特币背后的分布式记账平台，在无集中式管理的情况下，比特币网络稳定运行了八年时间，支持了海量的交易记录，并且从未出现严重的漏洞，这些都与巧妙的区块链结构分不开的。

区块链技术自身仍然在飞速发展中，目前相关规范和标准还在进一步成熟中。

2. 基本原理

区块链的基本原理理解起来并不复杂。首先，区块链包括三个基本概念：

- **交易**（transaction）：一次对账本的操作，导致账本状态的一次改变，如添加一条转账记录；
- **区块**（block）：记录一段时间内发生的所有交易和状态结果，是对当前账本状态的一次共识；
- **链**（chain）：由区块按照发生顺序串联而成，是整个账本状态变化的日志记录。

如果把区块链作为一个状态机，则每次交易就是试图改变一次状态，而每次共识生成的区块，就是参与者对于区块中交易导致状态改变的结果进行确认。

在实现上，首先假设存在一个分布式的数据记录账本，这个账本只允许添加、不允许删除。账本底层的基本结构是一个线性的链表，这也是其名字“区块链”的来源。链表由一个个“区块”串联组成（如图 2-1 所示），后继区块记录前导区块的哈希值（pre hash）。新的数据要加入，必须放到一个新的区块中。而这个块（以及块里的交易）是否合法，可以通过计算哈希值的方式快速检验出来。任意维护节点都可以提议一个新的合法区块，然而必须经过一定的共识机制来对最终选择的区块达成一致。

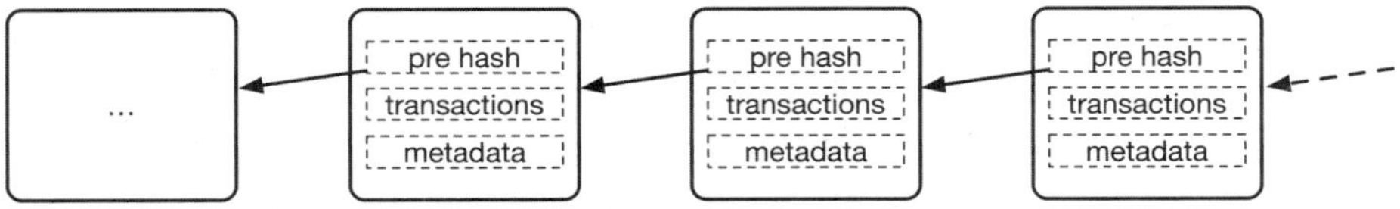

图 2-1　区块链结构示例

3. 以比特币为例理解区块链工作过程

以比特币网络为例，可以具体看其中如何使用了区块链技术。

首先，比特币客户端发起一项交易，广播到比特币网络中并等待确认。网络中的节点会将一些收到的等待确认的交易记录打包在一起（此外还要包括前一个区块头部的哈希值等信息），组成一个候选区块。然后，试图找到一个 nonce 串（随机串）放到区块里，使得候选区块的哈希结果满足一定条件（比如小于某个值）。这个 nonce 串的查找需要一定的时间去进行计算尝试。

一旦节点算出来满足条件的 nonce 串，这个区块在格式上就被认为是“合法”了，就可以尝试在网络中将它广播出去。其他节点收到候选区块，进行验证，发现确实符合约定条件了，就承认这个区块是一个合法的新区块，并添加到自己维护的区块链上。当大部分节点都将区块添加到自己维护的区块链结构上时，该区块被网络接受，区块中所包括的交易也就得到确认。

当然，在实现上还会有很多额外的细节。这里面比较关键的步骤有两个：一个是完成对一批交易的共识（创建区块结构）；一个是新的区块添加到区块链结构上，被大家认可，确保未来无法被篡改。

比特币的这种基于算力寻找 nonce 串的共识机制称为**工作量证明**（Proof of Work，PoW）。目前，要让哈希结果满足一定条件，并无已知的快速启发式算法，只能进行尝试性的暴力计算。尝试的次数越多（工作量越大），算出来的概率越大。

通过调节对哈希结果的限制，比特币网络控制平均约 10 分钟产生一个合法区块。算出区块的节点将得到区块中所有交易的管理费和协议固定发放的奖励费（目前是 12.5 比特币，每四年减半），这个计算新区块的过程俗称为挖矿。

读者可能会关心，比特币网络是任何人都可以加入的，如果网络中存在恶意节点单，能否进行恶意操作来对区块链中的记录进行篡改，从而破坏整个比特币网络系统。比如最简单的，故意不承认收到的别人产生的合法候选区块，或者干脆拒绝来自其他节点的交易等。

实际上，比特币网络中存在大量（据估计数千个）的维护节点，而且大部分节点都是正常工作的，默认都只承认所看到的最长的链结构。只要网络中不存在超过一半的节点提前勾结一起采取恶意行动，则最长的链将很大概率上成为最终合法的链。而且随着时间增加，这个概率会越来越大。例如，经过 6 个区块生成后，即便有一半的节点联合起来想颠覆被确认的结果，其概率也仅为 $(1/2)^6 \approx 1.6\%$，即低于 1/60 的可能性。

当然，如果整个网络中大多数的节点都联合起来作恶，可以导致整个系统无法正常工作。要做到这一点，往往意味着付出很大的代价，跟通过作恶得到的收益相比，得不偿失。

> **提示** 区块链结构与 Git 版本管理的有向无环图数据结构，在设计上有异曲同工之妙。

2.2 技术的演化与分类

区块链技术自比特币网络设计中被大家发掘关注，从最初服务数字货币系统，到今天在分布式账本场景下发挥着越来越大的技术潜力。

1. 区块链的演化

比特币区块链已经支持了简单的脚本计算，但仅限于数字货币相关的处理。除了支持数字货币外，还可以将区块链上执行的处理过程进一步泛化，即提供智能合约（smart contract）。智能合约可以提供除了货币交易功能外更灵活的合约功能，执行更为复杂的操作。

这样，扩展之后的区块链已经超越了单纯数据记录的功能，实际上带有一点“智能计算”的意味；更进一步，还可以为区块链加入权限管理和高级编程语言支持等，实现更强大的、支持更多商用场景的分布式账本。

从计算特点上，可以看到现有区块链技术的三种典型演化场景，如表 2-1 所示。

表 2-1 区块链技术的三种典型演化场景

场景	功能	智能合约	一致性	权限	类型	性能	编程语言	代表
公信的数字货币	记账功能	不带有或较弱	PoW	无	公有链	较低	简单脚本	比特币网络
公信的交易处理	智能合约	图灵完备	PoW、PoS	无	公有链	受限	特定语言	以太坊网络
带权限的分布式账本处理	商业处理	多种语言，图灵完备	包括 CFT、BFT 在内的多种机制，可插拔	支持	联盟链	可扩展	高级编程语言	超级账本

2. 区块链与分布式记账

记账技术历史悠久，古老的账本见图 2-2。

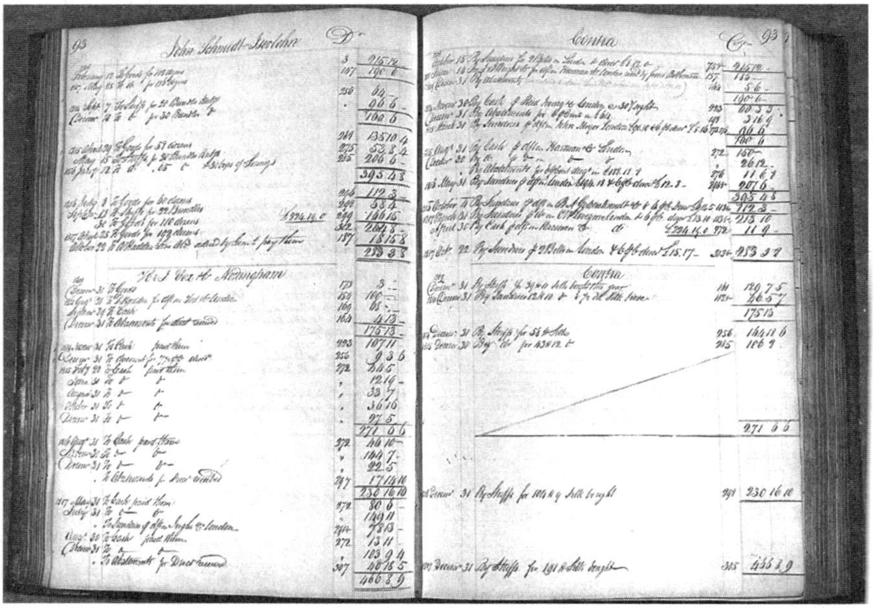

图 2-2 古老的账本

现代复式记账系统（double entry bookkeeping）由意大利数学家卢卡·帕西奥利于 1494 年在《Summa de arithmetica, geometrica, proportioni et proportionalità》一书中最早制定。复式记账法对每一笔账目同时记录来源和去向，首次将对账验证功能引入记账过程，提升了记账过程的可靠性。

从这个角度来看，**区块链是首个自带对账功能的数字记账技术实现**。

更广泛地看，区块链属于一种去中心化的记录技术。参与到系统上的节点，可能不属于同一组织，彼此无需信任；区块链数据由所有节点共同维护，每个维护节点都能复制获得一份完整或部分记录的拷贝。

跟传统的记账技术相比，基于区块链的分布式账本应该包括如下特点：

- 维护一条不断增长的链，只可能添加记录，而发生过的记录都不可篡改；
- 去中心化，或者说多中心化，无需集中控制而能达成共识，实现上尽量采用分布式；
- 通过密码学的机制来确保交易无法被抵赖和破坏，并尽量保护用户信息和记录的隐私性。

3. 分类

根据参与者的不同，可以分为公开（public）链、联盟（consortium）链和私有（private）链。

- **公有链**，顾名思义，任何人都可以参与使用和维护，如比特币区块链，信息是完全公开的；

如果进一步引入许可机制，可以实现私有链和联盟链两种类型：

- **私有链**，由集中管理者进行管理限制，只有内部少数人可以使用，信息不公开；
- **联盟链**则介于两者之间，由若干组织一起合作维护一条区块链，该区块链的使用必须是带有权限的限制访问，相关信息会得到保护，如供应链机构或银行联盟。

目前来看，公有链更容易吸引市场和媒体的眼球，但更多的商业价值会在联盟链和私有链上落地。

根据使用目的和场景的不同，又可以分为以数字货币为目的的货币链，以记录产权为目的的产权链，以众筹为目的的众筹链等，也有不局限特定应用场景的通用链。

现有大部分区块链实现都至少包括了网络层、共识层、智能合约和应用层等结构，联盟链实现往往还会引入一定的权限管理机制。

2.3 关键问题和挑战

从技术角度讲，区块链所涉及的领域比较繁杂，包括分布式系统、存储、密码学、心理学、经济学、博弈论、控制论、网络协议等，这也就意味着大量工程实践上的技术挑战。

下面列出了目前业内关注较多的一些技术话题。

1. 抗抵赖与隐私保护

- 怎么防止交易记录被篡改？
- 怎么证明交易双方的身份？
- 怎么保护交易双方的隐私？

密码学的发展为解决这些问题提供了不少手段。传统方案包括 Hash 算法、加解密算法、数字证书和签名（盲签名、环签名）等。

随着区块链技术的应用，新出现的需求将刺激密码学的进一步发展，包括更高效的随机数产生、更高强度的加密、更快速的加解密处理等。同时，量子计算等新技术的出现，也会带来更多的挑战，例如，RSA 算法等目前商用的加密算法，在未来可能无法提供足够的安全性。

能否满足这些新的需求，将依赖于数学科学的进一步发展和新一代计算技术的突破。

2. 分布式共识

这是个经典的技术难题，学术界和业界都已有大量的研究成果（包括 Paxos、拜占庭系列算法等）。

问题的核心在于如何解决某个变更在分布式网络中得到一致的执行结果，是被参与多方都承认的，同时这个信息是被确定的，不可推翻的。

该问题在公开匿名场景下和带权限管理的场景下需求差异较大，从而导致了基于概率的算法和确定性算法两类思想。

最初，比特币区块链考虑的是公开匿名场景下的最坏保证。通过引入了“工作量证明”策略来规避少数人的恶意行为，并通过概率模型保证最后参与方共识到最长链。算法在核心思想上是基于经济利益的博弈，让恶意破坏的参与者损失经济利益，从而保证大部分人的合作。同时，确认必须经过多个区块的生成之后达成，从概率上进行保证。这类算法的主要问题在于效率的低下。类似算法还有以权益为抵押的 PoS、DPoS 和 Casper 等。

后来更多的区块链技术（如超级账本）在带权限管理的场景下，开始考虑支持更多的确定性的共识机制，包括经典的拜占庭算法等，可以解决快速确认的问题。

共识问题在很长一段时间内都将是极具学术价值的研究热点，核心的指标将包括容错的节点比例、决策收敛速度、出错后的恢复、动态特性等。PoW 等基于概率的系列算法理论上允许少于一半的不合作节点，PBFT 等确定性算法理论上则允许不超过 1/3 的不合作节点。

3. 交易性能

虽然一般来说，区块链不适用于高频交易的场景，但由于金融系统的需求，业界目前十分关心如何提高区块链系统交易的吞吐量，同时降低交易的确认延迟。

目前，公开的比特币区块链只能支持平均每秒约 7 笔的吞吐量，一般认为对于大额交易来说，安全的交易确认时间为一个小时左右。以太坊区块链的吞吐量略高一些，但交易性能也被认为是较大的瓶颈。

提示 实际上，小额交易只要确认被广播到网络中并带有合适的交易服务费用，即有较大概率被最终打包。

区块链系统跟传统分布式系统不同，其处理性能很难通过单纯增加节点数来进行横向

扩展。实际上，传统区块链系统的性能，在很大程度上取决于单个节点的处理能力。**高性能、安全、稳定性、硬件辅助加解密能力**，都将是考查节点性能的核心要素。

这种场景下，为了提高处理性能，一方面可以提升单个节点的性能（如采用高配置的硬件），同时设计优化的策略和算法；另外一方面试图将大量高频的交易放到链外来，只用区块链记录最终交易信息，如比特币社区提出的“闪电网络”等设计。类似地，侧链（side chain）、影子链（shadow chain）等思路在当前阶段也有一定的借鉴意义。类似设计可以将交易性能提升 1 ~ 2 个数量级。

此外，在联盟链的场景下，参与多方存在一定的信任前提和利益约束，可以采取更优化的设计，换来性能的提升。以超级账本 Fabric 项目为例，在普通虚拟机配置下，单客户端交易吞吐量可达几百次每秒（transactions per second，tps）；在有一定工程优化或硬件加速情况下可以达到每秒数千次的吞吐量。

客观地说，目前开源区块链系统已经可以满足不少应用场景的性能需求，但离大规模交易系统在峰值每秒数万笔的吞吐性能还有较大差距。

提示 据公开的数据，VISA 系统的处理均值为 2000tps，号称的峰值为 56 000tps；某金融支付系统的处理峰值超过了 85 000tps；某大型证券交易所号称的处理均（峰）值在 80 000tps 左右。

---

4. 扩展性

常见的分布式系统可以通过增加节点来横向扩展整个系统的处理能力。对于区块链网络系统来说，根据共识机制的不同，这个问题往往并非那么简单。

例如，对于比特币和以太坊区块链而言，网络中每个参与维护的核心节点都要保持一份完整的存储，并且进行智能合约的处理。此时，整个网络的总存储和计算能力取决于单个节点的能力。甚至当网络中节点数过多时，可能会因为一致性的达成过程延迟降低整个网络的性能。尤其在公有网络中，由于存在大量低性能处理节点，导致这个问题将更加明显。

要解决这个问题，根本上是放松对每个节点都必须参与完整处理的限制（当然，网络中节点要能合作完成完整的处理），这个思路已经在超级账本中得到应用；同时尽量减少核心层的处理工作。

在联盟链模式下，还可以专门采用高性能的节点作为核心节点，相对较弱的节点仅作为代理访问节点。

5. 安全防护

区块链目前最热门的应用场景是金融相关的服务，安全自然是讨论最多、挑战最大的话题。区块链在设计上大量采用了现代成熟的密码学算法。但这是否就能确保其绝对安全呢？

世界上并没有绝对安全的系统。

系统是由人设计的，系统也是由人来运营的，只要有人参与的系统，就难免出现漏洞。如下几个方面是很难避免的。

首先是立法。对区块链系统如何进行监管？攻击区块链系统是否属于犯罪？攻击银行系统是要承担后果的。但是目前还没有任何法律保护区块链（特别是公有链）以及基于它的实现。

其次是软件实现的潜在漏洞。考虑到使用了几十年的 OpenSSL 还带着那么低级的漏洞（heart bleeding），而且是源代码完全开放的情况下，让人不禁对运行中的大量线上系统持谨慎态度。而对于金融系统来说，无论客户端还是平台侧，即便是很小的漏洞都可能造成难以估计的损失。

另外，公有区块链所有交易记录都是公开可见的，这意味着所有的交易即便被匿名化和加密处理，但总会在未来某天被破解。安全界一般认为，只要物理上可接触就不是彻底的安全。实际上，已有文献证明，比特币区块链的交易记录很大可能是能追踪到真实用户的。

作为一套完全分布式的系统，公有的区块链缺乏有效的调整机制。一旦运行起来，出现问题也难以修正。即使是让它变得更高效、更完善的修改，只要有部分既得利益者联合起来反对，就无法得到实施。比特币社区已经出现过多次类似的争论。

最后，运行在区块链上的智能合约应用可能是五花八门的，可能存在潜在的漏洞，必须有办法进行安全管控，在注册和运行前需要有合理的机制进行探测，以规避恶意代码的破坏。

2016 年 6 月 17 日发生的“DAO 系统漏洞被利用”事件，直接导致价值 6000 万美元的数字货币被利用者获取。尽管对于这件事情的反思还在进行中，但事实再次证明，目前基于区块链技术进行生产应用时，务必要细心谨慎地进行设计和验证。必要时，甚至要引入“形式化验证”和人工审核机制。

提示 可以参考著名黑客米特尼克所著的《反欺骗的艺术——世界传奇黑客的经历分享》，其中介绍了大量的实际社交工程欺骗场景。

---

6. 数据库和存储系统

区块链网络中的大量信息需要写到文件和数据库中进行存储。

观察区块链的应用，大量的读写操作、Hash 计算和验证操作，跟传统数据库的行为十分不同。当年，人们观察到互联网应用大量非事务性的查询操作，而设计了非关系型（NoSQL）数据库。那么，针对区块链应用的这些特点，是否可以设计出一些特殊的针对性的数据库呢？

LevelDB、RocksDB 等键值数据库，具备很高的随机写和顺序读、写性能，以及相对较差的随机读的性能，被广泛应用到了区块链信息存储中。但目前来看，面向区块链的数据库技术仍然是需要突破的技术难点之一，特别是如何支持更丰富语义的操作。

大胆预测，未来将可能出现更具针对性的“块数据库”（BlockDB），专门服务类似区块链这样的新型数据业务，其中每条记录将包括一个完整的区块信息，并天然地跟历史信息进行关联，一旦写入确认则无法修改。所有操作的最小单位将是一个块。为了实现这种结构，需要原生支持高效的签名和加解密处理。

7. 集成和运营

即便大量企业系统准备迁移到区块链平台上，但在相当长的一段时间内，基于区块链的新业务系统必将与已有的中心化系统集成共存。

两种系统如何共存，如何分工，彼此的业务交易如何进行合理传递？出现故障如何排查和隔离？已有数据如何在不同系统之间进行迁移和灾备？区块链系统自身又该如何进行运营（如网络的设计选择、状态监控、灾备等）？

这些都是迫切要解决的实际问题。若解决不好，将是区块链技术落地的不小阻碍。

2.4 趋势与展望

关于区块链技术发展趋势的探讨和争论，自其诞生之日起就从未停息。或许，读者从计算技术的演变历史中能得到一些启发。计算技术的发展历史如图 2-3 所示。

图 2-3 计算的历史

以云计算为代表的现代计算技术，其发展历史上有若干重要的时间点和事件：

- 1969——ARPANet（Advanced Research Projects Agency Network）：现代互联网的前身，由美国高级研究计划署（Advanced Research Project Agency）提出，其使用 NCP 协议，核心缺陷之一是无法做到和个别计算机网络交流；
- 1973 —— TCP/IP ：Vinton.Cerf（文特 · 瑟夫）与 Bob Karn（鲍勃 · 卡恩）共同开发出 TCP 模型，解决了 NCP 的缺陷；
- 1982 —— Internet：TCP/IP 正式成为规范，并被大规模应用，现代互联网诞生；
- 1989 —— WWW ：早期互联网的应用主要包括 telnet、ftp、email 等，Tim Berners-Lee（蒂姆 · 伯纳斯 – 李）设计的 WWW 协议成为互联网的杀手级应用，引爆了现代互联网，从那开始，互联网业务快速扩张；

- 1999 ——Salesforce：互联网出现后，一度只能进行通信应用，但 Salesforce 开始以云的理念提供基于互联网的企业级服务；
- 2006 —— AWS EC2：奠定了云计算的业界标杆，直到今天，竞争者们仍然在试图追赶 AWS 的脚步；
- 2013 —— Cognitive：以 IBM Watson 为代表的认知计算开始进入商业领域，计算开始变得智能，进入“后云计算时代”。

从这个历史中能看出哪些端倪呢？

首先，**技术领域也存在着周期律**。这个周期目前看是 7 ~ 8 年左右。或许正如人有“七年之痒”，技术也存在着七年这道坎，到了这道坎，要么自身突破迈过去，要么就被新的技术所取代。如果从比特币网络上线（2009 年 1 月）算起，到今年正是在坎上。因此，现在正是相关技术进行突破的好时机。

提示 为何恰好是七年？7 年按照产品周期来看基本是 2 ~ 3 个产品周期，所谓事不过三，经过 2 ~ 3 个产品周期也差不多该有个结论了。

其次，**最早出现的未必是先驱**。创新固然很好，但过早播撒的种子，若没有合适的土壤，往往也难长大。技术创新与科研创新很不同的一点是，技术创新必须立足于需求，过早过晚都会错失良机。科研创新则要越早越好，比如 20 世纪出现的物理学巨匠们，超前的研究成果奠定了后续一百多年的科技革命的基础。

最后，**事物的发展往往是延续的、长期的**。新生事物大都不是凭空蹦出来的，往往是解决了前辈未能解决的问题，或是出现了之前未曾出现过的场景。而且很多时候，新生事物的出现需要长期的孵化；坚持还是放弃，故事不断重复（见图 2-4）。笔者认为，只要是朝着提高生产力的正确方向努力，迟早会有出现在舞台上的一天。

图 2-4 坚持还是放弃

目前，区块链在数字货币领域（以比特币为代表）的应用已经相对成熟，而在智能合约和分布式账本方向尚处于初步实践阶段。但毫无疑问的是，区块链技术在已经落地的领域，确实带来了生产力提升。因此可以相信，随着相关技术的进一步发展，区块链技术必然会在更多的领域中大放异彩，特别是金融科技相关领域。

2.5　认识上的误区

目前，由于区块链自身仍是一种相对年轻的技术，不少人对区块链的认识还存在一些误区。下面是需要注意的一些问题：

首先，**区块链不等于比特币**。虽说区块链的基本思想诞生于比特币的设计中，但发展到今日，比特币和区块链已经俨然成为了两个不太相关的技术。前者更侧重从数字货币角度发掘比特币的实验性意义；后者则从技术层面探讨和研究可能带来的商业系统价值，试图在更多的场景下释放智能合约和分布式账本带来的科技潜力。

其次，**区块链不等于数据库**。虽然区块链也可以用来存储数据，但它要解决的核心问题是多方的互信问题。单纯从存储数据角度，它的效率可能不高，也不推荐把大量的原始数据放到区块链系统上。当然，现在已有的区块链系统中，数据库相关的技术十分关键，直接决定了区块链系统的吞吐性能。

最后，**区块链并非一门万能的颠覆性技术**。作为融合多项已有技术而出现的新事物，区块链跟现有技术的关系是一脉相承的。它在解决多方合作和可信处理上向前多走了一步，但并不意味着它是万能的，更不会彻底颠覆已有的商业模式。很长一段时间里，区块链所适用的场景仍需不断摸索，并且跟已有系统也必然是长期合作共存的关系。

2.6　本章小结

本章剖析了区块链的相关核心技术，包括其定义、工作原理、技术分类、关键问题和认识上的误区等。通过本章的学习，读者可以对区块链的相关核心技术形成整体上的认识，并对区块链在整个信息科技产业中的位置和发展趋势形成更清晰的认知。

除了数字货币应用外，现在业界越来越看重区块链技术可能带来的面向商业应用场景的计算能力。开源社区发起的开放的“以太坊”和“超级账本”等项目，让用户可以使用它们来快速设计复杂的分布式账本应用。

有理由相信，随着更多商业应用场景的出现，区块链技术将在未来金融和信息技术等领域占据越来越重要的地位。

Chapter 3 第 3 章

典型应用场景

科技创新，应用为王。

一项新技术能否最终落地普及，取决于很多影响因素。其中很关键的一点便是能否找到合适的应用场景。以比特币网络为代表的大规模数字货币系统，长时间自治运行，支持了传统金融系统都难以实现的全球范围即时可靠交易。这为区块链技术的应用潜力引发了无限遐想。如果未来基于区块链技术构造的商业价值网络成为现实，所有的交易都将高效完成且无法伪造；所有签署的合同都能按照约定严格执行。这将极大降低整个商业体系运转的成本，同时大大提高社会沟通协作的效率。从这个意义上讲，基于区块链技术构建的未来商业网络，将可能引发继互联网之后又一次巨大的产业变革。

目前，金融交易系统已经开始验证和使用区块链系统。包括征信管理、跨国交易、跨组织合作、资源共享和物联网等诸多领域，也涌现出大量有趣的应用案例。本章将通过剖析这些典型的应用场景，展现区块链技术为不同行业带来的创新潜力。

3.1 应用场景概览

区块链技术已经从单纯的技术探讨走向了应用落地的阶段。国内外已经出现大量与之相关的企业和团队。有些企业已经结合自身业务摸索出了颇具特色的应用场景，更多的企业还处于不断探索和验证的阶段。

实际上，要找到合适的应用场景，还是要从区块链技术自身的特性出发进行分析。

区块链在不引入第三方中介机构的前提下，可以提供去中心化、不可篡改、安全可靠等特性保证。因此，所有直接或间接依赖于第三方担保机构的活动，均可能从区块链技术中获益。

区块链自身维护着一个按时间顺序持续增长、不可篡改的数据记录，当现实或数字世界中的资产可以生成数字摘要时，区块链便成为确权类应用的完美载体，提供包含所属权和时间戳的数字证据。

可编程的智能合约使得在区块链上登记的资产可以获得在现实世界中难以提供的流动性，并能够保证合约规则的透明和不可篡改。这就为区块链上诞生更多创新的经济活动提供了土壤，为社会资源价值提供更加高效且安全的流动渠道。

此外，还需要思考区块链解决方案的合理边界。面向大众消费者的区块链应用需要做到公开、透明、可审计，既可以部署在无边界的公有链，也可以部署在应用生态内多中心节点共同维护的区块链；面向企业内部或多个企业间的商业区块链场景，则可将区块链的维护节点和可见性限制在联盟内部，并用智能合约重点解决联盟成员间的信任或信息不对等问题，以提高经济活动效率。

未来几年内，可能深入应用区块链技术的场景将包括：

- **金融服务**：区块链带来的潜在优势包括降低交易成本、减少跨组织交易风险等。该领域的区块链应用目前最受关注，全球不少银行和金融交易机构都是主力推动者。部分投资机构也在应用区块链技术降低管理成本和管控风险。从另一方面，要注意可能引发的问题和风险。例如，DAO㊀这样的众筹实验，提醒应用者在业务和运营层面都要谨慎处理；
- **征信和权属管理**：征信和权属的数字化管理是大型社交平台和保险公司都梦寐以求的。目前该领域的主要技术问题包括缺乏足够的数据和分析能力；缺乏可靠的平台支持以及有效的数据整合管理等。区块链被认为可以促进数据交易和流动，提供安全可靠的支持。征信行业的门槛比较高，需要多方资源共同推动；
- **资源共享**：以 Airbnb 为代表的分享经济公司将欢迎去中心化应用，可以降低管理成本。该领域主题相对集中，设计空间大，受到大量的投资关注；
- **贸易管理**：区块链技术可以帮助自动化国际贸易和物流供应链领域中繁琐的手续和流程。基于区块链设计的贸易管理方案会为参与的多方企业带来极大的便利。另外，贸易中销售和法律合同的数字化、货物监控与检测、实时支付等方向都可能成为创业公司的突破口；
- **物联网**：物联网也是很适合应用区块链技术的一个领域，预计未来几年内会有大量应用出现，特别是租赁、物流等特定场景，都是很合适结合区块链技术的场景。但目前阶段，物联网自身的技术局限将造成短期内不会出现大规模应用。

这些行业各有不同的特点，但或多或少都需要第三方担保机构的参与，因此都可能从区块链技术中获得益处。

当然，对于商业系统来说，技术支持只是一种手段，根本上需要满足业务需求。区块链

㊀ DAO（Decentralized Autonomous Organization）是史上最大的一次众筹活动，基于区块链技术确保资金的管理和投放。

作为一个底层的平台技术，要利用好它，需要根据行业特性进行综合考量设计，对其上的业务系统和商业体系提供合理的支持。

有理由相信，区块链技术落地的案例会越来越多。这也会进一步促进新技术在传统行业中的应用，带来更多的创新业务和场景。

3.2 金融服务

自有人类社会以来，金融交易就是必不可少的经济活动，涉及货币、证券、保险、抵押、捐赠等诸多行业。交易角色和交易功能的不同，反映出不同的生产关系。通过金融交易，可以优化社会运转效率，实现资源价值的最大化。可以说，人类社会的文明发展，离不开交易形式的演变。

传统交易本质上交换的是物品价值的所属权。为了完成一些贵重商品的交易（例如房屋、车辆的所属权），往往需要十分繁琐的中间环节，同时需要中介和担保机构参与其中。这是因为，交易双方往往存在着不能充分互信的情况。一方面，要证实合法的价值所属权并不简单，往往需要开具各种证明材料，存在造假的可能；另一方面，价值不能直接进行交换，同样需要繁琐的手续，在这个过程中存在较多的篡改风险。

为了确保金融交易可靠完成，出现了中介和担保机构这样的经济角色。它们通过提供信任保障服务，提高了社会经济活动的效率。但现有的第三方中介机制往往存在成本高、时间周期长、流程复杂、容易出错等缺点。金融领域长期存在提高交易效率的迫切需求。

区块链技术可以为金融服务提供有效、可信的所属权证明，以及相当可靠的合约确保机制。

3.2.1 银行业金融管理

银行从角色上一般可分为中央银行（央行）和普通银行。

中央银行的两大职能是“促进宏观经济稳定”和“维护金融稳定”[㊀]，主要手段就是管理各种证券和利率。中央银行，为整个社会的金融体系提供了最终的信用担保。

普通银行业则往往基于央行的信用，作为中介和担保方，来协助完成多方的金融交易。

银行活动主要包括发行货币、完成存贷款等功能。银行必须确保交易的确定性，必须确立自身的可靠信用地位。传统的金融系统为了完成上述功能，采用了极为复杂的软件和硬件方案，建设和维护成本都十分昂贵。即便如此，这些系统仍然存在诸多缺陷，例如某些场景下交易时延过大；难以避免利用系统漏洞进行的攻击和金融欺诈等。

此外，在目前金融系统流程中，商家为了完成交易，还常常需要经由额外的支付企业进行处理。这些实际上都极大增加了现有金融交易的成本。

㊀ 参见《金融的本质》，伯克南，中信出版社，2014 年出版。

区块链技术的出现，被认为是有可能促使这一行业发生革命性变化的“奇点”。除了众所周知的比特币等数字货币实验之外，还有诸多金融机构进行了有意义的尝试。

1. 欧洲央行评估区块链在证券交易后结算的应用

目前，全球证券交易后的处理过程十分复杂，清算行为成本约 50 亿 ~ 100 亿美元，交易后分析、对账和处理费用超过 200 亿美元。

来自欧洲央行的一份报告显示[㊀]，区块链作为分布式账本技术，可以很好地节约对账的成本，同时简化交易过程。相对原先的交易过程，可以近乎实时地变更证券的所有权。

2. 中国人民银行投入区块链研究

前不久，中国人民银行对外发布消息，称深入研究了数字货币涉及的相关技术，包括区块链技术、移动支付、可信可控云计算、密码算法、安全芯片等，是积极关注区块链技术的发展的。实际上，央行对于区块链技术的研究很早便已开展。

2014 年，央行成立发行数字货币的专门研究小组对基于区块链的数字货币进行研究，次年形成研究报告。

2016 年 1 月 20 日，央行专门组织了“数字货币研讨会”，邀请了业内的区块链技术专家就数字货币发行的总体框架、演进以及国家加密货币等话题进行了研讨。会后，发布对我国银行业数字货币的战略性发展思路，提出要早日发行数字货币，并利用数字货币相关技术来打击金融犯罪活动。

2016 年 12 月，央行成立数字货币研究所。初步公开设计为由央行主导，在保持实物现金发行的同时发行以加密算法为基础的数字货币，M0（流通中的现金）的一部分由数字货币构成。为充分保障数字货币的安全性，发行者可采用安全芯片为载体来保护密钥和算法运算过程的安全。

3. 加拿大银行提出新的数字货币

2016 年 6 月，加拿大央行公开了正在开发基于区块链技术的数字版加拿大元（名称为 CAD 币），以允许用户使用加元来兑换该数字货币。经过验证的对手方将会处理货币交易；另外，如果需要，银行将保留销毁 CAD 币的权利。

发行 CAD 币是更大的一个探索型科技项目 Jasper 的一部分。除了加拿大央行外，蒙特利尔银行、加拿大帝国商业银行、加拿大皇家银行、加拿大丰业银行、多伦多道明银行等多家机构也都参与了该项目。[㊁]

4. 英国央行实现 RSCoin

英国央行在数字化货币方面进展十分突出，已经实现了基于分布式账本平台的数字化

㊀ 来源于欧洲央行报告：《 Distributed ledger technologies in securities post-trading 》，https://www.ecb.europa.eu/pub/pdf/scpops/ecbop172.en.pdf

㊁ 来源于金融时报“Canada experiments with digital dollar on blockchain”，2016-06-16。

货币系统，RSCoin。旨在强化本国经济及国际贸易。

RSCoin 目标是提供一个由中央银行控制的数字货币，采用了双层链架构、改进版的两阶段提交（Two Phase Commitment，2PC）提交，以及多链之间的交叉验证机制。该货币具备防篡改和伪造的特性。

因为该系统主要是央行和下属银行之间使用，通过提前建立一定的信任基础，可以提供较好的处理性能。

英国央行对 RSCoin 进行了推广，希望能尽快普及该数字货币，以带来节约经济成本、促进经济发展的效果。同时，英国央行认为，数字货币相对于传统货币更适合国际贸易等场景。

5. 日本政府取消比特币消费税

2017 年 3 月 27 日，日本国会通过《2017 税务改革法案》，该法案将比特币等数字货币定义为货币等价物，可以用于数字支付和转账。

法案于 2017 年 7 月 1 日生效，销售数字货币不必再缴纳 8% 的消费税。

6. 中国邮储银行将区块链技术应用到核心业务系统

2016 年 10 月，中国邮储银行宣布携手 IBM 推出基于区块链技术的资产托管系统，是中国银行业首次将区块链技术成功应用于核心业务系统。

新的业务系统免去了重复的信用校验过程，将原有业务环节缩短了约 60% ~ 80% 的时间，提高了信用交易的效率。

7. 各种新型支付业务

基于区块链技术，出现了大量的创新支付企业，这些支付企业展示了利用区块链技术带来的巨大商业优势。

- Abra：区块链数字钱包，以近乎实时的速度进行跨境支付，无需银行账户和手续费，融资超过千万美元；
- Bitwage：基于比特币区块链的跨境工资支付平台，可以实现每小时的工资支付，方便跨国企业进行工资管理；
- BitPOS：澳大利亚创业企业，提供基于比特币的低成本的快捷线上支付；
- Circle：由区块链充当支付网络，允许用户进行跨币种、跨境的快速汇款。Circle 获得了来自 IDG、百度的超过 6000 万美元的 D 轮投资；
- Ripple：实现跨境的多币种、低成本、实时交易，引入了网关概念（类似于银行），结构偏中心化。

3.2.2 证券交易

证券交易包括交易执行环节和交易后处理环节。

交易环节本身相对简单，主要是由交易系统（高性能实时处理系统）完成电子数据库中内容的变更。中心化的验证系统往往极为复杂和昂贵。交易指令执行后的结算和清算环节也十分复杂，需要大量的人力成本和时间成本，并且容易出错。

目前来看，基于区块链的处理系统还难以实现海量交易系统所需要的性能（典型性能为每秒一万笔以上成交，日处理能力超过五千万笔委托、三千万笔成交）。但在交易的审核和清算环节，区块链技术存在诸多的优势，可以极大降低处理时间，同时减少人工的参与。

咨询公司 Oliver Wyman 在给 SWIFT（环球同业银行金融电讯协会）提供的研究报告中预计，全球清算行为成本约 50 亿～100 亿美元，结算成本、托管成本和担保物管理成本 400 亿～450 亿美元（390 亿美元为托管链的市场主体成本），而交易后流程数据及分析花费 200 亿～250 亿美元。

2015 年 10 月，美国纳斯达克（Nasdaq）证券交易所推出区块链平台 Nasdaq Linq，实现主要面向一级市场的股票交易流程。通过该平台进行股票发行的发行者将享有“数字化”的所有权。

其他相关案例还包括：

- BitShare 推出基于区块链的证券发行平台，号称每秒达到 10 万笔交易；
- DAH 为金融市场交易提供基于区块链的交易系统。获得澳洲证交所项目；
- Symbiont 帮助金融企业创建存储于区块链的智能债券，当条件符合时，清算立即执行；
- Overstock.com 推出基于区块链的私有和公开股权交易“T0”平台，提出“交易即结算”（The trade is the settlement）的理念，主要目标是建立证券交易实时清算结算的全新系统；
- 高盛为一种叫做“SETLcoin”的新虚拟货币申请专利，用于为股票和债券等资产交易提供“近乎立即执行和结算”的服务。

3.2.3　众筹投资

作为去中心化的众筹管理的代表，DAO（Decentralized Autonomous Organization）曾创下历史最高的融资记录，数额超过 1.6 亿美元。

值得一提的是，DAO 的组织形式十分创新，也造成其在受到攻击后的应对缺乏经验。项目于 2016 年 4 月 30 日开始正式上线。6 月 12 日，有技术人员报告合约执行过程中存在软件漏洞，但很遗憾并未得到组织的重视和及时修复。四天后，黑客利用漏洞转移了 360 万枚以太币，当时价值超过 5000 万美元。

虽然，最后相关组织采用了一些技术手段来挽回损失，但该事件毫无疑问给以太币带来了负面影响，也给新兴技术在新模式下的业务流程管理敲响了警钟。

除了 DAO 这种创新组织形式之外，传统风投基金也开始尝试用区块链募集资金。Blockchain Capital 在 2017 年发行的一支基金创新地采用了传统方式加 ICO（Initial Coin

Offering）方式进行募资，其中传统部分规模 4000 万美元，ICO 部分规模 1000 万美元。4 月 10 日，ICO 部分 1000 万美元的募集目标在启动后六小时内全部完成。

用 ICO 方式进行众筹可以降低普通投资者对早期项目的参与门槛，并提高项目资产流动性。目前对于 ICO 的众筹模式缺少明确的法律法规，对项目的商业模式也很难按照传统方法进行估值与代币定价。但随着项目发起人开始重视对底层技术、资金使用和项目发展的信息披露，大众投资者开始加深理解区块链技术及其可行的应用场景，将有助于促进这种新兴模式的健康发展。

3.3 征信和权属管理

1. 征信管理

征信管理是一个巨大的潜在市场，据称超过千亿规模[㊀]，也是目前大数据应用领域最有前途的方向之一。

目前，与征信相关的大量有效数据集中在少数机构手中。由于这些数据太过敏感，并且具备极高的商业价值，往往会被严密保护起来，形成很高的行业门槛。

虽然现在大量的互联网企业（包括各类社交网站）尝试从各种维度获取了海量的用户信息，但从征信角度看，这些数据仍然存在若干问题。这些问题主要包括：

- ❑ 数据量不足：数据量越大，能获得的价值自然越高，数据量过少则无法产生有效价值；
- ❑ 相关度较差：最核心的数据也往往是最敏感的。在隐私高度敏感的今天，用户都不希望暴露过多数据给第三方，因此企业获取到数据中有效成分往往很少；
- ❑ 时效性不足：企业可以从明面上获取到的用户数据往往是过时的，甚至存在虚假信息，对相关分析的可信度造成严重干扰。

区块链天然存在着无法篡改、不可抵赖的特性。同时，区块链平台将可能提供前所未有规模的相关性极高的数据，这些数据可以在时空中准确定位，并严格关联到用户。因此，基于区块链提供数据进行征信管理，将大大提高信用评估的准确率，同时降低评估成本。

另外，跟传统依靠人工的审核过程不同，区块链中交易处理完全遵循约定自动化执行。基于区块链的信用机制将天然具备稳定性和中立性。

目前，包括 IDG、腾讯、安永、普华永道等都已投资或进入基于区块链的征信管理领域，特别是跟保险和互助经济相关的应用场景。

2016 年 7 月，德勤、Stratumn 和 LemonWay 共同推出一个为共享经济场景设计的“微保险”概念平台，称为 LenderBot。针对共享经济活动中临时交换资产可能产生的风险，

㊀ 可参考美国富国银行报告和平安证券报告。

LenderBot 允许用户在区块链上注册定制的微保险，并为共享的资产（如相机、手机、电脑）投保。区块链在其中扮演了可信第三方的角色。

2. 权属管理

区块链技术可以用于产权、版权等所有权的管理和追踪。其中包括汽车、房屋、艺术品等各种贵重物品的交易等，也包括数字出版物，以及可以标记的数字资源。

目前权属管理领域存在的几个难题是：

- 所有权的确认和管理；
- 交易的安全性和可靠性保障；
- 必要的隐私保护机制。

以房屋交易为例。买卖双方往往需要依托中介机构来确保交易的进行，并通过纸质的材料证明房屋所有权。但实际上，很多时候中介机构也无法确保交易的正常进行。

而利用区块链技术，物品的所有权是写在数字链上的，谁都无法修改。并且一旦出现合同中约定情况，区块链技术将确保合同能得到准确执行。这能有效减少传统情况下纠纷仲裁环节的人工干预和执行成本。

例如，公正通（Factom）尝试使用区块链技术来革新商业社会和政府部门的数据管理和数据记录方式。包括审计系统、医疗信息记录、供应链管理、投票系统、财产契据、法律应用、金融系统等。它将待确权数据的指纹存放到基于区块链的分布式账本中，可以提供资产所有权的追踪服务。

区块链账本共享、信息可追踪溯源且不可篡改的特性同样可用于打击造假和防范欺诈。Everledger 自 2016 年起就研究基于区块链技术实现贵重资产检测系统，将钻石或者艺术品等的权属信息记录在区块链上，并于 2017 年宣布与 IBM 合作，实现生产商、加工商、运送方、零售商等多方之间的可信高效协作。

3. 其他项目

在人力资源和教育领域，MIT 研究员朱莉安娜·纳扎雷（Juliana Nazaré）和学术创新部主管菲利普·施密特（Philipp Schmidt）发表了文章《MIT Media Lab Uses the Bitcoin Blockchain for Digital Certificates》，介绍基于区块链的学历认证系统。基于该系统，用人单位可以确认求职者的学历信息是否真实可靠。

此外，还包括一些其他相关的应用项目：

- Chronicled：基于区块链的球鞋鉴定方案，为正品球鞋添加电子标签，记录在区块链上；
- Mediachain：通过 metadata 协议，将内容创造者与作品唯一对应。
- Monegraph：通过区块链保障图片版权的透明交易；
- Mycelia：区块链产权保护项目，为音乐人实现音乐的自由交易；
- Tierion：将用户数据锚定在比特币区块链上，并生成“区块链收据”。

3.4 资源共享

当前，以 Uber、Airbnb 为代表的共享经济模式正在多个垂直领域冲击传统行业。这一模式鼓励人们通过互联网的方式共享闲置资源。资源共享目前面临的问题主要包括：

- 共享过程成本过高；
- 用户行为评价难；
- 共享服务管理难。

区块链技术为解决上述问题提供了更多的可能性。相比于依赖于中间方的资源共享模式，基于区块链的模式有潜力更直接地连接资源的供给方和需求方，其透明、不可篡改的特性有助于减小摩擦。

有人认为区块链技术会成为新一代共享经济的基石。笔者认为，区块链在资源共享领域是否存在价值，还要看能否比传统的专业供应者或中间方形式实现更高的效率和更低的成本，同时不能损害用户体验。

1. 短租共享

大量提供短租服务的公司已经开始尝试用区块链来解决共享中的难题。高盛在报告《Blockchain: Putting Theory into Practice》中宣称：

Airbnb 等 P2P 住宿平台已经开始通过利用私人住所打造公开市场来变革住宿行业，但是这种服务的接受程度可能会因人们对人身安全以及财产损失的担忧而受到限制。而如果通过引入安全且无法篡改的数字化资质和信用管理系统，我们认为区块链就能有助于提升 P2P 住宿的接受程度。

该报告还指出，可能采用区块链技术的企业包括 Airbnb、HomeAway 以及 OneFineStay 等，市场规模为 30 亿 ~ 90 亿美元。

2. 社区能源共享

在纽约布鲁克林的一个街区，已有项目尝试将家庭太阳能发的电通过社区的电力网络直接进行买卖。具体的交易不再经过电网公司，而是通过区块链执行。

与之类似，ConsenSys 和微电网开发商 LO3 提出共建光伏发电交易网络，实现点对点的能源交易。

这些方案的主要难题包括：

- 太阳能电池管理；
- 社区电网构建；
- 电力储备系统搭建；
- 低成本交易系统支持。

现在已经有大量创业团队在解决这些问题，特别是硬件部分已经有了不少解决方案。而通过区块链技术打造的平台可以解决最后一个问题，即低成本地实现社区内的可靠交易系统。

3. 电商平台

传统情况下，电商平台起到了中介的作用。一旦买卖双方发生纠纷，电商平台会作为第三方机构进行仲裁。这种模式存在着周期长、缺乏公证、成本高等缺点。OpenBazaar 试图在无中介的情形下，实现安全电商交易。OpenBazaar 提供的分布式电商平台，通过多方签名机制和信誉评分机制，让众多参与者合作进行评估，实现零成本解决纠纷问题。

4. 大数据共享

大数据时代里，价值来自于对数据的挖掘，数据维度越多，体积越大，潜在价值也就越高。一直以来，比较让人头疼的问题是如何评估数据的价值，如何利用数据进行交换和交易，以及如何避免宝贵的数据在未经许可的情况下泄露出去。

区块链技术为解决这些问题提供了潜在的可能。利用共同记录的共享账本，数据在多方之间的流动将得到实时的追踪和管理。通过对敏感信息的脱敏处理和访问权限的设定，区块链可以对大数据的共享授权进行精细化管控、规范，促进大数据的交易与流通。

5. 减小共享风险

传统的资源共享平台在遇到经济纠纷时会充当调解和仲裁者的角色。对于区块链共享平台，目前还存在线下复杂交易难以数字化等问题。除了引入信誉评分、多方评估等机制，也有方案提出引入保险机制来对冲风险。

2016 年 7 月，德勤、Stratumn 和 LemonWay 共同推出一个为共享经济场景设计的“微保险”概念平台，称为 LenderBot。针对共享经济活动中临时交换资产可能产生的风险，LenderBot 允许用户在区块链上注册定制的微保险，并为共享的资产（如相机、手机、电脑）投保。区块链在其中扮演了可信第三方和条款执行者的角色。

3.5 贸易管理

1. 跨境贸易

在国际贸易活动中，买卖双方可能互不信任。因此需要银行作为买卖双方的保证人，代为收款交单，并以银行信用代替商业信用。

区块链可以为信用证交易参与方提供共同账本，允许银行和其他参与方拥有经过确认的共同交易记录并据此履约，从而降低风险和成本。

巴克莱银行用区块链进行国际贸易结算——2016 年 9 月，英国巴克莱银行用区块链技术完成了一笔国际贸易的结算，贸易金额 10 万美元，出口商品是爱尔兰农场出产的芝士和黄油，进口商是位于离岸群岛塞舌尔的一家贸易商。结算用时不到 4 小时，而传统采用信用证方式做此类结算需要 7 到 10 天。

在这笔贸易背后，区块链提供了记账和交易处理系统，替代了传统信用证结算过程中占用大量人力和时间的审单、制单、电报或邮寄等流程。

2. 物流供应链

物流供应链是区块链一个很有前景的应用方向。供应链行业往往涉及诸多实体，包括物流、资金流、信息流等，这些实体之间存在大量复杂的协作和沟通。传统模式下，不同实体各自保存各自的供应链信息，严重缺乏透明度，造成了较高的时间成本和金钱成本，而且一旦出现问题（冒领、货物假冒等），难以追查和处理。

通过区块链，各方可以获得一个透明可靠的统一信息平台，可以实时查看状态，降低物流成本，追溯物品的生产和运送整个过程，从而提高供应链管理的效率。当发生纠纷时，举证和追查也变得更加清晰和容易。

例如，运送方通过扫描二维码来证明货物到达指定区域，并自动收取提前约定的费用；冷链运输过程中通过温度传感器实时检测货物的温度信息并记录在链等。来自美国加州的 Skuchain 公司创建基于区块链的新型供应链解决方案，实现商品流与资金流的同步，同时缓解假货问题。

马士基推出基于区块链的跨境供应链解决方案——2017 年 3 月，马士基和 IBM 宣布，计划与由货运公司、货运代理商、海运承运商、港口和海关当局构成的物流网络合作构建一个新型全球贸易数字化解决方案。该方案利用区块链技术在各方之间实现信息透明性，降低贸易成本和复杂性，旨在帮助企业减少欺诈和错误，缩短产品在运输和海运过程中所花的时间，改善库存管理，最终减少浪费并降低成本。马士基在 2014 年发现，仅仅是将冷冻货物从东非运到欧洲，就需要经过近 30 个人员和组织进行超过 200 次的沟通和交流。类似这样的问题都有望借助区块链进行解决。

3. 一带一路

类似“一带一路”这样创新的投资建设模式，会碰到来自地域、货币、信任等各方面的挑战。

现在已经有一些参与到一带一路中的部门，对区块链技术进行探索应用。区块链技术可以让原先无法交易的双方（例如，不存在多方都认可的国际货币储备的情况下）顺利完成交易，并且降低贸易风险、减少流程管控的成本。

3.6 物联网

曾经有人认为，物联网是大数据时代的基础。

笔者认为，区块链技术是物联网时代的基础。

1. 典型应用场景分析

一种可能的应用场景为：物联网络中每一个设备分配地址，给该地址关联一个账户，用户通过向账户中支付费用可以租借设备，以执行相关动作，从而达到租借物联网的应用。

典型的应用包括 PM2.5 监测点的数据获取、温度检测服务、服务器租赁、网络摄像头数据调用，等等。

另外，随着物联网设备的增多、边沿计算需求的增强，大量设备之间形成分布式自组织的管理模式，并且对容错性要求很高。区块链技术所具备的分布式和抗攻击特点可以很好地融合到这一场景中。

2. IBM

IBM 在物联网领域已经持续投入了几十年的研发，目前正在探索使用区块链技术来降低物联网应用的成本。2015 年的年初，IBM 与三星宣布合作研发“去中心化的 P2P 自动遥测系统”（Autonomous Decentralized Peer-to-Peer Telemetry）系统，使用区块链作为物联网设备的共享账本，打造去中心化的物联网。

3. Filament

美国的 Filament 公司以区块链为基础提出了一套去中心化的物联网软件堆栈。通过创建一个智能设备目录，Filament 的物联网设备可以进行安全沟通、执行智能合约以及发送小额交易。

基于上述技术，Filament 能够通过远程无线网络将辽阔范围内的工业基础设备沟通起来，其应用包括追踪自动售货机的存货和机器状态、检测铁轨的损耗、基于安全帽或救生衣的应急情况监测等。

4. NeuroMesh

2017 年 2 月，源自 MIT 的 NeuroMesh 物联网安全平台获得了 MIT 100K Accelerate 竞赛的亚军。该平台致力于成为“物联网疫苗”，能够检测和消除物联网中的有害程序，并将攻击源打入黑名单。

所有运行 NeuroMesh 软件的物联网设备都通过访问区块链账本来识别其他节点和辨认潜在威胁。如果一个设备借助深度学习功能检测出可能的威胁，可通过发起投票的形式告知全网，由网络进一步对该威胁进行检测并做出处理。

5. 公共网络服务

现有的互联网能正常运行，离不开很多近乎免费的网络服务，例如域名服务（DNS）。任何人都可以免费查询到域名，没有 DNS，现在的各种网站将无法访问。因此，对于网络系统来说，类似的基础服务必须要能做到安全可靠，并且低成本。

区块链技术恰好具备这些特点，基于区块链打造的分布式 DNS 系统，将减少错误的记录和查询，并且可以更加稳定可靠地提供服务。

3.7 其他场景

区块链还有一些很有趣的应用场景，包括但不限于云存储、医疗、社交、游戏等多个方面。

1. 云存储

Storj 项目提供了基于区块链的安全分布式云存储服务。服务保证只有用户自己能看到自己的数据，并号称提供高速的下载速度和 99.99999% 的高可用性。用户还可以“出租”自己的额外硬盘空间来获得报酬。

协议设计上，Storj 网络中的节点可以传递数据、验证远端数据的完整性和可用性、复原数据，以及商议合约和向其他节点付费。数据的安全性由数据分片（data sharding）和端到端加密提供，数据的完整性由可复原性证明（proof of retrievability）提供。

2. 医疗

医院与医保医药公司，不同医院之间，甚至医院里不同部门之间的数据流动性往往很差。考虑到医疗健康数据的敏感性，笔者认为，如果能够满足数据访问权、使用权等规定的基础上促进医疗数据的提取和流动，区块链将在医疗行业获得一定的用武之地。

GemHealth 项目由区块链公司 Gem 于 2016 年 4 月提出，其目标除了用区块链存储医疗记录或数据，还包括借助区块链增强医疗健康数据在不同机构不同部门间的安全可转移性、促进全球病人身份识别、医疗设备数据安全收集与验证等。项目已与医疗行业多家公司签订了合作协议。

3. 通信和社交

BitMessage 是一套去中心化通信系统，在点对点通信的基础上保护用户的匿名性和信息的隐私。BitMessage 协议在设计上充分参考了比特币，二者拥有相似的地址编码机制和消息传递机制。BitMessage 也用“工作量证明”机制防止通信网络受到大量垃圾信息的冲击。

类似的，Twister 是一套去中心化的“微博”系统，Dot-Bit 是一套去中心化的 DNS 系统。

4. 投票

Follow My Vote 项目致力于提供一个安全、透明的在线投票系统。通过使用该系统进行选举投票，投票者可以随时检查自己选票的存在和正确性，看到实时记票结果，并在改变主意时修改选票。

该项目使用区块链进行记票，并开源其软件代码供社区用户审核。项目也为投票人身份认证、防止重复投票、投票隐私等难点问题提供了解决方案。

5. 预测

Augur 是一个运行在以太坊上的预测市场平台。使用 Augur，来自全球不同地方的任何人都可发起自己的预测话题市场，或随意加入其他市场，来预测一些事件的发展结果。预测结果和奖金结算由智能合约严格控制，使得在平台上博弈的用户不用为安全性产生担忧。

6. 电子游戏

2017 年 3 月，来自马来西亚的电子游戏工作室 Xhai Studios 宣布将区块链技术引入其电子游戏平台。工作室旗下的一些游戏将支持与 NEM 区块链的代币 XEM 整合。通过这一平台，游戏开发者可以在游戏架构中直接调用支付功能，消除对第三方支付的依赖；玩家则可以自由地将 XEM 和游戏内货币、点数等进行双向兑换。

3.8　本章小结

本章介绍了大量基于区块链技术的应用案例和场景，展现了区块链以及基于区块链的分布式账本技术所具有的巨大市场潜力。

当然，任何事物的发展都不是一帆风顺的。目前来看，制约区块链技术进一步落地的因素有很多。比如如何来为区块链上的合同担保？特别在金融、法律等领域，实际执行的时候往往还需要线下机制来配合；另外就是基于区块链系统的价值交易，必须要实现物品价值的数字化，非数字化的物品很难直接放到数字世界中进行管理。

这些问题看起来都不容易很快得到解决。但笔者相信，一门新的技术能否站住脚，根本在于它能否最终提高生产力，而区块链技术已经证明了这一点。随着生态的进一步成熟，区块链技术必将在更多领域获得用武之地。

Chapter 4 第 4 章

分布式系统核心问题

万法皆空，因果不空。

随着摩尔定律遇到瓶颈，越来越多情况下要依靠分布式架构，才能实现海量数据处理能力和可扩展计算能力。

区块链系统，首先是一个分布式系统。传统单节点结构演变到分布式系统，碰到的首要问题就是一致性的保障。很显然，如果分布式集群无法保证处理结果一致的话，那任何建立于其上的业务系统都无法正常工作。

本章将介绍分布式系统领域的核心问题，包括一致性、共识的定义，基本的原理和算法，另外还介绍了评估分布式系统可靠性的指标。

4.1 一致性问题

一致性问题是分布式领域最为基础也是最重要的问题。如果分布式系统能实现“一致”，对外就可以呈现为一个完美的、可扩展的“虚拟节点”，相对物理节点具备更优越性能和稳定性。这也是分布式系统希望能实现的最终目标。

4.1.1 定义与重要性

定义　一致性（consistency），早期也叫 agreement，是指对于分布式系统中的多个服务节点，给定一系列操作，在约定协议的保障下，试图使得它们对处理结果达成“某种程度”的认同。

理想情况下，如果各个服务节点严格遵循相同的处理协议，构成相同的处理状态机，给定相同的初始状态和输入序列，则可以保障在处理过程中的每个环节的结果都是相同的。

那么，为什么说一致性问题十分重要呢？

举个现实生活中的例子，多个售票处同时出售某线路上的火车票，该线路上存在多个经停站，怎么才能保证在任意区间都不会出现超售（同一个座位卖给两个人）的情况呢？

这个问题看起来似乎没那么难，现实生活中经常通过分段分站售票的机制。然而，为了支持海量的用户和避免出现错误，存在很多设计和实现上的挑战。特别在计算机的世界里，为了达到远超普通世界的高性能和高可扩展性需求，问题会变得更为复杂。

注意　一致性并不代表结果正确与否，而是系统对外呈现的状态一致与否；例如，所有节点都达成失败状态也是一种一致。

4.1.2　问题与挑战

看似强大的计算机系统，实际上很多地方都比人类世界要脆弱得多。特别是在分布式计算机集群系统中，如下几个方面很容易出现问题：

- 节点之间的网络通信是不可靠的，包括消息延迟、乱序和内容错误等；
- 节点的处理时间无法保障，结果可能出现错误，甚至节点自身可能发生宕机；
- 同步调用可以简化设计，但会严重降低分布式系统的可扩展性，甚至使其退化为单点系统。

仍以火车票售卖问题为例，愿意动脑筋的读者可能已经想到了一些不错的解决思路，例如：

- 要出售任意一张票前，先打电话给其他售票处，确认下当前这张票不冲突。即通过同步调用来避免冲突；
- 多个售票处提前约好隔离的售票时间。比如第一家可以在上午 8 点到 9 点期间卖票，接下来一个小时是另外一家……即通过令牌机制来避免冲突；
- 成立一个第三方的存票机构，票集中存放，每次卖票前找存票机构查询。此时问题退化为中心化单点系统。

当然，还会有更多方案。

实际上，这些方案背后的思想，都是**将可能引发不一致的并行操作进行串行化**。这实际上也是现代分布式系统处理 一致性问题的基础思路。只是因为现在的计算机系统应对故障往往不够“智能”，而人们又希望系统可以更快更稳定地工作，所以实际可行的方案需要更加全面和更加高效。

注意　这些思路都没有考虑请求和答复消息出现失败的情况，同时假设每个售票处的售票机制是正常工作的。

4.1.3 一致性要求

规范地说，分布式系统达成一致的过程，应该满足：

- **可终止性**（termination）：一致的结果在有限时间内能完成；
- **约同性**（agreement）：不同节点最终完成决策的结果是相同的；
- **合法性**（validity）：决策的结果必须是某个节点提出的提案。

可终止性很容易理解。有限时间内完成，意味着可以保障提供服务（liveness）。这是计算机系统可以被正常使用的前提。需要注意，在现实生活中这点并不是总能得到保障的。例如取款机有时候会出现“服务中断”；拨打电话有时候是“无法连接”的。

约同性看似容易，实际上暗含了一些潜在信息。决策的结果相同，意味着算法要么不给出结果，任何给出的结果必定是达成了共识的，即安全性（safety）。挑战在于算法必须要考虑的是可能会处理任意的情形。凡事一旦推广到任意情形，往往就不像看起来那么简单。例如现在就剩一张某区间（如北京 --> 南京）的车票了，两个售票处也分别刚通过某种方式确认过这张票的存在。这时，两家售票处几乎同时分别来了一个乘客要买这张票，从各自“观察”看来，自己一方的乘客都是先到的……这种情况下，怎么能达成对结果的共识呢？看起来很容易，卖给物理时间上率先提交请求的乘客即可。然而，对于两个来自不同位置的请求来说，要判断在时间上的“先后”关系并不是那么容易。两个车站的时钟可能是不一致的；可能无法记录下足够精确的时间；更何况根据相对论的观点，并不存在绝对的时空观。

可见，事件发生的先后顺序十分重要，这也是解决分布式系统领域很多问题的核心秘诀：**把多件事情进行排序，而且这个顺序还得是大家都认可的**。

最后一个合法性看似绕口，但是其实比较容易理解，即达成的结果必须是节点执行操作的结果。仍以卖票为例，如果两个售票处分别决策某张票出售给张三和李四，那么最终达成一致的结果要么是张三，要么是李四，而绝对不能是其他人。

4.1.4 带约束的一致性

从前面的分析可以看到，要实现绝对理想的**严格一致性**（strict consistency）代价很大。除非系统不发生任何故障，而且所有节点之间的通信无需任何时间，这个时候整个系统其实就等价于一台机器了。实际上，越强的一致性要求往往会造成越弱的处理性能，以及越差的可扩展性。

一般来讲，强一致性（strong consistency）主要包括下面两类：

- **顺序一致性**（sequential consistency）：Leslie Lamport 在 1979 年的经典论文《How to Make a Multiprocessor Computer That Correctly Executes Multiprocess Programs》中提出，是一种比较强的约束，保证所有进程看到的全局执行顺序（total order）一致，并且每个进程看自身的执行顺序（local order）跟实际发生顺序一致。例如，某进程

先执行 A，后执行 B，则实际得到的全局结果中就应该为 A 在 B 前面，而不能反过来。同时所有其他进程在全局上也应该看到这个顺序。顺序一致性实际上限制了各进程内指令的偏序关系，但不在进程间按照物理时间进行全局排序；

- **线性一致性**（linearizability consistency）：Maurice P. Herlihy 与 Jeannette M. Wing 在 1990 年的经典论文《Linearizability: A Correctness Condition for Concurrent Objects》中共同提出，在顺序一致性前提下加强了进程间的操作排序，形成唯一的全局顺序（系统等价于是顺序执行，所有进程看到的所有操作的序列顺序都一致，并且跟实际发生顺序一致），是很强的原子性保证。但是比较难实现，目前基本上要么依赖于全局的时钟或锁，要么通过一些复杂算法实现，性能往往不高。

实现强一致性往往需要准确的计时设备。高精度的石英钟的漂移率为 10^{-7}，最准确的原子震荡时钟的漂移率为 10^{-13}。Google 曾在其分布式数据库 Spanner 中采用基于原子时钟和 GPS 的“TrueTime”方案，能够将不同数据中心的时间偏差控制在 10ms 以内。方案简单粗暴而且有效，但存在成本较高的问题。

由于强一致性的系统往往比较难实现，而且很多时候，实际需求并没有那么严格需要强一致性。因此，可以适当地放宽对一致性的要求，从而降低系统实现的难度。例如在一定约束下实现所谓最终一致性（eventual consistency），即总会存在一个时刻（而不是立刻），让系统达到一致的状态。大部分 Web 系统实现的都是最终一致性。相对强一致性，这一类在某些方面弱化的一致性都笼统称为弱一致性（weak consistency）。

4.2 共识算法

共识（consensus）在很多时候会与**一致性**（consistency）术语放在一起讨论。严谨地讲，两者的含义并不完全相同。

一致性往往指分布式系统中多个副本对外呈现的数据的状态。如前面提到的顺序一致性、线性一致性，描述了多个节点对数据状态的维护能力。而共识则描述了分布式系统中多个节点之间，彼此对某个状态达成一致结果的过程。因此，一致性描述的是结果状态，共识则是一种手段。达成某种共识并不意味着就保障了一致性。

实践中，要保障系统满足不同程度的一致性，核心过程往往需要通过共识算法来达成。

共识算法解决的是对某个提案（proposal）大家达成一致意见的过程。提案的含义在分布式系统中十分宽泛，如多个事件发生的顺序、某个键对应的值、谁是领导……等等。可以认为任何可以达成一致的信息都是一个提案。对于分布式系统来讲，各个节点通常都是相同的确定性状态机模型（又称为状态机复制问题，state-machine replication），从相同初始状态开始接收相同顺序的指令，则可以保证相同的结果状态。因此，系统中多个节点最关键的是对多个事件的顺序进行共识，即排序。

4.2.1 问题与挑战

实际上，如果分布式系统中各个单节点都能保证以十分“理想”的性能（瞬间响应、超高吞吐）无故障地运行，节点之间通信瞬时送达，则实现共识过程并不十分复杂，简单地通过广播进行瞬时投票和应答即可。

可惜的是，现实中这样的“理想”系统并不存在。不同节点之间通信存在延迟（光速物理限制，通信处理延迟），并且任意环节都可能存在故障（系统规模越大，发生故障可能性越高）。如通信网络会发生中断、节点会发生故障、甚至存在恶意节点故意要伪造消息，破坏系统的正常工作流程。

一般地，把出现故障（crash 或 fail-stop，即不响应）但不会伪造信息的情况称为“非拜占庭错误”（non-byzantine fault）或“故障错误”（Crash Fault）；伪造信息恶意响应的情况称为“拜占庭错误”（Byzantine Fault），对应节点为拜占庭节点。

4.2.2 常见算法

根据解决的是非拜占庭的普通错误情况还是拜占庭错误情况，共识算法可以分为 Crash Fault Tolerance（CFT）类算法和 Byzantine Fault Tolerance（BFT）类算法。

针对常见的非拜占庭错误的情况，已经存在一些经典的解决算法，包括 Paxos、Raft 及其变种等。这类容错算法往往性能比较好，处理较快，容忍不超过一半的故障节点。

对于要能容忍拜占庭错误的情况，一般包括 PBFT（Practical Byzantine Fault Tolerance）为代表的确定性系列算法、PoW 为代表的概率算法等。对于确定性算法，一旦达成对某个结果的共识就不可逆转，即共识是最终结果；而对于概率类算法，共识结果则是临时的，随着时间推移或某种强化，共识结果被推翻的概率越来越小，成为事实上的最终结果。拜占庭类容错算法往往性能较差，容忍不超过 1/3 的故障节点。

此外，XFT（Cross Fault Tolerance）等最近提出的改进算法可以提供类似 CFT 的处理响应速度，并能在大多数节点正常工作时提供 BFT 保障。

注意　实践中，一致性的结果往往还需要客户端的额外支持，典型情况如通过访问足够多个服务节点来比对验证，确保获取共识后的正确结果。

4.2.3 理论界限

数学家都喜欢对问题先确定一个最坏的理论界限。那么，共识问题的最坏界限在哪里呢？很不幸，在推广到任意情形时，分布式系统的共识问题无通用解。这似乎很容易理解，当多个节点之间的通信网络自身不可靠的情况下，很显然，无法确保实现共识（例如，所有涉及共识的消息都在网络上丢失)。那么，对于一个设计得当，可以大概率保证消息正确送达的网络，是不是就一定能保证达成共识呢?

科学家们证明，**即便在网络通信可靠情况下，可扩展的分布式系统的共识问题，其通用解法的理论下限是——没有下限(无解)**。

这个结论称为“FLP 不可能原理”。该原理极其重要，可以看做是分布式领域里的“测不准原理”。

提示　不仅在分布式系统领域，实际上在很多领域都存在类似“测不准原理”的约束。

4.3 FLP 不可能原理

4.3.1 定义

FLP 不可能原理：在网络可靠，但允许节点失效(即便只有一个)的最小化异步模型系统中，不存在一个可以解决一致性问题的确定性共识算法(No completely asynchronous consensus protocol can tolerate even a single unannounced process death)。

提出并证明该定理的论文《Impossibility of Distributed Consensus with One Faulty Process》由 Fischer、Lynch 和 Patterson 三位科学家于 1985 年发表，该论文后来获得了 Dijkstra(就是发明最短路径算法的那位计算机科学家)奖。

FLP 不可能原理实际上告诉人们，**不要浪费时间，去为异步分布式系统设计在任意场景下都能实现共识的算法。**

4.3.2 正确理解

要正确理解 FLP 不可能原理，首先要弄清楚“异步”的含义。

在分布式系统中，同步和异步这两个术语存在特殊的含义。**同步**是指系统中的各个节点的时钟误差存在上限；并且消息传递必须在一定时间内完成，否则认为失败；同时各个节点完成处理消息的时间是一定的。对于同步系统，可以很容易地判断消息是否丢失。**异步**是指系统中各个节点可能存在较大的时钟差异，同时消息传输时间是任意长的，各节点对消息进行处理的时间也可能是任意长的，这就造成无法判断某个消息迟迟没有被响应是哪里出了问题(节点故障还是传输故障?)。不幸地是，现实生活中的系统往往都是异步系统。

FLP 不可能性在原始论文中以图论的形式进行了严格证明。要理解这一基本原理并不复杂，一个不严谨的例子如下。

三个人在不同房间进行投票(投票结果是 0 或者 1)。彼此可以通过电话进行沟通，但经常有人会时不时睡着。比如某个时候，A 投票 0，B 投票 1，C 收到了两人的投票，然后 C 睡着了。此时，A 和 B 将永远无法在有限时间内获知最终的结果，究竟是 C 没有应答还是应答的时间过长。如果可以重新投票，则类似情形可以在每次取得结果前发生，这将导致共识过程永远无法完成。

FLP 原理实际上说明对于允许节点失效情况下，纯粹异步系统无法确保一致性在有限时间内完成。即便对于非拜占庭错误的前提下，包括 Paxos、Raft 等算法也都存在无法达成共识的情况，只是在工程实践中这种情况出现的概率很小。

那么，FLP 不可能原理是否意味着研究共识算法压根没有意义？

先别这么悲观。学术界做研究，往往考虑地是数学和物理意义上最极端的情形，很多时候现实生活要美好得多（感谢这个世界如此鲁棒！）。例如，上面例子中描述的最坏情形，每次都发生的概率其实并没有那么大。工程实现上多尝试几次，很大可能就成功了。

科学告诉你什么是不可能的；工程则告诉你，付出一些代价，可以把它变成可行。这就是科学和工程不同的魅力。

那么，退一步讲，在付出一些代价的情况下，我们在共识的达成上，能做到多好？回答这一问题的是另一个很出名的原理：CAP 原理。

提示 科学告诉你去赌场赌博从概率上总会是输钱的；工程则告诉你，如果你愿意接受最终输钱的风险，中间说不定能偶尔小赢几笔呢！

4.4 CAP 原理

CAP 原理最早是 2000 年由 Eric Brewer 在 ACM 组织的一个研讨会上提出猜想，后来 Lynch 等人进行了证明。该原理被认为是分布式系统领域的重要原理之一。

4.4.1 定义

CAP 原理：分布式计算系统不可能同时确保以下三个特性：一致性（Consistency）、可用性（Availability）和分区容忍性（Partition），设计中往往需要弱化对某个特性的保证。

这里，一致性、可用性和分区容忍性的含义如下：

- **一致性**：任何操作应该都是原子的，发生在后面的事件能看到前面事件发生导致的结果，注意这里指的是强一致性；
- **可用性**：在有限时间内，任何非失败节点都能应答请求；
- **分区容忍性**：网络可能发生分区，即节点之间的通信不可保障。

比较直观地理解如下，当网络可能出现分区的时候，系统是无法同时保证一致性和可用性的。要么，节点收到请求后因为没有得到其他节点的确认而不应答（牺牲可用性），要么节点只能应答非一致的结果（牺牲一致性）。

由于大多数时候网络被认为是可靠的，因此系统可以提供一致可靠的服务；当网络不可靠时，系统要么牺牲掉一致性（多数场景下），要么牺牲掉可用性。

> 注意　网络分区是可能存在的，出现分区情况后很可能会导致发生“脑裂”，多个新出现的主节点可能会尝试关闭其他主节点。

4.4.2　应用场景

既然 CAP 三种特性不可同时得到保障，则设计系统时必然要弱化对某个特性的支持。那么可能出现下面三个应用场景。

1. 弱化一致性

对结果一致性不敏感的应用，可以允许在新版本上线后过一段时间才最终更新成功，期间不保证一致性。例如网站静态页面内容、实时性较弱的查询类数据库等，简单分布式同步协议如 Gossip，以及 CouchDB、Cassandra 数据库等，都是为此设计的。

2. 弱化可用性

对结果一致性很敏感的应用，例如银行取款机，当系统故障时候会拒绝服务。MongoDB、Redis、MapReduce 等是为此设计的。Paxos、Raft 等共识算法，主要处理这种情况。在 Paxos 类算法中，可能存在着无法提供可用结果的情形，同时允许少数节点离线。

3. 弱化分区容忍性

现实中，网络分区出现概率较小，但较难完全避免。两阶段的提交算法，某些关系型数据库及 ZooKeeper 主要考虑了这种设计。实践中，网络可以通过双通道等机制增强可靠性，达到高稳定的网络通信。

4.5　ACID 原则

ACID 原则指的是：Atomicity（原子性）、Consistency（一致性）、Isolation（隔离性）、Durability（持久性），用了四种特性的缩写。

ACID 也是一种比较出名的描述一致性的原则，通常出现在分布式数据库领域。具体来说，ACID 原则描述了分布式数据库需要满足的一致性需求，同时允许付出可用性的代价。

ACID 特征如下：

- Atomicity：每次操作是原子的，要么成功，要么不执行；
- Consistency：数据库的状态是一致的，无中间状态；
- Isolation：各种操作彼此之间互相不影响；
- Durability：状态的改变是持久的，不会失效。

与 ACID 相对的一个原则是 BASE（Basic Availability，Soft-state，Eventual Consistency）

原则，牺牲掉对一致性的约束（但实现最终一致性），来换取一定的可用性。

> 注意 ACID 和 BASE 在英文中分别是“酸”和“碱”，看似对立，实则是分别对 CAP 三特性的不同取舍。

4.6 Paxos 算法与 Raft 算法

Paxos 问题[1]是指分布式的系统中存在故障（crash fault），但不存在恶意（corrupt）节点的场景（即可能消息丢失或重复，但无错误消息）下的共识达成问题。这也是分布式共识领域最为常见的问题。解决 Paxos 问题的算法主要有 Paxos 系列算法和 Raft 算法。

4.6.1 Paxos 算法

1990 年由 Leslie Lamport 在论文《The Part-time Parliament》中提出的 Paxos 共识算法，在工程角度实现了一种最大化保障分布式系统一致性（存在极小的概率无法实现一致）的机制。Paxos 算法被广泛应用在 Chubby、ZooKeeper 这样的分布式系统中。Leslie Lamport 作为分布式系统领域的早期研究者，因为相关成果获得了 2013 年度图灵奖。

故事背景是古希腊 Paxon 岛上的多个法官在一个大厅内对一个议案进行表决，如何达成统一的结果。他们之间通过服务人员来传递纸条，但法官可能离开或进入大厅，服务人员可能偷懒去睡觉。

Paxos 是第一个广泛应用的共识算法，其原理基于“两阶段提交”算法并进行泛化和扩展，通过消息传递来逐步消除系统中的不确定状态，是后来不少共识算法（如 Raft、ZAB 等）设计的基础。Paxos 算法基本思想并不复杂，但最初论文描述得比较难懂，后来在 2001 年 Leslie Lamport 还专门写了论文《Paxos Made Simple》予以解释。

算法的基本原理是将节点分为三种逻辑角色，在实现上同一个节点可以担任多个角色：

- Proposer（提案者）：提出一个提案，等待大家批准（chosen）为结案（value）。系统中提案都拥有一个自增的唯一提案号。往往由客户端担任该角色；
- Acceptor（接受者）：负责对提案进行投票，接受（accept）提案。往往由服务端担任该角色；
- Learner（学习者）：获取批准结果，并可以帮忙传播，不参与投票过程。可能为客户端或服务端。

算法需要满足 Safety 和 Liveness 两方面的约束要求。实际上这两个基础属性也是大部分分布式算法都该考虑的：

- Safety 约束：保证决议（value）结果是对的，无歧义的，不会出现错误情况。

[1] 因为最早是 Leslie Lamport 用 Paxon 岛的故事模型来进行描述，而得以命名。

- 只有是被 Proposers 提出的提案才可能被最终批准；
- 在一次执行中，只批准（chosen）一个最终决议。被多数接受（accept）的结果成为决议；

❑ Liveness 约束：保证决议过程能在有限时间内完成。

- 决议总会产生，并且学习者能获得被批准的决议。

基本过程是多个提案者先争取到提案的权利（得到大多数接受者的支持）；得到提案权利的提案者发送提案给所有人进行确认，得到大部分人确认的提案成为批准的结案。

Paxos 不保证系统随时处在一致的状态。但由于每次达成一致的过程中至少有超过一半的节点参与，这样最终整个系统都会获知共识的结果。一个潜在的问题是 Proposer 在此过程中出现故障，可以通过超时机制来解决。极为凑巧的情况下，每次新一轮提案的 Proposer 都恰好故障，又或者两个 Proposer 恰好依次提出更新的提案，则导致活锁，系统永远无法达成一致（实际发生概率很小）。

Paxos 能保证在超过一半的节点正常工作时，系统总能以较大概率达成共识。读者可以试着自己设计一套非拜占庭容错下基于消息传递的异步共识方案，会发现在满足各种约束情况下，算法过程会十分类似于 Paxos 的过程。

下面，由简单情况逐步推广到一般情况来探讨算法过程。

1. 单个提案者 + 多接受者

如果系统中限定只有某个特定节点是提案者，那么共识结果很容易能达成（只有一个方案，要么达成，要么失败）。提案者只要收到了来自多数接受者的投票，即可认为通过，因为系统中不存在其他的提案。

但此时一旦提案者故障，则系统无法工作。

2. 多个提案者 + 单个接受者

限定某个节点作为接受者。这种情况下，共识也很容易达成，接受者收到多个提案，选第一个提案作为决议，发送给其他提案者即可。

缺陷也是容易发生单点故障，包括接受者故障或首个提案者节点故障。

以上两种情形其实类似主从模式，虽然不那么可靠，但因为原理简单而被广泛采用。

当提案者和接受者都推广到多个的情形，会出现一些挑战。

3. 多个提案者 + 多个接受者

既然限定单提案者或单接受者都会出现故障，那么就得允许出现多个提案者和多个接受者。问题一下子变得复杂了。

一种情况是同一时间片段（如一个提案周期）内只有一个提案者，这时可以退化到单提案者的情形。需要设计一种机制来保障提案者的正确产生，例如按照时间、序列、或者大家猜拳（出一个参数来比较）之类。考虑到分布式系统要处理的工作量很大，这个过程要尽量高效，满足这一条件的机制非常难设计。

另一种情况是允许同一时间片段内可以出现多个提案者。那同一个节点可能收到多份提案，怎么对他们进行区分呢？这个时候采用只接受第一个提案而拒绝后续提案的方法也不适用。很自然的，提案需要带上不同的序号。节点需要根据提案序号来判断接受哪个。比如接受其中序号较大（往往意味着是接受新提出的，因为旧提案者故障概率更大）的提案。

如何为提案分配序号呢？一种可能方案是每个节点的提案数字区间彼此隔离开，互相不冲突。为了满足递增的需求可以配合用时间戳作为前缀字段。

同时允许多个提案意味着很可能单个提案人无法集齐足够多的投票；另一方面，提案者即便收到了多数接受者的投票，也不敢说就一定通过。因为在此过程中投票者无法获知其他投票人的结果，也无法确认提案人是否收到了自己的投票。因此，需要实现两个阶段的提交过程。

4. 两阶段的提交

提案者发出提案申请之后，会收到来自接受者的反馈。一种结果是提案被大多数接受者接受了，一种结果是没被接受。没被接受的话，可以过会再重试。即便收到来自大多数接受者的答复，也不能认为就最终确认了。因为这些接受者并不知道自己刚答复的提案是否可以构成大多数的一致意见。

很自然，需要引入新的一个阶段，即提案者在第一阶段拿到所有的反馈后，需要再次判断这个提案是否得到大多数的支持，如果支持则需要对其进行最终确认。

Paxos 里面对这两个阶段分别命名为准备（Prepare）阶段和提交（Commit）阶段。准备阶段通过锁来解决对哪个提案内容进行确认的问题，提交阶段解决大多数确认最终值的问题。

准备阶段：

- 提案者发送自己计划提交的提案的编号到多个接收者，试探是否可以锁定多数接收者的支持；
- 接受者时刻保留收到过提案的最大编号和接受的最大提案。如果收到提案号比目前保留的最大提案号还大，则返回自己已接受的提案值（如果还未接受过任何提案，则为空）给提案者，更新当前最大提案号，并说明不再接受小于最大提案号的提案。

提交阶段：

- 提案者如果收到大多数的回复（表示大部分人听到它的请求），则可准备发出带有刚才提案号的接受消息。如果收到的回复中不带有新的提案，说明锁定成功。则使用自己的提案内容；如果返回中有提案内容，则替换提案值为返回中编号最大的提案值。如果没收到足够多的回复，则需要再次发出请求；
- 接受者收到“接受消息”后，如果发现提案号不小于已接受的最大提案号，则接受该提案，并更新接受的最大提案。

一旦多数接受者接受了共同的提案值，则形成决议，成为最终确认。

4.6.2　Raft 算法

Paxos 算法的设计并没有考虑到一些优化机制，同时论文中也没有给出太多实现细节，因此后来出现了不少性能更优化的算法和实现，包括 Fast Paxos、Multi-Paxos 等。最近出现的 Raft 算法，算是对 Multi-Paxos 的重新简化设计和实现，相对也更容易理解。

Raft 算法由斯坦福大学的 Diego Ongaro 和 John Ousterhout 于 2014 年在论文《In Search of an Understandable Consensus Algorithm》中提出。Raft 算法面向对多个决策达成一致的问题，分解了 Leader 选举、日志复制和安全方面的考虑，并通过约束减少了不确定性的状态空间。

Raft 算法包括三种角色：Leader（领导者）、Candidate（候选领导者）和 Follower（跟随者），决策前通过选举一个全局的 leader 来简化后续的决策过程。Leader 角色十分关键，决定日志（log）的提交。日志只能由 Leader 向 Follower 单向复制。

典型的过程包括以下两个主要阶段：

- Leader 选举：开始所有节点都是 Follower，在随机超时发生后未收到来自 Leader 或 Candidate 消息，则转变角色为 Candidate，提出选举请求。最近选举阶段（Term）中得票超过一半者被选为 Leader；如果未选出，随机超时后进入新的阶段重试。Leader 负责从客户端接收 log，并分发到其他节点；
- 同步日志：Leader 会找到系统中日志最新的记录，并强制所有的 Follower 来刷新到这个记录，数据的同步是单向的。

注意　此处日志并非是指输出消息，而是各种事件的发生记录。

4.7　拜占庭问题与算法

拜占庭问题（Byzantine Problem）更为广泛，讨论的是允许存在少数节点作恶（消息可能被伪造）场景下的一致性达成问题。拜占庭容错（Byzantine Fault Tolerant，BFT）算法讨论的是在拜占庭情况下对系统如何达成共识。

1. 两将军问题

在拜占庭将军问题之前，就已经存在两将军问题（Two Generals Paradox）：两个将军要通过信使来达成进攻还是撤退的约定，但信使可能迷路或被敌军阻拦（消息丢失或伪造），如何达成一致？根据 FLP 不可能原理，这个问题无通用解。

2. 拜占庭问题

拜占庭问题又叫拜占庭将军问题（Byzantine Generals Problem），是 Leslie Lamport 等

科学家于 1982 年提出用来解释一致性问题的一个虚构模型。拜占庭是古代东罗马帝国的首都，由于地域宽广，守卫边境的多个将军（系统中的多个节点）需要通过信使来传递消息，达成某些一致的决定。但由于将军中可能存在叛徒（系统中节点出错），这些叛徒将努力向不同的将军发送不同的消息，试图干扰共识的达成。拜占庭问题即为在此情况下，如何让忠诚的将军们能达成行动的一致。

论文中指出，对于拜占庭问题来说，假如节点总数为 N，叛变将军数为 F，则当 $N \geq 3F+1$ 时，问题才有解，由 BFT 算法进行保证。

例如，$N=3$，$F=1$ 时。

提案人不是叛变者，提案人发送一个提案出来，叛变者可以宣称收到的是相反的命令。则对于第三个人（忠诚者）收到两个相反的消息，无法判断谁是叛变者，则系统无法达到一致。

提案人是叛变者，发送两个相反的提案分别给另外两人，另外两人都收到两个相反的消息，无法判断究竟谁是叛变者，则系统无法达到一致。

更一般的，当提案人不是叛变者，提案人提出提案信息 1，则对于合作者来看，系统中会有 $N-F$ 份确定的信息 1，和 F 份不确定的信息（可能为 0 或 1，假设叛变者会尽量干扰一致的达成），$N-F>F$，即 $N>2F$ 情况下才能达成一致。

当提案人是叛变者，会尽量发送相反的提案给 $N-F$ 个合作者，从收到 1 的合作者看来，系统中会存在 $(N-F)/2$ 个信息 1，以及 $(N-F)/2$ 个信息 0；从收到 0 的合作者看来，系统中会存在 $(N-F)/2$ 个信息 0，以及 $(N-F)/2$ 个信息 1；另外存在 $F-1$ 个不确定的信息。合作者要想达成一致，必须进一步对所获得的消息进行判定，询问其他人某个被怀疑对象的消息值，并通过取多数来作为被怀疑者的信息值。这个过程可以进一步递归下去。

Leslie Lamport 等人在论文《Reaching agreement in the presence of faults》中证明，当叛变者不超过 1/3 时，存在有效的拜占庭容错算法（最坏需要 $F+1$ 轮交互）。反之，如果叛变者过多，超过 1/3，则无法保证一定能达到一致结果。

那么，当存在多于 1/3 的叛变者时，有没有可能存在解决方案呢？

设想 F 个叛变者和 L 个忠诚者，叛变者故意使坏，可以给出错误的结果，也可以不响应。某个时候 F 个叛变者都不响应，则 L 个忠诚者取多数即能得到正确结果。当 F 个叛变者都给出一个恶意的提案，并且 L 个忠诚者中有 F 个离线时，剩下的 $L-F$ 个忠诚者此时无法分别是否混入了叛变者，仍然要确保取多数能得到正确结果，因此，$L-F>F$，即 $L>2F$ 或 $N-F>2F$，所以系统整体规模 N 要大于 $3F$。

能确保达成一致的拜占庭系统节点数至少为 4，此时最多允许出现 1 个坏的节点。

3. 拜占庭容错算法

拜占庭容错算法（Byzantine Fault Tolerant，BFT）是面向拜占庭问题的容错算法，解决的是在网络通信可靠但节点可能故障情况下如何达成共识。拜占庭容错算法最早的讨论在

1980 年 Leslie Lamport 等人发表的论文《 Polynomial Algorithms for Byzantine Agreement 》，之后出现了大量的改进工作。长期以来，拜占庭问题的解决方案都存在复杂度过高的问题，直到 PBFT 算法的提出。

1999 年，Castro 和 Liskov 于论文《 Practical Byzantine Fault Tolerance and Proactive Recovery 》中提出的 Practical Byzantine Fault Tolerant（PBFT）算法，基于前人工作进行了优化，首次将拜占庭容错算法复杂度从指数级降低到了多项式级，目前已得到广泛应用。其可以在失效节点不超过总数 1/3 的情况下同时保证 Safety 和 Liveness。

PBFT 算法采用密码学相关技术（RSA 签名算法、消息验证编码和摘要）确保消息传递过程无法被篡改和破坏。

算法的基本过程如下：

- 首先通过轮换或随机算法选出某个节点为主节点，此后只要主节点不切换，则称为一个视图（View）；
- 在某个视图中，客户端将请求 <REQUEST,operation,timestamp,client> 发送给主节点，主节点负责广播请求到所有其他副本节点；
- 所有节点处理完成请求，将处理结果 <REPLY,view,timestamp,client,id_node,response> 返回给客户端。客户端检查是否收到了至少 $f+1$ 个来自不同节点的相同结果，作为最终结果。

主节点广播过程包括三个阶段的处理：预准备（pre-prepare）阶段、准备（prepare）阶段和提交（commit）阶段。预准备和准备阶段确保在同一个视图内请求发送的顺序正确；准备和提交阶段则确保在不同视图之间的确认请求是保序的：

- **预准备阶段**：主节点为从客户端收到的请求分配提案编号，然后发出预准备消息 <<PRE-PREPARE,view,n,digest>,message> 给各副本节点，其中 message 是客户端的请求消息，digest 是消息的摘要；
- **准备阶段**：副本节点收到预准备消息后，检查消息合法，如检查通过则向其他节点发送准备消息 <PREPARE,view,n,digest,id>，带上自己的 id 信息，同时接收来自其他节点的准备消息。收到准备消息的节点对消息同样进行合法性检查。验证通过则把这个准备消息写入消息日志中。集齐至少 $2f+1$ 个验证过的消息才进入准备状态；
- **提交阶段**：广播 commit 消息，告诉其他节点某个提案 n 在视图 v 里已经处于准备状态。如果集齐至少 $2f+1$ 个验证过的 commit 消息，则说明提案通过。

具体实现上还包括视图切换、checkpoint 机制等，读者可自行参考论文内容，在此不再赘述。

4. 新的解决思路

拜占庭问题之所以难解，在于任何时候系统中都可能存在多个提案（因为提案成本很低），并且要完成最终一致性确认过程十分困难，容易受干扰。

比特币的区块链网络在设计时提出了创新的 PoW（Proof of Work）概率算法思路，针对这两个环节进行了改进。

首先，限制一段时间内整个网络中出现提案的个数（通过增加提案成本）；其次是放宽对最终一致性确认的需求，约定好大家都确认并沿着已知最长的链进行拓展。系统的最终确认是概率意义上的存在。这样，即便有人试图恶意破坏，也会付出相应的经济代价（超过整体系统一半的计算力）。

后来的各种 PoX 系列算法，也都是沿着这个思路进行改进，采用经济上的惩罚来制约破坏者。

4.8 可靠性指标

可靠性（availability），或者说可用性，是描述系统可以提供服务能力的重要指标。高可靠的分布式系统往往需要各种复杂的机制来进行保障。

通常情况下，服务的可用性可以用服务承诺（Service Level Agreement，SLA SLA）、服务指标（Service Level Indicator，SLI）、服务目标（Service Level Objective，SLO）等方面进行衡量。

4.8.1 几个 9 的指标

很多领域里谈到服务的高可靠性，都喜欢用几个 9 的指标来进行衡量。几个 9，其实是概率意义上粗略反映了系统能提供服务的可靠性指标，最初是电信领域提出的概念。

表 4-1 给出同指标下每年允许服务出现不可用时间的参考值。

表 4-1　同指标下，每年允许服务出现不可用时间的参考值

指标	概率可靠性	每年允许不可用时间	典型场景
一个 9	90%	1.2 个月	简单测试
二个 9	99%	3.6 天	普通单点
三个 9	99.9%	8.6 小时	普通集群
四个 9	99.99%	51.6 分钟	高可用
五个 9	99.999%	5 分钟	电信级
六个 9	99.9999%	31 秒	极高要求
七个 9	99.99999%	3 秒	N/A

一般来说，单点的服务器系统至少应能满足两个 9；普通企业信息系统三个 9 就肯定足够了（大家可以统计下自己企业内因系统维护每年要停多少时间），系统能达到四个 9 已经是领先水平了（参考 AWS 等云计算平台）。电信级的应用一般需要能达到五个 9，这已经很厉害了，一年里面最多允许出现五分钟左右的服务不可用。六个 9 以及以上的系统，就更加少见了，要实现往往意味着极高的代价。

4.8.2　两个核心时间

一般地，描述系统出现故障的可能性和故障出现后的恢复能力，有两个基础的指标：MTBF 和 MTTR：

- ❑ MTBF（Mean Time Between Failures）：平均故障间隔时间，即系统可以无故障运行的预期时间；
- ❑ MTTR（Mean Time to Repair）：平均修复时间，即发生故障后，系统可以恢复到正常运行的预期时间。

MTBF 衡量了系统发生故障的频率，如果一个系统的 MTBF 很短，则往往意味着该系统可用性低；而 MTTR 则反映了系统碰到故障后服务的恢复能力，如果系统的 MTTR 过长，则说明系统一旦发生故障，需要较长时间才能恢复服务。

一个高可用的系统应该是具有尽量长的 MTBF 和尽量短的 MTTR。

4.8.3　提高可靠性

如何提升系统的可靠性呢？有两个基本思路：一是让系统中的单个组件都变得更可靠；二是干脆消灭单点。

IT 从业人员大都有类似的经验，普通笔记本电脑，基本上是过一阵可能就要重启一下；而运行 Linux/Unix 系统的专用服务器，则可能连续运行几个月甚至几年时间都不出问题。另外，普通的家用路由器，跟生产级别路由器相比，更容易出现运行故障。这些都是单个组件可靠性不同导致的例子，可以通过简单升级单点的软硬件来改善可靠性。

然而，依靠单点实现的可靠性毕竟是有限的。要想进一步地提升，那就只好消灭单点，通过主从、多活等模式让多个节点集体完成原先单点的工作。这可以从概率意义上改善服务对外的整体可靠性，这也是分布式系统的一个重要用途。

4.9　本章小结

分布式系统是计算机科学中十分重要的一个研究领域。随着现代计算机集群规模的不断增长，所处理的数据量越来越大，同时对于性能、可靠性的要求越来越高，分布式系统相关技术已经变得越来越重要，起到的作用也越来越关键。

分布式系统中如何保证共识是个经典的技术问题，无论在学术上还是工程上都存在很高的研究价值。令人遗憾地是，理想的（各项指标均最优）解决方案并不存在。在现实各种约束条件下，往往需要通过牺牲掉某些需求，来设计出满足特定场景的协议。通过本章的学习，读者可以体会到在工程应用中的类似设计技巧。

实际上，工程领域中不少问题都不存在一劳永逸的通用解法；而实用的解决思路是，合理地在实际需求和条件限制之间进行灵活的取舍。

Chapter 5

第 5 章 密码学与安全技术

工程领域从来没有黑科技；密码学不仅是工程。

密码学相关的安全技术在整个信息技术领域的重要地位无需多言。如果没有现代密码学和信息安全的研究成果，人类社会根本无法进入信息时代。区块链技术大量依赖了密码学和安全技术的研究成果。

实际上，密码学和安全领域所涉及的知识体系十分繁杂，本章将介绍密码学领域中跟区块链相关的一些基础知识，包括 Hash 算法与数字摘要、加密算法、数字签名、数字证书、PKI 体系、Merkle 树、布隆过滤器、同态加密等。读者通过阅读本章可以了解如何使用这些技术保护信息的机密性、完整性、认证性和不可抵赖性。

5.1 Hash 算法与数字摘要

5.1.1 Hash 定义

Hash（哈希或散列）算法是非常基础也非常重要的计算机算法，它能将任意长度的二进制明文串映射为较短的（通常是固定长度的）二进制串（Hash 值），并且不同的明文很难映射为相同的 Hash 值。

例如计算一段话“hello blockchain world, this is yeasy@github”的 SHA-256 Hash 值。

```
$ echo "hello blockchain world, this is yeasy@github"|shasum -a 256
db8305d71a9f2f90a3e118a9b49a4c381d2b80cf7bcef81930f30ab1832a3c90
```

这意味着对于某个文件，无需查看其内容，只要其 SHA-256 Hash 计算后结果同样为

db8305d71a9f2f90a3e118a9b49a4c381d2b80cf7bcef81930f30ab1832a3c90，则说明文件内容极大概率上就是“hello blockchain world, this is yeasy@github”。

Hash 值在应用中又常被称为指纹（fingerprint）或摘要（digest）。Hash 算法 的核心思想也经常被应用到基于内容的编址或命名算法中。

一个优秀的 Hash 算法将能实现如下功能：

- **正向快速**：给定明文和 Hash 算法，在有限时间和有限资源内能计算得到 Hash 值；
- **逆向困难**：给定（若干）Hash 值，在有限时间内很难（基本不可能）逆推出明文；
- **输入敏感**：原始输入信息发生任何改变，新产生的 Hash 值都应该出现很大不同；
- **冲突避免**：很难找到两段内容不同的明文，使得它们的 Hash 值一致（发生碰撞）。

冲突避免有时候又称为“抗碰撞性”，分为“弱抗碰撞性”和“强抗碰撞性”。如果给定明文前提下，无法找到与之碰撞的其他明文，则算法具有“弱抗碰撞性”；如果无法找到任意两个发生 Hash 碰撞的明文，则称算法具有“强抗碰撞性”。

很多场景下，也往往要求算法对于任意长的输入内容，可以输出定长的 Hash 值结果。

5.1.2 常见算法

目前常见的 Hash 算法包括 MD5 和 SHA 系列算法。

MD4（RFC 1320）是 MIT 的 Ronald L. Rivest 在 1990 年设计的，MD 是 Message Digest 的缩写。其输出为 128 位。MD4 已被证明不够安全。

MD5（RFC 1321）是 Rivest 于 1991 年对 MD4 的改进版本。它对输入仍以 512 位进行分组，其输出是 128 位。MD5 比 MD4 更加安全，但过程更加复杂，计算速度要慢一点。MD5 已被证明不具备“强抗碰撞性”。

SHA（Secure Hash Algorithm）并非一个算法，而是一个 Hash 函数族。NIST（National Institute of Standards and Technology）于 1993 年发布其首个实现。目前知名的 SHA-1 算法在 1995 年面世，它的输出为长度 160 位的 Hash 值，抗穷举性更好。SHA-1 设计时模仿了 MD4 算法，采用了类似原理。SHA-1 已被证明不具备“强抗碰撞性”。

为了提高安全性，NIST 还设计出了 SHA-224、SHA-256、SHA-384 和 SHA-512 算法（统称为 SHA-2），跟 SHA-1 算法原理类似。SHA-3 相关算法也已被提出。

目前，MD5 和 SHA1 已经被破解，一般推荐至少使用 SHA2-256 或更安全的算法。

> 提示 MD5 是一个经典的 Hash 算法，和 SHA-1 算法一起都被认为安全性已不足应用于商业场景。

5.1.3 性能

Hash 算法一般都是计算敏感型的。意味着计算资源是瓶颈，主频越高的 CPU 运行

Hash 算法的速度也越快。因此可以通过硬件加速来提升 Hash 计算的吞吐量。例如采用 FPGA 来计算 MD5 值，可以轻易达到数十 Gbps 的吞吐量。

也有一些 Hash 算法不是计算敏感型的。例如 scrypt 算法，计算过程需要大量的内存资源，节点不能通过简单地增加更多 CPU 来获得 Hash 性能的提升。这样的 Hash 算法经常用在避免算力攻击的场景。

5.1.4 数字摘要

顾名思义，数字摘要是对数字内容进行 Hash 运算，获取唯一的摘要值来指代原始完整的数字内容。数字摘要是 Hash 算法最重要的一个用途。利用 Hash 函数的抗碰撞性特点，数字摘要可以解决确保内容未被篡改过的问题。

细心的读者可能会注意到，从网站下载软件或文件时，有时会提供一个相应的数字摘要值。用户下载原始文件后可以在本地自行计算摘要值，并与提供的摘要值进行比对，可检查文件内容是否被篡改过。

5.1.5 Hash 攻击与防护

Hash 算法并不是一种加密算法，不能用于对信息的保护。但 Hash 算法常用于对口令的保存上。例如用户登录网站需要通过用户名和密码来进行验证。如果网站后台直接保存用户的口令明文，一旦数据库发生泄露后果不堪设想。大量用户倾向于在多个网站选用相同或关联的口令。

利用 Hash 的特性，后台可以仅保存口令的 Hash 值，这样每次比对 Hash 值一致，则说明输入的口令正确。即便数据库泄露了，也无法从 Hash 值还原回口令，只有进行穷举测试。

然而，由于有时用户设置口令的强度不够，只是一些常见的简单字符串，如 password、123456 等。有人专门搜集了这些常见口令，计算对应的 Hash 值，制作成字典。这样通过 Hash 值可以快速反查到原始口令。这一类型以空间换时间的攻击方法包括字典攻击和彩虹表攻击（只保存一条 Hash 链的首尾值，相对字典攻击可以节省存储空间）等。

为了防范这一类攻击，一般采用加盐（salt）的方法。保存的不是口令明文的 Hash 值，而是口令明文再加上一段随机字符串（即“盐”）之后的 Hash 值。Hash 结果和“盐”分别存放在不同的地方，这样只要不是两者同时泄露，攻击者就很难破解了。

5.2 加解密算法

加解密算法是密码学的核心技术，从设计理念上可以分为两大基本类型，如表 5-1 所示。

表 5-1　加解密算法的类型

算法类型	特点	优势	缺陷	代表算法
对称加密	加解密的密钥相同	计算效率高，加密强度高	需提前共享密钥，易泄露	DES、3DES、AES、IDEA
非对称加密	加解密的密钥不相关	无需提前共享密钥	计算效率低，仍存在中间人攻击可能	RSA、ElGamal、椭圆曲线系列算法

5.2.1　加解密系统基本组成

现代加解密系统的典型组件一般包括：加解密算法、加密密钥、解密密钥。其中，加解密算法自身是固定不变的，并且一般是公开可见的；密钥则是最关键的信息，需要安全地保存起来，甚至通过特殊硬件进行保护。一般来说，对同一种算法，密钥需要按照特定算法每次加密前随机生成，长度越长，则加密强度越大。加解密的基本过程如图 5-1 所示。

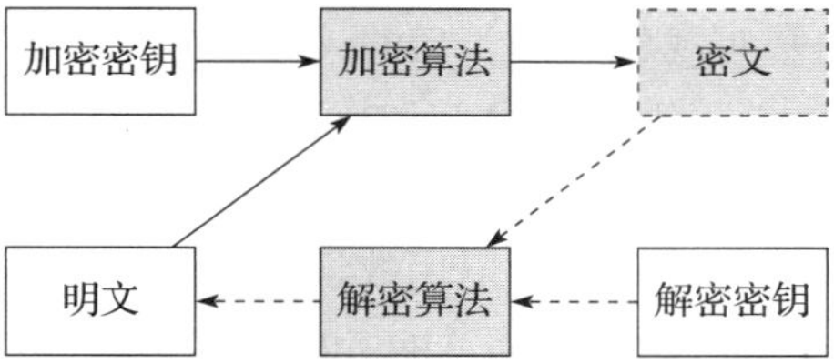

图 5-1　加解密的基本过程

加密过程中，通过加密算法和加密密钥，对明文进行加密，获得密文。

解密过程中，通过解密算法和解密密钥，对密文进行解密，获得明文。

根据加解密过程中所使用的密钥是否相同，算法可以分为**对称加密**（symmetric cryptography，又称公共密钥加密，common-key cryptography）和**非对称加密**（asymmetric cryptography，又称公钥加密，public-key cryptography）。两种模式适用于不同的需求，恰好形成互补。某些时候可以组合使用，形成混合加密机制。

并非所有加密算法的安全性都可以从数学上得到证明。公认的高强度的加密算法和实现往往经过长时间各方面充分实践论证后，才被大家所认可，但也不代表其绝对不存在漏洞。因此，自行设计和发明未经过大规模验证的加密算法是一种不太明智的行为。即便不公开算法加密过程，也很容易被攻破，无法在安全性上得到保障。

实际上，密码学实现的安全往往是通过算法所依赖的数学问题来提供，而并非通过对算法的实现过程进行保密。

5.2.2　对称加密算法

对称加密算法，顾名思义，加密和解密过程的密钥是相同的。该类算法优点是加解密效率（速度快，空间占用小）和加密强度都很高。缺点是参与方都需要提前持有密钥，一旦有人泄露则安全性被破坏；另外如何在不安全通道中提前分发密钥也是个问题，需要借助 Diffie–Hellman 协议或非对称加密方式来实现。

对称密码从实现原理上可以分为两种：**分组密码**和**序列密码**。前者将明文切分为定长数据块作为基本加密单位，应用最为广泛。后者则每次只对一个字节或字符进行加密处理，且密码不断变化，只用在一些特定领域，如数字媒介的加密等。

分组对称加密代表算法包括 DES、3DES、AES、IDEA 等：

- DES（Data Encryption Standard）：经典的分组加密算法，1977 年由美国联邦信息处理标准（FIPS）采用 FIPS-46-3，将 64 位明文加密为 64 位的密文，其密钥长度为 64 位（包含 8 位校验位）。现在已经很容易被暴力破解；
- 3DES：三重 DES 操作：加密→解密→加密，处理过程和加密强度优于 DES，但现在也被认为不够安全；
- AES（Advanced Encryption Standard）：由美国国家标准研究所（NIST）采用，取代 DES 成为对称加密实现的标准，1997 ~ 2000 年 NIST 从 15 个候选算法中评选 Rijndael 算法（由比利时密码学家 Joan Daemon 和 Vincent Rijmen 发明）作为 AES，标准为 FIPS-197。AES 也是分组算法，分组长度为 128、192、256 位三种。AES 的优势在于处理速度快，整个过程可以用数学描述，目前尚未有有效的破解手段；
- IDEA（International Data Encryption Algorithm）：1991 年由密码学家 James Massey 与来学嘉联合提出。设计类似于 3DES，密钥长度增加到 128 位，具有更好的加密强度。

序列密码，又称流密码。1949 年，Claude Elwood Shannon（信息论创始人）首次证明，要实现绝对安全的完善保密性（perfect secrecy），可以通过“一次性密码本”的对称加密处理。即通信双方每次使用跟明文等长的随机密钥串对明文进行加密处理。序列密码采用了类似的思想，每次通过伪随机数生成器来生成伪随机密钥串。代表算法包括 RC4 等。

对称加密算法适用于大量数据的加解密过程；不能用于签名场景；并且往往需要提前分发好密钥。

注意 分组加密每次只能处理固定长度的明文，因此对于过长的内容需要采用一定模式进行分割处理，《实用密码学》一书中推荐使用密文分组链（Cipher Block Chain，CBC）、计数器（Counter，CTR）等模式。

5.2.3 非对称加密算法

非对称加密是现代密码学历史上一项伟大的发明，可以很好地解决对称加密中提前分发密钥的问题。

顾名思义，非对称加密算法中，加密密钥和解密密钥是不同的，分别称为公钥（public key）和私钥（private key）。私钥一般需要通过随机数算法生成，公钥可以根据私钥生成。

公钥一般是公开的，他人可获取的；私钥一般是个人持有，他人不能获取。

非对称加密算法的优点是公私钥分开，不安全通道也可使用。缺点是处理速度（特别是生成密钥和解密过程）往往比较慢，一般比对称加解密算法慢 2 ~ 3 个数量级；同时加密强度也往往不如对称加密算法。

非对称加密算法的安全性往往需要基于数学问题来保障，目前主要有基于大数质因子分解、离散对数、椭圆曲线等经典数学难题进行保护。

代表算法包括：RSA、ElGamal、椭圆曲线（Elliptic Curve Crytosystems，ECC）、SM2 等系列算法。

- RSA ：经典的公钥算法，1978 年由 Ron Rivest、Adi Shamir、Leonard Adleman 共同提出，三人于 2002 年因此获得图灵奖。算法利用了对大数进行质因子分解困难的特性，但目前还没有数学证明两者难度等价，或许存在未知算法在不进行大数分解的前提下解密；
- Diffie-Hellman 密钥交换：基于离散对数无法快速求解，可以在不安全的通道上，双方协商一个公共密钥；
- ElGamal ：由 Taher ElGamal 设计，利用了模运算下求离散对数困难的特性。被应用在 PGP 等安全工具中；
- 椭圆曲线算法（Elliptic Curve Cryptography，ECC）：现代备受关注的算法系列，基于对椭圆曲线上特定点进行特殊乘法逆运算难以计算的特性。最早在 1985 年由 Neal Koblitz 和 Victor Miller 分别独立提出。ECC 系列算法一般被认为具备较高的安全性，但加解密计算过程往往比较费时；
- SM2（ShangMi 2）：国家商用密码算法，由国家密码管理局于 2010 年 12 月 17 日发布，同样基于椭圆曲线算法，加密强度优于 RSA 系列算法。

非对称加密算法一般适用于签名场景或密钥协商，但不适于大量数据的加解密。

目前普遍认为 RSA 类算法可能在不远的将来被破解，一般推荐可采用安全强度更高的椭圆曲线系列算法。

5.2.4 选择明文攻击

细心的读者可能会意识到，在非对称加密中，由于公钥是公开可以获取的，因此任何人都可以给定明文，获取对应的密文，这就带来选择明文攻击的风险。

为了规避这种风险，现有的非对称加密算法（如 RSA、ECC）都引入了一定的保护机制。对同样的明文使用同样密钥进行多次加密，得到的结果完全不同，这就避免了选择明文攻击的破坏。

在实现上可以有多种思路。一种是对明文先进行变形，添加随机的字符串或标记，再对添加后结果进行处理。另外一种是先用随机生成的临时密钥对明文进行对称加密，然后再对对称密钥进行加密，即混合利用多种加密机制。

5.2.5 混合加密机制

混合加密机制同时结合了对称加密和非对称加密的优点。

先用计算复杂度高的非对称加密协商出一个临时的对称加密密钥（也称为会话密钥，一般相对所加密内容来说要短得多），然后双方再通过对称加密算法对传递的大量数据进行快速的加解密处理。

典型的应用案例是现在大家常用的 HTTPS 协议。HTTPS 协议正在替换掉传统的不安全的 HTTP 协议，成为最普遍的 Web 通信协议。

HTTPS 在传统的 HTTP 层和 TCP 层之间通过引入 Transport Layer Security/Secure Socket Layer（TLS/SSL）加密层来实现可靠的传输。

SSL 协议最早是 Netscape 于 1994 年设计出来实现早期 HTTPS 的方案，SSL 3.0 及之前版本存在漏洞，被认为不够安全。TLS 协议是 IETF 基于 SSL 协议提出的安全标准，目前最新的版本为 1.2（2008 年发布）。推荐使用的版本号至少为 TLS 1.0，对应到 SSL 3.1 版本。除了 Web 服务外，TLS 协议也广泛应用于 Email、实时消息、音视频通话等领域。

采用 HTTPS 建立安全连接（TLS 握手协商过程）的基本步骤如下（可参见图 5-2）：

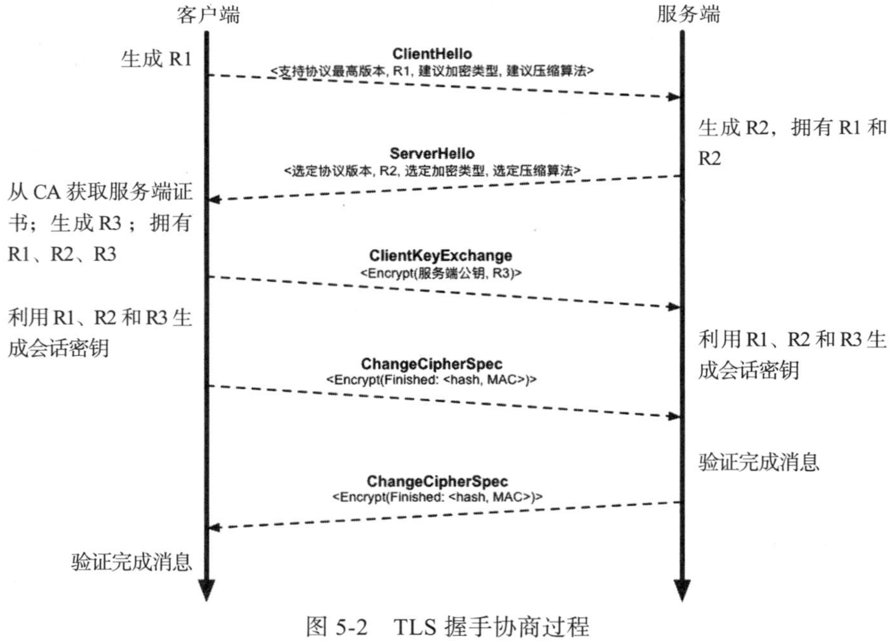

图 5-2 TLS 握手协商过程

1）客户端浏览器发送信息到服务器，包括随机数 R1、支持的加密算法类型、协议版本、压缩算法等。注意该过程为明文。

2）服务端返回信息，包括随机数 R2、选定加密算法类型、协议版本以及服务器证书。注意该过程为明文。

3）浏览器检查带有该网站公钥的证书。该证书需要由第三方 CA 来签发，浏览器和操作系统会预置权威 CA 的根证书。如果证书被篡改作假（中间人攻击），很容易通过 CA 的证书验证出来。

4）如果证书没问题，则客户端用服务端证书中的公钥加密随机数 R3（又叫 PreMasterSecret），发送给服务器。此时，只有客户端和服务器都拥有 R1、R2 和 R3 信息，基于随机数 R1、R2 和 R3，双方通过伪随机数函数来生成共同的对称会话密钥 MasterSecret。

5）后续客户端和服务端的通信都通过对称加密算法（如 AES）进行保护。

可以看出，该过程的主要功能是在防止中间人窃听和篡改的前提下完成会话密钥的协商。为了保障前向安全性（perfect forward secrecy），TLS 对每个会话连接都可以生成不同的密钥，避免某次会话密钥泄露之后影响了其他会话连接的安全性。需要注意，TLS 协商过程支持加密算法方案较多，要合理地选择安全强度高的算法，如 DHE-RSA、ECDHE-RSA 和 ECDHE-ECDSA。

示例中对称密钥的协商过程采用了 RSA 非对称加密算法，实践中也可以通过 Diffie–Hellman 协议来完成。

5.2.6　离散对数与 Diffie–Hellman 密钥交换协议

Diffie–Hellman（DH）密钥交换协议是一个经典的协议，最早发表于 1976 年，应用十分广泛。使用该协议可以在不安全信道完成对称密钥的协商，以便后续通信采用对称加密。

DH 协议的设计基于离散对数问题（Discrete Logarithm Problem，DLP）。离散对数问题是指对于一个很大的素数 p，已知 g 为 p 的模循环群的原根，给定任意 x，求解 X=g^x mod p 是可以很快获取的。但在已知 p、g 和 X 的前提下，逆向求解 x 目前没有多项式时间实现的算法。该问题同时也是 ECC 类加密算法的基础。

DH 协议的基本交换过程如下：

1）Alice 和 Bob 两个人协商密钥，先公开商定 p，g；

2）Alice 自行选取私密的整数 x，计算 X=g^x mod p，发送 X 给 Bob；

3）Bob 自行选取私密的整数 y，计算 Y=g^y mod p，发送 Y 给 A；

4）Alice 根据 x 和 Y，求解共同密钥 Z_A=Y^x mod p；

5）Bob 根据 X 和 y，求解共同密钥 Z_B=X^y mod p。

实际上，Alice 和 Bob 计算出来的结果将完全相同，因为在 mod p 的前提下，Y^x = (g^y)^x = g^(xy) = (g^x)^y=X^y。而信道监听者在已知 p、g、X、Y 的前提下，无法求得 Z。

5.3　消息认证码与数字签名

消息认证码和数字签名技术通过对消息的摘要进行加密，可用于消息防篡改和身份证明问题。

5.3.1 消息认证码

消息认证码全称是“基于 Hash 的消息认证码”（Hash-based Message Authentication Code，HMAC）。消息验证码基于对称加密，可以用于对消息完整性（integrity）进行保护。

基本过程为：对某个消息利用提前共享的对称密钥和 Hash 算法进行加密处理，得到 HMAC 值。该 HMAC 值持有方可以证明自己拥有共享的对称密钥，并且也可以利用 HMAC 确保消息内容未被篡改。

典型的 HMAC（K, H, Message）算法包括三个因素，K 为提前共享的对称密钥，H 为提前商定的 Hash 算法（一般为公认的经典算法如 SHA-256），Message 为要处理的消息内容。如果不知道 K 或 H 的任何一个，则无法根据 Message 得到正确的 HMAC 值。

消息认证码一般用于证明身份的场景。如 Alice、Bob 提前共享和 HMCA 的密钥和 Hash 算法，Alice 需要知晓对方是否为 Bob，可发送随机消息给 Bob。Bob 收到消息后进行计算，把消息 HMAC 值返回给 Alice，Alice 通过检验收到 HMAC 值的正确性可以知晓对方是否是 Bob。注意这里并没有考虑中间人攻击的情况，假定信道是安全的。

消息认证码使用过程中主要问题是需要共享密钥。当密钥可能被多方拥有的场景下，无法证明消息来自某个确切的身份。反之，如果采用非对称加密方式，则可以追溯到来源身份，即数字签名。

5.3.2 数字签名

与在纸质合同上签名确认合同内容和证明身份类似，数字签名基于非对称加密，既可以用于证实某数字内容的完整性，又同时可以确认来源（或不可抵赖，Non-Repudiation）。

一个典型的场景是，Alice 通过信道发给 Bob 一个文件（一份信息），Bob 如何获知所收到的文件即为 Alice 发出的原始版本？ Alice 可以先对文件内容进行摘要，然后用自己的私钥对摘要进行加密（签名），之后同时将文件和签名都发给 Bob。Bob 收到文件和签名后，用 Alice 的公钥来解密签名，得到数字摘要，与收到文件进行摘要后的结果进行比对。如果一致，说明该文件确实是 Alice 发过来的（别人无法拥有 Alice 的私钥），并且文件内容没有被修改过（摘要结果一致）。

知名的数字签名算法包括 DSA（Digital Signature Algorithm）和安全强度更高的 ECSDA（Elliptic Curve Digital Signature Algorithm）等。

除普通的数字签名应用场景外，针对一些特定的安全需求，产生了一些特殊数字签名技术，包括盲签名、多重签名、群签名、环签名等。

1. 盲签名

盲签名（blind signature）是在 1982 年由 David Chaum 在论文《Blind Signatures for Untraceable Payment》中提出。签名者需要在无法看到原始内容的前提下对信息进行签名。

盲签名可以实现对所签名内容的保护，防止签名者看到原始内容；另一方面，盲签名还可以实现防止追踪（unlinkability），签名者无法将签名内容和签名结果进行对应。典型的实现包括 RSA 盲签名算法等。

2. 多重签名

多重签名（multiple signature）即 n 个签名者中，收集到至少 m 个（$n >= m >= 1$）的签名，即认为合法。其中，n 是提供的公钥个数，m 是需要匹配公钥的最少的签名个数。

多重签名可以有效地被应用在多人投票共同决策的场景中。例如双方进行协商，第三方作为审核方。三方中任何两方达成一致即可完成协商。

比特币交易中就支持多重签名，可以实现多个人共同管理某个账户的比特币交易。

3. 群签名

群签名（group signature）即某个群组内一个成员可以代表群组进行匿名签名。签名可以验证来自于该群组，却无法准确追踪到签名的是哪个成员。

群签名需要存在一个群管理员来添加新的群成员，因此存在群管理员可能追踪到签名成员身份的风险。

群签名最早于 1991 年由 David Chaum 和 Eugene van Heyst 提出。

4. 环签名

环签名（ring signature），由 Rivest、Shamir 和 Tauman 三位密码学家在 2001 年首次提出。环签名属于一种简化的群签名。

签名者首先选定一个临时的签名者集合，集合中包括签名者自身。然后签名者利用自己的私钥和签名集合中其他人的公钥就可以独立地产生签名，而无需他人的帮助。签名者集合中的其他成员可能并不知道自己被包含在最终的签名中。

环签名在保护匿名性方面有很多的用途。

5.3.3 安全性

数字签名算法自身的安全性由数学问题进行保障，但在使用上，系统的安全性也十分关键。目前常见的数字签名算法往往需要选取合适的随机数作为配置参数，配置参数不合理的使用或泄露都会造成安全漏洞，需要进行安全保护。

2010 年，SONY 公司因为其 PS3 产品上采用安全的 ECDSA 进行签名时，不慎采用了重复的随机参数，导致私钥被最终破解，造成重大经济损失。

5.4 数字证书

对于非对称加密算法和数字签名来说，很重要的一点就是公钥的分发。理论上任何人可以公开获取到对方的公钥。然而这个公钥有没有可能是伪造的呢？传输过程中有没有可能被篡改掉呢？一旦公钥自身出了问题，则整个建立在其上的安全体系的安全性将不复存在。

数字证书机制正是为了解决这个问题，它就像日常生活中的一个证书一样，可以证明所记录信息的合法性。比如证明某个公钥是某个实体（如组织或个人）的，并且确保一旦内容被篡改能被探测出来，从而实现对用户公钥的安全分发。

根据所保护公钥的用途，可以分为加密数字证书（Encryption Certificate）和签名验证数字证书（Signature Certificate）。前者往往用于保护用于加密信息的公钥；后者则保护用于进行解密签名进行身份验证的公钥。两种类型的公钥也可以同时放在同一证书中。

一般情况下，证书需要由证书认证机构（Certification Authority，CA）来进行签发和背书。权威的证书认证机构包括 DigiCert、GlobalSign、VeriSign 等。用户也可以自行搭建本地 CA 系统，在私有网络中进行使用。

5.4.1 X.509 证书规范

一般来说，一个数字证书内容可能包括基本数据（版本、序列号）、所签名对象信息（签名算法类型、签发者信息、有效期、被签发人、签发的公开密钥）、CA 的数字签名，等等。

目前使用最广泛的标准为 ITU 和 ISO 联合制定的 X.509 的 v3 版本规范（RFC 5280），其中定义了如下证书信息域：

- ❑ 版本号（Version Number）：规范的版本号，目前为版本 3，值为 0x2；
- ❑ 序列号（Serial Number）：由 CA 维护的为它所颁发的每个证书分配的唯一的序列号，用来追踪和撤销证书。只要拥有签发者信息和序列号，就可以唯一标识一个证书，最大不能超过 20 个字节；
- ❑ 签名算法（Signature Algorithm）：数字签名所采用的算法，如 sha256WithRSAEncryption 或 ecdsa-with-SHA256；
- ❑ 颁发者（Issuer）：颁发证书单位的标识信息，如“C=CN, ST=Beijing, L=Beijing, O=org.example.com, CN=ca.org.example.com”；
- ❑ 有效期（Validity）：证书的有效期限，包括起止时间；
- ❑ 主体（Subject）：证书拥有者的标识信息（Distinguished Name），如“C=CN, ST=Beijing, L=Beijing, CN=person.org.example.com”；
- ❑ 主体的公钥信息（Subject Public Key Info）：所保护的公钥相关的信息：
  - 公钥算法（Public Key Algorithm）：公钥采用的算法；
  - 主体公钥（Subject Public Key）：公钥的内容。
- ❑ 颁发者唯一号（Issuer Unique Identifier）：代表颁发者的唯一信息，仅 2、3 版本支持，可选；
- ❑ 主体唯一号（Subject Unique Identifier）：代表拥有证书实体的唯一信息，仅 2、3 版本支持，可选；
- ❑ 扩展（Extensions，可选）：可选的一些扩展。v3 中可能包括：
  - Subject Key Identifier：实体的密钥标识符，区分实体的多对密钥；
  - Basic Constraints：一般指明是否属于 CA；

- Authority Key Identifier：证书颁发者的公钥标识符；
- CRL Distribution Points：撤销文件的发布地址；
- Key Usage：证书的用途或功能信息。

此外，证书的颁发者还需要对证书内容利用自己的私钥添加签名，以防止别人对证书内容进行篡改。

5.4.2　证书格式

X.509 规范中一般推荐使用 PEM（Privacy Enhanced Mail）格式来存储证书相关的文件。证书文件的文件名后缀一般为 .crt 或 .cer，对应私钥文件的文件名后缀一般为 .key，证书请求文件的文件名后缀为 .csr。有时候也统一用 .pem 作为文件名后缀。

PEM 格式采用文本方式进行存储，一般包括首尾标记和内容块，内容块采用 Base64 进行编码。

例如，一个 PEM 格式的示例证书文件如下所示：


```
-----BEGIN CERTIFICATE-----
MIICMzCCAdmgAwIBAgIQIhMiRzqkCljq3ZXnsl6EijAKBggqhkjOPQQDAjBmMQsw
CQYDVQQGEwJVUzETMBEGA1UECBMKQ2FsaWZvcm5pYTEWMBQGA1UEBxMNU2FuIEZy
YW5jaXNjbzEUMBIGA1UEChMLZXhhbXBsZS5jb20xFDASBgNVBAMTC2V4YW1wbGUu
Y29tMB4XDTE3MDQyNTAzMzAzN1oXDTI3MDQyMzAzMzAzN1owZjELMAkGA1UEBhMC
VVMxEzARBgNVBAgTCkNhbGlmb3JuaWExFjAUBgNVBAcTDVNhbiBGcmFuY2lzY28x
FDASBgNVBAoTC2V4YW1wbGUuY29tMRQwEgYDVQQDEwtleGFtcGxlLmNvbTBZMBMG
ByqGSM49AgEGCCqGSM49AwEHA0IABCkIHZ3mJCEPbIbUdh/Kz3zWW1C9wxnZOwfy
yrhr6aHwWREW3ZpMWKUcbsYup5kbouBc2dvMFUgoPBoaFYJ9D0SjaTBnMA4GA1Ud
DwEB/wQEAwIBpjAZBgNVHSUEEjAQBgRVHSUABggrBgEFBQcDATAPBgNVHRMBAf8E
BTADAQH/MCkGA1UdDgQiBCBIA/DmemwTGibbGe8uWjt5hnlE63SUsXuNKO9iGEhV
qDAKBggqhkjOPQQDAgNIADBFAiEAyoMO2BAQ3c9gBJOk1oSyXP70XRk4dTwXMF7q
R72ijLECIFKLANpgWFoMoo3W91uzJeUmnbJJt8Jlr00ByjurfAvv
-----END CERTIFICATE-----
```


可以通过 OpenSSL 工具来查看其内容：

```
# openssl x509 -in example.com-cert.pem -noout -text
Certificate:
    Data:
        Version: 3 (0x2)
        Serial Number:
            22:13:22:47:3a:a4:0a:58:ea:dd:95:e7:b2:5e:84:8a
    Signature Algorithm: ecdsa-with-SHA256
        Issuer: C=US, ST=California, L=San Francisco, O=example.com,
            CN=example.com
        Validity
            Not Before: Apr 25 03:30:37 2017 GMT
            Not After : Apr 23 03:30:37 2027 GMT
        Subject: C=US, ST=California, L=San Francisco, O=example.com,
```

```
            CN=example.com
        Subject Public Key Info:
            Public Key Algorithm: id-ecPublicKey
                Public-Key: (256 bit)
                pub:
                    04:29:08:1d:9d:e6:24:21:0f:6c:86:d4:76:1f:ca:
                    cf:7c:d6:5b:50:bd:c3:19:d9:3b:07:f2:ca:b8:6b:
                    e9:a1:f0:59:11:16:dd:9a:4c:58:a5:1c:6e:c6:2e:
                    a7:99:1b:a2:e0:5c:d9:db:cc:15:48:28:3c:1a:1a:
                    15:82:7d:0f:44
                ASN1 OID: prime256v1
        X509v3 extensions:
            X509v3 Key Usage: critical
                Digital Signature, Key Encipherment, Certificate Sign,
                    CRL Sign
            X509v3 Extended Key Usage:
                Any Extended Key Usage, TLS Web Server Authentication
            X509v3 Basic Constraints: critical
                CA:TRUE
            X509v3 Subject Key Identifier:
                48:03:F0:E6:7A:6C:13:1A:26:DB:19:EF:2E:5A:3B:79:86:
                    79:44:EB:74:94:B1:7B:8D:28:EF:62:18:48:55:A8
    Signature Algorithm: ecdsa-with-SHA256
        30:45:02:21:00:ca:83:0e:d8:10:10:dd:cf:60:04:93:a4:d6:
        84:b2:5c:fe:f4:5d:19:38:75:3c:17:30:5e:ea:47:bd:a2:8c:
        b1:02:20:52:8b:00:da:60:58:5a:0c:a2:8d:d6:f7:5b:b3:25:
        e5:26:9d:b2:49:b7:c2:65:af:4d:01:ca:3b:ab:7c:0b:ef
```

此外，还有 DER（Distinguished Encoding Rules）格式，是采用二进制对证书进行保存，可以与 PEM 格式互相转换。

5.4.3 证书信任链

证书中记录了大量信息，其中最重要的包括“签发的公开密钥”和“CA 数字签名”两个信息。因此，只要使用 CA 的公钥再次对这个证书进行签名比对，就能证明某个实体的公钥是否是合法的。

读者可能会想到，怎么证明用来验证对实体证书进行签名的 CA 公钥自身是否合法呢？毕竟在获取 CA 公钥的过程中，它也可能被篡改掉。

实际上，要想知道 CA 的公钥是否合法，一方面可以通过更上层的 CA 颁发的证书来进行认证；另一方面某些根 CA（Root CA）可以通过预先分发证书来实现信任基础。例如，主流操作系统和浏览器里面，往往会提前预置一些权威 CA 的证书（通过自身的私钥签名，系统承认这些是合法的证书）。之后所有基于这些 CA 认证过的中间层 CA（Intermediate CA）和后继 CA 都会被验证合法。这样就从预先信任的根证书，经过中间层证书，到最底下的实体证书，构成一条完整的证书信任链。

某些时候用户在使用浏览器访问某些网站时，可能会被提示是否信任对方的证书。这说明该网站证书无法被当前系统中的证书信任链进行验证，需要进行额外检查。另外，当信任链上任一证书不可靠时，则依赖它的所有后继证书都将失去保障。

可见，证书作为公钥信任的基础，对其生命周期进行安全管理十分关键。下节将介绍的 PKI 体系提供了一套完整的证书管理的框架，包括生成、颁发、撤销过程等。

5.5　PKI 体系

在非对称加密中，公钥可以通过证书机制来进行保护，但证书的生成、分发、撤销等过程并没有在 X.509 规范中进行定义。

实际上，安全地管理和分发证书可以遵循 PKI（Public Key Infrastructure）体系来完成。PKI 体系核心解决的是证书生命周期相关的认证和管理问题，在现代密码学应用领域处于十分基础和重要的地位。

需要注意，PKI 是建立在公私钥基础上实现安全可靠传递消息和身份确认的一个通用框架，并不代表某个特定的密码学技术和流程。实现了 PKI 规范的平台可以安全可靠地管理网络中用户的密钥和证书。目前包括多个实现和规范，知名的有 RSA 公司的 PKCS（Public Key Cryptography Standards）标准和 X.509 相关规范等。

5.5.1　PKI 基本组件

一般情况下，PKI 至少包括如下核心组件：

- CA（Certification Authority）：负责证书的颁发和作废，接收来自 RA 的请求，是最核心的部分；
- RA（Registration Authority）：对用户身份进行验证，校验数据合法性，负责登记，审核过了就发给 CA；
- 证书数据库：存放证书，多采用 X.500 系列标准格式。可以配合 LDAP 目录服务管理用户信息。

其中，CA 是最核心的组件，主要完成对证书信息的维护。

常见的操作流程为，用户通过 RA 登记申请证书，提供身份和认证信息等；CA 审核后完成证书的制造，颁发给用户。用户如果需要撤销证书则需要再次向 CA 发出申请。

5.5.2　证书的签发

CA 对用户签发证书实际上是对某个用户公钥，使用 CA 的私钥对其进行签名。这样任何人都可以用 CA 的公钥对该证书进行合法性验证。验证成功则认可该证书中所提供的用户公钥内容，实现用户公钥的安全分发。

用户证书的签发可以有两种方式。一般可以由 CA 直接来生成证书（内含公钥）和对应的私钥发给用户；也可以由用户自己生成公钥和私钥，然后由 CA 来对公钥内容进行签名。

后者情况下，用户一般会首先自行生成一个私钥和证书申请文件（Certificate Signing Request，即 csr 文件），该文件中包括了用户对应的公钥和一些基本信息，如通用名（common name，即 cn）、组织信息、地理位置等。CA 只需要对证书请求文件进行签名，生成证书文件，颁发给用户即可。整个过程中，用户可以保持私钥信息的私密性，不会被其他方获知（包括 CA 方）。

生成证书申请文件的过程并不复杂，用户可以很容易地使用开源软件 openssl 来生成 csr 文件和对应的私钥文件。

例如，安装 OpenSSL 后可以执行如下命令来生成私钥和对应的证书请求文件：

```
$ openssl req -new -keyout private.key -out for_request.csr
Generating a 1024 bit RSA private key
...........................++++++
............................................++++++
writing new private key to 'private.key'
Enter PEM pass phrase:
Verifying - Enter PEM pass phrase:
-----
You are about to be asked to enter information that will be incorporated
into your certificate request.
What you are about to enter is what is called a Distinguished Name or a DN.
There are quite a few fields but you can leave some blank
For some fields there will be a default value,
If you enter '.', the field will be left blank.
-----
Country Name (2 letter code) [AU]:CN
State or Province Name (full name) [Some-State]:Beijing
Locality Name (eg, city) []:Beijing
Organization Name (eg, company) [Internet Widgits Pty Ltd]:Blockchain
Organizational Unit Name (eg, section) []:Dev
Common Name (e.g. server FQDN or YOUR name) []:example.com
Email Address []:

Please enter the following 'extra' attributes
to be sent with your certificate request
A challenge password []:
An optional company name []:
```

生成过程中需要输入地理位置、组织、通用名等信息。生成的私钥和 csr 文件默认以 PEM 格式存储，内容为 Base64 编码。

如生成的 csr 文件内容可能为：

```
$ cat for_request.csr
1 ↵
-----BEGIN CERTIFICATE REQUEST-----
```

```
MIIBrzCCARgCAQAwbzELMAkGA1UEBhMCQ04xEDAOBgNVBAgTB0JlaWppbmcxEDAO
BgNVBAcTB0JlaWppbmcxEzARBgNVBAoTCkJsb2NrY2hhaW4xDDAKBgNVBAsTA0Rl
djEZMBcGA1UEAxMQeWVhc3kuZ2l0aHViLmNvbTCBnzANBgkqhkiG9w0BAQEFAAOB
jQAwgYkCgYEA8fzVl7MJpFOuKRH+BWqJY0RPTQK4LB7fEgQFTIotO264ZlVJVbk8
Yfl42F7dh/8SgHqmGjPGZgDb3hhIJLoxSOI0vJweU9v6HiOVrFWE7BZEvhvEtP5k
lXXEzOewLvhLMNQpG0kBwdIh2EcwmlZKcTSITJmdulEvoZXr/DHXnyUCAwEAAaAA
MA0GCSqGSIb3DQEBBQUAA4GBAOtQDyJmfP64anQtRuEZPZji/7G2+y3LbqWLQIcj
IpZbexWJvORlyg+iEbIGno3Jcia7lKLih26lr04W/7DHn19J6Kb/CeXrjDHhKGLO
I7s4LuE+2YFSemzBVr4t/g24w9ZB4vKjN9X9i5hc6c6uQ45rNlQ8UK5nAByQ/TWD
OxyG
-----END CERTIFICATE REQUEST-----
```


openssl 工具提供了查看 PEM 格式文件明文的功能，如使用如下命令可以查看生成的 csr 文件的明文：

```
$ openssl req -in for_request.csr -noout -text
Certificate Request:
    Data:
        Version: 0 (0x0)
        Subject: C=CN, ST=Beijing, L=Beijing, O=Blockchain, OU=Dev,
            CN=yeasy.github.com
        Subject Public Key Info:
            Public Key Algorithm: rsaEncryption
            RSA Public Key: (1024 bit)
                Modulus (1024 bit):
                    00:f1:fc:d5:97:b3:09:a4:53:ae:29:11:fe:05:6a:
                    89:63:44:4f:4d:02:b8:2c:1e:df:12:04:05:4c:8a:
                    2d:3b:6e:b8:66:55:49:55:b9:3c:61:f9:78:d8:5e:
                    dd:87:ff:12:80:7a:a6:1a:33:c6:66:00:db:de:18:
                    48:24:ba:31:48:e2:34:bc:9c:1e:53:db:fa:1e:23:
                    95:ac:55:84:ec:16:44:be:1b:c4:b4:fe:64:95:75:
                    c4:cc:e7:b0:2e:f8:4b:30:d4:29:1b:49:01:c1:d2:
                    21:d8:47:30:9a:56:4a:71:34:88:4c:99:9d:ba:51:
                    2f:a1:95:eb:fc:31:d7:9f:25
                Exponent: 65537 (0x10001)
        Attributes:
            a0:00
    Signature Algorithm: sha1WithRSAEncryption
        eb:50:0f:22:66:7c:fe:b8:6a:74:2d:46:e1:19:3d:98:e2:ff:
        b1:b6:fb:2d:cb:6e:a5:8b:40:87:23:22:96:5b:7b:15:89:bc:
        e4:65:ca:0f:a2:11:b2:06:9e:8d:c9:72:26:bb:94:a2:e2:87:
        6e:a5:af:4e:16:ff:b0:c7:9f:5f:49:e8:a6:ff:09:e5:eb:8c:
        31:e1:28:62:ce:23:bb:38:2e:e1:3e:d9:81:52:7a:6c:c1:56:
        be:2d:fe:0d:b8:c3:d6:41:e2:f2:a3:37:d5:fd:8b:98:5c:e9:
        ce:ae:43:8e:6b:36:54:3c:50:ae:67:00:1c:90:fd:35:83:3b:
        1c:86
```

需要注意，用户自行生成私钥情况下，私钥文件一旦丢失，CA 方由于不持有私钥信息，无法进行恢复，意味着通过该证书中公钥加密的内容将无法被解密。

5.5.3 证书的撤销

证书超出有效期后会作废，用户也可以主动向 CA 申请撤销某证书文件。

由于 CA 无法强制收回已经颁发出去的数字证书，因此为了实现证书的作废，往往还需要维护一个撤销证书列表（Certificate Revocation List，CRL），用于记录已经撤销的证书序号。

因此，通常情况下，当第三方对某个证书进行验证时，需要首先检查该证书是否在撤销列表中。如果存在，则该证书无法通过验证。如果不在，则继续进行后续的证书验证过程。

5.6 Merkle 树结构

Merkle（默克尔）树，又叫哈希树，是一种典型的二叉树结构，由一个根节点、一组中间节点和一组叶节点组成。在区块链系统出现之前，广泛用于文件系统和 P2P 系统中，如图 5-3 所示。

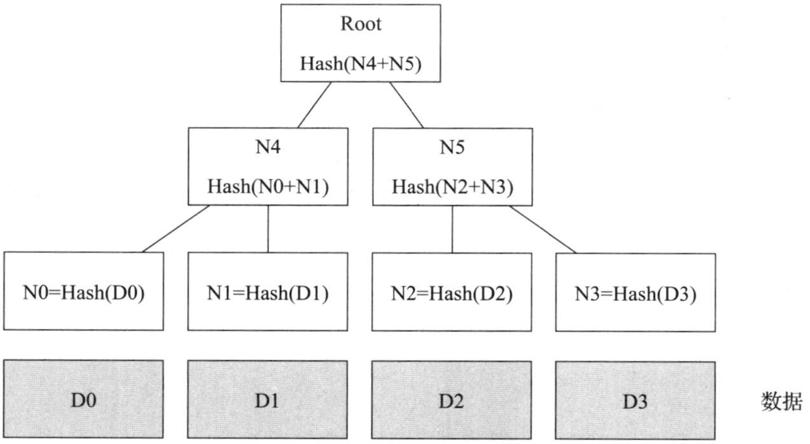

图 5-3 Merkle 树示例

其主要特点为：

- 最下面的叶节点包含存储数据或其哈希值；
- 非叶子节点（包括中间节点和根节点）都是它的两个孩子节点内容的哈希值。

进一步地，默克尔树可以推广到多叉树的情形，此时非叶子节点的内容为它所有的孩子节点内容的哈希值。

默克尔树逐层记录哈希值的特点，让它具有了一些独特的性质。例如，底层数据的任何变动，都会传递到其父节点，一层层沿着路径一直到树根。这意味树根的值实际上代表了对底层所有数据的“数字摘要”。

目前，默克尔树的典型应用场景有很多，下面分别介绍。

1. 快速比较大量数据

对每组数据排序后构建默克尔树结构。当两个默克尔树根相同时，则意味着两组数据必然相同。否则，必然存在不同。

由于 Hash 计算的过程可以十分快速，预处理可以在短时间内完成。利用默克尔树结构能带来巨大的比较性能优势。

2. 快速定位修改

例如图 5-3 中，如果 D1 中数据被修改，会影响到 N1、N4 和 Root。

因此，一旦发现某个节点如 Root 的数值发生变化，沿着 Root → N4 → N1，最多通过 $O(\lg n)$ 时间即可快速定位到实际发生改变的数据块 D1。

3. 零知识证明

仍以图 5-3 为例，如何向他人证明拥有的某组数据（D0……D3）中包括给定某个内容 D0 而不暴露其他任何内容。

很简单，构造如图所示的一个默克尔树，公布 N1、N5、Root。D0 拥有者通过验证生成的 Root 是否跟提供的值一致，即可很容易检测 D0 存在。整个过程中验证者无法获知其他内容。

5.7　布隆过滤器

布隆过滤器（Bloom Filter）于 1970 年由 Burton Howard Bloom 在论文《Space/Time Trade-offs in Hash Coding with Allowable Errors》中提出。布隆过滤器是一种基于 Hash 的高效查找结构，能够快速（常数时间内）回答“某个元素是否在一个集合内”的问题。

布隆过滤器因为其高效性大量应用于网络和安全领域，例如信息检索（BigTable 和 HBase）、垃圾邮件规则、注册管理等。

1. 基于 Hash 的快速查找

在布隆过滤器之前，先来看基于 Hash 的快速查找算法。在前面的讲解中我们提到，Hash 可以将任意内容映射到一个固定长度的字符串，而且不同内容映射到相同串的概率很低。因此，这就构成了一个很好的“内容→索引”的生成关系。

试想，如果给定一个内容和存储数组，通过构造 Hash 函数，让映射后的 Hash 值总不超过数组的大小，则可以实现快速的基于内容的查找。例如，内容“hello world”的 Hash 值如果是“100”，则存放到数组的第 100 个单元上去。如果需要快速查找任意内容，如“hello world”字符串是否在存储系统中，只需要将其在常数时间内计算 Hash 值，并用 Hash 值查看系统中对应元素即可。该系统“完美地”实现了常数时间内的查找。

然而，令人遗憾的是，当映射后的值限制在一定范围（如总数组的大小）内时，会发现 Hash 冲突的概率会变高，而且范围越小，冲突概率越大。很多时候，存储系统的大小又不能无限扩展，这就造成算法效率的下降。为了提高空间利用率，后来人们基于 Hash 算法的思想设计出了布隆过滤器结构。

2. 更高效的布隆过滤器

布隆过滤器采用了多个 Hash 函数来提高空间利用率。对同一个给定输入来说，多个 Hash 函数计算出多个地址，分别在位串的这些地址上标记为 1。进行查找时，进行同样的计算过程，并查看对应元素，如果都为 1，则说明较大概率是存在该输入。如图 5-4 所示。

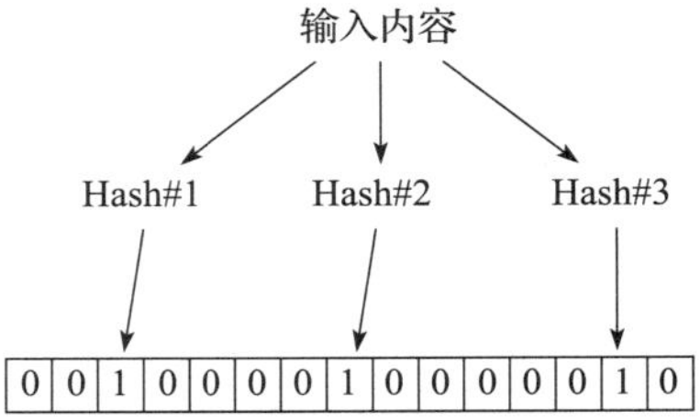

图 5-4 布隆过滤器

布隆过滤器相对单个 Hash 算法查找，大大提高了空间利用率，可以使用较少的空间来表示较大集合的存在关系。

实际上，无论是 Hash 算法，还是布隆过滤器，基本思想是一致的，都是基于内容的编址。Hash 函数存在冲突，布隆过滤器也存在冲突。这就造成了两种方法都存在着误报（false positive）的情况，但绝对不会漏报（false negative）。

布隆过滤器在应用中误报率往往很低，例如，在使用 7 个不同 Hash 函数的情况下，记录 100 万个数据，采用 2 MB 大小的位串，整体的误判率将低于 1%。而传统的 Hash 查找算法的误报率将接近 10%。

5.8 同态加密

1. 定义

同态加密（homomorphic encryption）是一种特殊的加密方法，允许对密文进行处理得到仍然是加密的结果。即对密文直接进行处理，跟对明文进行处理后再对处理结果加密，得到的结果相同。从抽象代数的角度讲，保持了同态性。

同态加密可以保证实现处理者无法访问到数据自身的信息。

如果定义一个运算符 Δ，对加密算法 E 和 解密算法 D，满足：

$$E(X\Delta Y)=E(X)\Delta E(Y)$$

则意味着对于该运算满足同态性。

同态性来自代数领域，一般包括四种类型：加法同态、乘法同态、减法同态和除法同态。同时满足加法同态和乘法同态，则意味着是代数同态，称为**全同态**（full homomorphic）。

同时满足四种同态性，则称为算数同态。

对于计算机操作来讲，实现了全同态意味着对于所有处理都可以实现同态性。只能实现部分特定操作的同态性，称为**特定同态**（somewhat homomorphic）。

2. 问题与挑战

同态加密的问题最早是由 Ron Rivest、Leonard Adleman 和 Michael L. Dertouzos 在 1978 年提出，同年提出了 RSA 加密算法。但第一个"全同态"的算法直到 2009 年才被克雷格·金特里（Craig Gentry）在论文《Fully Homomorphic Encryption Using Ideal Lattices》中提出并进行数学证明。

仅满足加法同态的算法包括 Paillier 和 Benaloh 算法；仅满足乘法同态的算法包括 RSA 和 ElGamal 算法。

同态加密在云计算和大数据的时代意义十分重大。目前，虽然云计算带来了包括低成本、高性能和便捷性等优势，但从安全角度讲，用户还不敢将敏感信息直接放到第三方云上进行处理。如果有了比较实用的同态加密技术，则大家就可以放心地使用各种云服务了，同时各种数据分析过程也不会泄露用户隐私。加密后的数据在第三方服务处理后得到加密后的结果，这个结果只有用户自身可以进行解密，整个过程第三方平台无法获知任何有效的数据信息。

另一方面，对于区块链技术，同态加密也是很好的互补。使用同态加密技术，运行在区块链上的智能合约可以处理密文，而无法获知真实数据，极大地提高了隐私安全性。

目前全同态的加密方案主要包括如下三种类型：

- 基于理想格（ideal lattice）的方案：Gentry 和 Halevi 在 2011 年提出的基于理想格的方案可以实现 72 bit 的安全强度，对应的公钥大小约为 2.3 GB，同时刷新密文的处理时间需要几十分钟；
- 基于整数上近似 GCD 问题的方案：Dijk 等人在 2010 年提出的方案（及后续方案）采用了更简化的概念模型，可以降低公钥大小至几十 MB 量级；
- 基于带扰动学习（Learning With Errors，LWE）问题的方案：Brakerski 和 Vaikuntanathan 等在 2011 年左右提出了相关方案；Lopez-Alt A 等在 2012 年设计出多密钥全同态加密方案，接近实时多方安全计算的需求。

目前，已知的同态加密技术往往需要较高的计算时间或存储成本，相比传统加密算法的性能和强度还有差距，但该领域被关注度一直很高，笔者相信，在不远的将来会出现接近实用的方案。

3. 函数加密

与同态加密相关的一个问题是函数加密。

同态加密保护的是数据本身，而函数加密保护的是处理函数本身，即让第三方看不到处理过程的前提下，对数据进行处理。

该问题已被证明不存在对多个通用函数的任意多密钥的方案，目前仅能做到对某个特定函数的一个密钥的方案。

5.9 其他问题

密码学领域涉及的问题还有许多，这里列出一些还在发展和探讨中的相关技术。

1. 零知识证明

零知识证明（zero knowledge proof）是这样的一个过程，证明者在不向验证者提供任何额外信息的前提下，使验证者相信某个论断是正确的。

例如，Alice 向 Bob 证明自己知道某个数字，在证明过程中 Bob 可以按照某个顺序提出问题（比如数字加上某些随机数后的变换）由 Alice 回答，并通过回答确信 Alice 较大概率确实知道某数字。证明过程中，Bob 除了知道 Alice 确实知道该数字外，自己无法获知或推理出任何额外信息（包括该数字本身），也无法用 Alice 的证明去向别人证明（Alice 如果提前猜测出 Bob 问题的顺序，存在作假的可能性）。

零知识证明的研究始于 1985 年 Shafi Goldwasser 等人的论文《The Knowledge Complexity of Interactive Proof-Systems》，目前一般认为至少要满足三个条件：

- ❑ 完整性（Completeness）：真实的证明可以让验证者成功验证；
- ❑ 可靠性（Soundness）：虚假的证明无法让验证者保证通过验证，但允许存在小概率例外；
- ❑ 零知识（Zero-Knowledge）：如果得到证明，无法从证明过程中获知除了所证明信息之外的任何信息。

2. 量子密码学

量子密码学（quantum cryptography）随着量子计算和量子通信的研究而受到越来越多的关注，将会对已有的密码学安全机制产生较大的影响。

量子计算的概念最早是物理学家费曼于 1981 年提出，基本原理是利用量子比特可以同时处于多个相干叠加态，理论上可以同时用少量量子比特来表达大量的信息，并同时进行处理，大大提高计算速度。如 1994 年提出的基于量子计算的 Shor 算法，理论上可以实现远超经典计算速度的大数因子分解。这意味着大量加密算法包括 RSA、DES、椭圆曲线算法等都将很容易被破解。但量子计算目前离实际可用的通用计算机还有一定距离。

量子通信则提供对密钥进行安全分发的机制，有望实现无条件安全的“一次性密码”。量子通信基于量子纠缠效应，两个发生纠缠的量子可以进行远距离的实时状态同步。一旦信道被窃听，则通信双方会获知该情况，丢弃此次传输的泄露信息。该性质十分适合进行大量的密钥分发，如 1984 年提出的 BB84 协议，结合量子通道和公开信道，可以实现安全的密钥分发。

提示 一次性密码：最早由香农提出，实现理论上绝对安全的对称加密。其特点为密钥真随机且只使用一次；密钥长度跟明文一致，加密过程为两者进行二进制异或操作。

3. 社交工程学

密码学与安全问题，一直是学术界和工业界都十分关心的重要话题，相关的技术也一直在不断发展和完善。然而，**即便存在理论上完美的技术，也不存在完美的系统**。无数例子证实，看起来设计十分完善的系统最后被攻破，并非是因为设计上出现了深层次的漏洞，而问题往往出在事后看来十分浅显的某些方面。

例如，系统管理员将登录密码贴到电脑前；财务人员在电话里泄露用户的个人敏感信息；公司职员随意运行来自不明邮件的附件；不明人员借推销或调查问卷的名义进入办公场所窃取信息……

著名计算机黑客和安全顾问 Kevin David Mitnick 曾在 15 岁时成功入侵北美空中防务指挥系统，其著作《The Art of Deception》大量揭示了如何通过社交工程学的手段轻易获取各种安全信息的案例。

5.10 本章小结

本章主要总结了密码学与安全领域中的一些核心问题和经典算法。

通过阅读本章内容，相信读者已经对现代密码学的发展状况和关键技术有了初步了解。掌握这些知识，对于帮助理解区块链系统如何实现隐私保护和安全防护都很有好处。

现代密码学安全技术在设计上大量应用了十分专业的现代数学知识，如果读者希望成为这方面的专家，则需要进一步学习并深入掌握近现代的数学科学，特别是数论、抽象代数等相关内容。可以说，密码学安全学科是没有捷径可走的。

另外，从应用的角度来看，一套完整的安全系统除了核心算法外，还包括协议、机制、系统、人员等多个方面。任何一个环节出现漏洞都将带来巨大的安全风险。因此，要实现高安全可靠的系统是十分困难的。

区块链技术中大量利用了现代密码学的已有成果，包括哈希、加解密、签名、Merkle 树数据结构等。另一方面，区块链系统和诸多新的场景也对密码学和安全技术提出了很多新的需求，反过来也将促进相关学科的进一步发展。

Chapter 6 第 6 章

比特币——区块链思想诞生的摇篮

之所以看得更远，是因为站在了巨人的肩膀上。

作为区块链思想诞生的源头，比特币项目值得区块链技术爱好者仔细研究。比特币网络是首个得到大规模部署的区块链技术应用，并且是首个得到实践检验的数字货币实现，无论在信息技术历史还是在金融学历史上都具有十分重要的意义。

虽然后来的区块链技术应用已经远超越了数字货币的范畴，但探索比特币项目的发展历程和设计思路，对于深刻理解区块链技术的来龙去脉有着重要的价值。

本章将介绍比特币项目的来源、核心原理设计、相关的工具，以及关键的技术话题。

6.1 比特币项目简介

比特币（BitCoin，BTC）是基于区块链技术的一种数字货币实现，比特币网络是历史上首个经过大规模、长时间检验的数字货币系统。

自 2009 年正式上线以来，比特币价格经历了数次的震荡，目前每枚比特币市场价格超过 2500 美元，比特币网络中总区块数超过 47 万个。

比特币网络在功能上具有如下特点：

- 去中心化：意味着没有任何独立个体可以对网络中的交易进行破坏，任何交易请求都需要大多数参与者的共识；
- 匿名性：比特币网络中账户地址是匿名的，无法从交易信息关联到具体的个体，但这也意味着很难进行审计；

- 通胀预防：比特币的发行需要通过挖矿计算来进行，发行量每四年减半，总量上限为 2100 万枚，无法被超发。

图 6-1 来自 blockchain.info 网站，可以看到比特币自诞生以来的汇率（以美元为单位）变化历史。

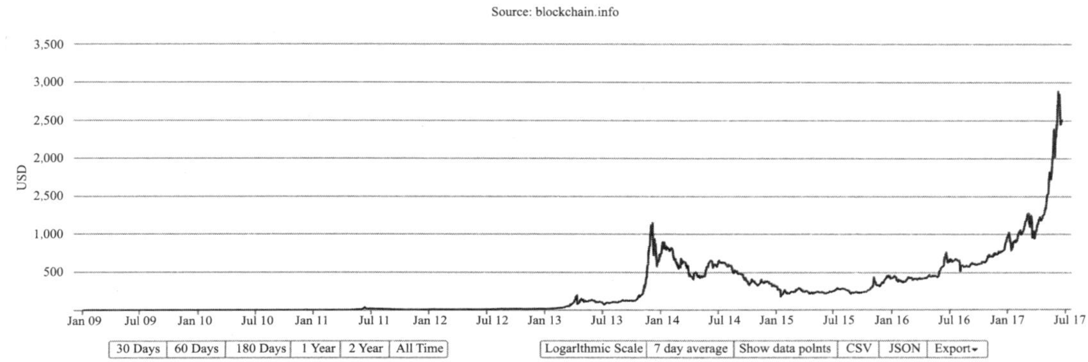

图 6-1　比特币汇率历史

6.1.1　比特币大事记

2008 年 10 月 31 日，中本聪发布比特币唯一的白皮书：《Bitcoin：A Peer-to-Peer Electronic Cash System》（比特币：一种点对点的电子现金系统）。

2009 年 1 月 3 日 18：15：05，中本聪在位于芬兰赫尔辛基（Helsinki）的一个小型服务器上挖出了第一批 50 个比特币，并记录下当天《泰晤士报》的头版标题："The Times 03/Jan/2009 Chancellor on brink of second bailout for banks"（财政大臣考虑再次紧急援助银行危机）。第一个区块被称为创世区块或初始区块（Genesis Block），可以通过 https://blockchain.info/block-index/14849 查看其详细内容。

2010 年 5 月 21 日，第一次比特币交易：佛罗里达程序员 Laszlo Hanyecz 用 1 万 BTC 购买了价值 25 美元的披萨优惠券。这是比特币的首个兑换汇率：1：0.0025 美元。这些比特币在今日价值超过 2000 万美元。

2010 年 7 月 17 日，第一个比特币平台成立。

2011 年，开始出现基于显卡的挖矿设备。2011 年年底，比特币价格约为 2 美元。

2012 年 6 月，Coinbase 成立，支持比特币相关交易。该公司目前已经发展为全球数字资产交易平台，同时支持包括比特币、以太币在内的一系列数字货币。

2012 年 9 月 27 日，比特币基金创立，此时比特币价格为 12.46 美元。

2012 年 11 月 28 日，比特币产量第一次减半。

2013 年 3 月，1/3 的专业矿工已经采用专用 ASIC 矿机进行挖矿。

2013 年 4 月 10 日，BTC 创下历史新高——266 美元。

2013 年 6 月 27 日，德国会议做出决定：持有比特币一年以上将予以免税，被业内认为此举变相认可了比特币的法律地位，此时比特币价格为 102.24 美元。

2013 年 10 月，世界第一台可以兑换比特币的 ATM 在加拿大上线。

2013 年 11 月 29 日，比特币的交易价格创下 1242 美元的历史新高，而同时黄金价格为一盎司 1241.98 美元，比特币价格首度超过黄金。

2014 年 2 月，全球最大比特币交易平台 Mt.Gox 宣告因 85 万个比特币被盗而破产关闭，造成大量投资者的损失，比特币价格一度暴跌。

2014 年 3 月，中国第一台可以兑换比特币的 ATM 在香港上线。

2014 年 6 月，美国加州通过 AB-129 法案，允许比特币等数字货币在加州进行流通。

2015 年 6 月，纽约成为美国第一个正式进行数字货币监管的州。

2015 年 10 月，欧盟法院裁定比特币交易免征增值税。

2016 年 1 月，中国人民银行在京召开了数字货币研讨会，会后发布公告宣称或推出数字货币。

2016 年 7 月 9 日，比特币产量第二次减半。

2016 年 8 月 3 日，知名比特币交易所 Bitfinex 遭遇安全攻击，按照当时市值计算，损失超过 6000 万美元。

2017 年 1 月 24 日，中国三大交易所（Okcoin、火币、BTCC）开始收取比特币交易手续费，为成交金额的 0.2%。

2017 年 7 月，比特币网络全网算力首次突破 6 exahash/s（即每秒 10 的 18 次方哈希），创下历史新高。

时至今日，比特币汇率超过 2500 美元，总市值超过 400 亿美元。

比特币区块链目前生成了约 47 万个区块，完整存储需要约 110 GB 空间，每天普遍完成 20 万 ~ 30 万笔交易。主流的交易所包括 Bitstamp、BTC-e、Bitfinex 等。多家投资机构（包括红杉、IDG、软银、红点等）都投资了比特币相关的创业团队。

提示 通过 blockchain.info 网站可以实时查询比特币网络的状态信息，包括区块、交易等详细数据。

6.1.2 其他数字货币

比特币的“成功”，刺激了相关的生态和社区发展，大量类似的数字货币（超过 700 种）纷纷出现，比较出名的有以太币和瑞波（Ripple）币等。

这些数字货币，要么建立在自己独立的区块链网络上，要么复用已有的区块链（例如比特币网络）系统。全球活跃的数字货币用户据称在 290 万 ~ 580 万之间（参考剑桥大学 Judge 商学院 2017 年 4 月发表的《GLOBAL CRYPTOCURRENCY BENCHMARKING

STUDY（全球加密货币基准研究）》报告）。

6.2 原理和设计

比特币网络是一个分布式的点对点网络，网络中的矿工通过“挖矿”来完成对交易记录的记账过程，维护网络的正常运行。

区块链网络提供一个公共可见的记账本，该记账本并非记录每个账户的余额，而是用来记录发生过的交易的历史信息。该设计可以避免重放攻击，即某个合法交易被多次重新发送造成攻击。

6.2.1 基本交易过程

每次发生交易，用户需要将新交易记录写到比特币区块链网络中，等网络确认后即可认为交易完成。每个交易包括一些输入和一些输出，未经使用的交易的输出（Unspent Transaction Outputs，UTXO）可以被新的交易引用作为合法的输入，被使用过的交易的输出（Spent Transaction Outputs，STO）则无法被引用作为合法输入。

一笔合法的交易，即引用某些已存在交易的 UTXO 作为交易的输入，并生成新的输出的过程。

在交易过程中，转账方需要通过签名脚本来证明自己是 UTXO 的合法使用者，并且指定输出脚本来限制未来本交易的使用者（为收款方）。对每笔交易，转账方需要进行签名确认。并且，对每一笔交易来说，总输入不能小于总输出。总输入相比总输出多余的部分称为交易费用（Transaction Fee），为生成包含该交易区块的矿工所获得。目前规定每笔交易的交易费用不能小于 0.0001 BTC，交易费用越高，越多矿工愿意包含该交易，也就越早被放到网络中。交易费用在奖励矿工的同时，也避免了网络受到大量攻击。

交易中金额的最小单位是“聪”，即一亿分之一（10^{-8}）比特币。

表 6-1 展示了一些简单的示例交易。更一般情况下，交易的输入、输出可以为多方。

表 6-1 简单的示例交易

交易	目的	输入	输出	签名	差额
T0	A 转给 B	他人向 A 交易的输出	B 账户可以使用该交易	A 签名确认	输入减输出，为交易服务费
T1	B 转给 C	T0 的输出	C 账户可以使用该交易	B 签名确认	输入减输出，为交易服务费
…	X 转给 Y	他人向 X 交易的输出	Y 账户可以使用该交易	X 签名确认	输入减输出，为交易服务费

需要注意，刚放进网络中的交易（深度为 0）并非是实时得到确认的。进入网络中的

交易存在着被推翻的可能性，一般要再生成几个新的区块（深度大于 0）才认为该交易被确认。

下面分别介绍比特币网络中的重要概念和主要设计思路。

6.2.2 重要概念

1. 账户 / 地址

比特币采用了非对称的加密算法，用户自己保留私钥，对自己发出的交易进行签名确认，并公开公钥。

比特币的账户地址其实就是用户公钥经过一系列 Hash（HASH160，或先进行 SHA256，然后进行 RIPEMD160）及编码运算后生成的 160 位（20 字节）的字符串。

一般地，对账户地址串进行 Base58Check 编码，并添加前导字节（表明支持哪种脚本）和 4 字节校验字节，以提高可读性和准确性。

注意　账户并非直接是公钥内容，而是 Hash 后的值，以避免公钥过早公开后导致被破解出私钥。

---

2. 交易

交易是完成比特币功能的核心概念，一条交易可能包括如下信息：

- 付款人地址：合法的地址，公钥经过 SHA256 和 RIPEMD160 两次 Hash，得到 160 位 Hash 串；
- 付款人对交易的签字确认：确保交易内容不被篡改；
- 付款人资金的来源交易 ID：哪个交易的输出作为本次交易的输入；
- 交易的金额：多少钱，与输入的差额为交易的服务费；
- 收款人地址：合法的地址；
- 收款人的公钥：收款人的公钥；
- 时间戳：交易何时能生效。

网络中节点收到交易信息后，将进行如下检查：

- 交易是否已经处理过；
- 交易是否合法，包括地址是否合法、发起交易者是否是输入地址的合法拥有者、是否是 UTXO；
- 交易的输入之和是否大于输出之和。

如果检查都通过，则将交易标记为合法的未确认交易，并在网络内进行广播。

用户可以从 blockchain.info 网站查看实时的交易信息，一个示例交易的内容如图 6-2 所示。

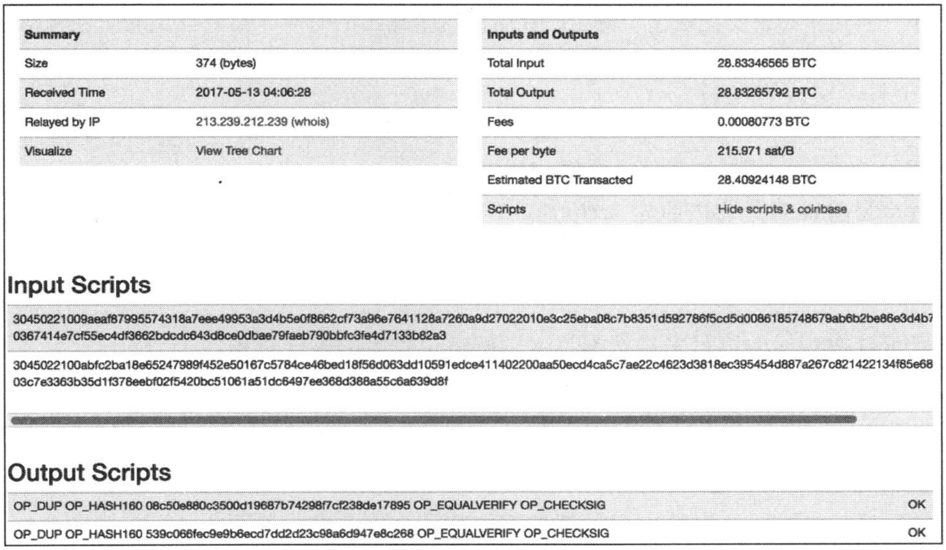

图 6-2　比特币交易的例子

3. 交易脚本

脚本（script）是保障交易完成（主要用于检验交易是否合法）的核心机制，当所依附的交易发生时被触发。通过脚本机制而非写死交易过程，比特币网络实现了一定的可扩展性。比特币脚本语言是一种非图灵完备的语言，类似于 Forth 语言。

一般每个交易都会包括两个脚本：输出脚本（scriptPubKey）和认领脚本（scriptSig）。输出脚本一般由付款方对交易设置锁定，用来对能动用这笔交易输出（例如，要花费交易的输出）的对象（收款方）进行权限控制，例如限制必须是某个公钥的拥有者才能花费这笔交易。认领脚本则用来证明自己可以满足交易输出脚本的锁定条件，即对某个交易的输出（比特币）的拥有权。

输出脚本目前支持两种类型：

- ❑ P2PKH：Pay-To-Public-Key-Hash，允许用户将比特币发送到一个或多个典型的比特币地址上（证明拥有该公钥），前导字节一般为 0x00；
- ❑ P2SH：Pay-To-Script-Hash，支付者创建一个输出脚本，里边包含另一个脚本（认领脚本）的哈希，一般用于需要多人签名的场景，前导字节一般为 0x05。

以 P2PKH 为例，输出脚本的格式为：

```
scriptPubKey: OP_DUP OP_HASH160 <pubKeyHash> OP_EQUALVERIFY OP_CHECKSIG
```

其中，OP_DUP 是复制栈顶元素；OP_HASH160 是计算 Hash 值；OP_EQUALVERIFY 判断栈顶两元素是否相等；OP_CHECKSIG 判断签名是否合法。这条指令实际上保证了只有 pubKey 的拥有者才能合法引用这个输出。

另外一个交易如果要花费这个输出，在引用这个输出的时候，需要提供的认领脚本格式为：

```
scriptSig: <sig> <pubKey>
```

其中，是用 pubKey 对应的私钥对交易（全部交易的输出、输入和脚本）Hash 值进行签名，pubKey 的 Hash 值需要等于 pubKeyHash。

进行交易验证时，会按照先 scriptSig 后 scriptPubKey 的顺序依次进行入栈处理，即完整指令为：

```
<sig> <pubKey> OP_DUP OP_HASH160 <pubKeyHash> OP_EQUALVERIFY OP_CHECKSIG
```

读者可以按照栈的过程来进行推算，理解整个脚本的验证过程。

引入脚本机制带来了灵活性，但也引入了更多的安全风险。比特币脚本支持的指令集十分简单，基于栈的处理方式，并且非图灵完备，此外还添加了额外的一些限制（大小限制等）。

4. 区块

比特币区块链的一个区块主要包括如下内容：

- 4 字节的区块大小信息；
- 80 字节的区块头信息；
- 交易个数计数器：1 ~ 9 字节；
- 所有交易的具体内容，可变长。

其中，区块头信息十分重要，包括：

- 版本号：4 字节；
- 上一个区块头的 SHA256 Hash 值：链接到一个合法的块上，32 字节；
- 包含所有验证过的交易的 Merkle 树根的哈希值，32 字节；
- 时间戳：4 字节；
- 难度指标：4 字节；
- Nonce：4 字节，PoW 问题的答案。

可见，要对区块链的完整性进行检查，只需要检验各个区块头信息即可，无需获取具体的交易内容，这也是简单交易验证（Simple Payment Verification，SPV）的基本原理。另外，通过头部的链接，提供时序关系的同时加大了对区块中数据进行篡改的难度。

一个示例区块如图 6-3 所示。

6.2.3 创新设计

比特币在设计上提出了很多创新点，主要考虑了避免作恶、负反馈调节和共识机制三个方面。下面分别介绍。

1. 避免作恶

避免作恶基于经济博弈原理。在一个开放的网络中，无法通过技术手段来保证每个人都是合作的。但可以通过经济博弈来让合作者得到利益，让非合作者遭受损失和风险。

Block #466150

Summary	
Number Of Transactions	3189
Output Total	4,355.14636223 BTC
Estimated Transaction Volume	581.83177764 BTC
Transaction Fees	1.22474892 BTC
Height	466150 (Main Chain)
Timestamp	2017-05-13 04:35:04
Received Time	2017-05-13 04:35:04
Relayed By	SlushPool
Difficulty	559,970,892,890.84
Bits	402781863
Size	998.171 KB
Version	0x20000002
Nonce	509067181
Block Reward	12.5 BTC

Hashes	
Hash	000000000000000001cfb77a1a792497664d8ed12058f52c55214abad07e1724
Previous Block	000000000000000000b43c30612a3368310824e2101e79ad8498a8e6bf41d4fc
Next Block(s)	
Merkle Root	a26cff904e6f73806f2ed18e1abb89c21ba426cfc41495a92313cb4a24b4032f

Sponsored Link

图 6-3　比特币区块的例子

实际上，博弈论早已广泛应用于众多领域。一个经典的例子是两个人分一个蛋糕，如果都想拿到较大的一块，在没有第三方的前提下，该怎么制定规则才公平？最简单的一个方案是负责分配蛋糕的人后挑选。

> **提示**　如果推广到 N 个人呢？

比特币网络中所有试图参与者（矿工）都首先要付出挖矿的代价，进行算力消耗，越想拿到新区块的决定权，意味着抵押的算力越多。一旦失败，这些算力都会被没收掉，成为沉没成本。当网络中存在众多参与者时，个体试图拿到新区块决定权要付出的算力成本是巨大的，意味着进行一次作恶付出的代价已经超过可能带来的好处。

2. 负反馈调节

在设计上，比特币网络很好地体现了负反馈的控制论基本原理。

比特币网络中矿工越多，系统就越稳定，比特币价值就越高，但挖到矿的概率会降低。反之，网络中矿工减少，会让系统更容易被攻击，比特币价值降低，但挖到矿的概率会提高。

因此，比特币的价格理论上应该稳定在一个合适的值（网络稳定性也会稳定在相应的值），这个价格乘以挖到矿的概率，恰好达到矿工的收益预期。

从长远角度看，硬件成本是下降的，但每个区块的比特币奖励每隔 4 年减半，最终将在 2140 年达到 2100 万枚，之后将完全依靠交易的服务费来鼓励矿工对网络的维护。

注意 比特币的最小单位是“聪”，即 10^{-8}，总“聪”数为 2.1×10^{15}。对于 64 位处理器来说，高精度浮点计数的限制导致单个数值不能超过 2^{53}，约等于 9×10^{15}。

3. 共识机制

传统共识问题往往是考虑在一个相对封闭的分布式系统中，允许同时存在正常节点、故障如何快速达成一致。

对于比特币网络来说，它是完全开放的，可能面对各种攻击情况，同时基于 Internet 的网络质量只能保证“尽力而为”，导致问题更加复杂，传统的一致性算法在这种场景下难以使用。

因此，比特币网络不得不对共识的目标和过程都进行一系列限制，提出了基于 Proof of Work（PoW）的共识机制。

首先是不实现面向最终确认的共识，而是基于概率、随时间逐步增强确认的共识。现有达成的结果在理论上可能被推翻，只是攻击者要付出的代价随时间而指数级上升，被推翻的可能性随之指数级下降。

此外，考虑到 Internet 的尺度，达成共识的时间相对比较长，因此按照区块（一组交易）来进行阶段性的确认（快照），从而提高网络整体的可用性。

最后，限制网络中共识的噪声。通过进行大量的 Hash 计算和少数的合法结果来限制合法提案的个数，进一步提高网络中共识的稳定性。

6.3 挖矿

6.3.1 基本原理

要了解比特币，最应该知道的一个概念就是“挖矿”。挖矿是参与维护比特币网络的节点，通过协助生成新区块来获取一定量新增比特币的过程。

当用户向比特币网络中发布交易后，需要有人将交易进行确认，形成新的区块，串联到区块链中。在一个互相不信任的分布式系统中，该由谁来完成这件事情呢？比特币网络采用了“挖矿”的方式来解决这个问题。

目前，每 10 分钟左右生成一个不超过 1 MB 大小的区块（记录了这 10 分钟内发生的验证过的交易内容），串联到最长的链尾部，每个区块的成功提交者可以得到系统 12.5 个比特币的奖励（该奖励作为区块内的第一个交易，一定区块数后才能使用），以及用户附加到交易上的支付服务费用。即便没有任何用户交易，矿工也可以自行产生合法的区块并获得奖励。

每个区块的奖励最初是 50 个比特币，每隔 21 万个区块自动减半，即 4 年时间，最终比特币总量稳定在 2100 万个。因此，比特币是一种通缩的货币。

6.3.2　挖矿过程

挖矿的具体过程为：参与者综合上一个区块的 Hash 值，上一个区块生成之后的新的验证过的交易内容，再加上自己猜测的一个随机数 X，一起打包到一个候选新区块，让新区块的 Hash 值小于比特币网络中给定的一个数。这是一道面向全体矿工的“计算题”，这个数越小，计算出来就越难。

系统每隔两周（即经过 2016 个区块）会根据上一周期的挖矿时间来调整挖矿难度（通过调整限制数的大小），调节生成区块的时间稳定在 10 分钟左右。为了避免震荡，每次调整的最大幅度为 4 倍。历史上最快的出块时间小于 10 秒，最慢的出块时间超过 1 个小时。

为了挖到矿，参与处理区块的用户端往往需要付出大量的时间和算力。算力一般以每秒进行多少次 Hash 计算为单位，记为 h/s。目前，比特币网络算力峰值已经达到了每秒数百亿亿次。

汇丰银行分析师 Anton Tonev 和 Davy Jose 曾表示，比特币区块链（通过挖矿）提供了一个局部的、迄今为止最优的解决方案：如何在分散的系统中验证信任。这就意味着，区块链本质上解决了传统依赖于第三方的问题，因为这个协议不只满足了中心化机构追踪交易的需求，还使得陌生人之间产生信任。区块链的技术和安全的过程使得陌生人之间在没有被信任的第三方时产生信任。

6.3.3　如何看待挖矿

2010 年以前，挖矿还是一个非常热门的盈利行业。

但是随着相关技术和设备的发展，现在个人进行挖矿的收益已经降得很低。从概率上说，由于当前参与挖矿的算力实在过于庞大（已经超出了大部分的超算中心），一般的算力已经不可能挖到比特币。特别是那些想着利用虚拟机来挖矿的想法，确实意义不大了。

从普通的 CPU（2009 年），到 GPU（2010 年）和 FPGA（2011 年年末），到后来的 ASIC 矿机（2013 年 年初，目前单片算力已达每秒数百亿次 Hash 计算），再到现在众多矿机联合组成矿池（知名矿池包括 F2Pool、BitFury、BTCC 等），短短数年间，比特币矿机的技术走完了过去几十年集成电路技术的进化历程，并且还颇有创新之处。确实是哪里有利益，哪里的技术就飞速发展！目前，矿机主要集中在中国（超过一半的算力）和欧美，大家比拼的是一定计算性能情况下低电压和低功耗的电路设计。全网的算力已超过每秒 10^{18} 次 Hash 计算。

很自然地，读者可能会想到，如果有人掌握了强大的算力，计算出所有的新区块，并且拒不承认他人的交易内容，那是不是就能破坏掉比特币网络？确实如此，基本上个体达到 1/3 的算力，比特币网络就存在被破坏的风险了；达到 1/2 的算力，从概率上就掌控整个网络了。但是要实现这么大的算力，将需要付出巨大的经济成本。

那么有没有办法防护呢？除了尽量避免将算力放到同一个组织手里，没太好的办法，这是目前 PoW 机制自身造成的。

也有人认为为了共识区块的生成，大部分算力（特别是最终未能算出区块的算力）其实都浪费了。有人提出用 PoS（Proof of Stake）和 DPoS 等协议，利用权益证明（例如持有货币的币龄）作为衡量指标进行投票，相对 PoW 可以节约大量的能耗。但 PoS 可能会带来囤积货币的问题。除此之外，还有活跃度证明（Proof of Activity，PoA）、消耗证明（Proof of Burn，PoB）、能力证明（Proof of Capacity, PoC）、消逝时间证明（Proof of Elapsed Time）、股权速率证明（Proof of Stake Velocity，PoSV）等不同的衡量指标。

当然，无论哪种机制，都无法解决所有问题。一种可能的优化思路是引入随机代理人制度，通过算法在某段时间内确保只让部分节点参加共识的提案，并且要发放一部分“奖励”给所有在线贡献的节点。

6.4 共识机制

比特币网络是完全公开的，任何人都可以匿名接入，因此共识协议的稳定性和防攻击性十分关键。

比特币区块链采用了 PoW 的机制来实现共识，该机制最早于 1998 年在 B-money 设计中提出。

目前，Proof of X 系列中比较出名的一致性协议包括 PoW、PoS 和 DPoS 等，都是通过经济惩罚来限制恶意参与。

6.4.1 工作量证明

工作量证明（PoW）通过计算来猜测一个数值（nonce），使得拼凑上交易数据后内容的 Hash 值满足规定的上限（来源于 hashcash）。由于 Hash 难题在目前计算模型下需要大量的计算，这就保证在一段时间内系统中只能出现少数合法提案。反过来，能够提出合法提案，也证明提案者确实付出了一定的工作量。

同时，这些少量的合法提案会在网络中进行广播，收到的用户进行验证后，会在用户认为的最长链基础上继续难题的计算。因此，系统中可能出现链的分叉（fork），但最终会有一条链成为最长的链。

Hash 问题具有不可逆的特点，因此，目前除了暴力计算外，还没有有效的算法进行解决。反之，如果获得符合要求的 nonce，则说明在概率上付出了对应的算力。谁的算力多，谁最先解决问题的概率就越大。当掌握超过全网一半的算力时，从概率上就能控制网络中链的走向。这也是所谓 51% 攻击的由来。

参与 PoW 计算比赛的人，将付出不小的经济成本（硬件、电力、维护等）。当没有最终成为首个算出合法 nonce 值的“幸运儿”时，这些成本都将被沉没掉。这也保障了如果有人尝试恶意破坏，需要付出大量的经济成本。也有设计试图将后算出结果者的算力按照一定比例折合进下一轮比赛的考虑。

有一个很直观的超市付款的例子，可以说明为何这种经济博弈模式会确保系统中最长链的唯一性。

假定超市只有一个出口，付款时需要排成一队，可能有人不守规矩插队。超市管理员会检查队伍，认为最长的一条队伍是合法的，并让不合法的分叉队伍重新排队。如图 6-4 所示。新到来的人只要足够理智，就会自觉选择最长的队伍进行排队。这是因为，看到多条链的参与者往往认为目前越长的链具备越大的胜出可能性，从而更倾向于选择长的链。

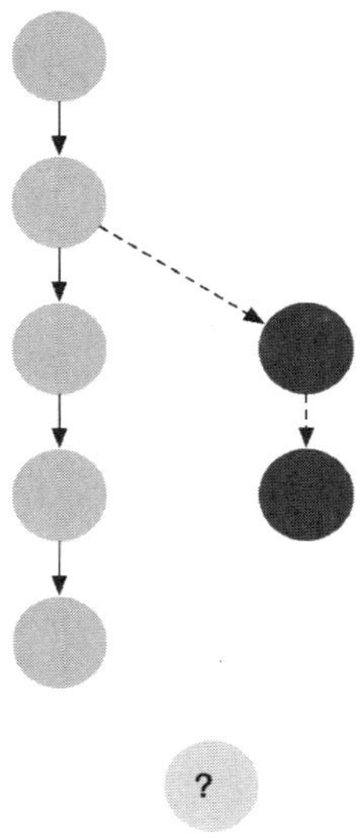

图 6-4　PoW 保证一致性

6.4.2　权益证明

权益证明（Proof of Stake，PoS）最早在 2013 年被提出，并在 Peercoin 系统中实现，类似于现实生活中的股东机制，拥有股份越多的人越容易获取记账权（同时越倾向于维护网络的正常工作）。

典型的过程是通过保证金（代币、资产、名声等具备价值属性的物品即可）来对赌一个合法的块成为新的区块，收益为抵押资本的利息和交易服务费。提供证明的保证金（例如通过转账货币记录）越多，则获得记账权的概率就越大。合法记账者可以获得收益。

PoS 试图解决在 PoW 中大量资源被浪费的缺点，受到了广泛关注。恶意参与者将存在保证金被罚没的风险，即损失经济利益。

一般情况下，对于 PoS 来说，需要掌握超过全网 1/3 的资源，才有可能左右最终的结果。这也很容易理解：三个人投票，前两人分别支持一方，这时第三方的投票将决定最终结果。

PoS 也有一些改进的算法，包括授权股权证明机制（DPoS），即股东们投票选出一个董事会，董事会成员才有权进行代理记账。

6.5　闪电网络

比特币的交易网络最为人诟病的一点便是交易性能：全网每秒 7 笔左右的交易速度，远低于传统的金融交易系统；同时，等待 6 个块的可信确认将导致约 1 个小时的最终确认时间。

为了提升性能，社区提出了闪电网络等创新的设计。

闪电网络的主要思路十分简单——将大量交易放到比特币区块链之外进行，只把关键环节放到链上进行确认。该设计最早于 2015 年 2 月在论文《The Bitcoin Lightning Network:

Scalable Off-Chain Instant Payments》中提出。

比特币的区块链机制自身已经提供了很好的可信保障，但是相对较慢；另一方面，对于大量的小额交易来说，是否真需要这么高的可信性？

闪电网络主要通过引入智能合约的思想来完善链下的交易渠道。核心的概念主要有两个：RSMC（Recoverable Sequence Maturity Contract）和 HTLC（Hashed TimeLock Contract）。前者解决了链下交易的确认问题，后者解决了支付通道的问题。下面先介绍这两个概念。

1. RSMC

RSMC 即“可撤销的顺序成熟度合同”。这个词很绕，其实主要原理很简单，类似于资金池机制。

首先假定交易双方之间存在一个“微支付通道”（资金池）。交易双方先预存一部分资金到“微支付通道”里，初始情况下双方的分配方案等于预存的金额。每次发生交易，需要对交易后产生资金的分配结果共同进行确认，同时签字把旧版本的分配方案作废掉。任何一方需要提现时，可以将他手里双方签署过的交易结果写到区块链网络中，从而被确认。从这个过程中可以看到，只有在提现时才需要通过区块链。

任何一个版本的方案都需要经过双方的签名认证才合法。任何一方在任何时候都可以提出提现，提现时需要提供一个双方都签名过的资金分配方案（意味着肯定是某次交易后的结果，被双方确认过，但未必是最新的结果）。在一定时间内，如果另外一方拿出证明表明这个方案其实之前被作废了（非最新的交易结果），则资金罚没给质疑方；否则按照提出方的结果进行分配。罚没机制可以确保没人会故意拿一个旧的交易结果来提现。

另外，即使双方都确认了某次提现，首先提出提现一方的资金到账时间也要晚于对方，这就鼓励大家尽量在链外完成交易。通过 RSMC，可以实现大量中间交易发生在链外。

2. HTLC

微支付通道是通过 HTLC 来实现的，中文意思是“哈希的带时钟的合约”。这其实就是限时转账。理解起来也很简单，通过智能合约，双方约定转账方先冻结一笔钱，并提供一个哈希值，如果在一定时间内有人能提出一个字符串，使得它哈希后的值与已知值匹配（实际上意味着转账方授权了接收方来提现），则这笔钱转给接收方。

举个不太恰当的例子，一定时间内有人知道了某个暗语（可以生成匹配的哈希值），就可以拿到指定的资金。

更进一步，甲想转账给丙，丙先发给甲一个哈希值。甲可以先跟乙签订一个合同：如果你在一定时间内能告诉我一个暗语，我就给你多少钱。乙于是跑去跟丙签订一个合同：如果你告诉我那个暗语，我就给你多少钱。丙于是告诉乙暗语，拿到乙的钱，乙又从甲拿到钱。最终结果是甲转账给丙。这样甲和丙之间似乎构成了一条完整的虚拟“支付通道”。

HTLC 机制可以扩展到多个人的场景。

3. 闪电网络的概念

RSMC 保障了两个人之间的直接交易可以在链下完成，HTLC 保障了任意两个人之间的转账都可以通过一条“支付”通道来完成。闪电网络整合这两种机制，就可以实现任意两个人之间的交易都在链下完成。

在整个交易中，智能合约起到了中介的重要角色，而区块链网络则确保最终的交易结果被确认。

6.6　侧链

侧链（sidechain）协议允许资产在比特币区块链（blockchain）和其他区块链之间互转。这一项目也来自比特币社区，最早是在 2013 年 12 月提出的，2014 年 4 月立项，由 Blockstream 公司主导研发。侧链协议于 2014 年 10 月在白皮书《Enabling Blockchain Innovations with Pegged Sidechains》中公开。

侧链诞生前，众多“山寨币”的出现正在碎片化整个数字货币市场，再加上以太坊等项目的竞争，一些比特币开发者希望借助侧链的形式扩展比特币的底层协议。

简单来讲，以比特币区块链作为**主链**（parent chain），其他区块链作为侧链，二者通过**双向挂钩**（two-way peg），实现比特币从主链转移到侧链进行流通。

侧链可以是一个独立的区块链，有自己按需定制的账本、共识机制、交易类型、脚本和合约的支持等。侧链不能发行比特币，但可以通过支持与比特币区块链挂钩来引入和流通一定数量的比特币。当比特币在侧链流通时，主链上对应的比特币会被锁定，直到比特币从侧链回到主链。可以看到，侧链机制可将一些定制化或高频的交易放到比特币主链之外进行，实现了比特币区块链的扩展。如图 6-5 所示。

在描述侧链协议的工作原理前，首先介绍侧链中用到的简单支付验证证明（SPV Proof）。

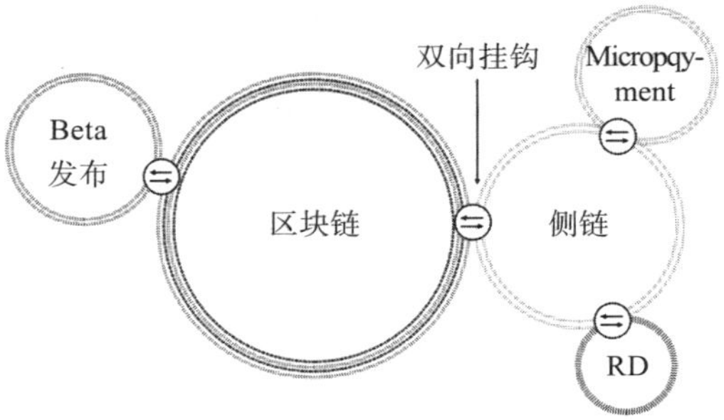

图 6-5　比特币侧链

6.6.1　SPV 证明

如前面章节所述，在比特币系统中验证交易时，涉及交易合法性检查、双重花费检查、脚本检查等。由于验证过程需要完整的 UTXO 记录，通常要由运行着完整功能节点的矿工来完成。

而很多时候，用户只关心与自己相关的那些交易，比如当用户收到其他人发来的所谓比特币时，只希望能够知道交易是否合法、是否已在区块链中存在了足够的时间（即获得足够的确认），而不需要自己成为完整节点做出完整验证。

中本聪设计的简单支付验证（ Simplified Payment Verification，SPV）可以实现这一点。SPV 能够以较小的代价判断某个支付交易是否已经被验证过（存在于区块链中），以及得到了多少算力保护（定位包含该交易的区块在区块链中的位置）。SPV 客户端只需要下载所有区块的区块头（block header），并进行简单的定位和计算工作，就可以给出验证结论。

侧链协议中，用 SPV 来证明一个动作确实已经在区块链中发生过，称为 SPV 证明（SPV Proof）。SPV 证明包括两部分内容：一组区块头的列表，表示工作量证明；一个特定输出确实存在于某个区块中的密码学证明。

6.6.2 双向挂钩

侧链协议的设计难点在于如何让资产在主链和侧链之间安全流转。简而言之，接受资产的链必须确保发送资产的链上的币被可靠锁定。

具体来说，协议采用双向挂钩机制实现比特币向侧链的转移和返回。主链和侧链需要对对方的特定交易做 SPV 验证。完整过程如下（参见图 6-6）：

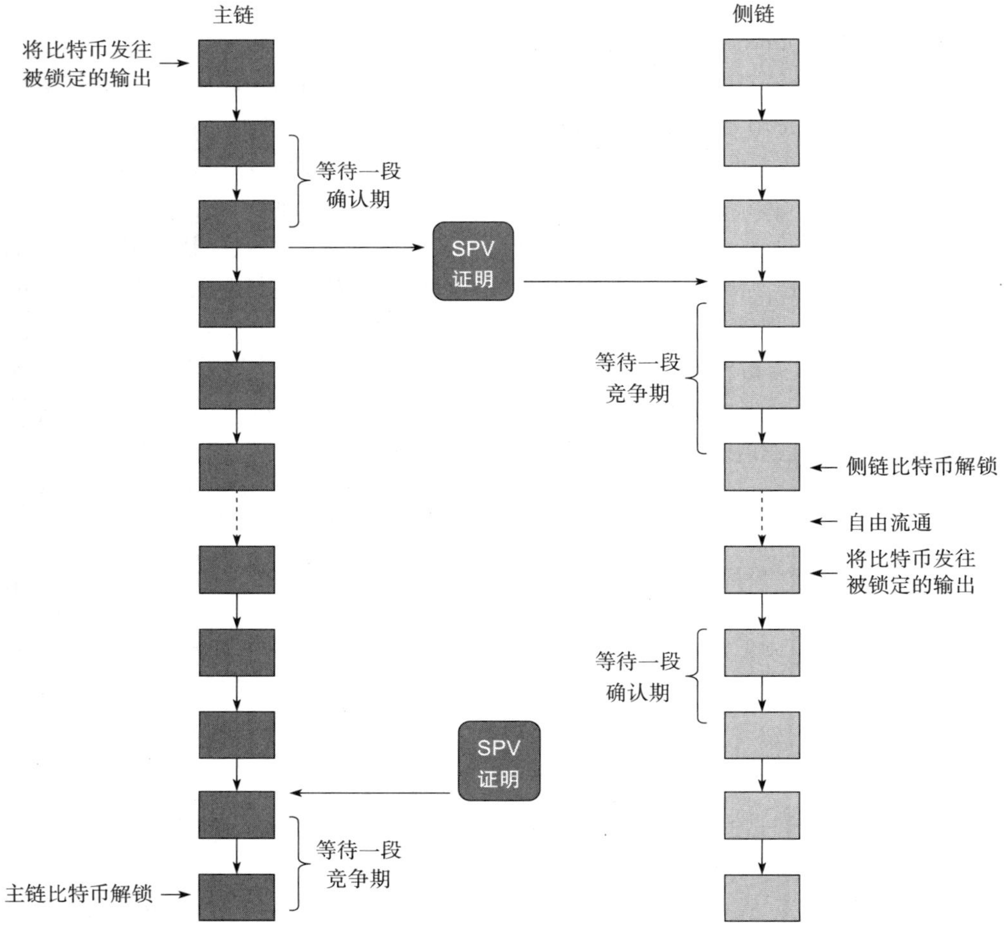

图 6-6 侧链双向挂钩的过程

1）当用户要向侧链转移比特币时，首先在主链创建交易，待转移的比特币被发往一个特殊的输出，这些比特币在主链上被锁定；

2）等待一段确认期，使得上述交易获得足够的工作量确认；

3）用户在侧链创建交易提取比特币，需要在这笔交易的输入指明上述主链被锁定的输出，并提供足够的 SPV 证明；

4）等待一段竞争期，防止双重花费攻击；

5）比特币在侧链上自由流通；

6）当用户想让比特币返回主链时，采取类似的动作。首先在侧链创建交易，待返回的比特币被发往一个特殊的输出。等待一段确认期后，在主链用足够的对侧链输出的 SPV 证明来解锁最早被锁定的输出。等待一段竞争期后，主链比特币恢复流通。

6.6.3　最新进展

侧链技术最早由 Blockstream 公司进行探索，于 2015 年 10 月联合合作伙伴发布了基于侧链的商业化应用 Liquid。

经过一年多的探索，Blockstream 于 2017 年 1 月发表文章《Strong Federations: An Interoperable Blockchain Solution to Centralized Third Party Risks》，被称为对侧链早期白皮书的补充和改良。白皮书中着重描述了联合挂钩（Federated Peg）的相关概念和应用。

此外，还有一些其他公司或组织也在探索如何合理地应用侧链技术，包括 ConsenSys、Rootstock、Lisk 等。

6.7　热点问题

6.7.1　设计中的权衡

比特币的设计目标在于支持一套安全、开放、分布式的数字货币系统。围绕这一目标，比特币协议的设计中很多地方都体现了权衡（trade-off）的思想。

- 区块容量：更大的区块容量可以带来更高的交易吞吐率，但会增加挖矿成本，带来中心化的风险，同时增大存储的代价。兼顾多方面的考虑，当前的区块容量上限设定为 1MB。
- 出块间隔时间：更短的出块间隔可以缩短交易确认的时间，但也可能导致分叉增多，降低网络可用性。
- 脚本支持程度：更强大的脚本指令集可以带来更多的灵活性，但也会引入更多的安全风险。

6.7.2　分叉

比特币协议不会一成不变。当需要修复漏洞、扩展功能或调整结构时，比特币需要在全网的配合下进行升级。升级通常涉及更改交易的数据结构或区块的数据结构。

由于分布在全球的节点不可能同时完成升级来遵循新的协议，因此比特币区块链在升级时可能发生分叉。对于一次升级，如果把网络中升级的节点称为新节点，未升级的节点称为旧节点，根据新旧节点相互兼容性上的区别，可分为**软分叉**（soft fork）和**硬分叉**（hard fork）。

- 如果旧节点仍然能够验证接受新节点产生的交易和区块，则称为软分叉。旧节点可能不理解新节点产生的一部分数据，但不会拒绝。网络既向后又向前兼容，因此这类升级可以平稳进行；
- 如果旧节点不接受新节点产生的交易和区块，则称为硬分叉。网络只向后兼容，不向前兼容。这类升级往往引起一段时间内新旧节点所认可的区块不同，分出两条链，直到旧节点升级完成。

尽管通过硬分叉升级区块链协议的难度大于软分叉，但软分叉能做的事情毕竟有限，一些大胆的改动只能通过硬分叉完成。

6.7.3 交易延展性

交易延展性（Transaction Malleablility）是比特币的一个设计缺陷。简单来讲，是指当交易发起者对交易签名（sign）之后，交易 ID 仍然可能被改变。

下面是一个比特币交易的例子。发起者对交易的签名（scriptSig）位于交易的输入（vin）当中，属于交易内容的一部分。交易 ID（txid）是整个交易内容的 Hash 值。这就造成了一个问题：攻击者（尤其是签名方）可以通过改变 scriptSig 来改变 txid，而交易仍旧保持合法。例如，反转 ECDSA 签名过程中的 S 值，签名仍然合法，交易仍然能够被传播。代码如下：

```
{
    "txid": "f200c37aa171e9687452a2c78f2537f134c307087001745edacb58
        304053db20",
    "version": 1,
    "locktime": 0,
    "vin": [
        {
            "txid": "21f10dbfb0ff49e2853629517fa176dc00d943f203aae35112
                88a7dd89280ac2",
            "vout": 0,
            "scriptSig": {
                "asm": "304402204f7fb0b1e0d154db27dbdeeeb8db7b7d3b887a33e
                    712870503438d8be2d66a0102204782a2714215dc0d581e1d435b
                    41bc6eced2c213c9ba0f993e7fcf468bb5d311[ALL] 025840d511
                    c4bc6690916270a54a6e9290fab687f512c18eb2df0428fa69a26299",
                "hex": "47304402204f7fb0b1e0d154db27dbdeeeb8db7b7d3b887a3
                    3e712870503438d8be2d66a0102204782a2714215dc0d581e1d43
                    5b41bc6eced2c213c9ba0f993e7fcf468bb5d3110121025840d51
                    1c4bc6690916270a54a6e9290fab687f512c18eb2df0428fa69a2
                    6299"
            },
```

```
            "sequence": 4294967295
        }
    ],
    "vout": [
        {
            "value": 0.00167995,
            "n": 0,
            "scriptPubKey": {
                "asm": "OP_DUP OP_HASH160 7c4338dea7964947b3f0954f61ef405
                    02fe8f791 OP_EQUALVERIFY OP_CHECKSIG",
                "hex": "76a9147c4338dea7964947b3f0954f61ef40502fe8f79188ac",
                "reqSigs": 1,
                "type": "pubkeyhash",
                "addresses": [
                    "1CL3KTtkN8KgHAeWMMWfG9CPL3o5FSMU4P"
                ]
            }
        }
    ]
}
```

这种延展性攻击能改变交易 ID，但交易的输入和输出不会被改变，所以攻击者不会直接盗取比特币。这也是为什么这一问题能在比特币网络中存在如此之久而仍未被根治。

然而，延展性攻击仍然会带来一些问题。比如，在原始交易未被确认之前广播 ID 改变的交易可能误导相关方对交易状态的判断，甚至发动拒绝服务攻击；多重签名场景下，一个签名者有能力改变交易 ID，会给其他签名者的资产带来潜在风险。同时，延展性问题也会阻碍闪电网络等比特币扩展方案的实施。

6.7.4 扩容之争

比特币当前将区块容量限制在 1MB 以下。如图 6-7 所示，随着用户和交易量的增加，这一限制已逐渐不能满足比特币的交易需求，使得交易日益拥堵，交易手续费不断上涨。

关于比特币扩容的持续争论从 2015 年便已开始，期间有一系列方案被摆上台面，包括各种链上扩容提议、用侧链或闪电网络扩展比特币等。考虑到比特币复杂的社区环境，其扩容方案早已不是一方能说了算，而任何一个方案想要达成广泛共识都比较困难，不同的方案之间也很难调和。

当前，扩容之争主要集中在两派：代表核心开发者的 Bitcoin Core 团队主推的隔离见证方案，以及 Bitcoin Unlimited 团队推出的方案。

1. 隔离见证方案

隔离见证（Segregated Witness，简称 SegWit）是指将交易中的签名部分从交易的输入中隔离出来，放到交易末尾的被称为见证（Witness）的字段当中。

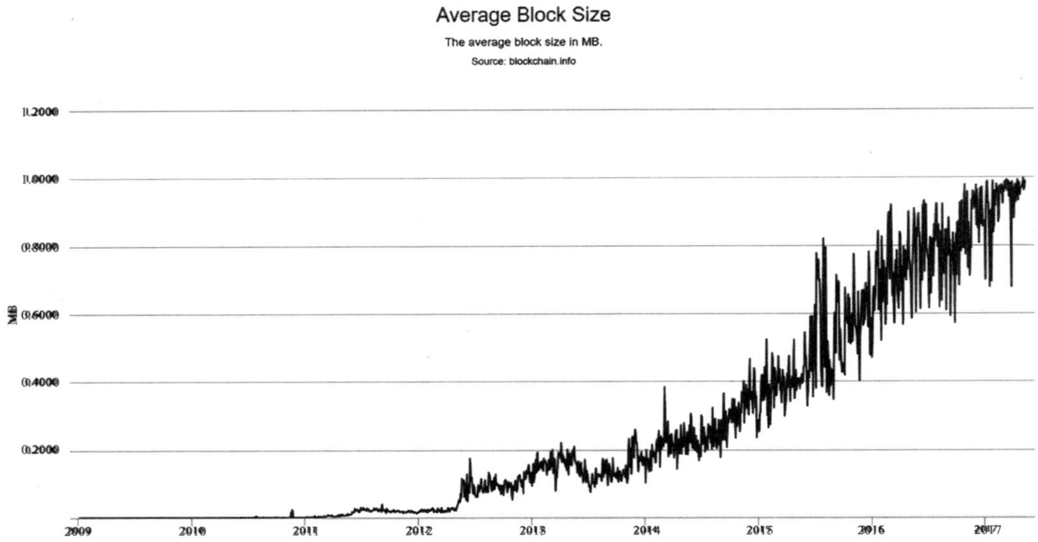

图 6-7 日益增加的区块容量

对交易 ID 的计算将不再包含这一签名部分，所以这也是延展性问题的一种解法，给引入闪电网络等第二层协议增强了安全性。

同时，隔离见证将区块容量上限理论上提高到 4MB。对隔离见证的描述可详见五个比特币改进协议（Bitcoin Improvement Proposal）：BIP 141 ～ BIP 145。

2. Bitcoin Unlimited 方案

Bitcoin Unlimited 方案（简称 BU）是指扩展比特币客户端，使矿工可以自由配置他们想要生成和验证的区块容量。

根据方案的设想，区块容量的上限会根据众多节点和矿工的配置进行自然收敛。Bitcoin Unlimited Improvement Proposal（BUIP）001 中表述了这个对比特币客户端的拓展提议，该方案已获得一些大型矿池的支持和部署。

6.7.5 比特币的监管和追踪

比特币的匿名特性，使得其交易的监管变得十分困难。

不少非法分子利用这一点，通过比特币转移资金。例如 WannaCry 网络病毒向受害者勒索比特币，短短三天时间里传播并影响到全球 150 多个国家。尽管这些不恰当的行为与比特币项目自身并无直接关系，但都或多或少地给比特币社区带来了负面影响。

实际上，认为通过比特币就可以实现完全匿名化并不现实。虽然交易账户自身是匿名的 Hash 地址，但一些研究成果（如《An analysis of anonymity in the bitcoin system》）表明，通过分析大量公开可得的交易记录，有很大概率可以追踪到比特币的实际转移路线，甚至可以追踪到真实用户。

6.8 相关工具

比特币相关工具包括客户端、钱包和矿机等。

1. 客户端

比特币客户端用于和比特币网络进行交互，同时可以参与网络的维护。

客户端分为三种：完整客户端、轻量级客户端和在线客户端。说明如下：

- 完整客户端：存储所有的交易历史记录，功能完备；
- 轻量级客户端：不保存交易副本，交易需要向别人查询；
- 在线客户端：通过网页模式来浏览第三方服务器提供的服务。

比特币客户端可以从 https://bitcoin.org/en/download 下载。

基于比特币客户端，可以很容易地实现用户钱包功能。

2. 钱包

比特币钱包可以存储和保护用户的私钥，并提供查询比特币余额、收发比特币等功能。根据私钥存储方式不同，钱包主要分为以下几种：

- 离线钱包：离线存储私钥，也称为“冷钱包”，安全性相对最强，但无法直接发送交易，便利性差；
- 本地钱包：用本地设备存储私钥，可直接向比特币网络发送交易，易用性强，但本地设备存在被攻击风险；
- 在线钱包：用钱包服务器存储经用户口令加密过的私钥，易用性强，但钱包服务器同样可能被攻击；
- 多重签名钱包：由多方共同管理一个钱包地址，比如 2 of 3 模式下，集合三位管理者中两位的私钥便可以发送交易。

比特币钱包可以从 https://bitcoin.org/en/choose-your-wallet 获取。

3. 矿机

比特币矿机是专门为“挖矿”设计的硬件设备，目前主要包括基于 GPU 和 ASIC 芯片的专用矿机。这些矿机往往采用特殊的设计来加速挖矿过程中的计算处理。

矿机最重要的属性是可提供的算力（通常以每秒可进行 Hash 计算的次数来表示）和所需要的功耗。当算力足够大，可以在概率意义上挖到足够多的新区块来弥补电力费用时，该矿机是可以盈利的；当单位电力产生的算力不足以支付电力费用时，该矿机无法盈利，意味着只能被淘汰。

目前，比特币网络中的全网算力仍然在快速增长中，矿工需要综合考虑算力变化、比特币价格、功耗带来的电费等许多问题，需要算好经济账。

6.9 本章小结

本章介绍了比特币项目的相关知识，包括核心技术、工具、设计，以及最新的闪电网络、侧链和扩容讨论等进展。

比特币自身作为数字货币领域的重大突破，对分布式记账领域有着很深远的影响。尤其是其底层的区块链技术，已经受到金融和信息行业的重视，在许多场景下都得到应用。

通过本章的剖析可以看出，比特币网络系统中并没有完全从头进行技术的创新，而是有机地组合了密码学、博弈论、记账技术、分布式系统和网络、控制论等领域的已有成果。有人认为，比特币发明人对于这些技术的应用并没有达到十分专业的地步。但正是如此巧妙的组合，让比特币项目能完成这样一件了不起的创举，体现出了发明者堪比大师的境界。

第 7 章 Chapter 7

以太坊——挣脱数字货币的枷锁

君子和而不同。

在区块链领域，以太坊项目也是十分出名的开源项目。作为公有区块链平台，以太坊将比特币针对数字货币交易的功能进一步进行了拓展，面向更为复杂和灵活的应用场景，支持了智能合约（smart contract）这一重要特性。

从此，区块链技术的应用场景，从单一基于 UTXO 的数字货币交易，延伸到图灵完备的通用计算领域。用户不再受限于仅能使用比特币脚本所支持的简单逻辑，而是可以自行设计任意复杂的合约逻辑。这就为构建各种多样化的上层应用开启了大门，可谓意义重大。

本章将参照比特币项目来介绍以太坊项目的核心概念和改进设计，以及如何安装客户端和使用智能合约等内容。

7.1 以太坊项目简介

以太坊（Ethereum）项目的最初目标是打造一个**智能合约的平台**（Platform for Smart Contract），该平台支持图灵完备的应用，按照智能合约的约定逻辑自动执行，理想情况下将不存在故障停机、审查、欺诈，以及第三方干预等问题。

以太坊平台目前支持 Golang、C++、Python 等多种语言实现的客户端。由于其核心实现是基于比特币网络的核心思想进行了拓展，因此在很多设计特性上都与比特币网络十分类似。

基于以太坊项目，以太坊团队目前运营了一个公开的区块链平台——以太坊网络。智能合约开发者使用官方提供的工具和以太坊专用应用开发语言 Solidity，可以很容易地开发出运行在以太坊网络上的“去中心化”应用（Decentralized Application，DApp）。这些应用将运行在以太坊的虚拟机（Ethereum Virtual Machine，EVM）里。用户通过以太币（Ether）来购买燃料（Gas），维持所部署应用的运行。

以太坊项目的官网网站为 ethereum.org，代码托管在 github.com/ethereum。

7.1.1 以太坊项目简史

与比特币网络自 2009 年上线的历史相比，以太坊项目要年轻得多。

2013 年底，比特币开发团队中有一些开发者开始探讨将比特币网络中的核心技术，主要是区块链技术，拓展到更多应用场景的可能性。以太坊的早期发明者 Vitalik Buterin 提出应该能运行任意形式（图灵完备）的应用程序，而不仅仅是比特币中受限制的简单脚本。该设计思想并未得到比特币社区的支持，后来作为以太坊白皮书发布。

2014 年 2 月，更多开发者（包括 Gavin Wood、Jeffrey Wilcke 等）加入以太坊项目，并计划在社区开始以众筹形式募集资金，以开发一个运行智能合约的信任平台。

2014 年 7 月，以太币预售，经过 42 天，总共筹集到价值超过 1800 万美元的比特币。随后在瑞士成立以太坊基金会，负责对募集到的资金进行管理和运营；并组建研发团队以开源社区形式进行平台开发。

2015 年 7 月底，以太坊第一阶段 Frontier 正式发布，标志着以太坊区块链网络的正式上线。这一阶段采用类似比特币网络的 PoW 共识机制，参与节点以矿工挖矿形式维护网络；支持上传智能合约。Frontier 版本实现了计划的基本功能，在运行中测试出了一些安全上的漏洞。这一阶段使用者以开发者居多。

2016 年 3 月，第二阶段 Homestead 开始运行（区块数 1150000），主要改善了安全性，同时开始提供图形界面的客户端，提升了易用性，更多用户加入了进来。

2016 年 6 月，DAO 基于以太坊平台进行众筹，受到漏洞攻击，造成价值超过 5000 万美元的以太币被冻结。社区最后通过硬分叉（Hard Fork）进行解决。

2017 年 3 月，以太坊成立以太坊企业级联盟（Enterprise Ethereum Alliance，EEA），联盟成员主要来自摩根大通，微软，芝加哥大学和部分创业企业等。

目前，以太坊网络支持了接近比特币网络的交易量，成为广受关注的公有链项目。

后续按照计划将发布第三阶段 Metropolis 和第四阶段 Serenity，主要特性包括支持 PoS 股权证明的共识机制，以降低原先 PoW 机制造成的能耗浪费；以及图形界面的钱包，以提升易用性。

包括 DAO 在内，以太坊网络已经经历了数次大的硬分叉，注意每次硬分叉后的版本对之前版本并不兼容。

7.1.2 主要特点

以太坊区块链底层也是一个类似比特币网络的 P2P 网络平台，智能合约运行在网络中的以太坊虚拟机里。网络自身是公开可接入的，任何人都可以接入并参与网络中数据的维护，提供运行以太坊虚拟机的资源。

与比特币项目相比，以太坊区块链的技术特点主要包括：

- 支持图灵完备的智能合约，设计了编程语言 Solidity 和虚拟机 EVM；
- 选用了内存需求较高的哈希函数，避免出现强算力矿机、矿池攻击；
- 叔块（uncle block）激励机制，降低矿池的优势，并减少了区块产生间隔（10 分钟降低到 15 秒左右）；
- 采用账户系统和世界状态，而不是 UTXO，容易支持更复杂的逻辑；
- 通过 Gas 限制代码执行指令数，避免循环执行攻击；
- 支持 PoW 共识算法，并计划支持效率更高的 PoS 算法。

此外，开发团队还计划通过分片（sharding）方式来解决网络可扩展性问题。

这些技术特点，解决了比特币网络在运行中被人诟病的一些问题，让以太坊网络具备了更大的应用潜力。

7.2 核心概念

基于比特币网络的核心思想，以太坊项目提出了许多创新的技术概念，包括智能合约、基于账户的交易、以太币和燃料等。

1. 智能合约

智能合约（Smart Contract）是以太坊中最为重要的一个概念，即以计算机程序的方式来缔结和运行各种合约。最早在上世纪 90 年代，Nick Szabo 等人就提出过类似的概念，但一直因为缺乏可靠执行智能合约的环境，而被当作一种理论设计。区块链技术的出现，恰好补充了这一缺陷。

以太坊支持通过图灵完备的高级语言（包括 Solidity、Serpent、Viper）等来开发智能合约。智能合约作为运行在以太坊虚拟机（Ethereum Virual Machine，EVM）中的应用，可以接受来自外部的交易请求和事件，通过触发运行提前编写好的代码逻辑，进一步生成新的交易和事件，可以进一步调用其他智能合约。

智能合约的执行结果可能对以太坊网络上的账本状态进行更新。这些修改由于经过了以太坊网络中的共识，一旦确认后无法被伪造和篡改。

2. 账户

在之前的章节中，笔者介绍过比特币在设计中并没有账户（Account）的概念，而是采用了 UTXO 模型记录整个系统的状态。任何人都可以通过交易历史来推算出用户的余额信息。而以太坊则采用了不同的做法，直接用账户来记录系统状态。每个账户存储余额信息、智能合约代码和内部数据存储等。以太坊支持在不同的账户之间转移数据，以实现更为复杂的逻辑。

具体来看，以太坊账户分为两种类型：**合约账户**（Contracts Accounts）和**外部账户**（Externally Owned Accounts，或 EOA）：

- 合约账户：存储执行的智能合约代码，只能被外部账户来调用激活；
- 外部账户：以太币拥有者账户，对应到某公钥。账户包括 nonce、balance、storageRoot、codeHash 等字段，由个人来控制。

当合约账户被调用时，存储其中的智能合约会在矿工处的虚拟机中自动执行，并消耗一定的燃料。燃料通过外部账户中的以太币进行购买。

3. 交易

交易（Transaction），在以太坊中是指从一个账户到另一个账户的消息数据。消息数据可以是以太币或者合约执行参数。

以太坊采用交易作为执行操作的最小单位。每个交易包括如下字段：

- to：目标账户地址；
- value：可以指定转移的以太币数量；
- nonce：交易相关的字串；
- gasPrice：执行交易需要消耗的 Gas 价格；
- startgas：交易消耗的最大 Gas 值；
- signature：签名信息。

类似于比特币网络，在发送交易时，用户需要缴纳一定的交易费用，通过以太币方式进行支付和消耗。目前，以太坊网络可以支持超过比特币网络的交易速率（可以达到每秒几十笔）。

4. 以太币

以太币（Ether）是以太坊网络中的货币。

以太币主要用于购买燃料，支付给矿工，以维护以太坊网络运行智能合约的费用。以太币最小单位是 wei，一个以太币等于 10^{18} 个 wei。

以太币同样可以通过挖矿来生成，成功生成新区块的以太坊矿工可以获得 5 个以太币的奖励，以及包含在区块内交易的燃料费用。用户也可以通过交易市场来直接购买以太币。

目前，每年大约可以通过挖矿生成超过一千万个以太币，单个以太币的市场价格超过 300 美元。

5. 燃料

燃料（Gas），控制某次交易执行指令的上限。每执行一条合约指令会消耗固定的燃料。当某个交易还未执行结束，而燃料消耗完时，合约执行终止并回滚状态。

Gas 可以跟以太币进行兑换。需要注意的是，以太币的价格是波动的，但运行某段智能合约的燃料费用可以是固定的，通过设定 Gas 价格等进行调节。

7.3　主要设计

以太坊项目的基本设计与比特币网络类似。为了支持更复杂的智能合约，以太坊在不少地方进行了改进，包括交易模型、共识、对攻击的防护和可扩展性等。

7.3.1　智能合约相关设计

1. 运行环境

以太坊采用以太坊虚拟机作为智能合约的运行环境。以太坊虚拟机是一个隔离的轻量级虚拟机环境，运行在其中的智能合约代码无法访问本地网络、文件系统或其他进程。

对同一个智能合约来说，往往需要在多个以太坊虚拟机中同时运行多份，以确保整个区块链数据的一致性和高度的容错性。但另一方面，这也限制了整个网络的容量。

2. 开发语言

以太坊为编写智能合约设计了图灵完备的高级编程语言，降低了智能合约开发的难度。目前，Solidity 是最常用的以太坊合约编写语言之一。

智能合约编写完毕后，用编译器编译为以太坊虚拟机专用的二进制格式（EVM bytecode），由客户端上传到区块链当中，之后在矿工的以太坊虚拟机中执行。

7.3.2　交易模型

出于智能合约的便利考虑，以太坊采用了账户的模型，状态可以实时地保存到账户里，而无需像比特币的 UXTO 模型那样去回溯整个历史。UXTO 模型和账户模型的对比如表 7-1 所示。

表 7-1　UXTO 模型和账户模型

特性	UXTO 模型	账户模型
状态查询和变更	需要回溯历史	直接访问
存储空间	较大	较小
易用性	较难处理	易于理解和编程
安全性	较好	需要处理好重放攻击等情况
可追溯性	支持历史	不支持追溯历史

7.3.3　共识

以太坊目前采用了基于成熟的 PoW 共识的变种算法 Ethash 协议作为共识机制。

为了防止 ASIC 矿机矿池的算力攻击，跟原始 PoW 的计算密集型 Hash 运算不同，Ethash 在执行时候需要消耗大量内存，反而跟计算效率关系不大。这意味着很难制造出专门针对 Ethash 的芯片，即通用机器可能更加有效。

虽然，Ethash 对原始的 PoW 进行了改进，但仍然需要进行大量无效的运算，这也为人们所诟病。

社区已经有计划在未来采用更高效的 Proof-of-Stake（PoS）作为共识机制。相对于 PoW 机制来讲，PoS 机制无需消耗大量无用的 Hash 计算，但其共识过程的复杂度要更高一些，还有待进一步的检验。

7.3.4 降低攻击

由于以太坊网络中的交易更加多样化，也就更容易受到攻击。

以太坊网络在降低攻击方面的核心设计思想仍然是通过经济激励机制防止少数人作恶：

- 所有交易都要提供交易费用，避免 DDoS 攻击；
- 程序运行指令数通过 Gas 来限制，所消耗的费用超过设定上限时就会被取消，避免出现恶意合约。

这就确保了攻击者试图消耗网络中虚拟机的计算资源时，需要付出经济代价（支付大量的以太币）；同时难以通过构造恶意的循环或不稳定合约代码来对网络造成破坏。

7.3.5 提高扩展性

可扩展性是以太坊网络承接更多业务量的最大制约。以太坊项目未来希望通过**分片**（sharding）机制来提高整个网络的扩展性。分片是一组维护和执行同一批智能合约的节点组成的子网络，是整个网络的子集。

支持分片功能之前，以太坊整个网络中的每个节点都需要处理所有的智能合约，这就造成了网络的最大处理能力会受限于单个节点的处理能力。

分片后，同一片内的合约处理是同步的，彼此达成共识，不同分片之间则可以是异步的，可以提高网络整体的可扩展性。

7.4 相关工具

7.4.1 客户端和开发库

以太坊客户端可用于接入以太坊网络，进行账户管理、交易、挖矿、智能合约等各方面操作。

以太坊社区现在提供了多种语言实现的客户端和开发库，支持标准的 JSON-RPC 协议。

用户可根据自己熟悉的开发语言进行选择：

- go-ethereum：Go 语言实现；
- Parity：Rust 语言实现；
- cpp-ethereum：C++ 语言实现；
- ethereumjs-lib：javascript 语言实现；
- Ethereum(J)：Java 语言实现；
- ethereumH：Haskell 语言实现；
- pyethapp：Python 语言实现；
- ruby-ethereum：Ruby 语言实现。

上述实现中，go-ethereum 的独立客户端 Geth 是最常用的以太坊客户端之一。用户可通过安装 Geth 来接入以太坊网络并成为一个完整节点。Geth 也可作为一个 HTTP-RPC 服务器，对外暴露 JSON-RPC 接口，供用户与以太坊网络交互。Geth 的使用需要基本的命令行基础，其功能相对完整，源码托管于 github.com/ethereum/go-ethereum。

7.4.2　以太坊钱包

对于只需进行账户管理、以太坊转账、DApp 使用等基本操作的用户，则可选择直观易用的钱包客户端。

Mist 是官方提供的一套包含图形界面的钱包客户端，除了可用于进行交易，也支持直接编写和部署智能合约，如图 7-1 所示。

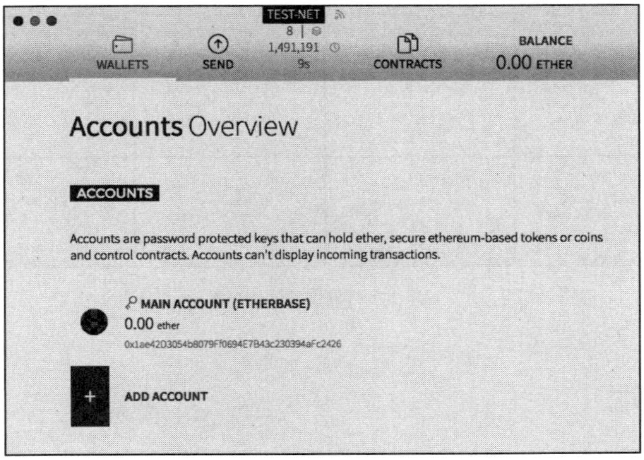

图 7-1　Mist 浏览器

所编写的代码编译发布后，可以部署到区块链上。使用者可通过发送调用相应合约方法的交易来执行智能合约。

7.4.3 IDE

对于开发者，以太坊社区涌现出了许多服务于编写智能合约和 DApp 的 IDE，例如：

❑ Truffle：功能丰富的以太坊应用开发环境；

❑ Embark：DApp 开发框架，支持集成以太坊、IPFS 等；

❑ Remix：用于编写 Solidity 的 IDE，内置调试器和测试环境。

7.4.4 网站资源

已有一些网站提供对以太坊网络的数据、运行在以太坊上的 DApp 等信息进行查看（见图 7-2），例如：

❑ ethstats.net：实时查看网络的信息，如区块、价格、交易数等；

❑ ethernodes.org：显示整个网络的历史统计信息，如客户端的分布情况等；

❑ dapps.ethercasts.com：查看运行在以太坊上的 DApp 的信息，包括简介、所处阶段和状态等。

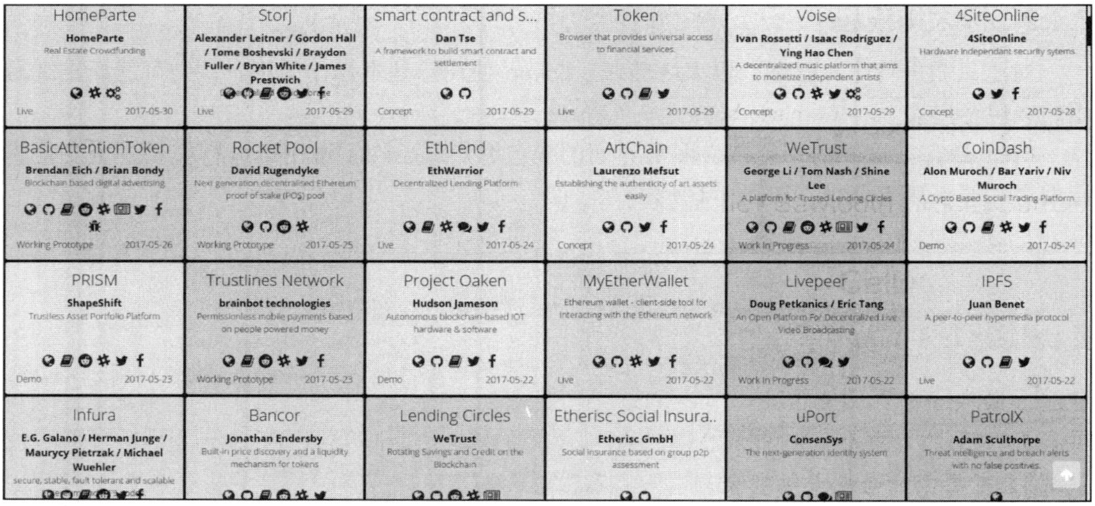

图 7-2 以太坊网络上的 DApp 信息

7.5 安装客户端

本节将介绍如何安装 Geth，即 Go 语言实现的以太坊客户端。这里以 Ubuntu 16.04 操作系统为例，介绍从 PPA 仓库和从源码编译这两种方式来进行安装。

7.5.1 从 PPA 直接安装

首先安装必要的工具包：

```
$ apt-get install software-properties-common
```

之后用以下命令添加以太坊的源：

```
$ add-apt-repository -y ppa:ethereum/ethereum
$ apt-get update
```

最后安装 go-ethereum：

```
$ apt-get install ethereum
```

安装成功后，则可以开始使用命令行客户端 Geth。可用 geth --help 查看各命令和选项，例如，用以下命令可查看 Geth 版本为 1.6.1-stable：

```
$ geth version

Geth
Version: 1.6.1-stable
Git Commit: 021c3c281629baf2eae967dc2f0a7532ddfdc1fb
Architecture: amd64
Protocol Versions: [63 62]
Network Id: 1
Go Version: go1.8.1
Operating System: linux
GOPATH=
GOROOT=/usr/lib/go-1.8
```

7.5.2 从源码编译

也可以选择从源码进行编译安装。

1. 安装 Go 语言环境

Go 语言环境可以自行访问 golang.org 网站下载二进制压缩包安装。注意不推荐通过包管理器安装，版本往往比较旧。

如下载 Go 1.8 版本，可以采用如下命令：

```
$ curl -O https://storage.googleapis.com/golang/go1.8.linux-amd64.tar.gz
```

下载完成后，解压目录，并移动到合适的位置（推荐为 /usr/local 下）：

```
$ tar -xvf go1.8.linux-amd64.tar.gz
$ sudo mv go /usr/local
```

安装完成后记得配置 GOPATH 环境变量：

```
$ export GOPATH=YOUR_LOCAL_GO_PATH/Go
$ export PATH=$PATH:/usr/local/go/bin:$GOPATH/bin
```

此时，可以通过 go version 命令验证安装是否成功：

```
$ go version

go version go1.8 linux/amd64
```

2. 下载和编译 Geth

用以下命令安装 C 的编译器：

```
$ apt-get install -y build-essential
```

下载选定的 go-ethereum 源码版本，如最新的社区版本：

```
$ git clone https://github.com/ethereum/go-ethereum
```

编译安装 Geth：

```
$ cd go-ethereum
$ make geth
```

安装成功后，可用 build/bin/geth --help 查看各命令和选项。例如，用以下命令可查看 Geth 版本为 1.6.3-unstable：

```
$ build/bin/geth version
Geth
Version: 1.6.3-unstable
Git Commit: 067dc2cbf5121541aea8c6089ac42ce07582ead1
Architecture: amd64
Protocol Versions: [63 62]
Network Id: 1
Go Version: go1.8
Operating System: linux
GOPATH=/usr/local/gopath/
GOROOT=/usr/local/go
```

7.6 使用智能合约

以太坊社区有不少提供智能合约编写、编译、发布、调用等功能的工具，用户和开发者可以根据需求或开发环境自行选择。

本节将向开发者介绍使用 Geth 客户端搭建测试用的本地区块链，以及如何在链上部署和调用智能合约。

7.6.1 搭建测试用区块链

由于在以太坊公链上测试智能合约需要消耗以太币，所以对于开发者开发测试场景，可以选择本地自行搭建一条测试链。开发好的智能合约可以很容易地切换接口部署到公有链上。注意测试链不同于以太坊公链，需要给出一些非默认的手动配置。

1. 配置初始状态

首先配置私有区块链网络的初始状态。新建文件 genesis.json，内容如下：

```
{
    "config": {
            "chainId": 22,
            "homesteadBlock": 0,
            "eip155Block": 0,
            "eip158Block": 0
    },
    "alloc"      : {},
    "coinbase"   : "0x0000000000000000000000000000000000000000",
    "difficulty" : "0x400",
    "extraData"  : "",
    "gasLimit"   : "0x2fefd8",
    "nonce"      : "0x0000000000000038",
    "mixhash"    : "0x0000000000000000000000000000000000000000000000000
        000000000000000",
    "parentHash" : "0x0000000000000000000000000000000000000000000000000
        000000000000000",
    "timestamp"  : "0x00"
}
```

其中，chainId 指定了独立的区块链网络 ID，不同 ID 网络的节点无法互相连接。配置文件还对当前挖矿难度 difficulty、区块 Gas 消耗限制 gasLimit 等参数进行了设置。

2. 启动区块链

用以下命令初始化区块链，生成创世区块和初始状态：

```
$ geth --datadir /path/to/datadir init /path/to/genesis.json
```

其中，--datadir 指定区块链数据的存储位置，可自行选择一个目录地址。

接下来用以下命令启动节点，并进入 Geth 命令行界面：

```
$ geth --identity "TestNode" --rpc --rpcport "8545" --datadir /path/to/
    datadir --port "30303" --nodiscover console
```

各选项的含义如下：

- --identity：指定节点 ID；
- --rpc：表示开启 HTTP-RPC 服务；
- --rpcport：指定 HTTP-RPC 服务监听端口号（默认为 8545）；
- --datadir：指定区块链数据的存储位置；
- --port：指定和其他节点连接所用的端口号（默认为 30303）；
- --nodiscover：关闭节点发现机制，防止加入有同样初始配置的陌生节点。

3. 创建账号

用上述 geth console 命令进入的命令行界面采用 JavaScript 语法。可以用以下命令新建一个账号：

```
> personal.newAccount()

Passphrase:
Repeat passphrase:
"0x1b6eaa5c016af9a3d7549c8679966311183f129e"
```

输入两遍密码后，会显示生成的账号，如 0x1b6eaa5c016af9a3d7549c8679966311183f129e"。可以用以下命令查看该账号余额：

```
> myAddress = "0x1b6eaa5c016af9a3d7549c8679966311183f129e"
> eth.getBalance(myAddress)
0
```

看到该账号当前余额为 0。可用 miner.start() 命令进行挖矿，由于初始难度设置的较小，所以很容易就可挖出一些余额。miner.stop() 命令可以停止挖矿。

7.6.2 创建和编译智能合约

以 Solidity 编写的智能合约为例。为了将合约代码编译为 EVM 二进制，需要安装 Solidity 编译器 solc：

```
$ apt-get install solc
```

新建一个 Solidity 智能合约文件，命名为 testContract.sol，该合约包含一个方法 multiply，作用是将输入的整数乘以 7 后输出，代码如下：

```
pragma solidity ^0.4.0;
contract testContract {
    function multiply(uint a) returns(uint d) {
        d = a * 7;
    }
}
```

用 solc 获得合约编译后的 EVM 二进制码：

```
$ solc --bin testContract.sol

======= testContract.sol:testContract =======
Binary:
6060604052341561000c57fe5b5b60a58061001b6000396000f30060606040526000357c0
    100000000000000000000000000000000000000000000000000000000900463ffffff
    ff168063c6888fa114603a575bfe5b3415604157fe5b605560048080359060200190909
    1905050606b565b6040518082815260200191505060405180910390f35b6000600782
```

```
0290505b9190505600a165627a7a72305820748467daab52f2f1a63180df2c4926f34
31a2aa82dcdfbcbde5e7d036742a94b0029
```

再用 solc 获得合约的 JSON ABI（Application Binary Interface），其中指定了合约接口，包括可调用的合约方法、变量、事件等：

```
$ solc --abi testContract.sol

======= testContract.sol:testContract =======
Contract JSON ABI
[{"constant":false,"inputs":[{"name":"a","type":"uint256"}],"name":"mul-
    tiply","outputs":[{"name":"d","type":"uint256"}],"payable":false,"type":
    "function"}]
```

下面回到 Geth 的 JavaScript 环境命令行界面，用变量记录上述两个值。注意在 code 前加上 0x 前缀：

```
> code = "0x6060604052341561000c57fe5b5b60a58061001b6000396000f3006060604
    0526000357c0100000000000000000000000000000000000000000000000000000000
    900463ffffffff168063c6888fa114603a575bfe5b3415604157fe5b6055600480803
    59060200190919050506b565b604051808281526020019150506040518091039 0f3
    5b6000600782029050 5b9190505600a165627a7a72305820748467daab52f2f1a6318
    0df2c4926f3431a2aa82dcdfbcbde5e7d036742a94b0029"
> abi = [{"constant":false,"inputs":[{"name":"a","type":"uint256"}],"name":
    "multiply","outputs":[{"name":"d","type":"uint256"}],"payable":false,
    "type":"function"}]
```

7.6.3　部署智能合约

在 Geth 的 JavaScript 环境命令行界面，首先用以下命令解锁自己的账户，否则无法发送交易：

```
> personal.unlockAccount(myAddress)

Unlock account 0x1b6eaa5c016af9a3d7549c8679966311183f129e
Passphrase:
true
```

接下来发送部署合约的交易：

```
> myContract = eth.contract(abi)
> contract = myContract.new({from:myAddress,data:code,gas:1000000})
```

如果此时没有在挖矿，用 txpool.status 命令可看到本地交易池中有一个待确认的交易。可用以下命令查看当前待确认的交易：

```
> eth.getBlock("pending",true).transactions
```

```
[{
    blockHash: "0xbf0619ca48d9e3cc27cd0ab0b433a49a2b1bed90ab57c0357071b
        033aca1f2cf",
    blockNumber: 17,
    from: "0x1b6eaa5c016af9a3d7549c8679966311183f129e",
    gas: 90000,
    gasPrice: 20000000000,
    hash: "0xa019c2e5367b3ad2bbfa427b046ab65c81ce2590672a512cc973b84610eee53e",
    input: "0x6060604052341561000c57fe5b5b60a58061001b6000396000f30060606
        040526000357c0100000000000000000000000000000000000000000000000
        000000900463ffffffff168063c6888fa114603a575bfe5b3415604157fe5b605
        56004808035906020019091905050606b565b6040518082815260200191505060
        405180910390f35b6000600782029050505b9190505600a165627a7a72305820748
        467daab52f2f1a63180df2c4926f3431a2aa82dcdfbcbde5e7d036742a94b0029",
    nonce: 1,
    r: "0xbcb2ba94f45dfb900a0533be3c2c603c2b358774e5fe89f3344031b202995a41",
    s: "0x5f55fb1f76aa11953e12746bc2d19fbea6aeb1b9f9f1c53a2eefab7058515d99",
    to: null,
    transactionIndex: 0,
    v: "0x4f",
    value: 0
}]
```

可以用 miner.start() 命令挖矿，一段时间后，交易会被确认，即随新区块进入区块链。

7.6.4 调用智能合约

用以下命令可以发送交易，其中 sendTransaction 方法的前几个参数与合约中 multiply 方法的输入参数对应。这种方式下，交易会通过挖矿记录到区块链中，如果涉及状态改变也会获得全网共识：

```
> contract.multiply.sendTransaction(10, {from:myAddress})
```

如果只是想本地运行该方法查看返回结果，可采用如下方式获取结果：

```
> contract.multiply.call(10)
70
```

7.7 智能合约案例：投票

本节将介绍一个用 Solidity 语言编写的智能合约案例。代码来源于“ Solidity 官方文档 ”中的示例。

该智能合约实现了一个自动化且透明的投票应用。投票发起人可以发起投票，将投票权赋予投票人；投票人可以自己投票，或将自己的票委托给其他投票人；任何人都可以公开查询投票的结果。

7.7.1　智能合约代码

实现上述功能的合约代码如下所示，并不复杂，语法跟 JavaScript 十分类似：

```
pragma solidity ^0.4.11;

contract Ballot {
    struct Voter {
        uint weight;
        bool voted;
        address delegate;
        uint vote;
    }

    struct Proposal {
        bytes32 name;
        uint voteCount;
    }

    address public chairperson;
    mapping(address => Voter) public voters;
    Proposal[] public proposals;

    // Create a new ballot to choose one of `proposalNames`
    function Ballot(bytes32[] proposalNames) {
        chairperson = msg.sender;
        voters[chairperson].weight = 1;

        for (uint i = 0; i < proposalNames.length; i++) {
            proposals.push(Proposal({
                name: proposalNames[i],
                voteCount: 0
            }));
        }
    }

    // Give `voter` the right to vote on this ballot.
    // May only be called by `chairperson`.
    function giveRightToVote(address voter) {
        require((msg.sender == chairperson) && !voters[voter].voted);
        voters[voter].weight = 1;
    }

    // Delegate your vote to the voter `to`.
    function delegate(address to) {
        Voter sender = voters[msg.sender];
        require(!sender.voted);
        require(to != msg.sender);
```

```
        while (voters[to].delegate != address(0)) {
            to = voters[to].delegate;

            // We found a loop in the delegation, not allowed.
            require(to != msg.sender);
        }

        sender.voted = true;
        sender.delegate = to;
        Voter delegate = voters[to];
        if (delegate.voted) {
            proposals[delegate.vote].voteCount += sender.weight;
        } else {
            delegate.weight += sender.weight;
        }
    }

    // Give your vote (including votes delegated to you)
    // to proposal `proposals[proposal].name`.
    function vote(uint proposal) {
        Voter sender = voters[msg.sender];
        require(!sender.voted);
        sender.voted = true;
        sender.vote = proposal;

        proposals[proposal].voteCount += sender.weight;
    }

    // @dev Computes the winning proposal taking all
    // previous votes into account.
    function winningProposal() constant
            returns (uint winningProposal)
    {
        uint winningVoteCount = 0;
        for (uint p = 0; p < proposals.length; p++) {
            if (proposals[p].voteCount > winningVoteCount) {
                winningVoteCount = proposals[p].voteCount;
                winningProposal = p;
            }
        }
    }

    // Calls winningProposal() function to get the index
    // of the winner contained in the proposals array and then
    // returns the name of the winner
    function winnerName() constant
            returns (bytes32 winnerName)
```

```
    {
        winnerName = proposals[winningProposal()].name;
    }
}
```

7.7.2　代码解析

1. 指定版本

在第一行，pragma 关键字指定了和该合约兼容的编译器版本：

```
pragma solidity ^0.4.11;
```

该合约指定，不兼容比 0.4.11 更旧的编译器版本，且 ^ 符号表示也不兼容从 0.5.0 起的新编译器版本。即兼容版本范围是 0.4.11 <= version < 0.5.0。该语法与 npm 的版本描述语法一致。

2. 结构体类型

Solidity 中的合约（contract）类似面向对象编程语言中的类。每个合约可以包含状态变量、函数、事件、结构体类型和枚举类型等。一个合约也可以继承另一个合约。

在本例命名为 Ballot 的合约中，声明了 两 个结构体类型：Voter 和 Proposal：

- ❑ struct Voter：投票人，其属性包括 uint weight（该投票人的权重）、bool voted（是否已投票）、address delegate（如果该投票人将投票委托给他人，则记录受委托人的账户地址）和 uint vote（投票做出的选择，即相应提案的索引号）；
- ❑ struct Proposal：提案，其属性包括 bytes32 name（名称）和 uint voteCount（获得的票数）。

需要注意，address 类型记录了一个以太坊账户的地址。address 可看作一个数值类型，但也包括一些与以太币相关的方法，如查询余额 <address>.balance、向该地址转账 <address>.transfer(uint256 amount) 等。

3. 状态变量

合约中的状态变量会长期保存在区块链中。通过调用合约中的函数，这些状态变量可以被读取和改写。

本例中声明了 3 个状态变量：chairperson、voters、proposals：

- ❑ address public chairperson：投票发起人，类型为 address；
- ❑ mapping(address => Voter) public voters：所有投票人，类型为 address 到 Voter 的映射；
- ❑ Proposal[] public proposals：所有提案，类型为动态大小的 Proposal 数组。

3 个状态变量都使用了 public 关键字，使得变量可以被外部访问（即通过消息调用）。事实上，编译器会自动为 public 的变量创建同名的 getter 函数，供外部直接读取。

状态变量还可设置为 internal 或 private。internal 的状态变量只能被该合约和继承该合约的子合约访问，private 的状态变量只能被该合约访问。状态变量默认为 internal。

将上述关键状态信息设置为 public 能够增加投票的公平性和透明性。

4. 函数

合约中的函数用于处理业务逻辑。函数的可见性默认为 public，即可以从内部或外部调用，是合约的对外接口。函数可见性也可设置为 external、internal 和 private。

本例实现了 6 个 public 函数，可看作 6 个对外接口，功能分别描述如下。

（1）创建投票

用函数 function Ballot(bytes32[] proposalNames) 创建一个新的投票。所有提案的名称通过参数 bytes32[] proposalNames 传入，逐个记录到状态变量 proposals 中。同时用 msg.sender 获取当前调用消息的发送者的地址，记录为投票发起人 chairperson，该发起人投票权重设为 1。

（2）赋予投票权

用函数 function giveRightToVote(address voter) 实现给投票人赋予投票权。该函数给 address voter 赋予投票权，即将 voter 的投票权重设为 1，存入 voters 状态变量。

这个函数只有投票发起人 chairperson 可以调用。这里用到了 require((msg.sender == chairperson) && !voters[voter].voted) 函数。如果 require 中表达式结果为 false，这次调用会中止，且回滚所有状态和以太币余额的改变到调用前。但已消耗的 Gas 不会返还。

（3）委托投票权

用函数 function delegate(address to) 把投票委托给其他投票人。其中，用 voters[msg.sender] 获取委托人，即此次调用的发起人。用 require 确保发起人没有投过票，且不是委托给自己。由于被委托人也可能已将投票委托出去，所以接下来，用 while 循环查找最终的投票代表。找到后，如果投票代表已投票，则将委托人的权重加到所投的提案上；如果投票代表还未投票，则将委托人的权重加到代表的权重上。

该函数使用了 while 循环，这里合约编写者需要十分谨慎，防止调用者消耗过多 Gas，甚至出现死循环。

（4）进行投票

用函数 function vote(uint proposal) 实现投票过程。其中，用 voters[msg.sender] 获取投票人，即此次调用的发起人。接下来检查是否是重复投票，如果不是，进行投票后相关状态变量的更新。

（5）查询获胜提案

用函数 function winningProposal() constant returns (uint winningProposal) 将返回获胜提案的索引号。

这里，returns (uint winningProposal) 指定了函数的返回值类型，constant 表示该函数不

会改变合约状态变量的值。

函数通过遍历所有提案进行记票，得到获胜提案。

（6）查询获胜者名称

用函数 function winnerName() constant returns (bytes32 winnerName) 实现返回获胜者的名称。这里采用内部调用 winningProposal() 函数的方式获得获胜提案。如果需要采用外部调用，则需要写为 this.winningProposal()。

7.8　本章小结

以太坊项目将区块链技术在数字货币的基础上进行了延伸，提出了打造更为通用的智能合约平台的宏大构想，并基于开源技术构建了以太坊为核心的开源生态系统。

本章内容介绍了以太坊的相关知识，包括核心概念、设计、工具，以及客户端的安装、智能合约的使用和编写等。

比照比特币项目，可以掌握以太坊的相关改进设计，并学习智能合约的编写。实际上，智能合约并不是一个新兴概念，但区块链技术的出现为智能合约的“代码即律法”提供提供了信任基础和实施架构。通过引入智能合约，区块链技术释放了支持更多应用领域的巨大潜力。

Chapter 8 第 8 章

超级账本——面向企业的分布式账本

欲戴王冠者，必承其重（Uneasy lies the head that wears a crown）。

超级账本（Hyperledger）项目是首个面向企业应用场景的开源分布式账本平台。

在 Linux 基金会的支持下，超级账本项目吸引了包括 IBM、Intel、Cisco、DAH、摩根大通、R3 等在内的众多科技和金融巨头的贡献参与，以及在银行、供应链等领域的积极应用实践。超级账本社区在成立一年多时间以来，也得到了广泛的关注和飞速的发展，目前已经拥有超过 140 家企业会员。

本章将介绍超级账本项目的发展历史和社区组织，以及旗下的多个顶级开源项目的情况，还将展示开源社区提供的多个高效开发工具。最后面向开发者介绍如何参与到超级账本项目中，进行代码贡献。

8.1 超级账本项目简介

HYPERLEDGER PROJECT

2015 年 12 月，由开源世界的旗舰组织 Linux 基金会 牵头，30 家初始企业成员（包括 IBM、Accenture、Intel、J.P.Morgan、R3、DAH、DTCC、FUJITSU、HITACHI、SWIFT、Cisco 等），共同 宣布 了 Hyperledger 联合项目成立。超级账本项目为透明、公开、去中心化的企业级分布式账本技术提供开源参考实现，并推动区块链和分布式账本相关协议、规范和标准的发展。项目官方网站为 hyperledger.org。

超级账本成立之初，就收到了众多的开源技术贡献。IBM 贡献了 4 万多行已有的 Open

Blockchain 代码，Digital Asset 则贡献了企业和开发者相关资源，R3 贡献了新的金融交易架构，Intel 也贡献了分布式账本相关的代码。

作为一个联合项目（collaborative project），超级账本由面向不同目的和场景的子项目构成。目前包括 Fabric、Sawtooth、Iroha、Blockchain Explorer、Cello、Indy、Composer、Burrow 等 8 大顶级项目，所有项目都遵守 Apache v2 许可，并约定共同遵守如下的 基本原则：

- 重视模块化设计：包括交易、合同、一致性、身份、存储等技术场景；
- 重视代码可读性：保障新功能和模块都可以很容易添加和扩展；
- 可持续的演化路线：随着需求的深入和更多的应用场景，不断增加和演化新的项目。

超级账本项目的企业会员和技术项目发展都十分迅速，如图 8-1 所示。

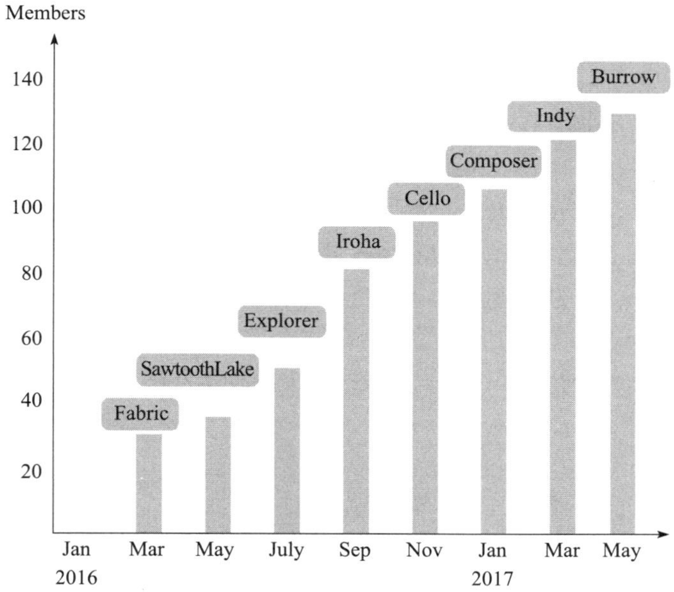

图 8-1　超级账本 项目快速成长

超级账本社区目前拥有超过 140 家全球知名企业和机构（大部分均为各自行业的领导者）会员，其中包括 30 多家来自中国本土的企业，例如：艾亿数融科技公司（2016.05.19 加入）、Onchain（2016.06.22 加入）、比邻共赢（Belink）信息技术有限公司（2016.06.22 加入）、BitSE（2016.06.22 加入）、布比（2016.07.27 加入）、三一重工（2016.08.30 加入）、万达科技（2016.09.08 加入）、华为（2016.10.24 加入）等。

如果说以比特币为代表的数字货币提供了区块链技术应用的原型，以太坊为代表的智能合同平台延伸了区块链技术的功能，那么进一步引入权限控制和安全保障的超级账本项目则开拓了区块链技术的全新领域。超级账本首次将区块链技术引入到了分布式联盟账本的应用场景，这就为未来基于区块链技术打造高效率的商业网络打下了坚实的基础。

超级账本项目的出现，实际上宣布区块链技术已经不仅局限在单一应用场景中，也不仅局限在完全开放的公有链模式下，区块链技术已经正式被主流企业市场认可并在实践中采用。同时，超级账本项目中提出和实现了许多创新的设计和理念，包括完备的权限和审查管理、细粒度隐私保护，以及可拔插、可扩展的实现框架，对于区块链相关技术和产业的发展都将产生深远的影响。

提示 Apache v2 许可协议是商业友好的知名开源协议，鼓励代码共享，尊重原作者的著作权，允许对代码进行修改和再发布（作为开源或商业软件）。

8.2 社区组织结构

每一个成功的开源项目都离不开一个健康、繁荣的社区。超级账本社区自成立之日起就借鉴了众多开源社区组织的经验，形成了以技术开发为主体、积极面向应用的体系结构。

超级账本社区的项目开发工作由技术委员会（Technical Steering Committee，TSC）指导，首任主席由来自 IBM 开源技术部的 CTO Chris Ferris 担任；管理委员会主席则由来自 Digital Asset Holdings 的 CEO Blythe Masters 担任。另外，自 2016 年 5 月起，Apache 基金会创始人 Brian Behlendorf 担任超级账本项目的首位执行总监（Executive Director）。

社区十分重视大中华地区的应用落地和开发情况，2016 年 12 月，“大中华区技术工作组”正式成立，负责推动本土社区组织建设和相关的技术发展和应用工作。

8.2.1 基本结构

超级账本社区目前主要是三驾马车领导的结构（见图 8-2）：

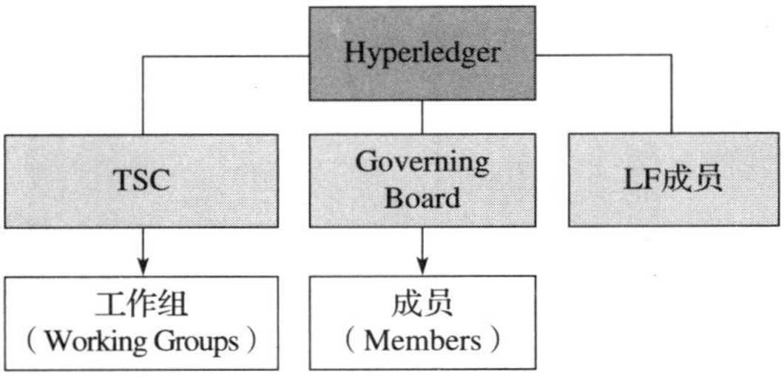

图 8-2 超级账本社区组织结构

- 技术委员会（Technical Steering Committee，TSC）：负责技术相关的工作，下设多个工作组，具体带动各个项目和方向的发展；
- 管理董事会（Governing Board）：负责社区组织的整体决策，由超级账本会员中推选出代表；
- Linux 基金会（Linux Foundation，LF）：负责基金管理，协助 Hyperledger 社区在 Linux 基金会的支持下发展。

8.2.2 大中华区技术工作组

随着开源精神和开源文化在中国的普及，越来越多的企业和组织开始意识到共同构建一个健康生态系统的重要性，也愿意为开源事业做出一定贡献。

Linux 基金会和 Hyperledger 社区十分重视项目在大中华区的应用和落地情况，并希望能为中国技术人员贡献于开源社区提供便利。在此背景下，超级账本首任执行董事 Brian Behlendorf 于 2016 年 12 月 1 日提议成立“大中华区技术工作组”（TWG-China），并得到了 TSC 成员们的一致支持和通过。工作组的 Wiki 首页地址为 https://wiki.hyperledger.org/groups/tsc/technical-working-group-china。

技术工作组的主要职责包括：

- 带领和引导大中华区的技术相关活动，包括贡献代码、指南文档、项目提案等；
- 推动技术相关的交流，促进会员企业之间的合作和实践案例的落地；
- 通过邮件列表、RocketChat、论坛等方式促进社区开发者们的技术交流；
- 协助举办社区活动，包括 Meetup、黑客松、Hackfest、技术分享、培训等。

目前，工作组由来自 IBM、万达、华为等超级账本成员企业的数十名技术专家组成，并得到了社区众多志愿者的支持。工作组的各项会议和活动内容都是开放的，可以在 Wiki 首页上找到相关参与方式。

8.3 顶级项目介绍

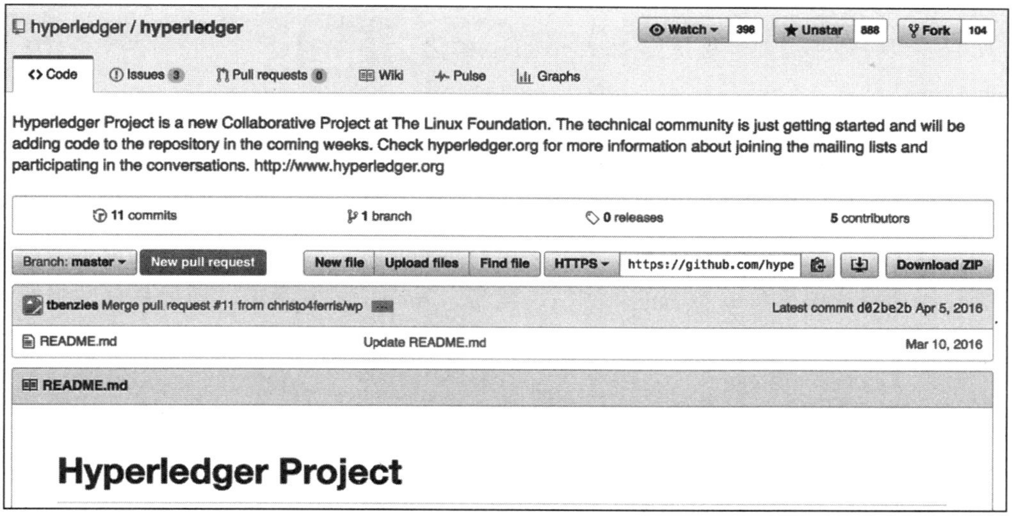

超级账本（Hyperledger）所有项目代码托管在 Gerrit 和 GitHub（只读，自动从 Gerrit 上同步）上。

目前，主要包括如下顶级项目：

- Fabric：包括 Fabric、Fabric CA、Fabric SDK（包括 Node.Js、Python 和 Java 等语言）

和 fabric-api 等，目标是区块链的基础核心平台，支持 PBFT 等新的共识机制，支持权限管理，最早由 IBM 和 DAH 发起；

- Sawtooth：包括 arcade、core、dev-tools、validator、mktplace 等。是 Intel 主要发起和贡献的区块链平台，支持全新的基于硬件芯片的共识机制 Proof of Elapsed Time（PoET）；
- Iroha：账本平台项目，基于 C++ 实现，带有不少面向 Web 和 Mobile 的特性，主要由 Soramitsu 发起和贡献；
- Blockchain Explorer：提供 Web 操作界面，通过界面快速查看查询绑定区块链的状态（区块个数、交易历史）信息等，由 DTCC、IBM、Intel 等开发支持；
- Cello：提供区块链平台的部署和运行时管理功能。使用 Cello，管理员可以轻松部署和管理多条区块链；应用开发者可以无需关心如何搭建和维护区块链，由 IBM 团队发起；
- Indy：提供基于分布式账本技术的数字身份管理机制，由 Sovrin 基金会发起；
- Composer：提供面向链码（链码的概念参见后面 9.5 节）开发的高级语言支持，自动生成链码等，由 IBM 团队发起并维护；
- Burrow：提供以太坊虚拟机的支持，实现支持高效交易的带权限的区块链平台，由 Monax 公司发起支持。

这些顶级项目相互协作，构成了完善的生态系统，如图 8-3 所示。

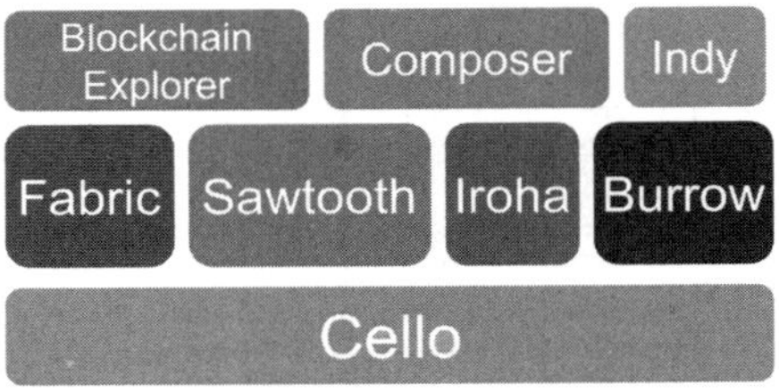

图 8-3　顶级项目

所有项目一般都需要经历提案（Proposal）、孵化（Incubation）、活跃（Active）、退出（Deprecated）、终结（End of Life）等 5 个生命周期。

任何希望加入到 Hyperledger 社区中的项目，必须首先由发起人编写提案。描述项目的目的、范围和开发计划等重要信息，并由技术委员会来进行评审投票，评审通过则可以进入到社区内进行孵化。项目成熟后可以申请进入到活跃状态，发布正式的版本，最后从社区中退出并结束。

8.3.1　Fabric 项目

Fabric 是最早加入到超级账本项目中的顶级项目，Fabric 由 IBM、DAH 等企业于 2015 年底提交到社区。项目在 GitHub 上，地址为 https://github.com/hyperledger/fabric。

该项目的定位是面向企业的分布式账本平台，创新地引入了权限管理支持，设计上支持可插拔、可扩展，是首个面向联盟链场景的开源项目。

Fabric 基于 Go 语言实现，目前提交次数已经超过 5000 次，核心代码超过 8 万行。

Fabric 项目目前处于活跃状态，已发布 1.0 正式版本，同时包括 Fabric CA、Fabric SDK 等多个相关的子项目。

8.3.2　Sawtooth 项目

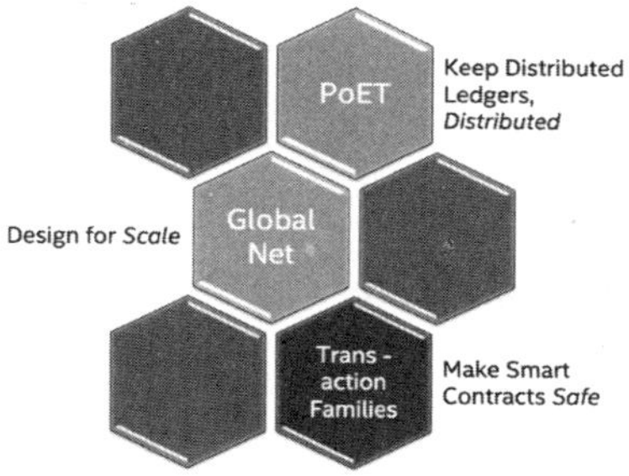

Sawtooth 项目由 Intel 等企业于 2016 年 4 月提交到社区。核心代码在 GitHub 上地址为 https://github.com/hyperledger/sawtooth-core。

该项目的定位也是分布式账本平台，基于 Python 语言实现，目前提交次数已经超过 3000 次。

Sawtooth 项目利用 Intel 芯片的专属功能，实现了低功耗的 Proof of Elasped Time（PoET）共识机制，并支持交易族（Transaction Family），方便用户使用它来快速开发应用。

8.3.3　Iroha 项目

Iroha 项目由 Soramitsu 等企业于 2016 年 10 月提交到社区。核心代码在 GitHub 上地址为 https://github.com/hyperledger/iroha。

该项目的定位是分布式账本平台框架，基于 C++ 语言实现，目前提交次数已经超过 2000 次。

Iroha 项目在设计上类似 Fabric，同时提供了基于 C++ 的区块链开发环境，并考虑了移动端和 Web 端的一些需求。

IROHA

8.3.4　Blockchain Explorer 项目

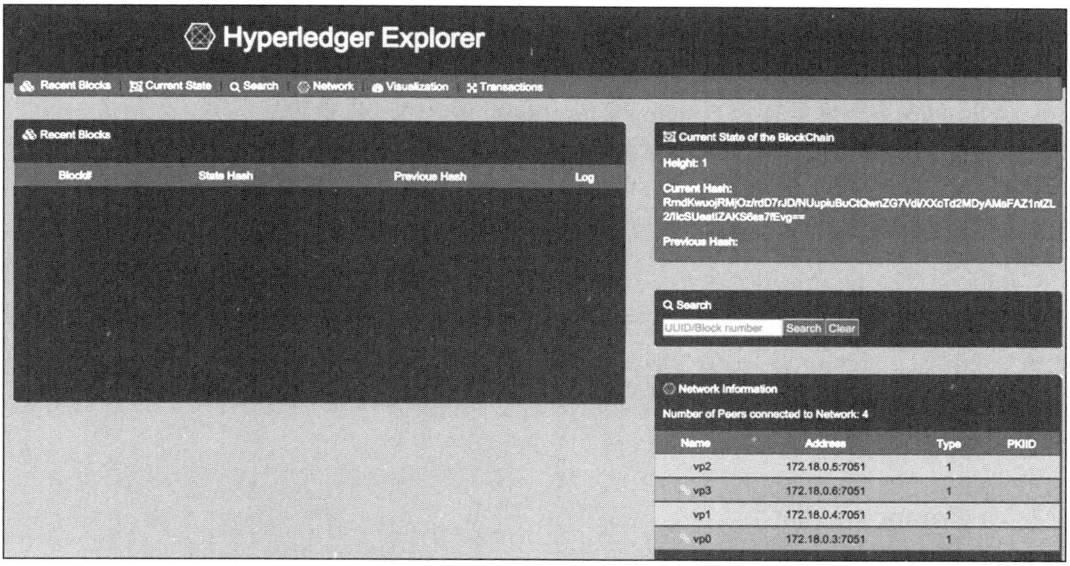

Blockchain Explorer 项目由 Intel、DTCC、IBM 等企业于 2016 年 8 月提交到社区。核心代码在 GitHub 上，地址为 https://github.com/hyperledger/blockchain-explorer。

该项目的定位是区块链平台的浏览器，基于 Node.js 语言实现，提供 Web 操作界面。用户可以使用它来快速查看底层区块链平台的运行信息，如区块个数、交易情况、网络状况等。

8.3.5 Cello 项目

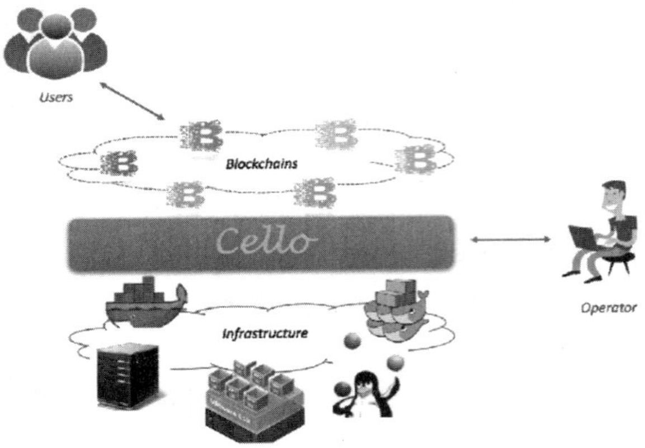

Cello 项目由笔者领导的 IBM 技术团队于 2017 年 1 月贡献到社区。GitHub 上仓库地址为 https://github.com/hyperledger/cello（核心代码）和 https://github.com/hyperledger/cello-analytics（侧重数据分析）。

该项目的定位为区块链管理平台，同时提供区块链即服务（Blockchain-as-a-Service），实现区块链环境的快速部署，以及对区块链平台的运行时管理。使用 Cello，可以让区块链应用人员专注到应用开发，而无需关心底层平台的管理和维护。

Cello 的主要开发语言为 Python 和 JavaScript 等，底层支持包括裸机、虚拟机、容器云（包括 Swarm、Kubernetes）等多种基础架构。

8.3.6 Indy 项目

Indy 项目由 Sovrin 基金会牵头进行开发，致力于打造一个基于区块链和分布式账本技术的数字中心管理平台。该平台支持去中心化，支持跨区块链和跨应用的操作，可实现全球化的身份管理。Indy 项目于 2017 年 3 月底正式加入到超级账本项目。

该项目主要由 Python 语言开发，包括服务节点、客户端和通用库等，目前已有超过 1000 次提交。

8.3.7 Composer 项目

Composer 项目由 IBM 团队于 2017 年 3 月底贡献到社区，试图提供一个 Hyperledger

Fabric 的开发辅助框架。使用 Composer，开发人员可以使用 JavaScript 语言定义应用逻辑，再加上资源、参与者、交易等模型和访问规则，生成 Hyperledger Fabric 支持的链码。

该项目主要由 NodeJs 语言开发，目前已有超过 4000 次提交。

8.3.8　Burrow 项目

Burrow 项目由 Monax、Intel 等企业于 2017 年 4 月提交到社区。核心代码在 GitHub 上地址为 https://github.com/hyperledger/burrow。

该项目的前身为 eris-db，基于 Go 语言实现，目前提交次数已经超过 1000 次。

Burrow 项目提供了支持以太坊虚拟机的智能合约区块链平台，并支持 Proof-of-Stake 共识机制和权限管理，可以提供快速的区块链交易。

8.4　开发必备工具

工欲善其事，必先利其器。开源社区提供了大量易用的开发协作工具。掌握好这些工具，对于高效开发十分重要。下面分别介绍一些工具。

8.4.1　Linux Foundation ID

超级账本项目受到 Linux 基金会的支持，采用 Linux Foundation ID（LF ID）作为社区唯一的 ID。

个人申请 ID 是完全免费的。可以到 https://identity.linuxfoundation.org/ 进行注册。

用户使用该 ID 即可访问到包括 Jira、Gerrit、RocketChat 等社区的开发工具。

8.4.2　Jira——任务和进度管理

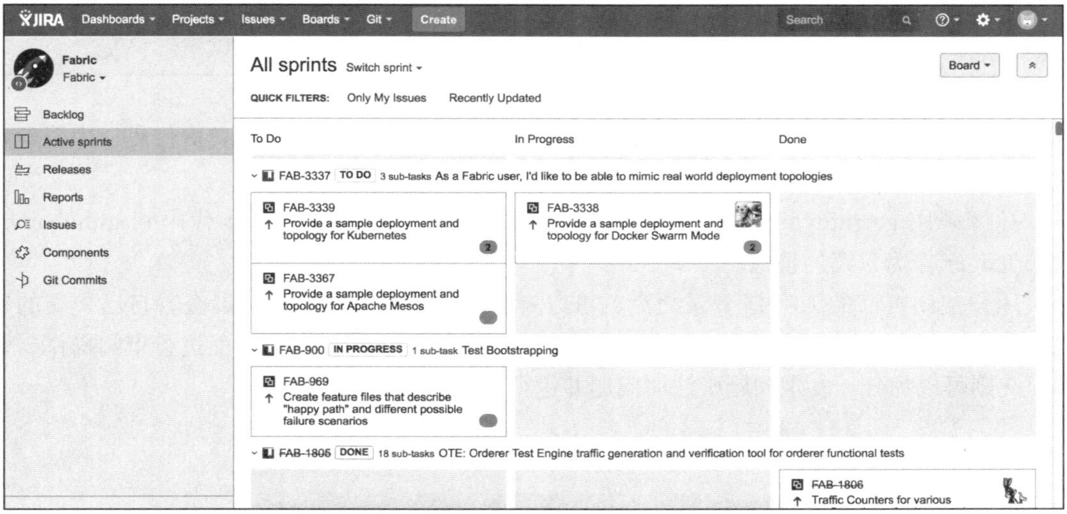

Jira 是 Atlassian 公司开发的一套任务管理和事项跟踪的追踪平台，提供 Web 操作界面，使用十分方便。

社区采用 jira.hyperledger.org 作为所有项目开发计划和任务追踪的入口，使用 LF ID 即可登录。

登录之后，可以通过最上面的 Project 菜单来查看某个项目相关的事项，还可以通过 Create 按钮来快速创建事项（常见的包括 task、bug、improvement 等）。

用户打开事项后可以通过 assign 按钮分配给自己来领取该事项。

一般情况下，事项分为 To Do（待处理）、In Process（处理中）、In Review（补丁已提交、待审查）、Done（事项已完成）等多个状态，由事项所有者来进行维护。

8.4.3 Gerrit——代码仓库和 Review 管理

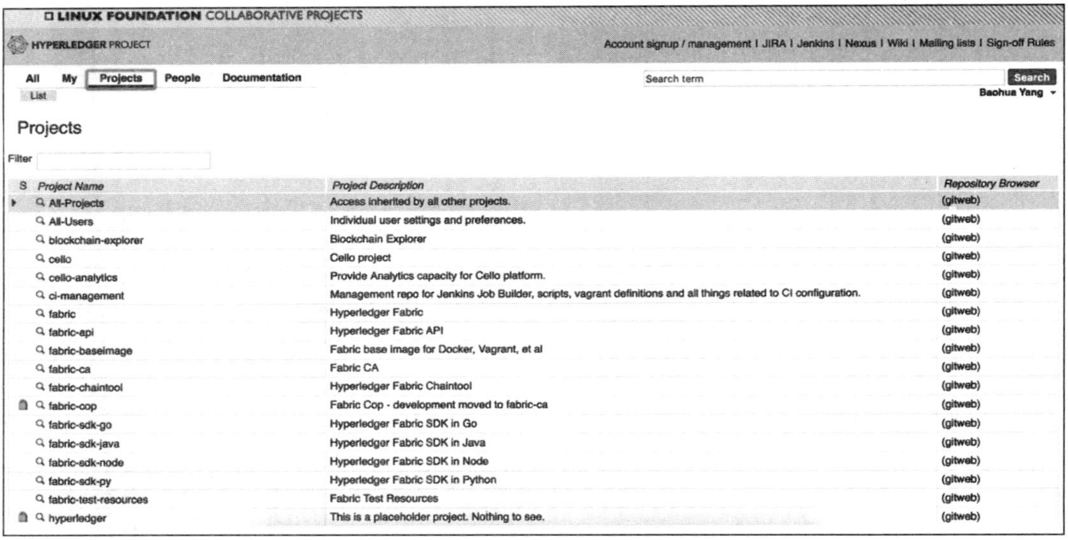

Gerrit 是一个负责代码协同的开源项目，很多企业和团队都使用它负责代码仓库管理和代码的审阅工作。Gerrit 使用十分方便，提供了基于 Web 的操作界面。

社区采用 gerrit.hyperledger.org 作为官方的代码仓库，并实时同步代码到 github.com/hyperledger 作为只读的镜像。

用户使用自己的 LF ID 登录之后，可以查看所有项目信息，也可以查看自己提交的补丁等信息。每个补丁的页面上会自动追踪修改历史，审阅人可以通过页面进行审阅操作，赞同提交则可以加分，发现问题则注明问题并进行减分。

8.4.4　RocketChat——在线沟通

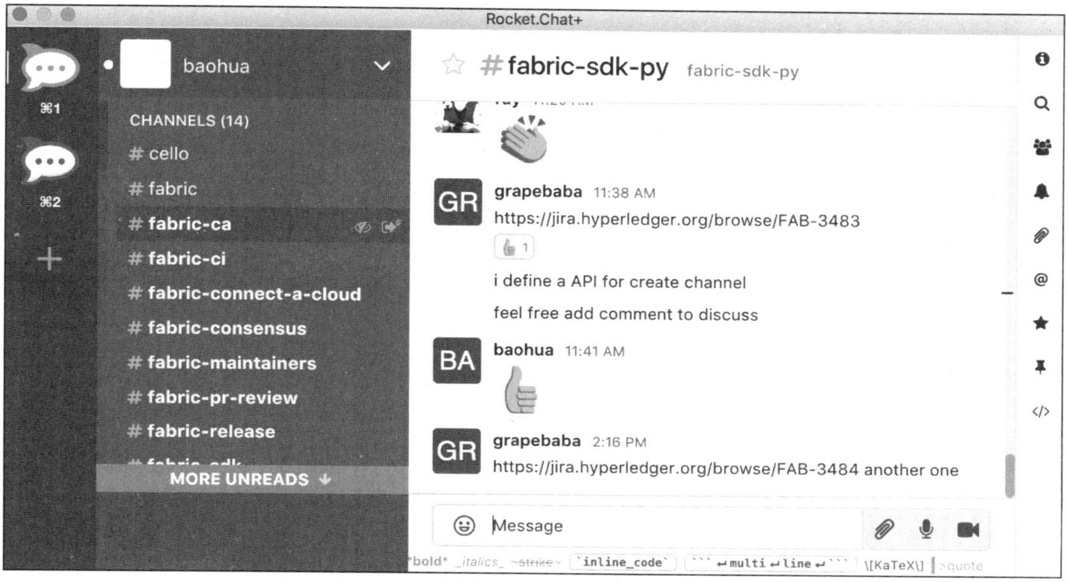

除了邮件列表外，社区也为开发者们提供了在线沟通的渠道—— RocketChat。

RocketChat 是一款功能十分强大的在线沟通软件，支持多媒体消息、附件、提醒、搜索等功能，虽然是开源软件，但在体验上可以跟商业软件 Slack 媲美。支持网页、桌面端、移动端等多种客户端。

社区采用 chat.hyperledger.org 作为服务器。最简单的，用户直接使用自己的 LF ID 登录该网站即可访问。之后可以自行添加感兴趣的频道。

用户也可以下载 RocketChat 客户端，添加 chat.hyperledger.org 作为服务器即可访问社区内的频道，跟广大开发者进行在线交流。

每个项目一般都有一个同名的频道作为主频道，例如 #Fabric、#Cello 等。同时，各个工作组也往往有自己的频道，例如大中华区技术工作组的频道为 #twg-china。

8.5　贡献代码

超级账本的各个子项目都提供了十分丰富的开发和提交代码的指南和文档，一般可以在代码的 docs 目录下找到。大部分项目贡献代码的流程都是相似的，这里以 Fabric 项目为例进行讲解。

1. 安装环境

推荐在 Linux（如 Ubuntu 16.04+）或 MacOS 环境中开发 Hyperledger 项目代码。

不同项目会依赖不同的环境，可以从项目文档中找到。以 Fabric 项目为例，开发需要安装如下依赖：

- Git：用来从 Gerrit 仓库获取代码并进行版本管理；
- Golang 1.6+：访问 golang.org 进行安装，之后需要配置 $GOPATH 环境变量。注意不同项目可能需要不同语言环境；
- Docker 1.12+：用来支持容器环境，注意 MacOS 下推荐使用 Docker for Mac。

2. 获取代码

首先注册 Linux Foundation ID（LF ID），如果没有可以到 https://identity.linuxfoundation.org/ 进行免费注册。

使用 LF ID 登录 https://gerrit.hyperledger.org/，在配置页面（https://gerrit.hyperledger.org/r/#/settings/ssh-keys），添加个人 SSH Pub key，否则每次访问仓库需要手动输入用户名和密码。

查看项目列表，找到对应项目，采用 Clone with commit-msg hook 的方式来获取源码。

按照 Go 语言推荐代码结构，执行如下命令拉取代码，放到 $GOPATH/src/github.com/hyperledger/ 路径下，其中 LF_ID 替换为用户个人的 Linux Foundation ID：

```
$ mkdir $GOPATH/src/github.com/hyperledger/
$ cd $GOPATH/src/github.com/hyperledger/
$ git clone ssh://LF_ID@gerrit.hyperledger.org:29418/fabric && scp -p -P 29418
    LF_ID@gerrit.hyperledger.org:hooks/commit-msg fabric/.git/hooks/
```

如果没有添加个人 SSH pubkey，则可以通过 HTTP 方式 clone 进行，此时需要手动输入用户名和密码信息：

```
$ git clone http://LF_ID@gerrit.hyperledger.org/r/fabric && (cd fabric &&
    curl -kLo `git rev-parse --git-dir`/hooks/commit-msg http://LF_ID@gerrit.
    hyperledger.org/r/tools/hooks/commit-msg; chmod +x `git rev-parse --
    git-dir`/hooks/commit-msg)
```

如果是首次使用 Git，可能还会提示配置默认的用户名和 Email 地址等信息。通过如下命令进行简单配置即可：

```
$ git config user.name "your name"
$ git config user.email "your email"
```

3. 编译和测试

大部分编译和安装过程都可以利用 Makefile 来执行，具体以项目代码为准。以 Fabric 项目为例，常见操作如表 8-1 所示。

表 8-1 Fabric 项目的常见操作

操　作	命令及说明
安装 go tools	`$ make gotools`
语法格式检查	`$ make linter`
编译 peer	`$ make peer` 会自动编译生成 Docker 镜像，并生成本地 peer 可执行文件。注意，有时候会因为获取安装包不稳定而报错，需要执行 make clean，然后再次执行
生成 Docker 镜像	`$ make images`
执行所有的检查和测试	`$ make checks`

执行单元测试	`$ make unit-test`
	如果要运行某个特定单元测试，则可以通过类似如下格式：
	`$ go test -v -run=TestGetFoo`

执行 BDD 测试	需先生成本地 Docker 镜像。执行如下命令： `$ make behave`

4. 提交代码

仍然使用 LF ID 登录 jira.hyperledger.org，查看有没有未分配（unassigned）的任务，如果对某个任务感兴趣，可以添加自己为 assignee。自己也可以创建新的任务。初始创建的任务处于 TODO 状态；开始工作后可以标记为 In Progress 状态；提交对应补丁后需要更新为 In Review 状态；任务完成后更新为 Done 状态。

如果希望完成某任务（如 FAB-XXX），则对于前面 Clone 下来的代码，本地创建新的分支 FAB-XXX：

```
$ git checkout -b FAB-XXX
```

实现任务代码，完成后，执行语法格式检查和测试等，确保所有检查和测试都通过。

提交代码到本地仓库：

```
$ git commit -a -s
```

会自动打开一个编辑器窗口，需要填写 commit 信息，格式一般要求为：

```
[FAB-XXX] Simple words to describe main change

This fixes #FAB-XXX.

A more detailed description can be here, with several
paragraphs and sentences...
```

首次提交的话，需要配置下 git review：

```
$ git review -s
```

之后可以使用 git review 命令推送到远端仓库，推送成功后会得到补丁的编号和访问地址：

```
$ git review
```

例如：

```
$ git review
remote: Processing changes: new: 1, refs: 1, done
remote:
remote: New Changes:
remote:   http://gerrit.hyperledger.org/r/YYY [FAB-XXX] Fix some problem
remote:
To ssh://gerrit.hyperledger.org:29418/fabric.git
    * [new branch]      HEAD -> refs/publish/master/FAB-XXX
```

5. 评审代码

提交成功后，可以打开 gerrit.hyperledger.org/r/，查看自己最新提交的 patchset 信息，邀请项目的审阅者（reviewer）们进行评审。可将链接添加到 Jira 对应任务上，并在 RocketChat 对应的频道中贴出。

如果评审得到通过，则会被项目的维护者们合并到主分支。否则还需要针对审阅者提出的建议进一步的修正。修正过程跟提交代码过程类似，唯一不同是提交的时候使用如下命令：

```
$ git commit -a --amend
```

表示这个提交是对旧提交的一次修订。

一般情况下，为了方便评审，尽量保证每个 patchset 完成的改动不要太多（最好不要超过 200 行），并且实现功能明确，集中在对应 Jira 任务定义的范围内。

6. 完整流程

完整的流程总结如图 8-4 所示，开发者用 Git 进行代码的版本管理，用 Gerrit 进行代码的评审合作。

如果需要修复某个提交补丁的问题，则通过 git commit -a --amend 进行修复，并作为补丁的新版本再次提交审阅。每次通过 git review 提交时，应当通过 git log 查看确保本地只有一条提交记录。

7. 提问的智慧

常听有人问：为什么在邮件列表提出的问题会无人响应？

由于开源社区是松散组织形式，大部分开发者都是利用业余时间进行开发和参与社区工作。因此，在社区提出问题时就必须要注意问题的质量和提问的方式。如果碰到无人回答的情况，一定要先从自身找原因。

如果能做到下面几点，会让你所提出的问题得到更多的关注：

- ❑ 正确的渠道：这点十分重要，但很容易被忽视，不同项目和领域有不同的渠道，一定要在相关的渠道进行提问，例如每个项目对应的邮件列表；

- 问题的新颖性：在提问之前，应该利用包括搜索引擎、技术文档、邮件列表等方式查询过问题的关键词，确保提出的问题是新颖的，有价值的，而不是已经被回答过多遍的常识性问题；
- 适当的上下文：不少提问者的问题中只包括一条很简单的错误信息，这样的问题会让社区的开发者有心帮忙也无力回答，良好的上下文应该带有完整的环境信息、所使用的软件版本、进行操作的详细步骤、问题相关的日志、自己对问题的思考等，这些都可以帮助他人快速重现问题；
- 注意礼仪：虽然技术社区里大家沟通方式会更为直接一些，但懂得礼仪毫无疑问是会受到欢迎的。要牢记，他人的帮助并非是义务的，要对他人的任何帮助心存感恩。

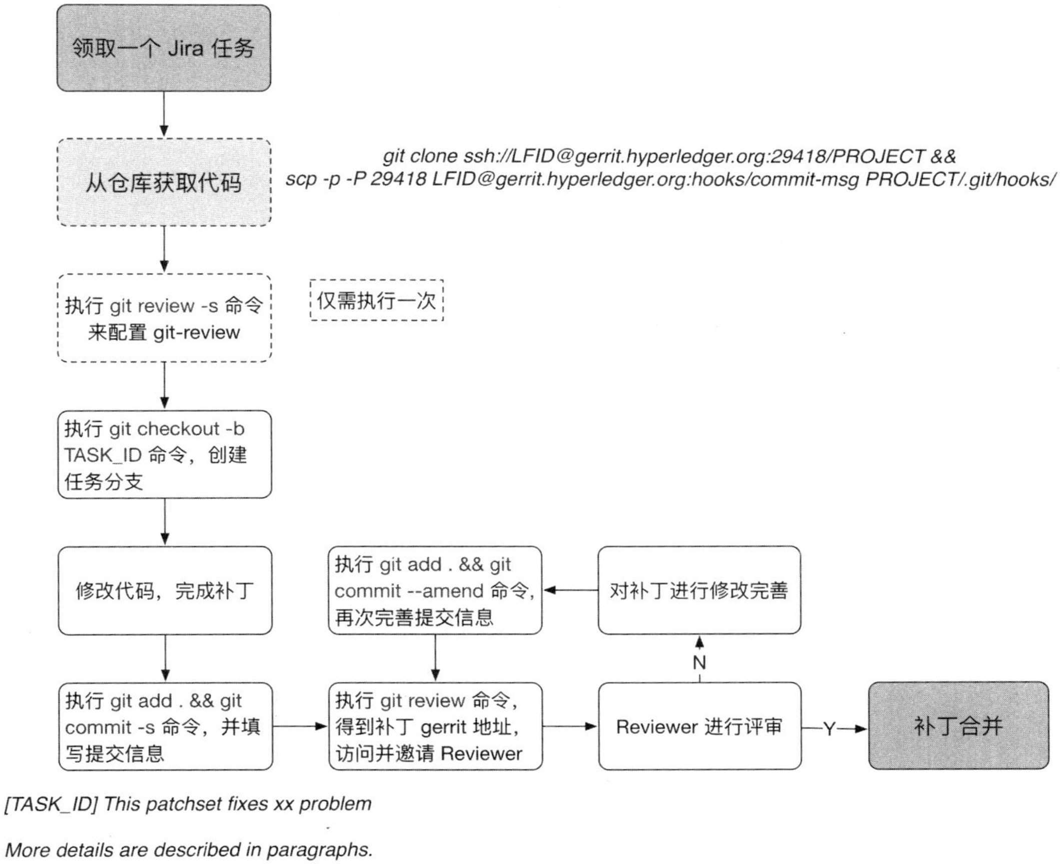

图 8-4　代码提交流程

8.6 本章小结

超级账本项目是 Linux 基金会近些年来重点支持的面向企业的分布式账本平台。它同时也是开源界和工业界技术力量颇有历史意义的携手合作，共同为分布式账本技术提供了在代码实现、协议和规范标准上的技术参考。

成立一年多以来，超级账本社区已经吸引了国内外来自各行业的大量关注，并从最初的一个项目、三十位成员，发展到今天的近十个顶级项目，过百个企业会员。这些项目和各行业的领军企业，共同构造了完善的企业级区块链生态系统。同时，超级账本项目中提出的许多创新技术和设计，已经被企业界和开源界借鉴和认可。

超级账本社区重视技术研发的同时也十分重视应用的落地。目前基于超级账本相关技术，已经出现了大量的企业应用案例。这些技术案例，为更多企业尝试利用区块链技术提高商业效率都带来了很多的参考。

实 践 篇

Chapter 9 第 9 章

超级账本 Fabric 部署和使用

懒惰和好奇，是创新与进步的源泉。

比特币、以太坊等公有区块链平台的实验，充分论证了区块链技术在支持去中心化交易方面的巨大优势。

越来越多的企业也开始关注区块链技术，尝试将其引入商业场景中，以提高进行复杂商业交易的效率，降低多方合作的成本。超级账本 Fabric 项目应运而生。Fabric 作为超级账本社区的早期项目之一，集合了来自科技界和金融界的最新成果，首次提供了面向联盟链场景的分布式账本平台实现。

本章将带领读者学习如何从源码开始本地编译和安装 Fabric 环境，以及在多服务器环境下如何部署一个典型的 Fabric 网络。同时，还将介绍如何使用容器方式在单机环境下快速启动完整的 Fabric 网络环境。接下来，讲解链码和应用通道的相关操作和 SDK 支持。最后，本章对在生产环境中部署 Fabric 网络的有关注意事项进行探讨。

9.1 简介

Fabric 从 1.0 版本开始，在架构上进行了重新设计，解耦了节点的角色，同时在安全性、性能、可扩展性和可插拔性方面都有了不少改进。在将交易发送到网络中之前，需要先向背书节点收集足够多的背书支持，同时采用专门的排序节点来负责整个网络中十分核心的排序环节。

目前，网络中存在以下 4 种不同种类的服务节点，彼此协作完成整个区块链系统的功能。对网络中节点角色进行解耦是 Fabric 设计中的一大创新，这也是联盟链场景下的特殊需求和环境所决定的：

- **背书节点**（Endorser）：负责对交易的提案（proposal）进行检查和背书，计算交易执行结果；
- **确认节点**（Committer）：负责在接受交易结果前再次检查合法性，接受合法交易对账本的修改，并写入区块链结构；
- **排序节点**（Orderer）：对所有发往网络中的交易进行排序，将排序后的交易按照配置中的约定整理为区块，之后提交给确认节点进行处理；
- **证书节点**（CA）：负责对网络中所有的证书进行管理，提供标准的 PKI 服务。

另外，网络中支持多通道的特性。使用一条独立的系统通道（system channel）负责管理网络中的各种配置信息，并完成对其他应用通道（application channel，供用户发送交易使用）的创建。

目前，要启动一个 Fabric 网络，需要遵循如下的主要步骤：

1）预备网络内各项配置，包括网络中成员的组织结构和对应的身份证书（使用 cryptogen 工具完成）；生成系统通道的初始配置区块文件，新建应用通道的配置更新交易文件以及可能需要的锚节点配置更新交易文件（使用 configtxgen 工具完成）。

2）使用系统通道的初始配置区块文件启动排序节点，排序节点启动后自动按照指定配置创建系统通道。

3）不同的组织按照预置角色分别启动 Peer 节点。这个时候网络中不存在应用通道，Peer 节点也并没有加入网络中。

4）使用新建应用通道的配置更新交易文件，向系统通道发送交易，创建新的应用通道。

5）让对应的 Peer 节点加入所创建的应用通道中，此时 Peer 节点加入网络，可以准备接收交易了。

6）用户通过客户端向网络中安装注册链码（相关定义参见后面 9.5 节），链码容器启动成功后用户即可对链码进行调用，将交易发送到网络中。

后续章节将详细介绍各个步骤的操作顺序及方法。

9.2　本地编译安装

动手能力较强的读者，建议通过本地编译安装来部署超级账本 Fabric 网络，以便对相关组件有更深入的理解。

超级账本 Fabric 基于 Go 语言实现，本地编译推荐配置 Golang 1.7 或更高版本的环境。下面将讲解如何编译生成 fabric-peer、fabric-orderer 和 fabric-ca 等组件的二进制文件，以及如何安装一些配置和开发相关的工具。

9.2.1 操作系统

常见的 Linux 发行版（包括 Ubuntu、Redhat、CentOS 等）和 MacOS 等都可以原生支持 Fabric 编译和运行。

操作系统推荐 Linux 内核 3.10+ 版本，支持 64 位环境。另外，作为 Fabric 节点，物理内存建议至少为 2 GB，如果有较多的链码则需要更多容器；预留足够硬盘空间（一般建议 20 GB 或更多）以存储区块文件。在生产环境中对性能和稳定性要求高的场景下，甚至要预留更多的物理资源。

下面将默认以 Ubuntu 16.04 操作系统为例进行操作。

> 提示 运行 Fabric 节点需要的资源并不苛刻，作为实验，Fabric 节点甚至可以在树莓派（Raspberry Pi）上正常运行。

9.2.2 环境配置

1. 安装 Go 语言环境

Go 语言环境可以自行访问 golang.org 网站下载二进制压缩包安装。注意不推荐通过包管理器安装，版本往往比较旧。

如下载 Go 1.8 版本，可以采用如下命令：

```
$ curl -O https://storage.googleapis.com/golang/go1.8.linux-amd64.tar.gz
```

下载完成后，解压目录，并移动到合适的位置（推荐为 /usr/local 下）：

```
$ tar -xvf go1.8.linux-amd64.tar.gz
$ sudo mv go /usr/local
```

安装完成后记得配置 GOPATH 环境变量：

```
export GOPATH=YOUR_LOCAL_GO_PATH/Go
export PATH=$PATH:/usr/local/go/bin:$GOPATH/bin
```

此时，可以通过 go version 命令验证安装是否成功：

```
$ go version

go version go1.8 linux/amd64
```

2. 安装依赖包

编译 Fabric 相关代码，需要一些依赖包，可以通过如下命令安装：

```
$ sudo apt-get update \
    && apt-get install -y libsnappy-dev zlib1g-dev libbz2-dev libltdl-
```

```
    dev libtool
```

3. 安装 Docker

Fabric 网络目前依赖 Docker 服务作为链码容器的支持，因此即使是本地环境运行 Fabric 网络，也需要在 Peer 节点上安装 Docker 环境。推荐使用 1.12 或者更新的版本。

Linux 操作系统下可以通过如下命令来快速安装 Docker 最新版本：

```
$ curl -fsSL https://get.docker.com/ | sh
```

MacOS 下可以通过访问 https://docs.docker.com/docker-for-mac/install 下载 Docker for Mac 安装包进行安装。

9.2.3 获取代码

目前，Fabric 代码的官方仓库在社区的 Gerrit 上，并实时同步到 GitHub 仓库中，读者可以从任一仓库中获取代码。

首先，将 Fabric 代码按照 Go 语言推荐方式进行存放，创建目录结构并切换到该目录，如下命令所示：

```
$ mkdir -p $GOPATH/src/github.com/hyperledger
$ cd $GOPATH/src/github.com/hyperledger
```

通过如下命令可以获取 fabric-peer 和 fabric-orderer 组件编译所需要的代码，两者目前在同一仓库中：

```
$ git clone http://gerrit.hyperledger.org/r/fabric
```

默认情况下，会下拉获取带有完整历史的仓库，这个过程取决于网络速度，可能需要较长时间。读者也可以通过 --single-branch -b master --depth 1 命令选项来指定只获取 master 分支最新的提交代码，如下命令所示：

```
$ git clone --single-branch -b master --depth 1 http://gerrit.hyperledger.org/
    r/fabric
```

fabric-ca 组件则在另外一个仓库中，同样，可以通过如下命令获取：

```
$ git clone http://gerrit.hyperledger.org/r/fabric-ca
```

9.2.4 编译安装 fabric-peer 组件

通过如下命令手动编译并安装 fabric-peer 到 $GOPATH/bin 下。目前 fabric 处于 1.0.0 大版本阶段，因此指定相关版本号为 1.0.0：

```
$ cd $GOPATH/src/github.com/hyperledger/fabric
$ ARCH=x86_64
```

```
$ BASEIMAGE_RELEASE=0.3.1
$ PROJECT_VERSION=1.0.0
$ LD_FLAGS="-X github.com/hyperledger/fabric/common/metadata.Version=${PROJECT_
    VERSION} \
    -X github.com/hyperledger/fabric/common/metadata.BaseVersion=${BASEIMAGE_
        RELEASE} \
    -X github.com/hyperledger/fabric/common/metadata.BaseDockerLabel=org.
        hyperledger.fabric \
    -X github.com/hyperledger/fabric/common/metadata.DockerNamespace=hyperledger \
    -X github.com/hyperledger/fabric/common/metadata.BaseDockerNamespace=
        hyperledger"
$ CGO_CFLAGS=" " go install -ldflags "$LD_FLAGS -linkmode external -extldflags
    '-static -lpthread'" \
    github.com/hyperledger/fabric/peer
```

当然，用户也可以使用源码中的 Makefile 来进行编译。这种方式下，需要自动从 DockerHub 上获取包括基础镜像在内的依赖文件，花费时间可能稍长。相关命令如下所示：

```
$ cd $GOPATH/src/github.com/hyperledger/fabric
$ make peer
```

9.2.5 编译安装 fabric-orderer 组件

通过如下命令手动编译并安装 fabric-orderer 到 $GOPATH/bin 下：

```
$ cd $GOPATH/src/github.com/hyperledger/fabric
$ ARCH=x86_64
$ BASEIMAGE_RELEASE=0.3.1
$ PROJECT_VERSION=1.0.0
$ LD_FLAGS="-X github.com/hyperledger/fabric/common/metadata.Version=${PROJECT_
    VERSION} \
    -X github.com/hyperledger/fabric/common/metadata.BaseVersion=${BASEIMAGE_
        RELEASE} \
    -X github.com/hyperledger/fabric/common/metadata.BaseDockerLabel=org.
        hyperledger.fabric \
    -X github.com/hyperledger/fabric/common/metadata.DockerNamespace=hyperledger \
    -X github.com/hyperledger/fabric/common/metadata.BaseDockerNamespace=
        hyperledger"
$ CGO_CFLAGS=" " go install -ldflags "$LD_FLAGS -linkmode external -extldflags
    '-static -lpthread'" \
    github.com/hyperledger/fabric/orderer
```

同样，使用源码中的 Makefile 来进行编译的命令如下：

```
$ cd $GOPATH/src/github.com/hyperledger/fabric
$ make orderer
```

9.2.6　编译安装 fabric-ca 组件

可以通过如下命令编译并安装 fabric-ca 相关组件到 $GOPATH/bin 下：

```
$ go install -ldflags " -linkmode external -extldflags '-static
    -lpthread'" github.com/hyperledger/fabric-ca/cmd/..
```

9.2.7　编译安装辅助工具

Fabric 中提供了一系列辅助工具，包括 cryptogen（生成组织结构和身份文件）、configtxgen（生成配置区块和配置交易）、configtxlator（解读配置信息）等，可以通过如下命令快速编译和安装：

```
# 编译安装 cryptogen
$ PROJECT_VERSION=1.0.0
$ CGO_CFLAGS=" " \
    go install -tags "" \
    -ldflags "-X github.com/hyperledger/fabric/common/tools/cryptogen/
        metadata.Version=${PROJECT_VERSION}" \
    github.com/hyperledger/fabric/common/tools/cryptoge

# 编译安装 configtxgen
$ PROJECT_VERSION=1.0.0
$ CGO_CFLAGS=" " \
    go install -tags "nopkcs11" \
    -ldflags "-X github.com/hyperledger/fabric/common/configtx/tool/configtxgen/
        metadata.Version=${PROJECT_VERSION}" \
    github.com/hyperledger/fabric/common/configtx/tool/configtxge

# 编译安装 configtxlator
$ PROJECT_VERSION=1.0.0
$ CGO_CFLAGS=" " \
    go install -tags "" \
    -ldflags "-X github.com/hyperledger/fabric/common/tools/configtxlator/
        metadata.Version=${PROJECT_VERSION}" \
    github.com/hyperledger/fabric/common/tools/configtxlato
```

9.2.8　获取 chaintool

chaintool 可以协助用户对链码进行打包和部署，方便链码的开发测试，用户可以通过如下命令进行快速安装：

```
$ curl -L https://github.com/hyperledger/fabric-chaintool/releases/download/v0.
    10.3/chaintool > /usr/local/bin/chaintool
$ chmod a+x /usr/local/bin/chaintool
```

9.2.9 安装 Go 语言相关工具

Fabric 代码由 Go 语言构建，开发者可以选择安装如下的 Go 语言相关工具，以方便开发和调试：

```
$ go get github.com/golang/protobuf/protoc-gen-go \
    && go get github.com/kardianos/govendor \
    && go get github.com/golang/lint/golint \
    && go get golang.org/x/tools/cmd/goimports \
    && go get github.com/onsi/ginkgo/ginkgo \
    && go get github.com/axw/gocov/... \
    && go get github.com/client9/misspell/cmd/misspell \
    && go get github.com/AlekSi/gocov-xm
```

9.2.10 示例配置

sampleconfig 目录下包括了一些示例配置文件，可以作为参考基础进行编写。将它们复制到默认的配置目录（/etc/hyperledger/fabric）下：

```
$ cd $GOPATH/src/github.com/hyperledger/fabric/sampleconfig
$ cp configtx.yaml /etc/hyperledger/fabric
$ cp core.yaml  /etc/hyperledger/fabric
$ cp orderer.yaml /etc/hyperledger/fabric
$ cp msp/config.yaml /etc/hyperledger/fabric
```

9.3 使用 Docker 镜像

除了手动进行本地编译外，还可以采用容器（Docker）镜像的方式快速获取和运行 Fabric 网络，省去本地编译等待的时间。

9.3.1 安装 Docker 服务

Docker 支持 Linux 常见的发行版（如 Redhat/Centos/Ubuntu）和 MacOS 等，推荐使用 1.12 或者更新的版本。

Linux 操作系统中可以通过如下命令来快速安装 Docker：

```
$ curl -fsSL https://get.docker.com/ | sh
```

安装成功后，修改 Docker 服务配置。Ubuntu 16.04 中默认采用了 systemd 管理启动服务，Docker 配置文件在 /etc/systemd/system/docker.service.d/override.conf 下：

```
DOCKER_OPTS="$DOCKER_OPTS -H tcp://0.0.0.0:2375 -H unix:///var/run/docker.sock
    --api-cors-header='*'"
```

修改后，需要通过如下命令重启 Docker 服务：

```
$ sudo systemctl daemon-reload
$ sudo systemctl restart docker.service
```

对于使用 upstart 管理启动服务的操作系统（如旧版本的 Ubuntu、Debian），则可以采用如下命令重启 Docker 服务：

```
$ sudo service docker restart
```

MacOS 下可以通过访问 https://docs.docker.com/docker-for-mac/install 下载 Docker for Mac 安装包进行安装。

9.3.2 安装 docker-compose

docker-compose 是一个 Python 程序，可以很方便地管理由多个 Docker 实例组成的分布式服务。

首先，安装 python-pip 软件包：

```
$ sudo aptitude install python-pip
```

安装 docker-compose（推荐为 1.8.0 及以上版本）：

```
$ sudo pip install docker-compose>=1.8.0
```

9.3.3 获取 Docker 镜像

Docker 镜像可以从源码编译生成，或通过从 DockerHub 仓库下载获取。

目前，Fabric 项目相关的镜像有十几个，其主要功能参见表 9-1。

表 9-1 与 Fabric 项目相关的镜像及其主要功能

镜像名称	父镜像	功能描述
hyperledger/fabric-baseos	ubuntu:xenial	基础镜像，用来生成其他镜像，包括 peer、orderer、fabric-ca 以及 Golang 链码容器
hyperledger/fabric-baseimage	hyperledger/fabric-baseos	基础镜像，安装了 JDK、Golang、Node.js、protocol buffer 支持等，用来生成其他镜像
hyperledger/fabric-buildenv	hyperledger/fabric-baseimage	基础镜像，安装了 protoc-gen-go、gotools 等，用来生成其他镜像
hyperledger/fabric-peer	hyperledger/fabric-baseos	peer 节点镜像，安装了 peer 相关文件
hyperledger/fabric-orderer	hyperledger/fabric-baseos	orderer 节点镜像，安装了 orderer 相关文件
hyperledger/fabric-ccenv	hyperledger/fabric-baseimage	支持 Go 语言的链码基础镜像，其中安装了 chaintool、Go 语言的链码 shim 层。在链码容器生成过程中作为编译环境将链码编译为二进制文件，供链码容器使用，方便保持链码容器自身的轻量化
hyperledger/fabric-javaenv	hyperledger/fabric-baseimage	支持 Java 语言的链码基础镜像，其中安装了 Gradle、Maven、Java 链码 shim 层等。可以用来生成 Java 链码镜像

（续）

镜像名称	父镜像	功能描述
hyperledger/fabric-testenv	hyperledger/fabric-buildenv	安装了 peer、orderer、shim 层等，供测试使用
hyperledger/fabric-tools	hyperledger/fabric-baseimage	安装了 peer、cryptogen、configtxgen 等，可以作为测试客户端使用
hyperledger/fabric-couchdb	hyperledger/fabric-baseimage	couchdb 镜像，可以启动 couchdb 服务，供 peer 使用
hyperledger/fabric-kafka	hyperledger/fabric-baseimage	kafka 镜像，可以启动 kafka 服务，供 orderer 使用
hyperledger/fabric-zookeeper	hyperledger/fabric-baseimage	zookeeper 镜像，可以启动 zookeeper 服务，供 orderer 的 kafka 使用
hyperledger/fabric-ca	hyperledger/fabric-baseos	fabric-ca 镜像，安装了 fabric-ca 相关文件
hyperledger/openldap	hyperledger/fabric-baseimage	openldap 镜像，提供 ldap 服务，供 fabric-ca 使用

这些镜像之间的相互依赖关系如图 9-1 所示。

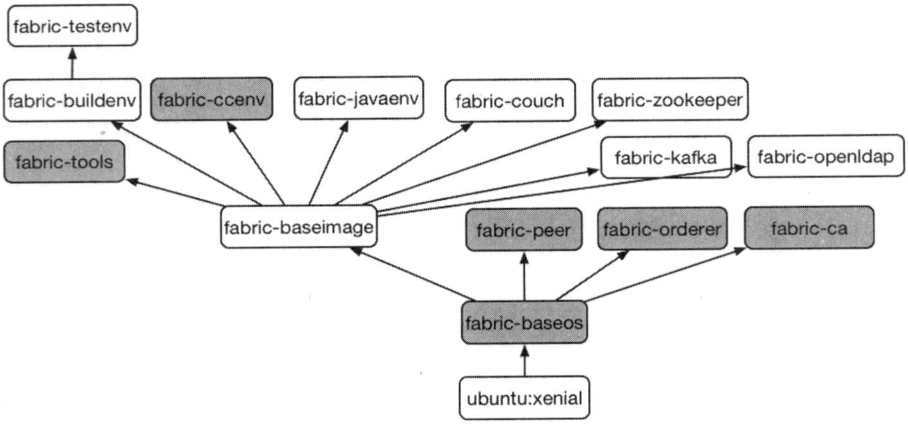

图 9-1　镜像之间的依赖关系

1. 从源码生成镜像

可以通过如下命令在本地快速生成包括 hyperledger/fabric-baseos、hyperledger/fabric-peer、hyperledger/fabric-orderer、hyperledger/fabric-ccenv、hyperledger/fabric-javaenv 等在内的多个 Docker 镜像：

```
$ cd $GOPATH/src/github.com/hyperledger/fabric
$ make docker
```

注意从源码直接生成的镜像，除了 lastest 标签外，还会额外带有所编译版本快照信息的标签，例如 x86_64-1.0.0-snapshot123456。

2. 从 Dockerhub 获取镜像

除了从源码编译外，还可以直接从 Dockerhub 来拉取相关的镜像，命令格式为 docker pull<IMAGE_NAME:TAG>。

例如，从社区仓库直接获取 fabric-peer、fabric-orderer、fabric-ca、fabric-tools 等镜像的 1.0.0 版本可以使用如下命令：

```
$ ARCH=x86_64
$ BASEIMAGE_RELEASE=0.3.1
$ BASE_VERSION=1.0.0
$ PROJECT_VERSION=1.0.0
$ IMG_TAG=1.0.0

# 拉取镜像
$ docker pull hyperledger/fabric-peer:$ARCH-$IMG_TAG \
  && docker pull hyperledger/fabric-orderer:$ARCH-$IMG_TAG \
  && docker pull hyperledger/fabric-ca:$ARCH-$IMG_TAG \
  && docker pull hyperledger/fabric-tool:$ARCH-SING-TAG\
  && docker pull hyperledger/fabric-ccenv:$ARCH-$PROJECT_VERSION \
  && docker pull hyperledger/fabric-baseimage:$ARCH-$BASEIMAGE_RELEASE \
  && docker pull hyperledger/fabric-baseos:$ARCH-$BASEIMAGE_RELEASE

# 添加fabric-peer、fabric-orderer、fabric-ca和fabric-tools为最新版本标签
$ docker tag hyperledger/fabric-peer:$ARCH-$IMG_TAG hyperledger/fabric-peer \
  && docker tag hyperledger/fabric-orderer:$ARCH-$IMG_TAG hyperledger/ fabric-orderer \
  && docker tag hyperledger/fabric-ca:$ARCH-$IMG_TAG hyperledger/fabric-ca \
  && docker tag hyperledger/fabric-tools:$ARCH-$IMG_TAG hyperledger/fabric-tools
```

此外，还可以从第三方仓库获取镜像，拉取后可以添加默认的镜像标签别名。

例如，笔者仓库中构建了基于 golang:1.8 基础镜像的相关 fabric 镜像，可以通过如下命令获取：

```
$ ARCH=x86_64
$ BASEIMAGE_RELEASE=0.3.1
$ BASE_VERSION=1.0.0
$ PROJECT_VERSION=1.0.0
$ IMG_TAG=1.0.0

# 拉取镜像
$ docker pull yeasy/hyperledger-fabric-base:$IMG_TAG \
  && docker pull yeasy/hyperledger-fabric-peer:$IMG_TAG \
  && docker pull yeasy/hyperledger-fabric-orderer:$IMG_TAG \
  && docker pull yeasy/hyperledger-fabric-ca:$IMG_TAG

# 添加最新版本的标签
$ docker tag yeasy/hyperledger-fabric-peer:$IMG_TAG hyperledger/fabric-peer \
  && docker tag yeasy/hyperledger-fabric-orderer:$IMG_TAG hyperledger/fabric-orderer \
```

```
&& docker tag yeasy/hyperledger-fabric-ca:$IMG_TAG hyperledger/fabric-ca \
&& docker tag yeasy/hyperledger-fabric-peer:$IMG_TAG hyperledger/fabric-tools \
&& docker tag yeasy/hyperledger-fabric-base:$IMG_TAG hyperledger/fabric-ccenv:
    $ARCH-$PROJECT_VERSION \
&& docker tag yeasy/hyperledger-fabric-base:$IMG_TAG hyperledger/fabric-baseos:
    $ARCH-$BASE_VERSION \
&& docker tag yeasy/hyperledger-fabric-base:$IMG_TAG hyperledger/fabric-baseimage:
    $ARCH-$BASEIMAGE_RELEASE
```

注意，其中 BASEIMAGE_RELEASE 是基础镜像 fabric-baseimage 的版本号；BASE_VERSION 是 Fabric 项目的主版本号；PROJECT_VERSION 是具体版本号。这些版本号需要与所使用的 Fabric 代码和配置保持一致。

9.3.4 镜像 Dockerfile

读者也可以通过编写 Dockefile 的方式来生成相关镜像。

Dockerfile 中的指令与本地编译过程十分类似，这里给出笔者编写的 fabric-baseimage 镜像、fabric-peer 镜像、fabric-orderer 镜像等关键镜像的 Dockerfile，供读者参考使用。

1. fabric-baseimage 镜像

fabric-baseimage 镜像的参考 Dockerfile 如下，基于 golang:1.8 镜像生成，可以作为 Go 链码容器的基础镜像。该镜像中包含了 Fabric 相关的代码，并安装了一些有用的工具，包括 chaintools、gotools、configtxgen、configtxlator 和 cryptogen 等。

该 Dockerfile 也可以从 https://github.com/yeasy/docker-hyperledger-fabric-base 下载获取：

```
# Dockerfile for Hyperledger fabric base image.
# If you need a peer node to run, please see the yeasy/hyperledger-peer image.
# Workdir is set to $GOPATH/src/github.com/hyperledger/fabric
# Data is stored under /var/hyperledger/db and /var/hyperledger/production

# Currently, the binary will look for config files at corresponding path.

FROM golang:1.8
LABEL maintainer "Baohua Yang <yangbaohua@gmail.com>"

ENV DEBIAN_FRONTEND noninteractive

# Reused in all children images
ENV FABRIC_CFG_PATH /etc/hyperledger/fabric

# Only useful for the building
ENV FABRIC_ROOT $GOPATH/src/github.com/hyperledger/fabric
ENV ARCH x86_64
```

```
# version for the base images, e.g., fabric-ccenv, fabric-baseos
ENV BASEIMAGE_RELEASE 0.3.1
# BASE_VERSION is required in core.yaml to build and run cc container
ENV BASE_VERSION 1.0.0
# version for the peer/orderer binaries, the community version tracks the hash
    value like 1.0.0-snapshot-51b7e85
ENV PROJECT_VERSION 1.0.0-preview
# generic builder environment: builder: $(DOCKER_NS)/fabric-ccenv:$(ARCH)-
    $(PROJECT_VERSION)
ENV DOCKER_NS hyperledger
#  for golang or car's baseos: $(BASE_DOCKER_NS)/fabric-baseos:$(ARCH)-
    $(BASEIMAGE_RELEASE)
ENV BASE_DOCKER_NS hyperledger
ENV LD_FLAGS="-X github.com/hyperledger/fabric/common/metadata.Version=${PROJECT_
    VERSION} \
    -X github.com/hyperledger/fabric/common/metadata.BaseVersion=${BASEIMAGE_
        RELEASE} \
    -X github.com/hyperledger/fabric/common/metadata.BaseDockerLabel=org.
        hyperledger.fabric \
    -X github.com/hyperledger/fabric/common/metadata.DockerNamespace=
        hyperledger \
    -X github.com/hyperledger/fabric/common/metadata.BaseDockerNamespace=hyper
        ledger"

RUN mkdir -p /var/hyperledger/db \
    /var/hyperledger/production \
# only useful when use as a ccenv image
    /chaincode/input \
    /chaincode/output \
    $FABRIC_CFG_PATH

RUN apt-get update \
    && apt-get install -y libsnappy-dev zlib1g-dev libbz2-dev libltdl-dev \
    && rm -rf /var/cache/apt

# install chaintool
RUN curl -L https://github.com/hyperledger/fabric-chaintool/releases/download/
    v0.10.3/chaintool > /usr/local/bin/chaintool \
    && chmod a+x /usr/local/bin/chaintool

# install gotools
RUN go get github.com/golang/protobuf/protoc-gen-go \
    && go get github.com/kardianos/govendor \
    && go get github.com/golang/lint/golint \
    && go get golang.org/x/tools/cmd/goimports \
    && go get github.com/onsi/ginkgo/ginkgo \
    && go get github.com/axw/gocov/... \
    && go get github.com/client9/misspell/cmd/misspell \
```

```
    && go get github.com/AlekSi/gocov-xml

# clone hyperledger fabric code and add configuration files
RUN mkdir -p $GOPATH/src/github.com/hyperledger \
    && cd $GOPATH/src/github.com/hyperledger \
    && git clone --single-branch -b master --depth 1 http://gerrit.hyperledger.
        org/r/fabric \
    && cp $FABRIC_ROOT/devenv/limits.conf /etc/security/limits.conf \
    && cp -r $FABRIC_ROOT/sampleconfig/* $FABRIC_CFG_PATH

# install configtxgen, cryptogen and configtxlator
RUN cd $FABRIC_ROOT/ \
    && CGO_CFLAGS=" " go install -tags "nopkcs11" -ldflags "-X github.com/
        hyperledger/fabric/common/configtx/tool/configtxgen/metadata.Version=
        ${PROJECT_VERSION}" github.com/hyperledger/fabric/common/configtx/tool/
        configtxgen \
    && CGO_CFLAGS=" " go install -tags "" -ldflags "-X github.com/hyperledger/
        fabric/common/tools/cryptogen/metadata.Version=${PROJECT_VERSION}" github.
        com/hyperledger/fabric/common/tools/cryptogen \
    && CGO_CFLAGS=" " go install -tags "" -ldflags "-X github.com/hyperledger/
        fabric/common/tools/configtxlator/metadata.Version=${PROJECT_VERSION}"
        github.com/hyperledger/fabric/common/tools/configtxlator

# Install block-listener
RUN cd $FABRIC_ROOT/examples/events/block-listener \
    && go build \
    && mv block-listener $GOPATH/bin

# The data and config dir, can map external one with -v
VOLUME /var/hyperledger
#VOLUME /etc/hyperledger/fabric

# this is only a workaround for current hard-coded problem when using as fabric-
    baseimage.
RUN ln -s $GOPATH /opt/gopath

# temporarily fix the `go list` complain problem, which is required in chaincode
    packaging, see core/chaincode/platforms/golang/platform.go#GetDepoymentPayload
ENV GOROOT=/usr/local/go

WORKDIR $FABRIC_ROOT

LABEL org.hyperledger.fabric.version=${PROJECT_VERSION} \
    org.hyperledger.fabric.base.version=${BASEIMAGE_RELEASE}
```

利用该 Dockerfile，读者可以通过如下方式生成 hyperledger/fabric-baseimage:latest 镜像：

```
$ docker build -t hyperledger/fabric-baseimage:latest .
```

2. fabric-peer 镜像

fabric-peer 镜像基于 fabric-baseimage 生成，编译安装了 peer 命令。参考 Dockerfile 可以从 https://github.com/yeasy/docker-hyperledger-fabric-peer 下载获取：

```
FROM hyperledger/fabric-baseimage:latest
LABEL maintainer "Baohua Yang <yangbaohua@gmail.com>"

EXPOSE 7051

# ENV CORE_PEER_MSPCONFIGPATH $FABRIC_CFG_PATH/msp

# install fabric peer and copy sampleconfigs
RUN cd $FABRIC_ROOT/peer \
    && CGO_CFLAGS=" " go install -ldflags "$LD_FLAGS -linkmode external -extldflags
        '-static -lpthread'" \
    && go clean

# This will start with joining the default chain "testchainid"
# Use `peer node start --peer-defaultchain=false` will join no channel.
CMD ["peer","node","start"]
```

3. fabric-orderer 镜像

fabric-orderer 镜像基于 fabric-baseimage 生成，编译安装了 orderer 命令。参考 Dockerfile 可以从 https://github.com/yeasy/docker-hyperledger-fabric-orderer 下载获取：

```
FROM hyperledger/fabric-baseimage:latest
LABEL maintainer "Baohua Yang <yangbaohua@gmail.com>"

EXPOSE 7050

ENV ORDERER_GENERAL_GENESISPROFILE=SampleInsecureSolo
ENV ORDERER_GENERAL_LOCALMSPDIR $FABRIC_CFG_PATH/msp
ENV ORDERER_GENERAL_LISTENADDRESS 0.0.0.0
ENV CONFIGTX_ORDERER_ORDERERTYPE=solo

RUN mkdir -p $FABRIC_CFG_PATH $ORDERER_GENERAL_LOCALMSPDIR

# install hyperledger fabric orderer
RUN cd $FABRIC_ROOT/orderer \
    && CGO_CFLAGS=" " go install -ldflags "$LD_FLAGS -linkmode external -extldflags
        '-static -lpthread'" \
    && go clean

CMD ["orderer"]
```

4. fabric-ca 镜像

读者可以参考如下 Dockerfile 内容，生成 fabric-ca 镜像。参考 Dockerfile 可以从 https://

github.com/yeasy/docker-hyperledger-fabric-ca 下载获取：

```
# Dockerfile for Hyperledger fabric-ca image.
# If you need a peer node to run, please see the yeasy/hyperledger-peer image.
# Workdir is set to $GOPATH/src/github.com/hyperledger/fabric-ca
# More usage infomation, please see https://github.com/yeasy/docker-hyperledger-
    fabric-ca.

FROM golang:1.8
LABEL maintainer "Baohua Yang <yeasy.github.com>"

# ca-server and ca-client will check the following env in order, to get the home
    cfg path
ENV FABRIC_CA_HOME /etc/hyperledger/fabric-ca-server
ENV FABRIC_CA_SERVER_HOME /etc/hyperledger/fabric-ca-server
ENV FABRIC_CA_CLIENT_HOME $HOME/.fabric-ca-client
ENV CA_CFG_PATH /etc/hyperledger/fabric-ca

# This is go simplify this Dockerfile
ENV FABRIC_CA_ROOT $GOPATH/src/github.com/hyperledger/fabric-ca

# Usually the binary will be installed into $GOPATH/bin, but we add local build
    path, too
ENV PATH=$FABRIC_CA_ROOT/bin:$PATH

# fabric-ca-server will open service to '0.0.0.0:7054/api/v1/'
EXPOSE 7054

RUN mkdir -p $GOPATH/src/github.com/hyperledger \
    $FABRIC_CA_SERVER_HOME \
    $FABRIC_CA_CLIENT_HOME \
    $CA_CFG_PATH \
    /var/hyperledger/fabric-ca-server

# Need libtool to provide the header file ltdl.h
RUN apt-get update \
    && apt-get install -y libtool \
    && rm -rf /var/cache/apt

# clone and build ca
RUN cd $GOPATH/src/github.com/hyperledger \
    && git clone --single-branch -b master --depth 1 https://github.com/hyperledger/
        fabric-ca \
# This will install fabric-ca-server and fabric-ca-client into $GOPATH/bin/
    && go install -ldflags " -linkmode external -extldflags '-static -lpthread'"
        github.com/hyperledger/fabric-ca/cmd/... \
# Copy example ca and key files
    && cp $FABRIC_CA_ROOT/images/fabric-ca/payload/*.pem $FABRIC_CA_HOME/
```

```
VOLUME $FABRIC_CA_SERVER_HOME
VOLUME $FABRIC_CA_CLIENT_HOME

WORKDIR $FABRIC_CA_ROOT

# if no config exists under $FABRIC_CA_HOME, will init fabric-ca-server-config.
    yaml and fabric-ca-server.db
CMD ["bash", "-c", "fabric-ca-server start -b admin:adminpw"]
```

提示　fabric-ca 的更多安装和使用功能，将在后续章节专门进行讲解。

9.4　启动 Fabric 网络

启动 Fabric 网络是一个比较复杂的过程，主要步骤包括计划拓扑、准备相关配置文件、启动 Orderer 节点、启动 Peer 节点和操作网络等。这里以 Fabric 代码中自带的示例为基础讲解相关的操作步骤。

9.4.1　网络拓扑

启动的 Fabric 网络中包括一个 Orderer 节点和四个 Peer 节点，以及一个管理节点生成相关启动文件，在网络启动后作为操作客户端执行命令。

四个 Peer 节点分属于同一个管理域（example.com）下的两个组织 Org1 和 Org2，这两个组织都加入同一个应用通道（business-channel）中。每个组织中的第一个节点（peer0 节点）作为锚节点与其他组织进行通信，所有节点通过域名都可以相互访问，整体网络拓扑如图 9-2 所示。

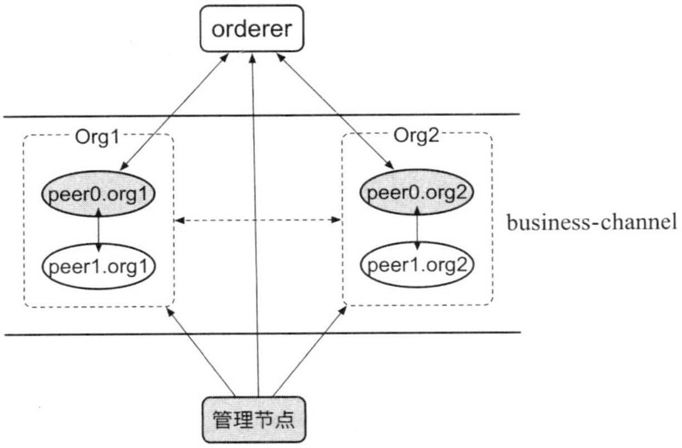

图 9-2　网络拓扑结构

9.4.2 准备相关配置文件

Fabric 网络在启动之前，需要提前生成一些用于启动的配置文件，主要包括 MSP 相关文件（msp/*）、TLS 相关文件（tls/*）、系统通道初始区块（orderer.genesis.block）、新建应用通道交易文件（businesschannel.tx）、锚节点配置更新交易文件 Org1MSPanchors.tx 和 Org2MSPanchors.tx）等。各个文件的功能如表 9-2 所示。

表 9-2 启动配置文件及主要功能

配置	存放节点	依赖配置	主要功能
MSP 相关文件 msp/*	Peer、Orderer、客户端	crypto-config.yaml	包括证书文件、签名私钥等，用于管理实体在网络中的身份信息
TLS 相关文件 tls/*	Peer、Orderer、客户端	crypto-config.yaml	如果网络中启用了 TLS，则节点需要准备 TLS 证书
系统通道初始区块文件 orderer.genesis.block	Orderer	configtx.yaml	用于启动 Ordering 服务，配置网络中策略
新建应用通道交易文件 businesschannel.tx	客户端	configtx.yaml	用于新建应用通道，指定通道成员、访问策略等
锚节点配置更新交易文件 Org1MSPanchors.tx 和 Org2MSPanchors.tx	客户端	configtx.yaml	用于配置通道中各组织的锚节点信息

注意，本小节主要描述如何生成这些启动配置文件，关于这些配置更详细的讲解可以参考后续相关章节。

1. 生成组织关系和身份证书

Fabric 网络提供的是联盟链服务，联盟由多个组织构成，组织中的成员提供了节点服务来维护网络，并且通过身份来进行权限管理。

因此，首先需要对各个组织和成员的关系进行规划，分别生成对应的身份证书文件，并部署到其对应的节点上。

用户可以通过 PKI 服务（如使用 fabric-ca）或者 OpenSSL 工具来手动生成各个实体的证书和私钥。但当组织结构比较复杂时，这种手动生成的方式容易出错，并且效率不高。

Fabric 项目提供了 cryptogen 工具（基于 crypto 标准库）实现自动化生成。这一过程首先依赖 crypto-config.yaml 配置文件。

crypto-config.yaml 配置文件的结构十分简单，支持定义两种类型（OrdererOrgs 和 PeerOrgs）的若干组织。每个组织中又可以定义多个节点（Spec）和用户（User）。

一个示例的 crypto-config.yaml 配置文件内容如下，其中定义了一个 OrdererOrgs 类型的组织 Orderer（包括一个节点 orderer.example.com），以及两个 PeerOrgs 类型的组织 Org1 和 Org2（分别包括 2 个节点和 1 个普通用户）。

```
OrdererOrgs:
```

```
    - Name: Orderer
      Domain: example.com
      Specs:
          - Hostname: orderer
            CommonName: orderer.example.com
PeerOrgs:
    - Name: Org1
      Domain: org1.example.com
      Template:
          Count: 2
      Users:
          Count: 1
    - Name: Org2
      Domain: org2.example.com
      Template:
          Count: 2
      Users:
          Count: 1
```

使用该配置文件，通过如下命令可以为 Fabric 网络生成指定拓扑结构的组织和身份文件，存放到 crypto-config 目录下：

```
$ cryptogen generate --config=./crypto-config.yaml --output ./crypto-config
```

查看 crypto-config 目录结构，按照示例 crypto-config.yaml 中的定义进行生成：

```
$ tree -L 4 crypto-config
crypto-config
|-- ordererOrganizations
|   `-- example.com
|       |-- ca
|       |   |-- 293def0fc6d07aab625308a3499cd97f8ffccbf9e9769bf4107d6781f5e8072b_sk
|       |   `-- ca.example.com-cert.pem
|       |-- msp
|       |   |-- admincerts
|       |   |-- cacerts
|       |   `-- tlscacerts
|       |-- orderers
|       |   `-- orderer.example.com
|       |-- tlsca
|       |   |-- 2be5353baec06ca695f7c3b04ca0932912601a4411939bfcfd44af18274d5a65_sk
|       |   `-- tlsca.example.com-cert.pem
|       `-- users
|           `-- Admin@example.com
`-- peerOrganizations
    |-- org1.example.com
    |   |-- ca
    |   |   |-- 501c5f828f58dfa3f7ee844ea4cdd26318256c9b66369727afe8437c08370aee_sk
    |   |   `-- ca.org1.example.com-cert.pem
```

```
|   |-- msp
|   |   |-- admincerts
|   |   |-- cacerts
|   |   `-- tlscacerts
|   |-- peers
|   |   |-- peer0.org1.example.com
|   |   `-- peer1.org1.example.com
|   |-- tlsca
|   |   |-- 592a08f84c99d6f083b3c5b9898b2ca4eb5fbb9d1e255f67df1fa14c123e4368_sk
|   |   `-- tlsca.org1.example.com-cert.pem
|   `-- users
|       |-- Admin@org1.example.com
|       `-- User1@org1.example.com
`-- org2.example.com
    |-- ca
    |   |-- 86d97f9eb601868611eab5dc7df88b1f6e91e129160651e683162b958a728162_sk
    |   `-- ca.org2.example.com-cert.pem
    |-- msp
    |   |-- admincerts
    |   |-- cacerts
    |   `-- tlscacerts
    |-- peers
    |   |-- peer0.org2.example.com
    |   `-- peer1.org2.example.com
    |-- tlsca
    |   |-- 4b87c416978970948dffadd0639a64a2b03bc89f910cb6d087583f210fb2929d_sk
    |   `-- tlsca.org2.example.com-cert.pem
    `-- users
        |-- Admin@org2.example.com
        `-- User1@org2.example.com
```

按照 crypto-config.yaml 中的定义，所生成的 crypto-config 目录下包括多级目录结构。其中 ordererOrganizations 下包括构成 Orderer 组织（1 个 Orderer 节点）的身份信息；peerOrganizations 下为所有的 Peer 节点组织（2 个组织，4 个节点）的相关身份信息。其中最关键的是 msp 目录，代表了实体的身份信息。

对于 Orderer 节点来说，需要将 crypto-config/ordererOrganizations/example.com/orderers/orderer.example.com 目录下的内容（包括 msp 和 tls 两个子目录）复制到 Orderer 节点的 /etc/hyperledger/fabric 路径（与 Orderer 自身配置一致）下。

对于 Peer 节点来说，则需要复制 peerOrganizations 下对应的身份证书文件。以 org1 的 peer0 为例，将 crypto-config/peerOrganizations/org1.example.com/peers/peer0.org1.example.com 目录下的内容（包括 msp 和 tls）复制到 Peer0 节点的 /etc/hyperledger/fabric（与 Peer 自身配置一致）路径下。

对于客户端节点来说，为了方便操作，可将完整的 crypto-config 目录复制到 /etc/hyperledger/fabric（与 configtx.yaml 中配置一致）路径下。

> 注意　目前，组织结构一旦生成，如果要进行修改，只能手动对证书进行调整，因此需要提前做好联盟的规划。未来会支持对组织结构和节点身份进行动态在线调整。

2. 生成 Ordering 服务启动初始区块

Orderer 节点在启动时，可以指定使用提前生成的初始区块文件作为系统通道的初始配置。初始区块中包括了 Ordering 服务的相关配置信息以及联盟信息。初始区块可以使用 configtxgen 工具进行生成。生成过程需要依赖 /etc/hyperledger/fabric/configtx.yaml 文件。configtx.yaml 配置文件定义了整个网络中的相关配置和拓扑结构信息。

编写 configtx.yaml 配置文件可以参考 Fabric 代码中（如 examples/e2e_cli 路径下或 sampleconfig 路径下）的示例。这里采用如下内容进行生成：

```
Profiles:
    TwoOrgsOrdererGenesis:
        Orderer:
            <<: *OrdererDefaults
            Organizations:
                - *OrdererOrg
        Consortiums:
            SampleConsortium:
                Organizations:
                    - *Org1
                    - *Org2
    TwoOrgsChannel:
        Consortium: SampleConsortium
        Application:
            <<: *ApplicationDefaults
            Organizations:
                - *Org1
                - *Org2
Organizations:
    - &OrdererOrg
        Name: OrdererOrg
        ID: OrdererMSP
        MSPDir: crypto-config/ordererOrganizations/example.com/msp
        BCCSP:
            Default: SW
            SW:
                Hash: SHA2
                Security: 256
                FileKeyStore:
                    KeyStore:
    - &Org1
        Name: Org1MSP
        ID: Org1MSP
```

```
        MSPDir: crypto-config/peerOrganizations/org1.example.com/msp
        BCCSP:
            Default: SW
            SW:
                Hash: SHA2
                Security: 256
                FileKeyStore:
                    KeyStore:
        AnchorPeers:
            - Host: peer0.org1.example.com
              Port: 7051
    - &Org2
        Name: Org2MSP
        ID: Org2MSP
        MSPDir: crypto-config/peerOrganizations/org2.example.com/msp
        BCCSP:
            Default: SW
            SW:
                Hash: SHA2
                Security: 256
                FileKeyStore:
                    KeyStore:
        AnchorPeers:
            - Host: peer0.org2.example.com
              Port: 7051
Orderer: &OrdererDefaults
    OrdererType: solo
    Addresses:
        - orderer.example.com:7050
    BatchTimeout: 2s
    BatchSize:
        MaxMessageCount: 10
        AbsoluteMaxBytes: 99 MB
        PreferredMaxBytes: 512 KB
    Kafka:
        Brokers:
            - 127.0.0.1:9092
    Organizations:
Application: &ApplicationDefaults
    Organizations:
```

该配置文件定义了两个模板：TwoOrgsOrdererGenesis 和 TwoOrgsChannel，其中前者可以用来生成 Ordering 服务的初始区块文件。

通过如下命令指定使用 configtx.yaml 文件中定义的 TwoOrgsOrdererGenesis 模板，来生成 Ordering 服务系统通道的初始区块文件。注意这里排序服务类型采用了简单的 solo 模式，生产环境中可以采用 kafka 集群服务：

```
$ configtxgen -profile TwoOrgsOrdererGenesis -outputBlock ./orderer.genesis.block
```

所生成的 orderer.genesis.block 需要复制到 Orderer 节点上（与 Orderer 配置中 ORDERER_GENERAL_GENESISFILE 指定文件路径一致，默认放到 /etc/hyperledger/fabric 路径下），在启动 Orderering 服务时进行使用。

3. 生成新建应用通道的配置交易

新建应用通道时，需要事先准备好配置交易文件，其中包括属于该通道的组织结构信息。这些信息会写入该应用通道的初始区块中。

同样需要提前编写好 configtx.yaml 配置文件，之后可以使用 configtxgen 工具来生成新建通道的配置交易文件。

为了后续命令使用方便，将新建应用通道名称 businesschannel 复制到环境变量 CHANNEL_NAME 中：

```
$ CHANNEL_NAME=businesschannel
```

之后采用如下命令指定使用 configtx.yaml 配置文件中的 TwoOrgsChannel 模板，来生成新建通道的配置交易文件。TwoOrgsChannel 模板指定了 Org1 和 Org2 都属于后面新建的应用通道：

```
$ configtxgen -profile TwoOrgsChannel -outputCreateChannelTx ./businesschannel.
    tx -channelID ${CHANNEL_NAME}
```

所生成的配置交易文件会在后续步骤被客户端使用，因此可以放在客户端节点上。

注意　由于 Kafka、CouchDB 中的命名限制，目前应用通道名称只能包括小写的 ASCII 字符、点或中划线，长度小于 250 字符，并且首字符必须为字母。可参考 FAB-2487：Handle CouchDB name collisions due to similar named channels。

---

4. 生成锚节点配置更新文件

锚节点配置更新文件可以用来对组织的锚节点进行配置。

同样基于 configtx.yaml 配置文件，可以通过如下命令使用 configtxgen 工具来生成新建通道文件。每个组织都需要分别生成，注意需要分别指定对应的组织名称：

```
$ configtxgen \
    -profile TwoOrgsChannel \
    -outputAnchorPeersUpdate ./Org1MSPanchors.tx \
    -channelID ${CHANNEL_NAME} \
    -asOrg Org1MSP
$ configtxgen \
    -profile TwoOrgsChannel \
    -outputAnchorPeersUpdate \
    ./Org2MSPanchors.tx -channelID ${CHANNEL_NAME} \
```

```
    -asOrg Org2MSP
```

所生成的锚节点配置更新文件会在后续步骤被客户端使用，因此可以放在客户端节点上。

所有用于启动的配置文件生成并部署到对应节点后，可以进行服务的启动操作，首先要启动 Orderer 节点，然后启动 Peer 节点。

9.4.3 启动 Orderer 节点

首先，检查启动节点的所有配置是否就绪：

- 在 /etc/hyperledger/fabric 路径下放置有编写好的 orderer.yaml（可以参考 sampleconfig/orderer.yaml）；
- 在 /etc/hyperledger/fabric 路径下放置生成的 msp 文件目录、tls 文件目录；
- 在 /etc/hyperledger/fabric 路径下放置初始区块文件 orderer.genesis.block。

Orderer 节点的默认配置文件中指定了简单的 Orderer 节点功能。

通常情况下，在使用时根据需求往往要对其中一些关键配置进行指定。表 9-3 总结了如何通过环境变量方式对这些关键配置进行更新。

表 9-3　环境变量配置及其功能

环境变量配置	功能	说明
ORDERER_GENERAL_LOGLEVEL=INFO	输出日志的级别	建议至少为 INFO
ORDERER_GENERAL_LISTENADDRESS=0.0.0.0	服务监听的地址	建议修改到指定网络接口地址
ORDERER_GENERAL_LISTENPORT=7050	服务监听的端口	默认为 7050
ORDERER_GENERAL_GENESISMETHOD=file	初始区块的提供方式	推荐采用指定初始区块文件
ORDERER_GENERAL_GENESISFILE=/etc/hyperledger/fabric/orderer.genesis.block	初始区块文件路径	提前使用 configtxgen 生成，需要与实际路径一致
ORDERER_GENERAL_LOCALMSPID=OrdererMSP	MSP 的 ID	建议更新
ORDERER_GENERAL_LOCALMSPDIR=/etc/hyperledger/fabric/msp	MSP 文件路径	cryptogen 提前生成，需要与实际路径一致
ORDERER_GENERAL_LEDGERTYPE=file	账本类型	建议使用 file 支持持久化
ORDERER_GENERAL_BATCHTIMEOUT=10s	出块最大间隔时间	当交易较少时，太长的间隔会导致交易写盘延迟较大
ORDERER_GENERAL_MAXMESSAGECOUNT=10	一个块中包括的最大交易数	根据需求调整
ORDERER_GENERAL_TLS_ENABLED=true	是否启用 TLS	建议开启，提高安全性
ORDERER_GENERAL_TLS_PRIVATEKEY=/etc/hyperledger/fabric/tls/server.key	TLS 开启时指定签名私钥位置	cryptogen 提前生成，需要与实际路径一致
ORDERER_GENERAL_TLS_CERTIFICATE=/etc/hyperledger/fabric/tls/server.crt	TLS 开启时指定身份证书位置	cryptogen 提前生成，需要与实际路径一致
ORDERER_GENERAL_TLS_ROOTCAS=[/etc/hyperledger/fabric/tls/ca.crt]	TLS 开启时指定信任的根 CA 证书位置	cryptogen 提前生成，需要与实际路径一致

配置完成后，用户可以采用如下命令来快速启动一个本地 Orderer 节点。启动成功后可以看到本地输出的开始提供服务的消息，此时 Orderer 采用指定的初始区块文件创建了系统通道：

```
$ orderer start
[msp] getMspConfig -> INFO 001 intermediate certs folder not found at [/etc/
    hyperledger/fabric/msp/intermediatecerts]. Skipping.: [stat /etc/hyperledger/
[msp] getMspConfig -> INFO 002 crls folder not found at [/etc/hyperledger/fabric/
    msp/intermediatecerts]. Skipping.: [stat /etc/hyperledger/fabric/msp/crls:
    no such file or directory]
[orderer/main] initializeMultiChainManager -> INFO 003 Not bootstrapping because
    of existing chains
[orderer/multichain] NewManagerImpl -> INFO 004 Starting with system channel
    testchainid and orderer type solo
[orderer/main] NewServer -> INFO 005 Starting orderer
[orderer/main] main -> INFO 006 Beginning to serve requests
...
```

9.4.4　启动 Peer 节点

首先，检查启动所有 Peer 节点的所有配置是否就绪：

- 在 /etc/hyperledger/fabric 路径下放置有对应编写好的 core.yaml（可以参考 sampleconfig/core.yaml）;
- 在 /etc/hyperledger/fabric 路径下放置生成的对应 msp 文件目录、tls 文件目录。

Peer 节点的默认配置文件中指定了适合调试的 Peer 节点功能。

使用时根据需求可能要对其中一些关键配置进行指定。表 9-4 总结了如何通过环境变量方式对这些关键配置进行更新。

表 9-4　环境变量配置及其功能

环境变量配置	功能	说明
CORE_LOGGING_LEVEL=INFO	输出日志的级别	建议至少为 INFO
CORE_PEER_ID=peer0.org1.example.com	Peer 的 ID	不同节点分别指定唯一的 ID
CORE_PEER_ADDRESS=peer0.org1.example.com:7051	服务地址	需要更新为网络内识别的地址，不同节点分别指定
CORE_PEER_GOSSIP_EXTERNALENDPOINT=peer0.org1. example.com:7051	对组织外发布的地址	不同节点分别指定，建议更新
CORE_PEER_GOSSIP_USELEADERELECTION=true	是否自动选举代表节点	建议开启
CORE_PEER_GOSSIP_ORGLEADER= false	是否作为组织代表节点从 Ordering 服务拉取区块	建议关闭，进行自动选举
CORE_PEER_LOCALMSPID=Org1MSP	所属组织 MSP 的 ID	不同节点分别指定，根据实际情况更新
CORE_PEER_MSPCONFIGPATH=msp	msp 文件所在的相对路径	cryptogen 提前生成，需要与实际路径一致

（续）

环境变量配置	功能	说明
CORE_VM_ENDPOINT=unix:///var/run/docker.sock	Docker 服务地址	根据实际情况配置
CORE_VM_DOCKER_HOSTCONFIG_NETWORKMODE=host	链码容器使用的网络方式	如果进行配置，需要与 Peer 在同一个网络上，以进行通信
CORE_PEER_TLS_ENABLED=true	是否启用 TLS	建议开启，提高安全性
CORE_PEER_TLS_CERT_FILE=/etc/hyperledger/fabric/tls/server.crt	TLS 开启时指定身份证书位置	cryptogen 提前生成，需要与实际路径一致
CORE_PEER_TLS_KEY_FILE=/etc/hyperledger/fabric/tls/server.key	TLS 开启时指定签名私钥位置	cryptogen 提前生成，需要与实际路径一致
CORE_PEER_TLS_ROOTCERT_FILE=/etc/hyperledger/fabric/tls/ca.crt	TLS 开启时指定信任的根 CA 证书位置	cryptogen 提前生成，需要与实际路径一致

配置完成后，用户可以采用如下命令在多个服务器上启动本地 Peer 节点，启动成功后可以看到本地输出的日志消息：

```
$ peer node start
UTC [msp] getMspConfig -> INFO 001 intermediate certs folder not found at [/etc/
    hyperledger/fabric/msp/intermediatecerts]. Skipping.: [stat /etc/hyperledger/
    fabric/msp/intermediatecerts: no such file or directory]
[msp] getMspConfig -> INFO 002 crls folder not found at [/etc/hyperledger/fabric/
    msp/intermediatecerts]. Skipping.: [stat /etc/hyperledger/fabric/msp/crls:
    no such file or directory]
[ledgermgmt] initialize -> INFO 003 Initializing ledger mgmt
[kvledger] NewProvider -> INFO 004 Initializing ledger provider
...
```

Peer 节点启动后，默认情况下没有加入网络中的任何应用通道，也不会与 Orderer 服务建立连接。需要通过客户端对其进行操作，让它加入网络和指定的应用通道中。

9.4.5 操作网络

网络启动后，默认并不存在任何应用通道，需要手动创建应用通道，并让合作的 Peer 节点加入通道中。下面在客户端进行相关操作。

1. 创建通道

使用加入联盟中的组织管理员身份可以创建应用通道。

在客户端使用 Org1 的管理员身份来创建新的应用通道，需要指定 msp 的 ID 信息、msp 文件所在路径、Orderering 服务的 tls 证书位置，以及网络中 Ordering 服务地址、应用通道名称和交易文件：

```
$ CHANNEL_NAME=businesschannel
$ CORE_PEER_LOCALMSPID="Org1MSP" \
```

```
    CORE_PEER_MSPCONFIGPATH=/etc/hyperledger/fabric/crypto-config/peerOrganizations/
        org1.example.com/users/Admin@org1.example.com/msp \
    peer channel create \
    -o orderer.example.com:7050 \
    -c ${CHANNEL_NAME} \
    -f ./businesschannel.tx \
    --tls \
    --cafile /etc/hyperledger/fabric/crypto-config/ordererOrganizations/example.
        com/orderers/orderer.example.com/msp/tlscacerts/tlsca.example.com-cert.
        pem
```

创建通道成功后，会自动在本地生成该应用通道同名的初始区块 businesschannel.block 文件。只有拥有该文件才可以加入创建的应用通道中。

2. 加入通道

应用通道所包含组织的成员节点可以加入通道中。

在客户端使用管理员身份依次让组织 Org1 和 Org2 中的所有节点都加入新的应用通道，需要指定所操作的 Peer 的地址，以及通道的初始区块。

这里以操作 Org1 中的 peer0 节点为例：

```
$ CORE_PEER_LOCALMSPID="Org1MSP" \
    CORE_PEER_MSPCONFIGPATH=/etc/hyperledger/fabric/crypto-config/peerOrganizations/
        org1.example.com/users/Admin@org1.example.com/msp \
    CORE_PEER_ADDRESS=peer0.org1.example.com:7051 \
    peer channel join \
    -b ${CHANNEL_NAME}.block

Peer joined the channel!
```

此时，所操作的 Peer 连接到该应用通道的 Ordering 服务上，开始接收区块信息。

3. 更新锚节点配置

锚节点负责代表组织与其他组织中的节点进行 Gossip 通信。

使用提前生成的锚节点配置更新文件，组织管理员身份可以更新指定应用通道中组织的锚节点配置。

这里在客户端使用了 Org1 的管理员身份来更新锚节点配置，需要指定 msp 的 ID 信息、msp 文件所在路径、Ordering 服务地址、所操作的应用通道、锚节点配置更新文件，以及 Orderering 服务 tls 证书位置：

```
$ CORE_PEER_LOCALMSPID="Org1MSP" \
    CORE_PEER_MSPCONFIGPATH=/etc/hyperledger/fabric/crypto-config/peerOrganizations/
        org1.example.com/users/Admin@org1.example.com/msp \
    peer channel update \
    -o orderer.example.com:7050 \
```

```
    -c ${CHANNEL_NAME} \
    -f ./Org1MSPanchors.tx \
    --tls \
--cafile /etc/hyperledger/fabric/crypto-config/ordererOrganizations/example.
    com/orderers/orderer.example.com/msp/tlscacerts/tlsca.example.com-cert.pem
```

4. 测试链码

Peer 加入应用通道后，可以执行链码相关操作，进行测试。链码在调用之前，必须先经过安装（Install）和实例化（Instantiate）两个步骤，部署到 Peer 节点上。

通过如下命令在客户端安装示例链码 chaincode_example02 到 Org1 的 Peer0 上：

```
$ CORE_PEER_LOCALMSPID="Org1MSP" \
     CORE_PEER_MSPCONFIGPATH=/etc/hyperledger/fabric/crypto-config/peerOrganizations/
        org1.example.com/users/Admin@org1.example.com/msp \
    CORE_PEER_ADDRESS=peer0.org1.example.com:7051 \
    peer chaincode install \
    -n test_cc \
    -v 1.0 \
    -p github.com/hyperledger/fabric/examples/chaincode/go/chaincode_example02
```

通过如下命令将链码容器实例化，并注意通过 -P 指定背书策略。此处 OR ('Org1MSP.member','Org2MSP.member') 代表 Org1 或 Org2 的任意成员签名的交易即可调用该链码：

```
$ CORE_PEER_LOCALMSPID="Org1MSP" \
    CORE_PEER_MSPCONFIGPATH=/etc/hyperledger/fabric/crypto-config/peerOrganizations/
        org1.example.com/users/Admin@org1.example.com/msp \
    CORE_PEER_ADDRESS=peer0.org1.example.com:7051 \
    peer chaincode instantiate \
    -o orderer.example.com:7050 \
    -C ${CHANNEL_NAME} \
    -n test_cc \
    -v 1.0 \
    -c '{"Args":["init","a","100","b","200"]}' \
    -P "OR ('Org1MSP.member','Org2MSP.member')" \
    --tls \
    --cafile /etc/hyperledger/fabric/crypto-config/ordererOrganizations/example.com/
    orderers/orderer.example.com/msp/tlscacerts/tlsca.example.com-cert.pem
```

实例化完成后，用户即可向网络中发起交易了。例如，可以通过如下命令来调用链码：

```
$ CORE_PEER_LOCALMSPID="Org1MSP" \
    CORE_PEER_MSPCONFIGPATH=/etc/hyperledger/fabric/crypto-config/peerOrganizations/
        org1.example.com/users/Admin@org1.example.com/msp \
    CORE_PEER_ADDRESS=peer0.org1.example.com:7051 \
    peer chaincode invoke \
    -o orderer.example.com:7050  \
    -C $CHANNEL_NAME \
```

```
    -n test_cc \
    -c '{"Args":["invoke","a","b","10"]}' \
    --tls \
    --cafile /opt/gopath/src/github.com/hyperledger/fabric/peer/crypto/ordererOrganizations/
     example.com/orderers/orderer.example.com/tlscacerts/tlsca.example.com-
    cert.pem
```

通过如下命令查询调用链码后的结果：

```
$ CORE_PEER_LOCALMSPID="Org1MSP" \
    CORE_PEER_MSPCONFIGPATH=/etc/hyperledger/fabric/crypto-config/peerOrganizations/
        org1.example.com/users/Admin@org1.example.com/msp \
    CORE_PEER_ADDRESS=peer0.org1.example.com:7051 \
    peer chaincode query \
    -n test_cc \
    -C ${CHANNEL_NAME} \
    -c '{"Args":["query","a"]}'

Query Result: 90
```

5. 监听事件

用户也可以通过 block-listener 工具来监听网络中的事件。该工具支持的命令行选项包括如下几个：

- -events-address "0.0.0.0:7053"：监听事件的来源地址，一般为 Peer 节点的 7053 端口；
- -events-from-chaincode string：仅监听与指定链码相关的事件；
- -events-mspdir string：本地所使用的 MSP 路径，默认在 sampleconfig 下；
- -events-mspid string：所使用的 MSP 的 ID。

例如，用户可以通过如下命令在客户端节点上监听 peer0.org1 节点的事件：

```
$ block-listener \
    -events-address=peer0.org1.example.com:7053 \
    -events-mspdir=/etc/hyperledger/fabric/crypto-config/peerOrganizations/org1.
        example.com/peers/peer0.org1.example.com/msp/ \
    -events-mspid=Org1MSP
```

之后，网络中发生的相关事件（区块、交易、注册、拒绝等）会打印出来，例如当 peer0 加入新建的应用通道时，会发生如下事件：

```
Event Address: peer0.org1.example.com:7053

Received block
--------------
Received transaction from channel businesschannel:
[...]
```

> 注意 目前，block-listener 工具不支持 TLS，因此相关 Peer 配置需要指定 CORE_PEER_TLS_ENABLED=false。

9.4.6 基于容器方式

除了前面讲解的在服务器上手动部署的方式，读者还可以基于容器方式快速部署一套本地的 Fabric 网络进行体验。

首先，下载 Compose 模板文件，进入 hyperledger/1.0 目录：

```
$ git clone https://github.com/yeasy/docker-compose-files
$ cd docker-compose-files/hyperledger/1.0
```

如果本地 Fabric 所需要的相关容器镜像尚不存在，可以通过如下命令快速下载所需的镜像文件：

```
$ bash scripts/download_images.sh
```

查看目录下内容，包括若干模板文件，功能如下：

- docker-compose.yaml：启动最小化的环境，包括 1 个 Peer 节点、1 个 Orderer 节点、1 个 CA 节点；
- docker-compose-dev.yaml：包括 1 个 Peer 节点、1 个 Orderer 节点、1 个 CA 节点、1 个客户端节点。本地 Fabric 源码被挂载到了客户端节点中，方便进行调试；
- docker-compose-1peer.yaml：包括 1 个 Peer 节点、1 个 Orderer 节点、1 个 CA 节点、1 个客户端节点。最小化的网络；
- docker-compose-2orgs-4peer.yaml：包括 4 个 Peer 节点（属于两个组织）、1 个 Orderer 节点、1 个 CA 节点、1 个客户端节点；
- docker-compose-2orgs-4peer-event.yaml：包括 4 个 Peer 节点（属于两个组织）、1 个 Orderer 节点、1 个 CA 节点、1 个客户端节点、1 个事件监听节点。

用户可以查看这些模板文件中的相关配置，已经包括了手动配置的内容。

之后通过如下命令快速启动网络，在不指定 compose_yaml_file 文件情况下默认使用 docker-compose-2orgs-4peer.yaml：

```
$ bash scripts/start_fabric.sh docker-compose-2orgs-4peers-event.yaml
```

注意查看启动后输出日志中有无错误信息。

启动后，可以通过 docker ps 命令查看本地系统中运行的容器：

```
$ docker ps
CONTAINER ID        IMAGE                                          COMMAND
CREATED             STATUS              PORTS
NAMES
35dc10a1eee9        dev-peer0.org1.example.com-test_cc-
```

```
1.0   "chaincode -peer.a..."   11 hours ago        Up 31 minutes
dev-peer0.org1.example.com-test_cc-1.0
dde717e163d0        hyperledger/fabric-peer                    "bash -c
'while tr..."   12 hours ago        Up About an hour    7050-7059/tcp
fabric-cli
cc8d1f8bde00        hyperledger/fabric-tools     "bash -c 'block-
li..."   12 hours ago        Up About an hour        7051/tcp
fabric-event-listener
611c26e86709        hyperledger/fabric-peer                    "peer node
start -..."   12 hours ago        Up About an hour    7050/tcp, 7052/tcp,
7054-7059/tcp, 0.0.0.0:10051->7051/tcp, 0.0.0.0:10053->7053/tcp   peer1.
org2.example.com
07e621ff8d10        hyperledger/fabric-peer                    "peer node
start -..."   12 hours ago        Up About an hour    7050/tcp, 7052/tcp,
7054-7059/tcp, 0.0.0.0:9051->7051/tcp, 0.0.0.0:9053->7053/tcp     peer0.
org2.example.com
b5e1f4d3844f        hyperledger/fabric-peer                    "peer
node start -..."   12 hours ago        Up About an hour    7050/tcp,
0.0.0.0:7051->7051/tcp, 7052/tcp, 7054-7059/tcp, 0.0.0.0:7053->7053/tcp
peer0.org1.example.com
f11a57b75a28        hyperledger/fabric-peer                    "peer node
start -..."   12 hours ago        Up About an hour    7050/tcp, 7052/tcp,
7054-7059/tcp, 0.0.0.0:8051->7051/tcp, 0.0.0.0:8053->7053/tcp     peer1.
org1.example.com
ad2b3672e3e6        hyperledger/fabric-orderer                 "orderer"
2 days ago          Up About an hour    0.0.0.0:7050->7050/tcp
orderer.example.com
12b849c2cad0        hyperledger/fabric-ca                      "fabric-ca-
server ..."   2 days ago          Up About an hour    0.0.0.0:7054->7054/tcp
fabric-ca
```

用户如果希望在某容器内执行命令，可以通过 docker exec 命令进入容器中。

例如，如下命令可以让用户登录到客户端节点，在其中执行相关的操作：

```
$ docker exec -it fabric-cli bash
```

其他操作测试步骤与本地环境下部署情形类似，在此不再赘述。

9.5 链码的概念与使用

链上代码（chaincode），简称**链码**，一般是指用户编写的应用代码。

链码被部署在 Fabric 网络节点上，运行在隔离沙盒（目前为 Docker 容器）中，并通过 gRPC 协议与相应的 Peer 节点进行交互，以操作分布式账本中的数据。

启动 Fabric 网络后，可以通过命令行或 SDK 进行链码操作，验证网络运行是否正常。

注意 用户链码有别于系统链码（System Chaincode）。系统链码指的是 Fabric Peer 中负责系统配置、背书、验证等平台功能的逻辑，运行在 Peer 进程内，将在后续章节予以介绍。

9.5.1 链码操作命令

用户可以通过命令行方式操作链码，支持的链码子命令包括 install、instantiate、invoke、query、upgrade、package、signpackage 等，未来还会支持 start、stop 命令。大部分命令（除了 package、signpackage 外）的处理过程都是类似的，创建签名提案消息，发给 Peer 进行背书，获取 ProposalResponse 消息。

特别是，instantiate、upgrade、invoke 等子命令还需要根据 ProposalResponse 消息创建 SignedTX，发送给 Orderer 进行排序和广播全网执行。package、signpackage 子命令作为本地操作，无需与 Peer 或 Orderer 打交道。

这些操作管理了链码的整个生命周期，如图 9-3 所示。

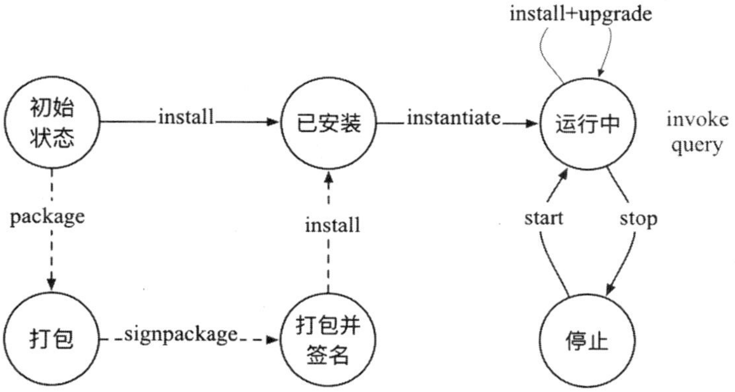

图 9-3 链码生命周期

后面将以 Fabric 项目中自带的 Go 语言 example02 链码（路径在 examples/chaincode/go/chaincode_example02）为例进行相关命令讲解。

9.5.2 命令参数

链码操作支持的命令参数及对应的功能如表 9-5 所示。

表 9-5 链码操作支持的命令参数

参数	类型	含 义
--cafile	string	Orderer 节点的 TLS 证书，PEM 格式编码，启用 TLS 时有效
-C, --chainID	string	所面向的通道，默认为 "testchainid"
-c, --ctor	string	链码的具体执行参数信息，Json 格式，默认为 "{}"

（续）

参数	类型	含 义
-E, --escc	string	指定所使用背书系统链码的名称，默认为 "escc"
-l, --lang	string	链码的编写语言，默认为 "golang"
-n, --name	string	链码名称
-o, --orderer	string	Orderer 服务地址
-p, --path	string	链码的本地路径
-P, --policy	string	链码所关联的背书策略，例如 -P "OR ('Org1MSP.member','Org2MSP.member')"
-t, --tid	string	ChaincodeInvocationSpec 中的 ID 生成算法和编码，目前支持默认的 sha256base64
--tls		与 Orderer 通信是否启用 TLS
-v, --version	string	install/instantiate/upgrade 等命令中指定的版本信息
-V, --vscc	string	指定所使用验证系统链码的名称，默认为 "vscc"

注意，不同子命令支持不同的参数，总结如表 9-6 所示。

表 9-6 子命令所支持的不同参数

命令	-C 通道	-c cc 参数	-E escc	-l 语言	-n 名称	-o Orderer	-p 路径	-P policy	-v 版本	-V vscc
install	不支持	支持	不支持	支持	必需	不支持	必需	不支持	必需	不支持
instantiate	必需	必需	支持	支持	必需	支持	不支持	支持	必需	支持
upgrade	必需	必需	支持	支持	必需	支持	不支持	不支持	必需	支持
package	不支持	支持	不支持	支持	必需	不支持	必需	不支持	必需	不支持
invoke	支持	必需	不支持	支持	必需	支持	不支持	不支持	不支持	不支持
query	支持	必需	不支持	支持	必需	不支持	不支持	不支持	不支持	不支持

其中，必需、支持和不支持三种情况的含义为：

- 必需：该参数必须被指定，包括通过命令行、环境变量、配置等；
- 支持：该参数可以被使用。某些时候如果不指定，可能采取默认值或自动获取；
- 不支持：该参数不应该使用。

9.5.3 安装链码

install 命令将链码的源码和环境等内容封装为一个链码安装打包文件（Chaincode Install Package，CIP），并传输到背书节点。背书节点解析后一般会保存在 $CORE_PEER_FILESYSTEMPATH/chaincodes/ 目录下。安装链码只需要与 Peer 打交道。

打包文件以 name.version 命名，主要包括如下内容：

- ChaincodeDeploymentSpec：链码的源码和一些关联环境，如名称和版本；
- 链码实例化策略，默认是任意通道上的 MSP 管理员身份均可；
- 拥有这个链码的实体的证书和签名；
- 安装时，本地 MSP 管理员的签名。

ChaincodeDeploymentSpec（CDS）结构包括了最核心的 ChaincodeSpec（CS）数据结构，

同时也被其他链码命令（如实例化命令和升级命令）使用，如图 9-4 所示。

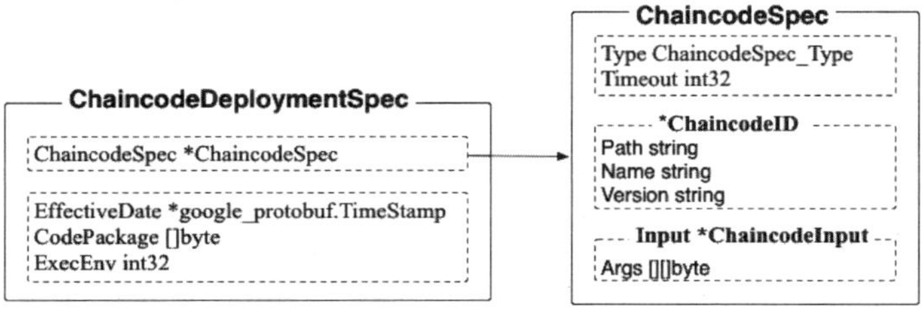

图 9-4　ChaincodeDeploymentSpec 结构

例如，采用如下命令会部署 test_cc.1.0 的打包部署文件到背书节点：

```
$ peer chaincode install \
    -n test_cc \
    -v 1.0 \
    -p github.com/hyperledger/fabric/examples/chaincode/go/chaincode_example02
```

链码安装实现的整体流程如图 9-5 所示。

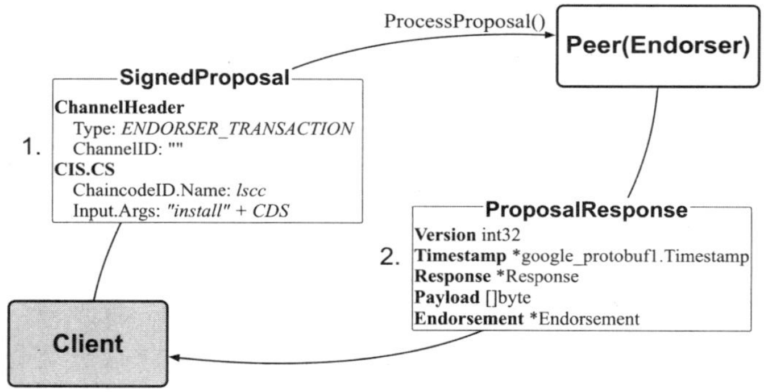

图 9-5　链码安装过程

主要步骤包括：

1）首先是构造签名提案消息（SignedProposal）。

a）调用 InitCmdFactory(isEndorserRequired, isOrdererRequired bool) (*ChaincodeCmdFactory, error) 方法，初始化 EndoserClient、Signer 等结构。这一步初始化操作对于所有链码子命令来说都是类似的，会初始化不同的结构。

b）然后根据命令行参数进行解析，判断是根据传入的打包文件直接读取 ChaincodeDeploymentSpec（CDS）结构，还是根据传入参数从本地链码文件来重新构造。

c）以本地重新构造情况为例，首先根据命令行中传入的路径、名称等信息，构造生成 ChaincodeSpec（CS）结构。

d）利用 ChaincodeSpec 结构，结合链码包数据生成一个 ChaincodeDeploymentSpec 结构（chainID 为空），调用本地的 install(msg proto.Message, cf *ChaincodeCmdFactory) error 方法。

e）install 方法基于传入的 ChaincodeDeploymentSpec 结构，构造一个对生命周期管理系统链码（LSCC）调用的 ChaincodeSpec 结构，其中，Type 为 ChaincodeSpec_GOLANG，ChaincodeId.Name 为“lscc”，Input 为“install”+ChaincodeDeploymentSpec。进一步地，构造了一个 LSCC 的 ChaincodeInvocationSpec（CIS）结构，对 ChaincodeSpec 结构进行封装。

f）基于 LSCC 的 ChaincodeInvocationSpec 结构，添加头部结构，生成一个提案（Proposal）结构。其中，通道头部中类型为 ENDORSER_TRANSACTION，TxID 为对随机数 + 签名实体，进行 Hash。

g）对 Proposal 进行签名，转化为一个签名后的提案消息 SignedProposal。

2）通过 EndorserClient 经由 gRPC 通道发送给 Peer 的 ProcessProposal(ctx context.Context, in *SignedProposal, opts ...grpc.CallOption) (*ProposalResponse, error) 接口。

3）Peer 模拟运行生命周期链码的调用交易进行处理，检查格式、签名和权限等，通过则保存到本地文件系统。

图 9-6 给出了链码安装过程中所涉及的数据结构，这些数据结构对于大部分链码操作命令都是类似的，其中最重要的是 ChannelHeader 结构和 ChaincodeSpec 结构中参数的差异。

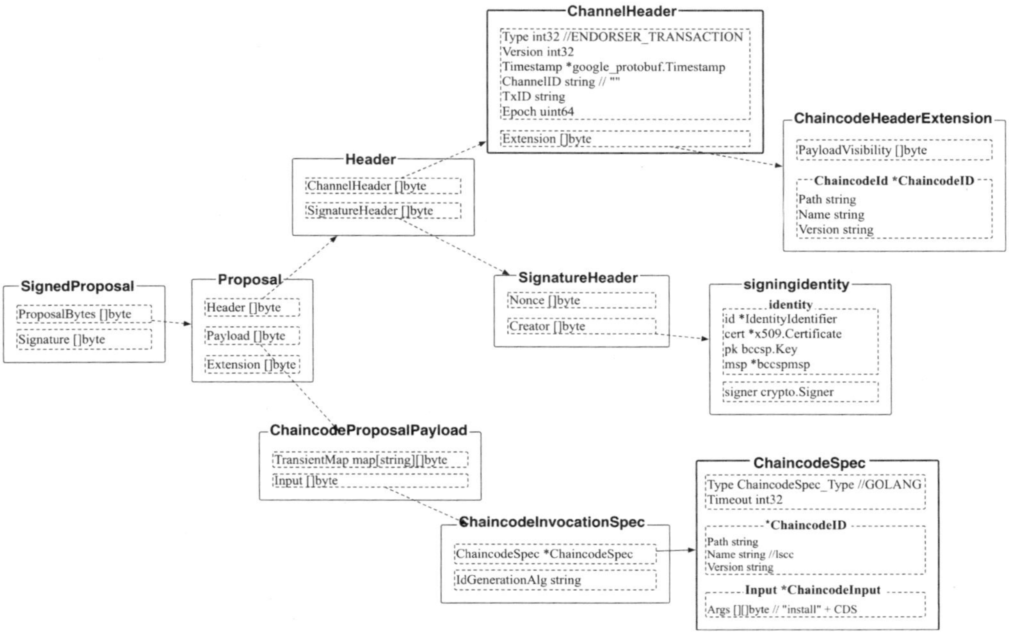

图 9-6　链码安装过程所涉及的数据结构

9.5.4 实例化链码

instantiate 命令通过构造生命周期管理系统链码（Lifecycle System Chaincode，LSCC）的交易，将安装过的链码在指定通道上进行实例化调用，在节点上创建容器启动，并执行初始化操作。实例化链码需要同时跟 Peer 和 Orderer 打交道。

执行 instantiate 命令的用户身份必须满足实例化的策略，并且在所指定的通道上拥有写（Write）权限。在 instantiate 命令中可以通过“-P”参数指定链码的背书策略（Endorsement Policy），不满足背书策略的链码调用将在 Commit 阶段被作废。

例如，如下命令会启动 test_cc.1.0 链码，会将参数 '{"Args":["init","a","100","b","200"]}' 传入链码中的 Init() 方法执行。命令会生成一笔交易，因此需指定排序节点地址：

```
$ CHANNEL_NAME="businesschannel"
$ peer chaincode instantiate \
    -o orderer0:7050 \
    -C businesschannel \
    -n test_cc \
    -v 1.0 \
    -C ${CHANNEL_NAME} \
    -c '{"Args":["init","a","100","b","200"]}' \
    -P "OR ('Org1MSP.member','Org2MSP.member')"
```

链码实例化实现的整体流程如图 9-7 所示。

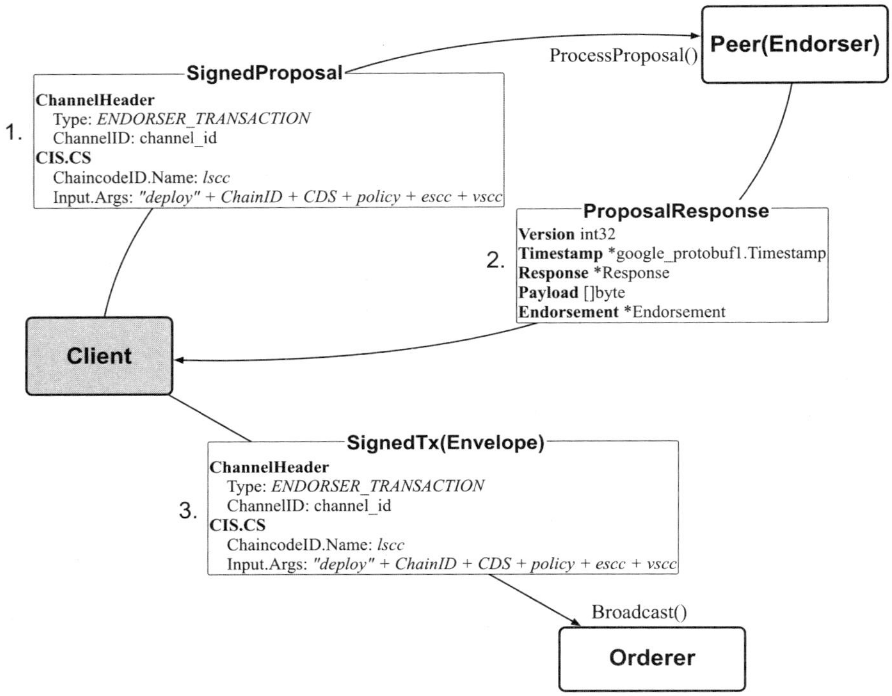

图 9-7 链码实例化过程

主要步骤包括：

1）首先，类似链码安装命令，需要创建一个 SignedProposal 消息。注意 instantiate 和 upgrade 支持 policy、escc、vscc 等参数。LSCC 的 ChaincodeSpec 结构中，Input 中包括类型（“deploy”）、通道 ID、ChaincodeDeploymentSpec 结构、背书策略、escc 和 vscc 等。

2）调用 EndorserClient，发送 gRPC 消息，将签名后的 Proposal 发给指定的 Peer 节点（Endorser），调用 ProcessProposal(ctx context.Context, in *SignedProposal, opts ...grpc.CallOption) (*ProposalResponse, error) 方法，进行背书处理。节点会模拟运行 LSCC 的调用交易，启动链码容器。实例化成功后会返回 ProposalResponse 消息（其中包括背书签名）。

3）根据 Peer 返回的 ProposalResponse 消息，创建一个 SignedTX(Envelop 结构的交易，带有签名)。

4）使用 BroadcastClient 将交易消息通过 gRPC 通道发给 Orderer，Orderer 会进行全网排序，并广播给 Peer 进行确认提交。

其中，SignedProposal 结构如图 9-8 所示。

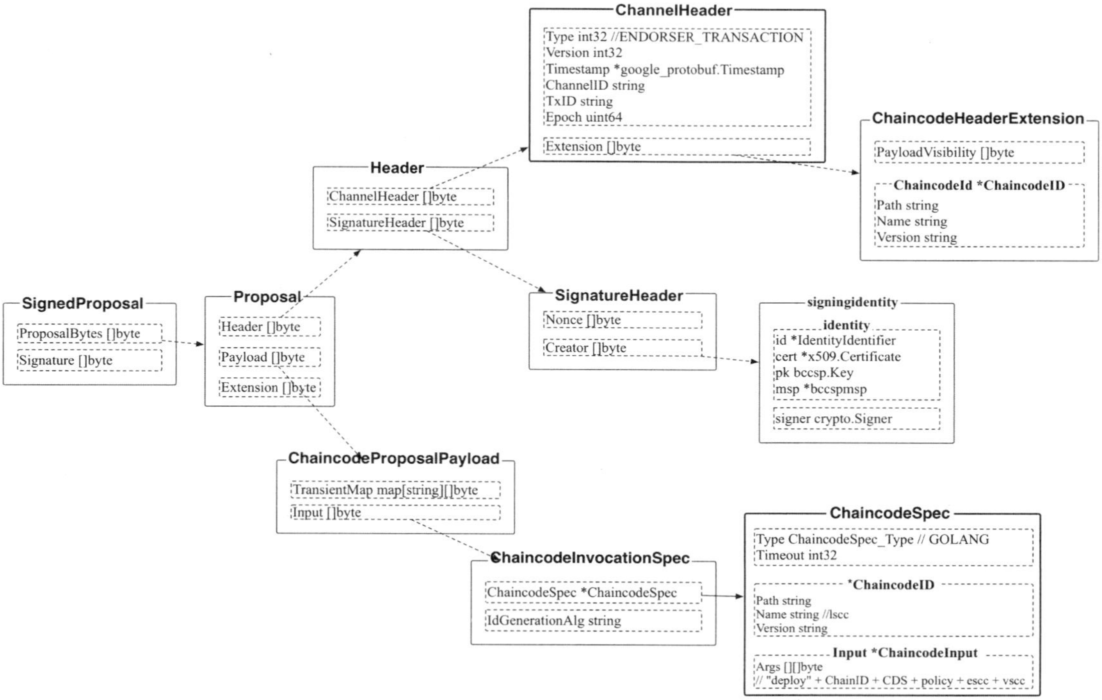

图 9-8　Signed Proposal 结构

交易 Envelope 结构如图 9-9 所示。

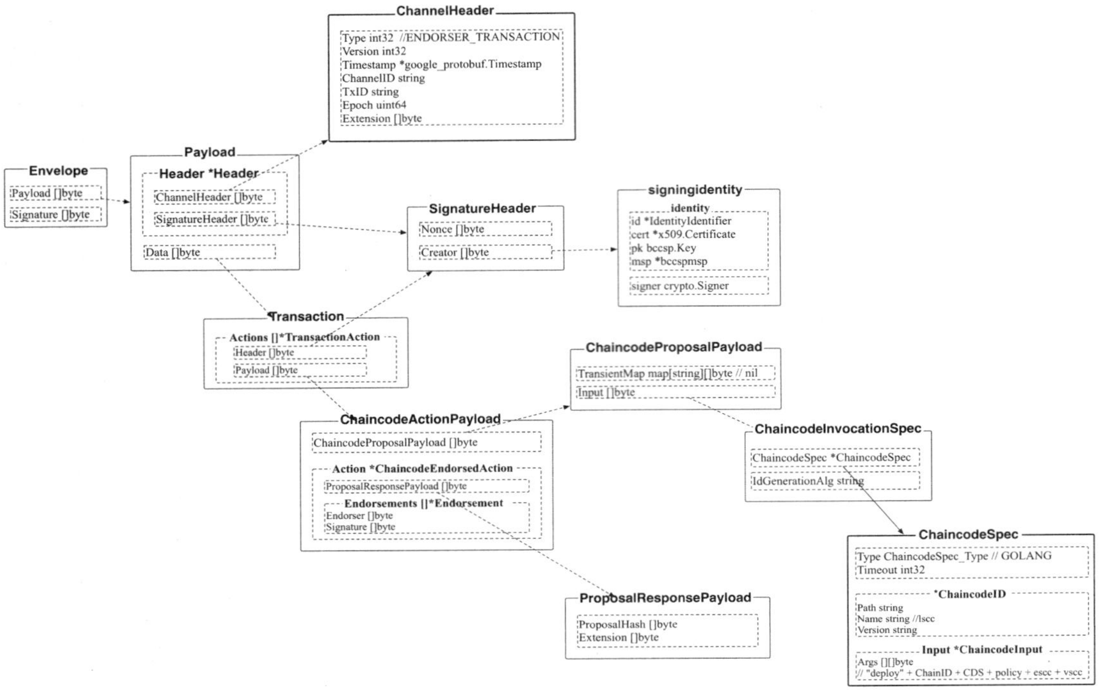

图 9-9　交易 Envelope 结构

Peer 返回的 ProposalResponse 消息定义如下：

```
type ProposalResponse struct {
    // 消息协议版本
    Version int32 `protobuf:"varint,1,opt,name=version" json:"version,
        omitempty"`
    // 消息创建时的时间戳
    Timestamp *google_protobuf1.Timestamp `protobuf:"bytes,2,opt,name=tim
        estamp" json:"timestamp,omitempty"`
    // 返回消息，包括状态、消息、元数据载荷等
    Response *Response `protobuf:"bytes,4,opt,name=response" json:
        "response,omitempty"`
    // 数据载荷，包括提案的 Hash 值，和扩展的行动等
    Payload []byte `protobuf:"bytes,5,opt,name=payload,proto3" json:
        "payload,omitempty"`
    // 背书信息列表，包括背书者的证书，以及其对“载荷 + 背书者证书”的签名
    Endorsement *Endorsement `protobuf:"bytes,6,opt,name=endorsement" json:
        "endorsement,omitempty"`
}
```

9.5.5　调用链码

通过 invoke 命令可以调用运行中的链码的方法。“ -c” 参数指定的函数名和参数会被传入到链码的 Invoke() 方法进行处理。调用链码操作需要同时跟 Peer 和 Orderer 打交道。

例如，对部署成功的链码执行调用操作，由 a 向 b 转账 10 元。在 peer0 容器中执行如下操作，注意验证最终结果状态正常 response:<status:200 message:"OK" >：

```
$ peer chaincode invoke \
    -o orderer0:7050 \
    -n test_cc \
    -C ${CHANNEL_NAME} \
    -c '{"Args":["invoke","a","b","10"]}'
```

这一命令会调用最新版本的 test_cc 链码，将参数 '{"Args":["invoke","a","b","10"]}' 传入链码中的 Invoke() 方法执行。命令会生成一笔交易，需指定排序者地址。

需要注意，invoke 命令不支持指定链码版本，只能调用最新版本的链码。

实现上，基本过程如图 9-10 所示。

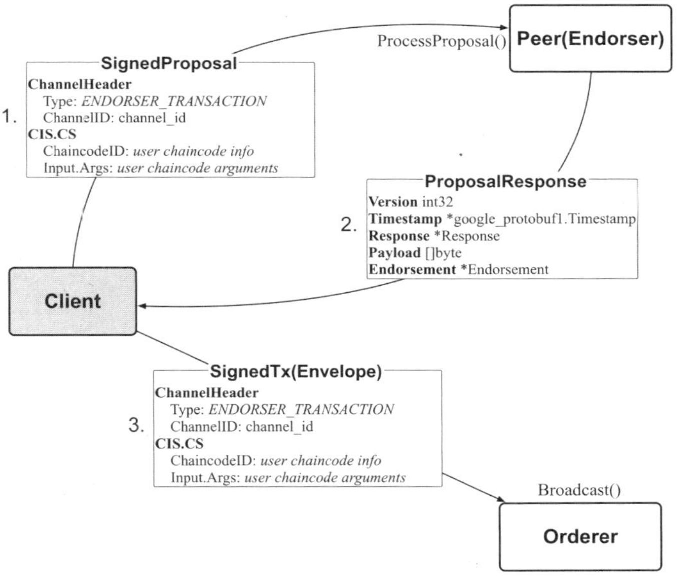

图 9-10　链码调用过程

主要步骤包括：

1）首先，也是要创建一个 SignedProposal 消息。根据传入的各种参数，生成 ChaincodeSpec 结构（其中，Input 为传入的调用参数）。然后，根据 ChaincodeSpec、chainID、签名实体等，生成 ChaincodeInvocationSpec 结构。进而封装生成 Proposal 结构（通道头部中类型为 ENDORSER_TRANSACTION），并进行签名。

2）调用 EndorserClient，发送 gRPC 消息，将签名后的 Proposal 发给指定的 Peer 节点（Endorser），调用 ProcessProposal(ctx context.Context, in *SignedProposal, opts ...grpc.CallOption) (*ProposalResponse, error) 方法，进行背书处理。节点会模拟运行链码调用交易，成功后会返回 ProposalResponse 消息（带有背书签名）。

3）根据 Peer 返回的 ProposalResponse 消息，创建一个 SignedTX(Envelop 结构的交易，带有签名)。

4）使用 BroadcastClient 将交易消息通过 gRPC 通道发给 Orderer 进行全网排序并广播给 Peer 进行确认提交。

注意，invoke 是异步操作，invoke 成功只能保证交易已经进入 Orderer 进行排序，但无法保证最终写到账本中（例如交易未通过 Committer 验证而被拒绝）。需要通过 eventHub 或查询方式来进行确认交易是否最终写入到账本上。

链码调用过程中所涉及的数据结构如图 9-11 所示。

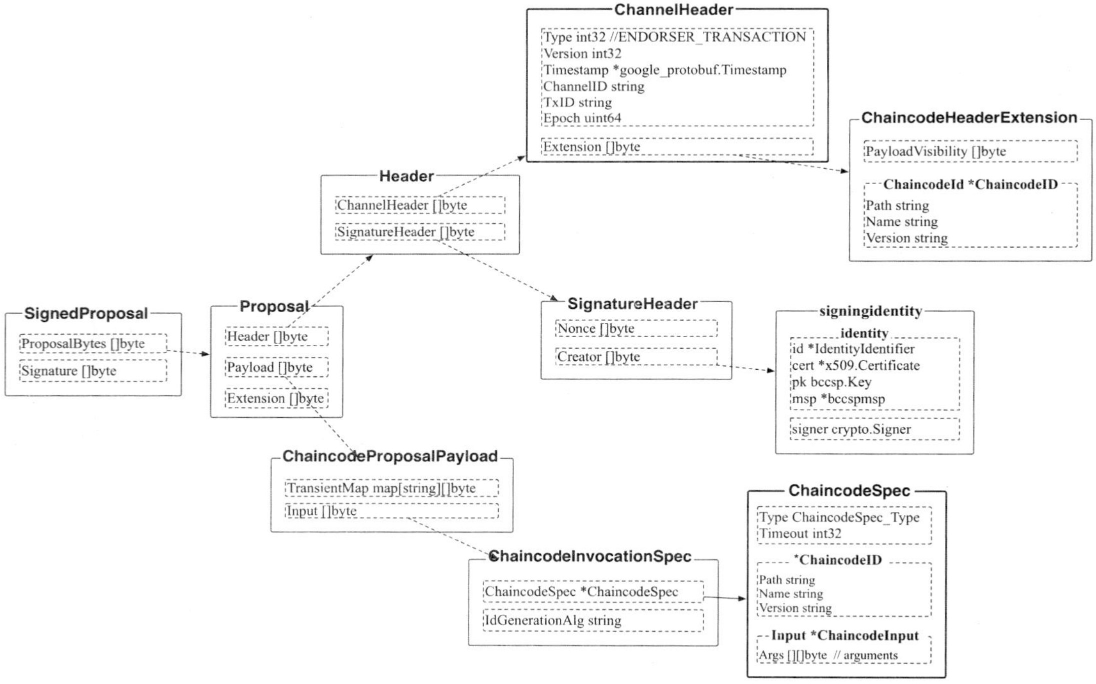

图 9-11 链码调用过程中所涉及的数据结构

> **注意** 目前命令行下的 instantiate 命令还不支持指定实例化策略，Peer 会采用默认的实例化策略（组织管理员身份）。

9.5.6 查询链码

查询链码可以通过 query 命令进行。query 命令的执行过程与 invoke 命令类似，实际上同样是将 -c 指定的命令参数发送给链码中的 Invoke() 方法执行。与 invoke 操作的区别在于，query 操作只能查询 Peer 上账本状态，不生成交易，也不需要与 Orderer 打交道。

例如，执行如下命令会调用最新版本的 test_cc 链码，将参数 '{"Args":["query","a"]}' 传入链码中的 Invoke() 方法执行，并返回查询结果：

```
$ peer chaincode query \
    -n test_cc \
    -C ${CHANNEL_NAME} \
    -c '{"Args":["query","a"]}'
```

在实例化链码容器后，可以在 peer0 容器中执行如下命令，注意输出无错误信息，最后的结果为初始值 Query Result: 100：

```
$ peer chaincode query \
    -n test_cc \
    -C ${CHANNEL_NAME} \
    -c '{"Args":["query","a"]}'
Query Result: 100
[main] main -> INFO 001 Exiting.....
```

类似地，查询 b 的余额，注意最终返回结果为初始值 Query Result: 200：

```
$ peer chaincode query \
    -n test_cc \
    -C ${CHANNEL_NAME} \
    -c '{"Args":["query","b"]}'
Query Result: 200
[main] main -> INFO 001 Exiting.....
```

在执行完 a 向 b 转账 10 的交易后，再次查询 a 和 b 的余额，发现发生了变化。

a 的新余额为 90：

```
$ peer chaincode query \
    -n test_cc \
    -C ${CHANNEL_NAME} \
    -c '{"Args":["query","a"]}'
Query Result: 90
[main] main -> INFO 001 Exiting.....
```

b 的新余额为 210：

```
$ peer chaincode query \
    -n test_cc \
    -C ${CHANNEL_NAME} \
    -c '{"Args":["query","b"]}'
```

```
Query Result: 210
[main] main -> INFO 001 Exiting.....
```

query 的实现过程实际上就是 invoke 命令跟 Peer 打交道的部分，因此某些时候可以用 invoke 命令来替代 query 命令。主要过程如下。

1）根据传入的各种参数，最终构造签名提案，通过 endorserClient 发送给指定的 Peer；

2）成功的话，获取到 ProposalResponse，打印出 proposalResp.Response.Payload 内容。

需要注意 invoke 和 query 的区别，query 不需要创建 SignedTx 发送到 Orderer，而且会返回查询结果。

9.5.7 升级链码

当需要修复链码漏洞或进行功能拓展时，可以对链码进行升级，部署新版本的链码。Fabric 支持在保留现有状态的前提下对链码进行升级。

假设某通道上正在运行中的链码为 test_cc，版本为 1.0，可以通过如下步骤进行升级操作。

首先，安装新版本的链码，打包到 Peer 节点：

```
$ peer chaincode install \
    -n test_cc \
    -v 1.1 \
    -p github.com/hyperledger/fabric/examples/chaincode/go/chaincode_example02_
      new
```

运行以下 upgrade 命令升级指定通道上的链码，需要指定相同的链码名称 test_cc：

```
$ peer chaincode upgrade \
    -n test_cc \
    -C ${CHANNEL_NAME} \
    -v 1.1 \
    -c '{"Args":["re-init","c","60"]}' -o orderer0:7050
```

这一命令会在通道 test_cc 上实例化新版本链码 test_cc.1.1 并启动一个新容器。运行在其他通道上的旧版本链码将不受影响。升级操作跟实例化操作十分类似，唯一区别在于不改变实例化的策略。这就保证了只有拥有实例化权限的用户才能进行升级操作。

升级过程会将给定的参数（如例子中的 '{"Args":["re-init","c","60"]}'）传入新链码的 Init() 方法中执行。只要 Init() 方法中对应的逻辑不改写状态，则升级前后链码的所有状态值可以保持不变。因此，如果链码将来要考虑在保留状态情况下升级，需要在编写 Init() 方法时妥善处理升级时的逻辑。

升级操作实现的主要过程如下，十分类似实例化命令：

1）首先，需要创建一个封装了 LSCC 调用交易的 SignedProposal 消息。注意 instantiate 和 upgrade 支持 policy、escc、vscc 等参数。LSCC 的 ChaincodeSpec 结构中，Input 中包括类型（“upgrade”）、通道 ID、ChaincodeDeploymentSpec 结构、背书策略、escc 和 vscc 等。

2）调用 EndorserClient，发送 gRPC 消息，将签名后的 Proposal 发给指定的 Peer 节点（Endorser），调用 ProcessProposal(ctx context.Context, in *SignedProposal, opts ...grpc.CallOption) (*ProposalResponse, error) 方法，进行背书处理。节点会模拟运行 LSCC 的调用交易，启动链码容器。实例化成功后会返回 ProposalResponse 消息（其中包括背书签名）。

3）根据 Peer 返回的 ProposalResponse 消息，创建一个 SignedTX(Envelop 结构的交易，带有签名)。

4）使用 BroadcastClient 将交易消息通过 gRPC 通道发给 Orderer，Orderer 会进行全网排序，并广播给 Peer 进行确认提交。

9.5.8 打包链码和签名

通过将链码相关的数据进行封装，可以实现对其进行打包和签名操作。

打包命令支持三个特定参数：

- -s, --cc-package：表示创建完整打包格式，而不是仅打包 ChaincodeDeploymentSpec 结构；
- -S, --sign：对打包的文件使用本地的 MSP(core.yaml 中的 localMspid 指定）进行签名；
- -i --instantiate-policy string：指定实例化策略，可选参数。

例如，通过如下命令创建一个本地的打包文件 ccpack.out：

```
$ peer chaincode package \
    -n test_cc -p github.com/hyperledger/fabric/examples/chaincode/go/chaincode_
        example02 \
    -v 1.0 \
    -s \
    -S \
    -i "AND('Org1.admin')" \
    ccpack.out
```

打包后的文件，也可以直接用于 install 操作，如：

```
$ peer chaincode install ccpack.out
```

签名命令则对一个打包文件进行签名操作（添加当前 MSP 签名到签名列表中）。

```
$ peer chaincode signpackage ccpack.out signedccpack.out
```

其中，打包文件结构主要包括以下三部分信息：

- ChaincodeDeploymentSpec 结构；
- 实例化策略信息；
- 拥有者的签名列表。

实现的整体流程如下：

1）首先会调用 InitCmdFactory(isEndorserRequired, isOrdererRequired bool) (*ChaincodeCmdFactory, error) 方法初始化 Signer 等结构。对于打包命令来说纯属本地操作，不需要 Endorser 和 Orderer

的连接。

2）调用 getChaincodeSpec() 方法，解析命令行参数，根据所指定的数据生成 ChaincodeSpec 结构。

3）根据 ChaincodeSpec 结构，结合链码相关数据构造 ChaincodeDeploymentSpec 结构，并传入 getChaincodeInstallPackage 方法。

4）getChaincodeInstallPackage 方法基于传入的 ChaincodeDeploymentSpec 结构，添加实例化策略和签名信息等，生成一个 SignedChaincodeDeploymentSpec，并进一步作为 Data 生成一个 Envelope 结构，其中 ChannelHeader 指定为 CHAINCODE_PACKAGE。

5）将 Envelope 结构序列化，写到指定的本地文件。

其中，Envelope 结构如图 9-12 所示。

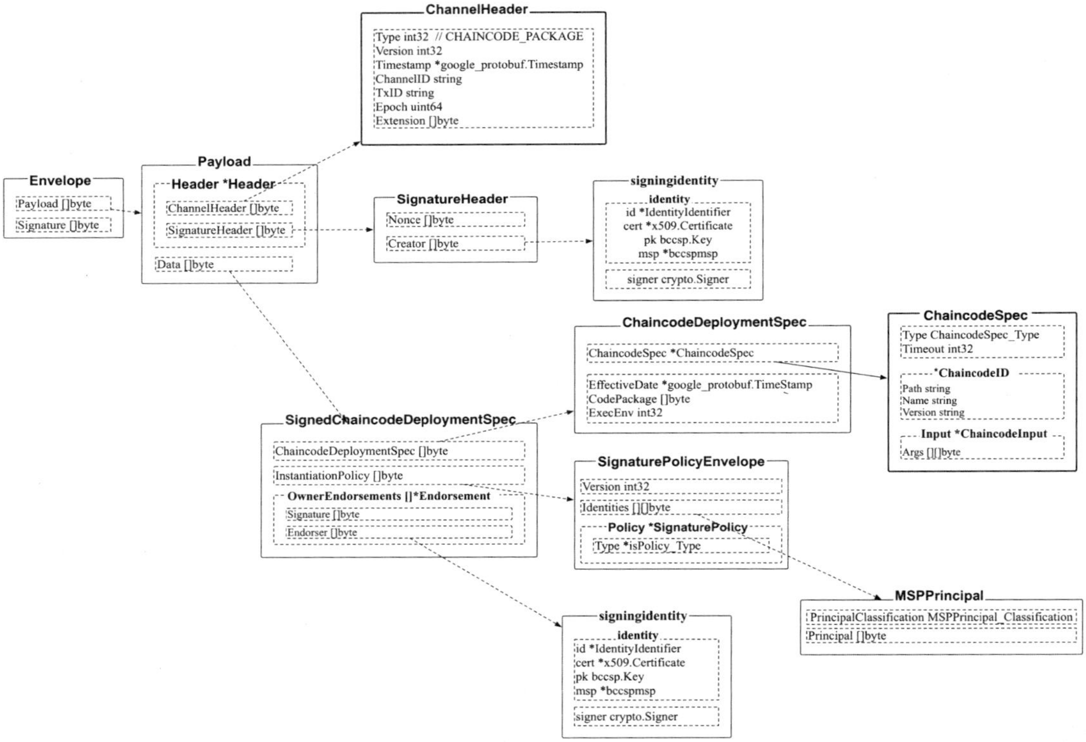

图 9-12 打包过程中的 Envelope 结构

9.6 使用多通道

9.6.1 通道操作命令

命令行下 peer channel 命令支持包括 create、fetch、join、list、update 等子命令。各个命

令的功能如下所示：

- create：创建一个新的应用通道；
- join：将本 Peer 节点加入到某个应用通道中；
- list：列出本 Peer 已经加入的所有的应用通道；
- fetch：从 Ordering 服务获取指定应用通道的配置区块；
- update：更新通道的配置信息，如锚节点配置。

可以通过 peer channel <subcommand> --help 来查看具体的命令使用说明。

9.6.2 命令选项

peer channel 命令支持的参数见表 9-7。

表 9-7 peer channel 命令支持的参数

参数	类型	含义
-b, --blockpath	string	初始区块文件的路径信息
--cafile	string	Ordering 服务的 TLS 身份证书，PEM 编码格式
-c, --chain	string	创建通道时候指定的通道名称
-f, --file	string	configtxgen 创建的配置交易文件
-o, --orderer	string	Orderer 服务地址
-t, --timeout	int	创建应用通道的超时，默认为 5 秒
--tls		跟 Orderer 通信是否启用 TLS

各子命令的参数支持见表 9-8。

表 9-8 子命令的参数

命令	-b 区块文件路径	-c chainID	-f 配置交易文件路径	-o Orderer	--tls	--cafile tls 证书路径
create	不支持	必需	可选	必需	可选	可选
join	必需	不支持	不支持	不支持	不支持	不支持
list	不支持	不支持	不支持	不支持	不支持	不支持
fetch	不支持	必需	不支持	必需	可选	可选
update	不支持	必需	可选	必需	可选	可选

其中，必需、支持和不支持三种情况的含义为：

- 必需：该参数必须被指定，包括通过命令行、环境变量、配置等；
- 支持：该参数可以被使用，某些时候如果不指定，可能采取默认值或自动获取；
- 不支持：该参数不应该使用。

另外需要注意，默认情况下，客户端执行命令会以本地的 Peer 为操作对象，如果要操作远端的 Peer，需要通过环境配置指定 Peer 的相关信息，包括地址或 MSP 配置等。并且执行命令的用户身份需要以组织管理员身份进行。

例如，下面命令指定了对 org1 的 peer1 节点执行相关操作命令，身份为组织的管理员

Admin@org1：

```
$ CORE_PEER_ADDRESS=peer1:7051 \
    CORE_PEER_LOCALMSPID="org1" \
    CORE_PEER_MSPCONFIGPATH=/etc/hyperledger/fabric/crypto/org1/users/Admin@org1/
        msp \
    CORE_PEER_TLS_ROOTCERT_FILE=/etc/hyperledger/fabric/crypto/org1/peers/
        peer1/tls/ca.cert \
    peer channel <subcommand>
```

9.6.3 创建通道

拥有创建通道权限的组织管理员身份才能调用 create 子命令，在指定的 Ordering 服务上创建新的应用通道，需要提供 Ordering 服务地址。

一般情况下，通过提前创建的通道配置交易文件来指定配置信息。如果不指定通道配置文件，则默认采用 SampleConsortium 配置和本地的 MSP 组织来构造配置交易结构。

例如，下列命令利用事先创建的配置交易文件 channel.tx 来创建新的应用通道 businesschannel：

```
$ CHANNEL_NAME="businesschannel"
$ peer channel create \
    -o orderer:7050 \
    -c ${CHANNEL_NAME} \
    -f ./channel.tx
```

加入成功后，本地会产生该应用通道的初始区块文件 businesschannel.block。Ordering 服务端也会输出类似 orderer | UTC [orderer/multichain] newChain -> INFO 004 Created and starting new chain newchannel 的成功消息。

创建应用通道的主要过程如图 9-13 所示。

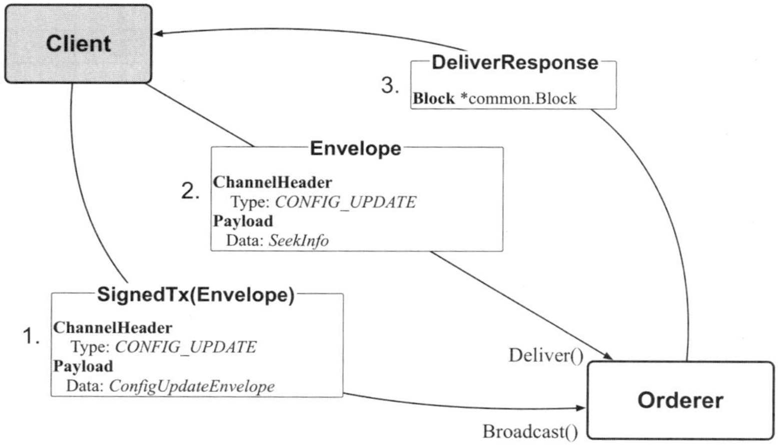

图 9-13　创建应用通道过程

主要步骤包括：

1）客户端调用 sendCreateChainTransaction()，检查指定的配置交易文件，或者利用默认配置，构造一个创建应用通道的配置交易结构，封装为 Envelope，指定 channel 头部类型为 CONFIG_UPDATE。

2）客户端发送配置交易到 Ordering 服务。

3）Orderer 收到 CONFIG_UPDATE 消息后，检查指定的通道还不存在，则开始新建过程（参考 orderer/configupdate/configupdate.go 文件），构造该应用通道的初始区块。

  a）Orderer 首先检查通道应用（Application）配置中的组织是否都在创建的联盟（Consortium）配置组织中。

  b）之后从系统通道中获取 Orderer 相关的配置，并创建应用通道配置，对应 mod_policy 为系统通道配置中的联盟指定信息。

  c）接下来根据 CONFIG_UPDATE 消息的内容更新获取到的配置信息。所有配置发生变更后版本号都要更新。

  d）最后，创建签名 Proposal 消息（头部类型为 ORDERER_TRANSACTION），发送到系统通道中，完成应用通道的创建过程。

4）客户端利用 gRPC 通道从 Orderer 服务获取到该应用通道的初始区块（具体过程类似 fetch 命令）。

5）客户端将收到的区块写入到本地的 chainID + ".block" 文件。这个文件后续会被需要加入到通道的节点使用。

其中，最关键的数据结构是配置交易相关的 Envelope 结构，如图 9-14 所示。

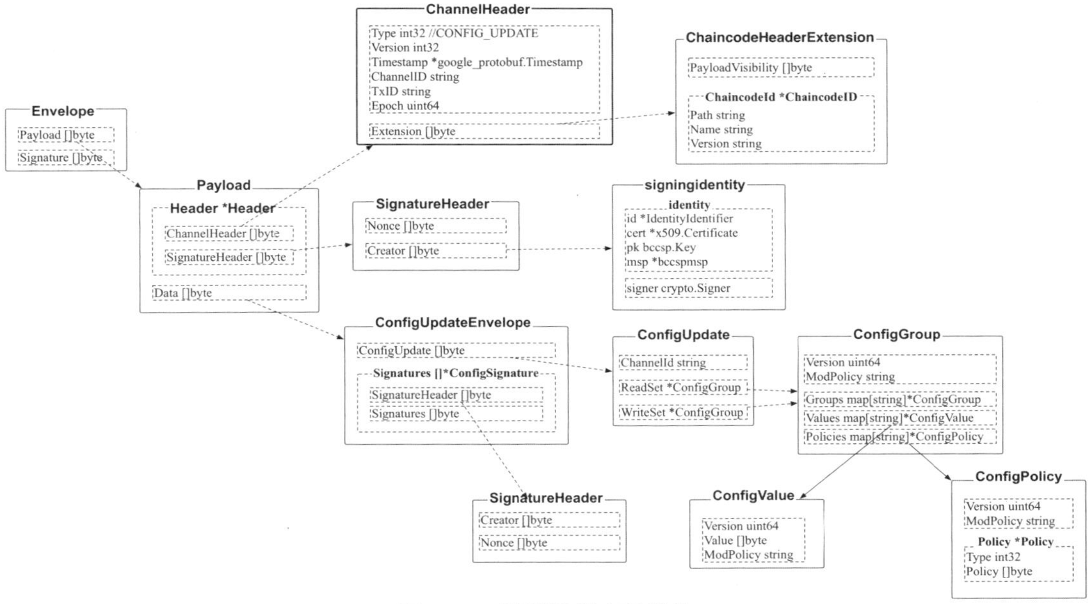

图 9-14　通道配置交易结构

9.6.4 加入通道

join 子命令会让指定的 Peer 节点加入到指定的应用通道。需要提前拥有所加入应用通道的初始区块文件，并且只有属于通道的某个组织的管理员身份可以成功执行该操作。加入通道命令主要通过调用 Peer 的配置系统链码进行处理。

例如，通过如下命令将本地 Peer 加入到应用通道 businesschannel 中：

```
$ peer channel join \
    -b ${CHANNEL_NAME}.block \
    -o orderer:7050

Peer joined the channel!
```

加入应用通道的主要过程如图 9-15 所示。

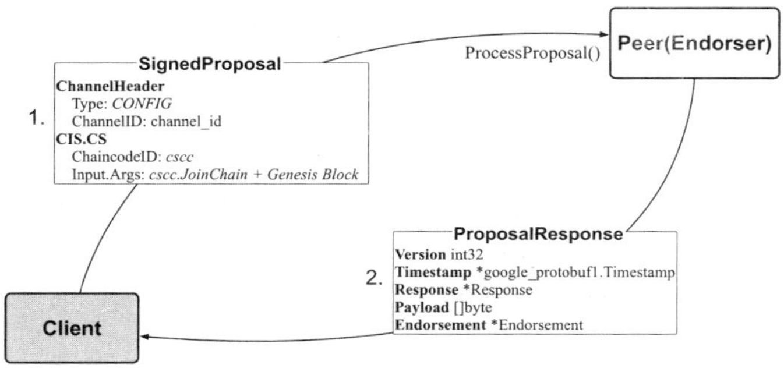

图 9-15　加入应用通道过程

主要步骤包括：

1）客户端首先创建一个 ChaincodeSpec 结构，其 input 中的 Args 第一个参数是 CSCC.JoinChain（指定调用配置链码的操作），第二个参数为所加入通道的初始区块。

2）利用 ChaincodeSpec 构造一个 ChaincodeInvocationSpec 结构。

3）利用 ChaincodeInvocationSpec，创建 Proposal 结构并进行签名，channel 头部类型为 CONFIG。

4）客户端通过 gRPC 将 Proposal 签名后发给 Endorser（所操作的 Peer），调用 ProcessProposal (ctx context.Context, in *SignedProposal, opts ...grpc.CallOption) (*ProposalResponse, error) 方法进行处理，主要通过配置系统链码进行本地链的初始化工作。

5）初始化完成后，即可收到来自通道内的 Gossip 消息等。

其中，比较重要的数据结构包括 ChaincodeSpec、ChaincodeInvocationSpec、Proposal 等，它们的具体结构如图 9-16 所示。

注意 权限不足的情况下，执行加入通道命令可能不会报错，但实际上并没有加入到通道，也不会获取到通道内的数据。

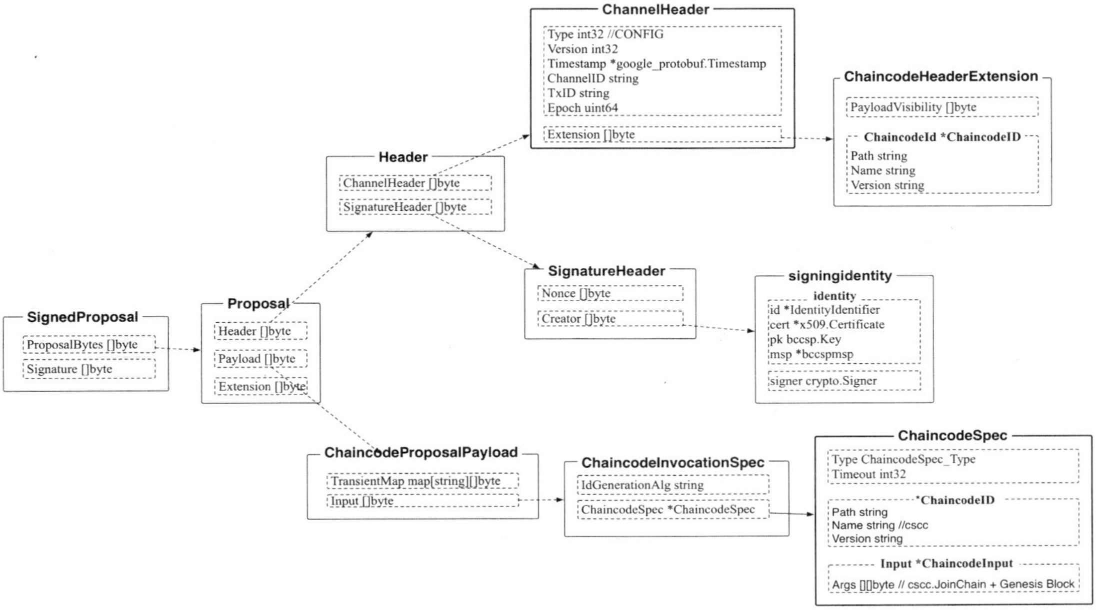

图 9-16　加入通道时的 Signed Proposal 结构

9.6.5　列出所加入的通道

list 子命令会列出指定的 Peer 节点已经加入的所有应用通道的列表。加入通道的命令也是主要通过调用 Peer 的配置系统链码进行处理。

例如通过如下命令，可以列出本地 Peer 已经加入的所有应用通道：

```
$ peer channel list
Channels peers has joined to:
    businesschannel
    businesschannel2
```

列出所加入应用通道的主要过程如图 9-17 所示。

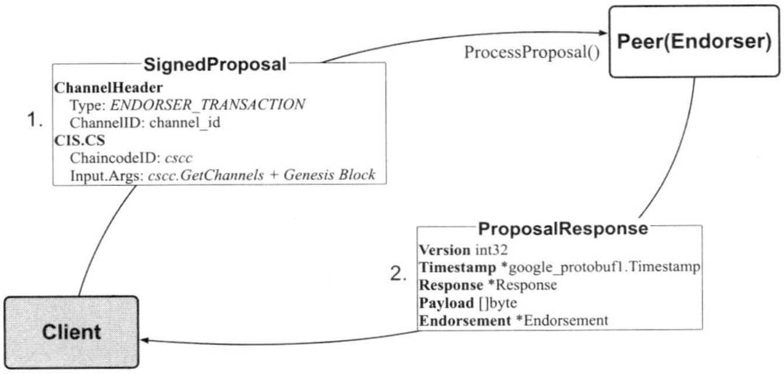

图 9-17　列出所加入应用通道过程

主要步骤包括：

1）客户端首先创建一个 ChaincodeSpec 结构，其 input 中的 Args 第一个参数是 CSCC.GetChannels（指定调用配置链码的操作）。

2）利用 ChaincodeSpec 构造一个 ChaincodeInvocationSpec 结构。

3）利用 ChaincodeInvocationSpec 创建 Proposal 结构并进行签名，channel 头部类型为 ENDORSER_TRANSACTION。

4）客户端通过 gRPC 将 Proposal 发给 Endorser（所操作的 Peer），调用 ProcessProposal (ctx context.Context, in *SignedProposal, opts ...grpc.CallOption) (*ProposalResponse, error) 方法进行处理，主要是通过配置系统链码查询本地链信息并返回。

5）命令执行成功后，客户端会受到来自于 Peer 端的回复消息，从其中提取出应用通道列表信息并输出。

其中，比较重要的数据结构同样也包括 ChaincodeSpec、ChaincodeInvocationSpec、Proposal 等，注意 channel 头部类型和 ChaincodeSpec 结构中数据与加入通道的消息中略有差异。参见图 9-18。

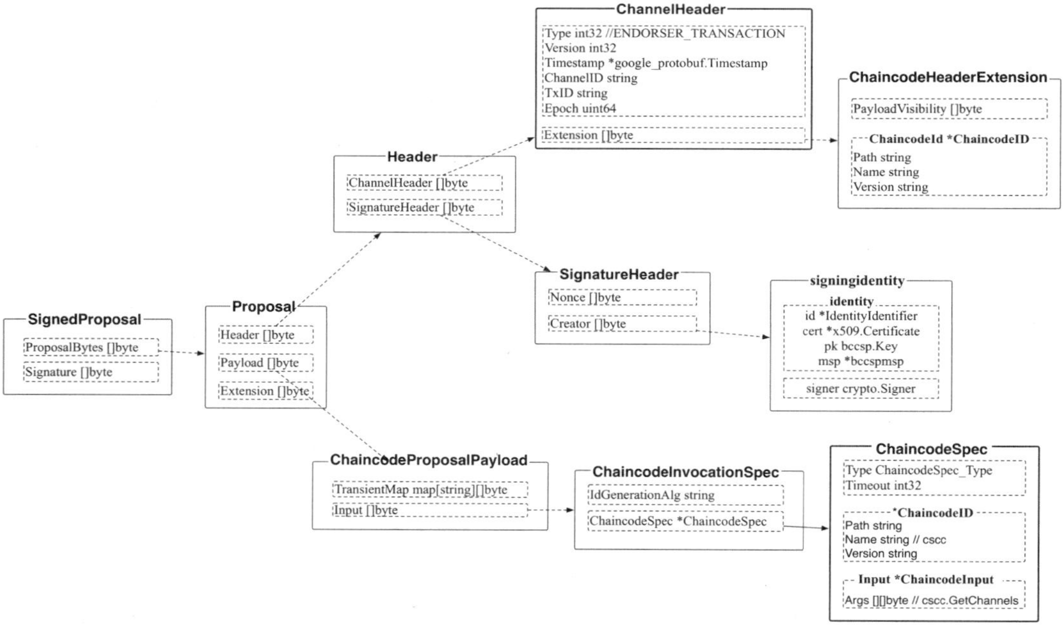

图 9-18 列出所加入通道时的 Signed Proposal 结构

9.6.6 获取某区块

fetch 子命令会向 Ordering 服务进行查询，获取到指定通道的指定区块。并将收到的区块写入到本地的文件（默认为 chainID_ 序号 .block）。

命令格式为：

```
peer channel fetch <newest|oldest|config|(number)> [outputfile] [flags]
```

例如通过如下命令，可以获取到已存在的 businesschannel 应用通道的初始区块，并保存到本地的 businesschannel.block 文件：

```
$ peer channel fetch oldest businesschannel.block \
    -c businesschannel \
    -o orderer:7050
```

获取区块的主要过程如图 9-19 所示。

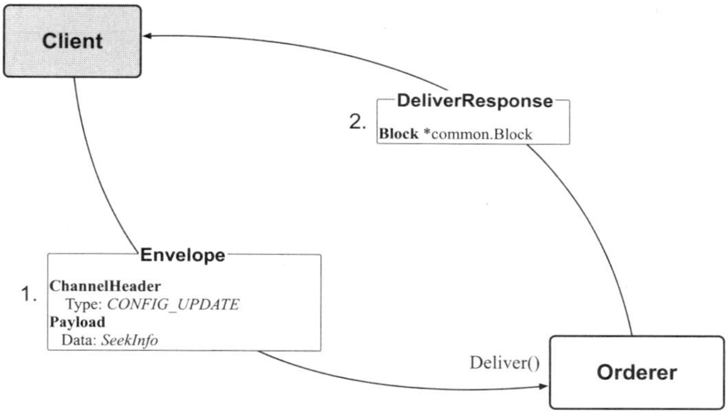

图 9-19　获取区块过程

主要步骤包括：

1）客户端构造 SeekInfo 结构，该结构可以指定要获取的区块范围。这里 Start、Stop 指定为目标区块。

2）客户端利用 SeekInfo 结构，构造 Envelope 并进行签名，通过 deliverClient 经 gRPC 通道发给 Ordering 服务。

3）从 Orderer 获取指定通道的区块后，写到本地文件中。

其中，比较重要的数据结构包括 SeekInfo、Envelope 结构等，它们的具体结构如图 9-20 所示。

9.6.7　更新通道配置

update 子命令的执行过程与 create 命令类似，会向 Ordering 服务发起更新配置交易请求。该命令执行也需要提前创建的通道更新配置交易文件来指定配置信息。

例如，通过如下操作来更新通道中的锚节点配置，首先利用 configtxgen 来创建锚节点配置更新文件，之后使用该更新文件对通道进行配置更新操作：

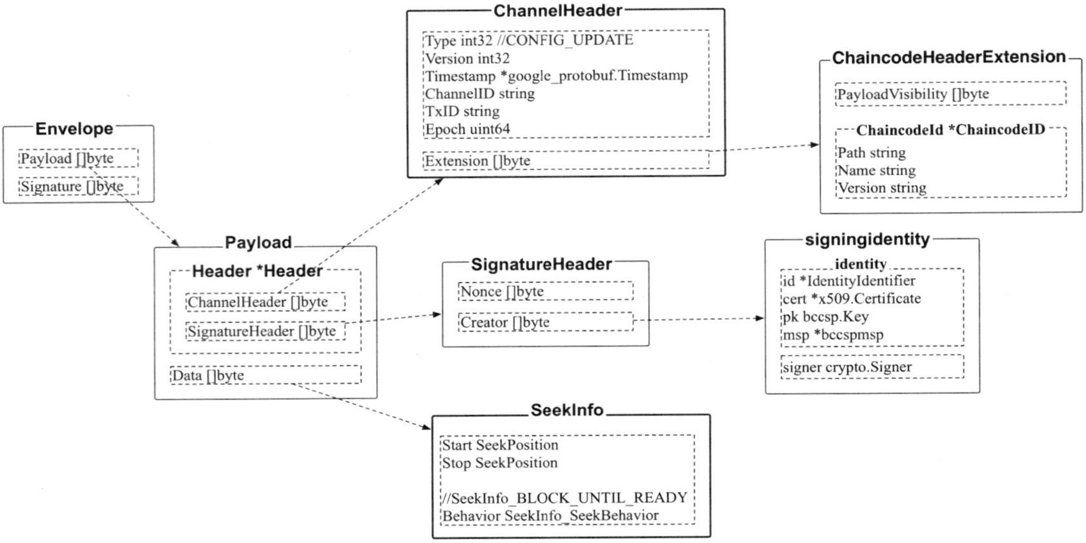

图 9-20　获取区块的相关数据结构

```
$ configtxgen \
    -profile TwoOrgsChannel \
    -outputAnchorPeersUpdate ./update_anchors.tx \
    -channelID businesschannel \
    -asOrg Org1MSP
$ peer channel update \
    -c businesschannel \
    -o orderer:7050 \
    -f ./update_anchors.tx
```

9.7 SDK 支持

除了基于命令行的客户端之外，超级账本 Fabric 提供了多种语言的 SDK，包括 Node.Js、Python、Java、Go 等。它们封装了 Fabric 网络中节点提供的 gRPC 服务接口，可以实现更方便地调用。

这些客户端 SDK 允许用户和应用跟 Fabric 网络进行交互，还可以实现更为复杂的操作，实现包括节点的启停、链码的生命周期管理等操作。SDK 项目目前仍在开发中，感兴趣的读者可以通过如下途径获取到 SDK 的源码并进行尝试。

1. 基于 Node. Js 实现的 SDK

作为早期创建的 SDK 项目之一，Node.Js 实现的 SDK 目前已经支持了对 Fabric 链码的主要操作，包括安装链码、实例化并进行调用等，以及访问 Fabric CA 服务。内带了不少操作的例子可供参考。

源码仓库地址在 github.com/hyperledger/fabric-sdk-node。

源码的 test/integration/e2e 目录下包括了大量应用的示例代码，可供参考。

2. 基于 Python 实现的 SDK

早期创建的 SDK 项目之一。Python 实现的 SDK 目前已经完成了对 Fabric 链码的主要操作，包括安装链码、实例化并进行调用等，以及使用 Fabric CA 的基础功能。

源码仓库地址在 github.com/hyperledger/fabric-sdk-py。

源码的 test/integration 目录下包括了大量应用的示例代码，可供参考。

3. 基于 Java 实现的 SDK

属于较新的 SDK 项目。Java SDK 目前支持对 Fabric 中链码的主要操作，以及访问 Fabric CA 服务。

源码仓库地址在 github.com/hyperledger/fabric-sdk-java。

4. 基于 Go 实现的 SDK

属于较新的 SDK 项目。Go SDK 提取了原先 Fabric 中的相关代码，目前支持对 Fabric 中链码的主要操作。将来，Fabric 中的命令行客户端将可能基于该 SDK 重新实现。

源码仓库地址在 github.com/hyperledger/fabric-sdk-go。

9.8 生产环境注意事项

区块链分布式结构的特点，使得对其进行安装部署时相较于单点系统要复杂得多，需要从多个角度进行仔细考量和论证。这里总结一些在生产环境中进行应用时需要注意的地方。

1. 节点角色差异

Fabric 网络中各个节点可以拥有不同的角色。不同角色的众多节点负责整个网络功能中不同环节的工作负载，呈现出了差异化的处理特性。

Ordering 服务需要处理整个网络中所有的交易消息，是全网的关键组件，Orderer 节点采用 Kafka 集群进行排序，本地维护了网络中所有通道的区块链结构，往往大量吞吐区块文件。因此，对于 Orderer 节点来讲需要加强内存、存储、网络 IO 方面的配置，并且采用集群的方式提高其可靠性。

Peer 节点除了处理区块和背书交易（Endorser）之外，还需要对账本状态进行更新（Committer），对身份进行验证。同时，对于每个通道来说，加入通道的节点都需要维护一个针对该通道的账本结构（存放在数据库中）和区块链结构（存放在文件系统）。因此，Peer

节点则在计算、内存等方面需要进行强化配置，Endorser 还可以在签名计算方面进行加权。对于打开文件句柄较多的节点（如配置使用 CouchDB 作为状态数据库），可能还需要对系统的 ulimit 等参数进行调整。

而对于链码容器来说，自身不需要维护太多状态信息，但是需要执行计算操作，因此需要提高较好的计算能力支持。

一般来讲，链码容器常常跟 Peer 节点处在同一服务器上，建议为主服务预留 2GB 以上的空闲内存，并且一般每个链码容器分配 256 MB 运行内存和 1/10 的 CPU 核资源（根据链码逻辑进行调整）。

2. 日志级别

日志级别越低，输出日志内容越详细，出现问题后越方便进行调试。但输出过多的日志会拖慢系统的吞吐性能，严重时甚至能降低几个数量级。

因此，在生产环境中必须要仔细调整日志级别。对于关键路径上的系统，通常要配置不低于 Warning 级别的日志输出；对于非关键路径上的系统，则可以采用不低于 Info 级别的日志输出。

Fabric 在日志级别上，支持对不同组件提供不同的级别。推荐将全局配置为 warning 级别，gRPC 组件由于需要处理大量交互消息，可以配置为更高的 error 级别。

如果要追踪区块链网络中的状态变化，可以通过事件监听等方式，降低对网络处理的压力。

3. 链码升级

Fabric 目前已经支持了链码升级特性，升级时会调用链码中的 Init 方法。通过合适地设计链码，对其进行升级操作可以保护旧版本链码所关联的状态数据不被破坏。

但是要注意，目前升级操作并不需要整个网络的共识，因此对部分节点上链码版本升级后，未被升级的节点上仍然会运行旧版本的链码。

从数据一致性上考虑，在对某链码代码进行升级前，推荐先将所有该链码的容器停止，并从 Peer 上备份并移除旧链码部署文件。之后先在个别 Peer 节点上部署新链码，对原有数据进行测试，成功后再在其他节点上进行升级操作。

另外，在一开始编写链码过程中，就需要考虑链码升级操作，通过传入 Init 参数指定特定的升级方法来保护原有数据。

4. 组织结构

组织代表了维护网络的独立成员身份。一般来说，组成联盟链的各个成员，每个都拥有代表自己身份的组织。一个组织可以进一步包括多个资源实体，这些资源实体彼此具有较强的信任度，并且对外都呈现为同一组织身份。

由于 Gossip 协议目前在 MSP 范围内进行传播，因此，一般建议将组织与 MSP 一一对应，即每个组织拥有自己专属的 MSP。当一个组织拥有多个 MSP 时，不同成员之间的交互可能会带来障碍；当多个组织同属于一个 MSP 时，可能会发生不希望的跨组织数据泄露。

另外，一个组织可以包括多个成员身份，多个 Peer 可以通过使用同一成员身份来提高可用性。

5. 证书管理

Fabric 网络中，CA 负责证书的管理。用户虽然可以通过 cryptogen 工具提前分配好各组织的身份证书，但对于加入到网络中的用户，以及未来支持的交易证书，都需要 Fabric CA 来进行统一管理。

Fabric CA 占据网络中安全和隐私的最核心位置，因此需要加强安全方面的防护。CA 不应该暴露在公共网络域中，并且只能由有限个具备权限的用户访问。

另外，根证书往往要进行离线保护处理，减少接触和泄露的可能性。通常使用中间层证书来完成实体证书的签发。同时，绝对不能直接用根证书作为组织管理员的身份证书。

9.9 本章小结

本章详细讲解了围绕 Fabric 部署的相关话题，包括如何本地编译、安装并进行各种组件的配置，以及如何启动 Fabric 网络。同时，也介绍了基于容器方式如何快速获取相关镜像和启动网络。此外，还介绍了关于链码操作、多通道操作的相关客户端命令，以及除了命令行客户端之外的各种语言实现的 SDK。最后，对生产环境中部署 Fabric 网络的有关事项进行了讨论。

通过本章内容的学习和实践，相信读者不仅掌握了如何根据需求来安装部署 Fabric 网络，同时也对 Fabric 网络的工作过程有了更深入的理解。

Chapter 10 第 10 章

超级账本 Fabric 配置管理

错误源于复杂，简单臻于优雅。

在上一章节的学习中，笔者介绍了安装部署一个 Fabric 网络的完整过程。在这个过程中，需要使用到多个配置文件，并基于这些配置生成启动和管理网络所需要的相关文件。

本章将对这些配置文件、配置工具的作用进行更为详细的介绍，让读者理解配置文件的结构和语法，并掌握对其进行管理的更多技巧。

通过本章内容的学习，读者将掌握 Peer 节点、Orderer 节点上相关配置的描述和功能，以及如何对配置进行更新和管理。此外，还介绍了三大配置管理利器——cryptogen 工具、configtxgen 工具以及 configtxlator 工具。

10.1 简介

Fabric 网络中，需要对 Peer 节点、Orderer 节点，以及应用通道、组织身份等多种资源进行管理，这就需要一套进行配置、管理的完整机制。

10.1.1 配置文件

目前 Fabric 节点在启动时主要支持通过本地配置文件或环境变量指定配置的方式，同时结合命令行参数。

用户既可以将所有配置提前设置好，写入到本地配置文件供节点使用；也可以在配置文件中仅指定通常情况下的默认值，结合使用环境变量指定的动态方式，实现更为灵活的配置管理。

默认情况下，Fabric 节点的主配置路径为 FABRIC_CFG_PATH 环境变量所指向路径，一般指向到 /etc/hyperledger/fabric 路径。所有资源在不显式指定配置路径时，会尝试从系统默认的主配置路径下查找与自己相关的配置文件。

Fabric 节点的默认配置文件路径、指定方式以及功能等，总结如表 10-1 所示。

表 10-1　默认配置文件路径、指定方式及功能

节点	默认配置文件路径	配置指定方式	主要功能
Peer 节点	$FABRIC_CFG_PATH/core.yaml	配置文件、环境变量、命令行参数	指定 Peer 节点运行时的参数
Orderer 节点	$FABRIC_CFG_PATH/orderer.yaml	配置文件、环境变量、命令行参数	指定 Orderer 运行时的参数

10.1.2　配置管理工具

除了运行时的配置文件，Fabric 中还提供了一系列的配置管理工具，对网络中的配置等相关文件进行管理。这些工具及主要功能总结如表 10-2 所示。

表 10-2　配置管理工具及其功能

工具	默认配置文件路径	主要功能
cryptogen	通过命令行指定路径	负责生成网络中组织结构和身份文件
configtxgen	$FABRIC_CFG_PATH/configtx.yaml	负责生成通道相关配置
configtxlator	N/A	对网络中配置进行编、解码，并计算配置更新量

后面章节将分别对这些配置和工具的使用进行讲解。

注意　在生产环境下，$FABRIC_CFG_PATH 可以指定主配置路径到方便持久化的位置，例如 /var/hyperledger/production。

10.2　Peer 配置剖析

当 Peer 节点作为服务端启动时，会按照优先级从高到低的顺序依次尝试从命令行参数、环境变量或配置文件中读取配置信息。

当从环境变量中读入配置时，需要以 CORE_ 前缀开头，例如配置文件中的 peer.id 项，对应到环境变量 CORE_PEER_ID。

Peer 节点默认的配置文件读取路径为 $FABRIC_CFG_PATH/core.yaml；如果没找到，则尝试查找当前目录下的 ./core.yaml 文件；如果还没有找到，则尝试查找默认的 /etc/hyperledger/fabric/core.yaml 文件。

Fabric 代码中提供了一些示例的 core.yaml 配置文件（如 sampleconfig/core.yaml），可以

作为参考。

在结构上，core.yaml 文件中一般包括 logging、peer、vm、chaincode、ledger 五大部分，下面分别予以讲解。

10.2.1 logging 部分

该部分主要定义 Peer 服务的日志记录级别和输出日志消息的格式。

支持日志级别包括 critical、error、warning、notice、info、debug 等。一般情况下，级别越低，则输出的调试信息越丰富。

除了可以设置全局的默认值为 info 外，还可以细致指定一些模块（cauthdsl、gossip、ledger、msp、policies、grpc）的输出日志级别。

具体各个配置项的功能也可以参看下面示例的注释部分：

```
logging:
    peer:         info # 全局的默认日志级别

    # 模块的日志级别，覆盖全局配置
    cauthdsl:   warning
    gossip:     warning
    ledger:     info
    msp:        warning
    policies:   warning
    grpc:       error

    # 输出日志的格式
    format: '%{color}%{time:2006-01-02 15:04:05.000 MST} [%{module}] %{short-func}
        -> %{level:.4s} %{id:03x}%{color:reset} %{message}'
```

10.2.2 peer 部分

peer 部分包括了许多跟服务直接相关的核心配置，内容也比较多，包括通用配置、gossip、events、tls 等多个配置部分，下面分别介绍。

1. 通用配置

这里包括一些比较重要的配置信息，主要包括：

- id：Peer 在网络中的 ID 信息，用于识别不同的节点；
- networkId：网络自身的 ID，逻辑上可以通过 ID 指定多个隔离的网络；
- listenAddress：服务监听的本地地址，当本地有多个网络接口时候可以通过该配置指定仅监听在某接口上，默认为在本地所有的网络接口（0.0.0.0）上进行监听，服务端口为 7051；
- chaincodeListenAddress：链码容器连接的监听地址，不指定的话则采用 listenAddress；由于链码容器连接目前不支持双向 TLS 认证，生产环境中建议指定为不同地址；

- address：服务对外的地址。特别是当服务运行在 NAT 设备后时，该配置可以指定服务对外宣称的可访问地址；
- addressAutoDetect：是否自动探测服务地址，当 Peer 服务运行环境的地址是动态时，该配置可以进行自动探测，探测将内部地址作为服务地址；默认情况下是关闭，注意启用 TLS 时最好关闭，以免跟指定的域名冲突造成认证失败；
- gomaxprocs：配置运行该 Go 应用的最大进程数（runtime.GOMAXPROCS(n)），默认 -1 表示使用系统配置，不进行修改；
- fileSystemPath：本地数据存放路径，包括账本、链码等，一般指定为 /var/hyperledger/production；
- BCCSP：密码库相关配置，包括算法、文件路径等；
- mspConfigPath：MSP 目录所在的路径，可以为绝对路径，或相对配置目录的路径，一般建议为 /etc/hyperledger/fabric/msp；
- localMspId：Peer 所关联的 MSP 的 ID，一般为组织单位名称，需要与联盟配置中的名称一致；
- profile：是否启用 Go 自带的 profiling 支持进行调试，生产环境下建议关闭。

具体各个配置项的功能也可以参看下面示例的注释部分：

```
peer:
    id: peer0 # 节点 ID
    networkId: business # 网络的 ID
    listenAddress: 0.0.0.0:7051 # 节点在监听的本地网络接口地址
    chaincodeListenAddress: 0.0.0.0:7052 # 链码容器连接时的监听地址
    address: 0.0.0.0:7051  # 节点对外的服务地址
    addressAutoDetect: false # 是否自动探测对外服务地址

    gomaxprocs: -1 # Go 进程数限制
    fileSystemPath: /var/hyperledger/production # 本地数据存放路径

    BCCSP: # 加密库的配置
        Default: SW
        SW:
            Hash: SHA2 # Hash 算法类型，目前仅支持 SHA2
            Security: 256
            FileKeyStore: # 本地私钥文件路径，默认指向 <mspConfigPath>/keystore
                KeyStore:

    mspConfigPath: msp # MSP 的本地路径
    localMspId: DEFAULT # Peer 所关联的 MSP 的 ID

    profile: # 是否启用 Go 自带的 profiling 支持进行调试
        enabled:     false
        listenAddress: 0.0.0.0:6060
```

2. gossip 配置

gossip 配置主要是负责节点之间通过 gossip 消息进行 P2P 通信。主要包括如下几部分的配置项。

（1）启动和连接参数

启动和连接参数如下：

- bootstrap：启动节点后向哪些节点发起 gossip 连接，以加入网络。这些节点与本地节点需要属于同一组织；
- endpoint：本节点在同一组织内的 gossip id，默认为 peer.address；
- maxBlockCountToStore：保存到内存中的区块个数上限，超过则丢弃；
- skipBlockVerification：是否不对区块消息进行校验，默认为 false；
- dialTimeout：gRPC 连接拨号的超时；
- connTimeout：建立连接的超时；
- aliveTimeInterval：定期发送 Alive 心跳消息的时间间隔；
- aliveExpirationTimeout：Alive 心跳消息的超时时间；
- reconnectInterval：断线后重连的时间间隔；
- externalEndpoint：节点被组织外节点感知时的地址，默认为空，代表不被其他组织所感知。

（2）消息相关

主要包括跟 Gossip 消息相关的配置，如下所示：

- maxPropagationBurstLatency：保存消息的最大时间，超过则触发转发给其他节点；
- maxPropagationBurstSize：保存的最大消息个数，超过则触发转发给其他节点；
- propagateIterations：消息转发的次数；
- propagatePeerNum：推送消息给指定个数的节点；
- pullInterval：拉取消息的时间间隔；
- pullPeerNum：从指定个数的节点拉取消息；
- requestStateInfoInterval：从节点拉取状态信息（StateInfo）消息的间隔；
- publishStateInfoInterval：向其他节点推动状态信息消息的间隔；
- stateInfoRetentionInterval：状态信息消息的超时时间；
- publishCertPeriod：启动后，在心跳消息中嵌入证书的等待时间；
- recvBuffSize：收取消息的缓冲大小；
- sendBuffSize：发送消息的缓冲大小；
- digestWaitTime：处理摘要数据的等待时间；
- requestWaitTime：处理 nonce 数据的等待时间；
- responseWaitTime：终止拉取数据处理的等待时间。

（3）选举相关

主要包括 Leader 节点选举相关的配置，如下所示：

- useLeaderElection：是否允许节点之间动态进行代表（leader）节点的选举，默认为禁止；
- orgLeader ：本节点是否指定为组织的代表节点。与 useLeaderElection 不能同时指定为 true；
- election.startupGracePeriod：代表成员选举等待的时间；
- election.membershipSampleInterval：检查成员稳定性的采样间隔；
- election.leaderAliveThreshold：Peer 尝试进行选举的等待超时；
- election.leaderElectionDuration：Peer 宣布自己为代表节点的等待时间。

完整的 peer.gossip 配置如下所示：

```
peer:
    gossip:
        bootstrap: 127.0.0.1:7051 # 启动节点后所进行 gossip 连接的初始节点
        useLeaderElection: false # 是否动态选举代表节点
        orgLeader: true # 是否指定本节点为组织代表节点
        endpoint: # 本节点在组织内的 gossip id

        maxBlockCountToStore: 100 # 保存到内存中的区块个数上限
        maxPropagationBurstLatency: 10ms # 保存消息的最大时间，超过则触发转发给其
                                          他节点
        maxPropagationBurstSize: 10 # 保存的最大消息个数，超过则触发转发给其他节点

        propagateIterations: 1 # 消息转发的次数
        propagatePeerNum: 3 # 推送消息给指定个数的节点
        pullInterval: 4s # 拉取消息的时间间隔

        pullPeerNum: 3 # 从指定个数的节点拉取消息
        requestStateInfoInterval: 4s # 从节点拉取状态信息（StateInfo）消息的间隔
        publishStateInfoInterval: 4s # 向其他节点推动状态信息消息的间隔
        stateInfoRetentionInterval: # 状态信息消息的超时时间
        publishCertPeriod: 10s # 启动后在心跳消息中包括证书的等待时间
        skipBlockVerification: false # 是否不对区块消息进行校验，默认为 false
        dialTimeout: 3s # gRPC 连接拨号的超时
        connTimeout: 2s # 建立连接的超时
        recvBuffSize: 20 # 收取消息的缓冲大小
        sendBuffSize: 200 # 发送消息的缓冲大小
        digestWaitTime: 1s # 处理摘要数据的等待时间
        requestWaitTime: 1s # 处理 nonce 数据的等待时间
        responseWaitTime: 2s # 终止拉取数据处理的等待时间
        aliveTimeInterval: 5s # 定期发送 Alive 心跳消息的时间间隔
        aliveExpirationTimeout: 25s # Alive 心跳消息的超时时间
        reconnectInterval: 25s # 断线后重连的时间间隔
        externalEndpoint: # 节点被组织外节点感知时的地址

        election:
            startupGracePeriod: 15s # 代表成员选举等待的时间
            membershipSampleInterval: 1s # 检查成员稳定性的采样间隔
```

```
        leaderAliveThreshold: 10s # Peer 尝试进行选举的等待超时
        leaderElectionDuration: 5s # Peer 宣布自己为代表节点的等待时间
```

3. events 配置

events 服务配置主要包括如下配置项：

- address：本地监听的地址，默认在所有网络接口上进行监听，服务端口为 7053；
- buffersize：最大进行缓冲的消息数，超过则向缓冲中发送事件消息会被阻塞；
- timeout：当缓冲已满情况下，往缓冲中发送消息的超时。小于 0 的值，表示直接丢弃消息；0 值表示阻塞直到发出；大于 0 的值表示阻塞尝试直到超时，超时后还不能发出则丢弃。

示例配置如下所示：

```
peer:
    events:
        address: 0.0.0.0:7053 # 本地服务监听地址
        buffersize: 100
        timeout: 10ms
```

4. tls 配置

tls 部分配置相对简单，当 tls 检查启用时，指定身份验证证书、签名私钥、信任的根 CA 证书，以及校验的主机名。

具体各个配置项的功能也可以参见下面示例的注释部分：

```
peer:
    tls:
        enabled:  false # 默认不开启 TLS 验证
        cert:
            file: tls/server.crt # 本服务的身份验证证书，公开可见，访问者通过该证书进
                                   行验证
        key:
            file: tls/server.key # 本服务的签名私钥
        rootcert:
            file: tls/ca.crt # 信任的根 CA 的证书

        serverhostoverride: # 是否指定进行 TLS 握手时的主机名称
```

10.2.3 vm 部分

对链码运行环境的配置，目前主要支持 Docker 容器。主要包括如下配置项：

- endpoint：Docker Daemon 地址，默认是本地套接字；
- docker.tls：Docker Daemon 启用 TLS 时的相关证书配置，包括信任的根 CA 证书、服务身份证书、签名私钥等；
- docker.attachStdout：是否启用绑定到标准输出，启用后链码容器的输出消息会绑定

到标准输出，方便进行调试使用；

- docker.hostConfig：Docker 相关的主机配置，包括网络配置、日志、内存等。这些配置会在启动链码容器时候进行使用。更多 Docker 配置可以查看 Docker 相关的技术文档。

具体各个配置项的功能也可以参见下面示例的注释部分：

```
vm:
    endpoint: unix:///var/run/docker.sock # Docker Daemon 地址

    docker:
        tls: # Docker Daemon 启用 TLS 时相关证书配置
            enabled: false
            ca:
                file: docker/ca.crt
            cert:
                file: docker/tls.crt
            key:
                file: docker/tls.key

        attachStdout: false # 是否启用连接到标准输出

        hostConfig: # Docker 相关的主机配置，包括网络配置、日志、内存等
            NetworkMode: host # host 意味着链码容器直接使用所在主机的网络命名空间
            Dns:
                # - 192.168.0.1
            LogConfig:
                Type: json-file
                Config:
                    max-size: "50m"
                    max-file: "5"
            Memory: 2147483648
```

10.2.4　chaincode 部分

跟链码相关的配置选项主要包括如下这些：

- id：记录链码相关信息，包括路径、名称、版本等，该信息会以标签形式写到链码容器；
- builder：通用的本地编译环境，是一个 Docker 镜像；
- golang：Go 语言的链码部署生成镜像的基础 Docker 镜像；
- car：car 格式的链码部署生成镜像的基础 Docker 镜像；
- java：生成 Java 链码容器时候的基础镜像信息；
- startuptimeout：启动链码容器超时，等待超时时间后还没有收到链码端的注册消息，则认为启动失败；
- executetimeout：invoke 和 initialize 命令执行超时；
- deploytimeout：部署链码的命令执行超时；

- mode：执行链码的模式。dev 允许本地直接运行链码，方便调试；net 意味着在容器中运行链码；
- keepalive：Peer 和链码之间的心跳超时，小于或等于 0 意味着关闭；
- system：系统链码的相关配置；
- logging：链码容器日志相关配置。

具体各个配置项的功能也可以参见下面示例的注释部分：

```
chaincode:
    id: # 动态标记链码的信息，该信息会以标签形式写到链码容器
        path:
        name:

    # 通用的本地编译环境，是一个 Docker 镜像
    builder: $(DOCKER_NS)/fabric-ccenv:$(ARCH)-$(PROJECT_VERSION)

    golang: # Go 语言的链码部署生成镜像的基础 Docker 镜像
        runtime: $(BASE_DOCKER_NS)/fabric-baseos:$(ARCH)-$(BASE_VERSION)
    car: # car 格式的链码部署生成镜像的基础 Docker 镜像
        runtime: $(BASE_DOCKER_NS)/fabric-baseos:$(ARCH)-$(BASE_VERSION)
    java: # 生成 Java 链码容器时候的基础镜像信息
        Dockerfile:  |
            from $(DOCKER_NS)/fabric-javaenv:$(ARCH)-$(PROJECT_VERSION)

    startuptimeout: 300s # 启动链码容器的超时
    executetimeout: 30s # invoke 和 initialize 命令执行超时
    deploytimeout: 30s # 部署链码的命令执行超时

    mode: net # 执行链码的模式

    keepalive: 0 # Peer 和链码之间的心跳超时，小于或等于 0 意味着关闭

    system: # 系统链码的配置
        cscc: enable
        lscc: enable
        escc: enable
        vscc: enable
        qscc: enable

    logging: # 链码容器日志相关配置
      level:  info
      shim:   warning
      format: '%{color}%{time:2006-01-02 15:04:05.000 MST} [%{module}] %{short-
        func} -> %{level:.4s} %{id:03x}%{color:reset} %{message}'
```

10.2.5 ledger 部分

账本相关的配置包括如下选项：

- blockchain：设置系统区块链的整体配置，后面可能会丢弃；
- state：状态数据库的相关配置信息，包括类型（目前支持 goleveldb 和 couchdb，前者轻量级性能高，后者支持复杂格式的查询）、数据库连接信息、查询最大返回记录数等；
- history：是否用 goleveldb 来记录键值历史，默认开启。

具体各个配置项的功能也可以参见下面示例的注释部分：

```
ledger:

    blockchain:

    state: # 状态数据库配置
        stateDatabase: goleveldb # 状态数据库类型
        couchDBConfig: # 如果启用 couchdb 数据库，配置连接信息
            couchDBAddress: 127.0.0.1:5984
            username:
            password:
            maxRetries: 3 # 出错后重试次数
            maxRetriesOnStartup: 10 # 启动出错的重试次数
            requestTimeout: 35s # 请求超时
            queryLimit: 10000 # 每个查询的最大返回记录数

    history:
        enableHistoryDatabase: true # 是否启用历史数据库
```

10.3 Orderer 配置剖析

Orderer 节点可以组成集群来在 Fabric 网络中提供排序服务。类似地，支持从命令行参数、环境变量或配置文件中读取配置信息。

当从环境变量中读入配置时，需要以 ORDERER_ 前缀开头，例如配置文件中的 general.ListenAddress 项，对应到环境变量 ORDERER_GENERAL_LISTENADDRESS。

再比如，可以通过如下方式启动 orderer 节点，指定日志输出级别为 debug，其他配置从配置文件中读取：

```
$ ORDERER_GENERAL_LOGLEVEL=debug orderer start
```

Orderer 节点默认的配置文件读取路径为 $FABRIC_CFG_PATH/orderer.yaml；如果没找到，则尝试查找当前目录下的 ./orderer.yaml 文件；如果还没有找到，则尝试查找默认的 /etc/hyperledger/fabric/orderer.yaml 文件。

Fabric 代码中提供了示例的 orderer.yaml 配置文件（如 sampleconfig/orderer.yaml），可以作为参考。

在结构上，orderer.yaml 文件中一般包括 General、FileLedger、RAMLedger、Kafka 四大部分，下面分别予以讲解。

1. General 部分

这一部分主要是一些通用配置，如账本类型、服务信息、配置路径等。这些配置影响到服务的主要功能，十分重要，包括如下配置项目：

- LedgerType：账本类型，支持 ram、json、file 三种类型，其中 ram 保存在内存中，非持久化；json 和 file 保存在本地文件中（通常在 /var/hyperledger/production/orderer 路径下），持久化。生产环境下推荐使用 file 类型；
- ListenAddress：服务绑定的监听地址，一般需要指定为所服务的特定网络接口的地址或全网（0.0.0.0）；
- ListenPort：服务绑定的监听端口，一般为 7050；
- TLS：启用 TLS 时的相关配置，相关文件路径可以为绝对路径，或者是相对配置目录（$FABRIC_CFG_PATH 或当前目录，或 /etc/hyperledger/fabric/）的相对路径；
- LogLevel：指定日志的级别，通常至少为 INFO 或更高；
- GenesisMethod：系统通道初始区块的提供方式，支持 provisional 或 file。前者根据 GenesisProfile 指定的在默认的 $FABRIC_CFG_PATH/configtx.yaml 配置文件中的 Profile 生成，后者使用 GenesisFile 指定的现成初始区块文件；
- GenesisProfile：provisional 方式生成初始区块时采用的 Profile，仅当 GenesisMethod 为 provisional 时候生效；
- GenesisFile：使用现成初始区块文件时，指定区块文件所在路径，可以为绝对路径也可以是相对路径，仅当 GenesisMethod 为 file 时生效；
- LocalMSPDir：MSP 目录所在的路径，可以为绝对路径或相对路径，一般建议为 $FABRIC_CFG_PATH/msp；
- localMspId：Orderer 所关联的 MSP 的 ID，需要与联盟配置中的组织的 MSP 名称一致；
- BCCSP：密码库相关配置，包括算法、文件路径等，默认是采用软件加密机制 SW；
- profile：是否启用 Go 自带的 profiling 支持进行调试，生产环境下建议关闭。

具体各个配置项的功能也可以参见下面示例的注释部分：

```
General:
    LedgerType: file # 账本类型

    ListenAddress: 127.0.0.1 # 服务绑定的监听地址
    ListenPort: 7050 # 服务绑定的监听端口

    TLS: # 启用 TLS 时的相关配置
        Enabled: true
        PrivateKey: tls/server.key # Orderer 签名私钥
        Certificate: tls/server.crt # Orderer 身份证书
        RootCAs: # 信任的根证书
          - tls/ca.crt
```

```
        ClientAuthEnabled: false # 是否对客户端也进行认证
        ClientRootCAs:

    LogLevel: info # 日志级别

    GenesisMethod: provisional # 初始区块的提供方式
    GenesisProfile: SampleInsecureSolo # 初始区块使用的 Profile
    GenesisFile: genesisblock # 使用现成初始区块文件时，文件的路径

    LocalMSPDir: msp # 本地 MSP 文件的路径
    LocalMSPID: DEFAULT # MSP 的 ID

    BCCSP: # 密码库机制等，可以为 SW（软件实现）或 PKCS11（硬件安全模块）
        Default: SW
        SW:
            Hash: SHA2 # Hash 算法类型
            Security: 256
            FileKeyStore: # 本地私钥文件路径，默认指向 <mspConfigPath>/keystore
                KeyStore:

    Profile: # 是否启用 Go profiling
        Enabled: false
        Address: 0.0.0.0:6060
```

2. FileLedger 部分

这一部分的配置项相对简单，主要是指定使用基于文件的账本类型时的一些相关配置，如下所示：

- ❑ Location：指定存放区块文件的位置，一般为 /var/hyperledger/production/orderer。该目录下面包括 chains 子目录，存放各个 chain 的区块，index 目录存放索引文件；
- ❑ Prefix：如果不指定 Location，则在临时目录下创建账本时目录的名称。

示例配置如下所示：

```
FileLedger:
    Location: /var/hyperledger/production/orderer

    Prefix: hyperledger-fabric-ordererledger
```

3. RAMLedger 部分

这一部分的配置项也很简单，主要是指定使用基于内存的账本类型时最多保留的区块个数：

```
RAMLedger:
    HistorySize: 1000 # 保留的区块历史个数，超过该数字，则旧的块会被丢弃
```

4. Kafka 部分

当 Orderer 使用 Kafka 集群作为后端时，配置 Kafka 的相关配置。主要包括：

- ❑ Retry：连接时的重试操作等，Orderer 会利用 sarama 客户端为 channel 创建一个 producer 负责向 Kafka 写数据，一个 consumer 负责从 Kafka 读数据；
- ❑ Verbose：是否开启 Kafka 客户端的调试日志；
- ❑ TLS：与 Kafka 集群连接启用 TLS 时的相关配置。

具体各个配置项的功能也可以参见下面示例的注释部分：

```
Kafka:

    Retry: # Kafka 未就绪时 Orderer 的重试配置
        ShortInterval: 5s  # 操作失败后的快速重试阶段的间隔
        ShortTotal: 10m  # 快速重试阶段最多重试多长时间
        LongInterval: 5m # 快速重试阶段仍然失败后进入慢重试阶段，慢重试阶段的时间间隔
        LongTotal: 12h  # 慢重试阶段最多重试多长时间

        # https://godoc.org/github.com/Shopify/sarama#Config
        NetworkTimeouts: # sarama 网络超时时间
            DialTimeout: 10s
            ReadTimeout: 10s
            WriteTimeout: 10s
        Metadata: # Kafka 集群 leader 选举中的 metadata 请求参数
            RetryBackoff: 250ms
            RetryMax: 3
        Producer: # 发送消息到 Kafka 集群时的超时
            RetryBackoff: 100ms
            RetryMax: 3
        Consumer: # 从 Kafka 集群读取消息时的超时
            RetryBackoff: 2s

    Verbose: false # 连接到 Kafka 的客户端的日志配置

    TLS: # 与 Kafka 集群的连接启用 TLS 时的相关配置
          Enabled: false # 是否启用 TLS，默认不开启
          PrivateKey: # Orderer 证明身份用的签名私钥
            #File:  # 私钥文件路径

          Certificate: # Kafka 身份证书
            #File: # 证书文件路径

          RootCAs: # 验证 Kafka 侧证书时的根 CA 证书
            #File: # 根证书文件路径

    Version: # Kafka 版本号，默认为 0.9.0.1
```

10.4 cryptogen 生成组织身份配置

在 Fabric 网络中，需要通过证书和密钥来管理和鉴别成员身份，经常需要进行证书生

成和配置操作。通常这些操作可以使用 PKI 服务或者 OpenSSL 工具来手动实现单个证书的签发。

为了提高对负责组织结构和批量证书进行管理的效率，基于 Go 语言的 crypto 库，Fabric 提供了 cryptogen（Crypto Generator）工具。

cryptogen 可以快速地根据配置自动批量生成所需要的密钥和证书文件，或者查看配置模板信息，主要实现代码在 common/tools/cryptogen 包下。

10.4.1 配置文件

cryptogen 工具支持从配置文件（通过 -config 参数指定，通常命名为 crypto-config.yaml）中读入 YAML 格式的配置模板信息。

一般情况下，配置文件中会指定网络的拓扑结构，可以指定两类组织的信息：

- OrdererOrgs：构成 Orderer 集群的节点所属组织；
- PeerOrgs：构成 Peer 集群的节点所属组织。

每个组织拥有：

- 名称（Name）：组织的名称；
- 组织域（Domain）：组织的命名域；
- CA：组织的 CA 地址，包括 Hostname 域；
- 若干节点（Node）：一个节点包括 Hostname、CommonName、SANS 等域，可以用 Specs 字段指定一组节点，或者用 Template 字段指定自动生成节点的个数；
- 用户（User）模板：自动生成除 admin 外的用户个数。

每个主机的配置一般可以通过 Specs 来指定或通过 Template 来自动顺序生成，默认通用名为主机名 . 组织域。例如域 org1.example.com 中 Peer 节点的名称可能为 peer0.org1.example.com、peer1.org1.example.com 等。

crypto-config.yaml 配置文件的示例如下：

```yaml
OrdererOrgs:
    - Name: Orderer
      Domain: example.com
      Specs:
          - Hostname: orderer
            CommonName: orderer.example.com
            SANS: # 除了主机名、通用名外的主题别名
                 - "orderer.{{.Domain}}"
                 - "orderer_service.{{.Domain}}"
PeerOrgs:
    - Name: Org1
      Domain: org1.example.com
      CA:
          Hostname: ca # ca.org1.example.com
```

```
        Template:
            Count: 2
        Users:
            Count: 1
  - Name: Org2
        Domain: org2.example.com
        Template:
            Count: 2
        Users:
            Count: 1
```

上面的示例配置中，Orderer 组织通过 Specs 字段指定了一个主机 order.example.com；而两个 Peer 组织则采用 Template 来自动生成了 Count 个数的主机。

同样，Users 字段下的 Count 字段值会让 cryptogen 工具以自动顺序生成指定个数的普通用户（除默认的 Admin 用户外）。

10.4.2 子命令和参数

子命令主要有两个：

- ❑ generate [flags]：生成密钥和证书文件；
- ❑ showtemplate：查看配置模板的信息。

其中，generate 子命令支持如下参数：

- ❑ --output：指定存放生成密钥和证书文件的路径，默认为当前目录下的 crypto-config 目录；
- ❑ --config：指定所采用的配置模板文件的路径。

10.4.3 生成密钥和证书文件

根据指定的配置文件来生成相应的密钥和证书文件：

```
$ cryptogen generate \
    --config $GOPATH/src/github.com/hyperledger/fabric/examples/e2e_cli/crypto-
        config.yaml \
    --output crypto-config
```

查看当前目录下的 crypto-config 目录，生成 ordererOrganizations 和 peerOrganizations 两棵组织树。每个组织树下都包括 ca、msp、orderers（或 peers）、users 四个子目录。

以 peerOrganizations 组织树为例，每个目录和文件对应的功能讲解如下。

1. org1

第一个组织的相关材料，每个组织会生成单独的根证书。

- ❑ ca：存放组织的根证书和对应的私钥文件，默认采用 EC 算法，证书为自签名。组织内的实体将基于该根证书作为证书根。

- msp：存放代表该组织的身份信息。
  - admincerts：组织管理员的身份验证证书，被根证书签名。
  - cacerts：组织的根证书，同 ca 目录下文件。
  - tlscacerts：用于 TLS 的 CA 证书，自签名。
- peers：存放属于该组织的所有 Peer 节点。
  - peer0：第一个 peer 的信息，包括其 msp 证书和 tls 证书两类。
    - msp：
      - admincerts：组织管理员的身份验证证书。Peer 将基于这些证书来认证交易签署者是否为管理员身份。
      - cacerts：存放组织的根证书。
      - keystore：本节点的身份私钥，用来签名。
      - signcerts：验证本节点签名的证书，被组织根证书签名。
      - tlscacerts：TLS 连接用的身份证书，即组织 TLS 证书。
    - tls：存放 tls 相关的证书和私钥
      - ca.crt：组织的根证书。
      - server.crt：验证本节点签名的证书，被组织根证书签名。
      - server.key：本节点的身份私钥，用来签名。
  - peer1：第二个 peer 的信息，结构类似。（此处省略。）
- users：存放属于该组织的用户的实体。
  - Admin：管理员用户的信息，包括其 msp 证书和 tls 证书两类。
    - msp：
      - admincerts：管理身份验证证书。
      - cacerts：存放组织的根证书。
      - keystore：本用户的身份私钥，用来签名。
      - signcerts：管理员用户的身份验证证书，被组织根证书签名。要被某个 Peer 认可，则必须放到该 Peer 的 msp/admincerts 下。
      - tlscacerts：TLS 连接用的身份证书，即组织 TLS 证书。
    - tls：存放 tls 相关的证书和私钥。
      - ca.crt：组织的根证书。
      - server.crt：管理员的用户身份验证证书，被组织根证书签名。
      - server.key：管理员用户的身份私钥，用来签名。
  - User1：第一个用户的信息，包括 msp 证书和 tls 证书两类。
    - msp：
      - admincerts：管理身份验证证书。
      - cacerts：存放组织的根证书。

        - keystore：本用户的身份私钥，用来签名。
        - signcerts：验证本用户签名的身份证书，被组织根证书签名。
        - tlscacerts：TLS 连接用的身份证书，即组织 TLS 证书。
    - tls：存放 tls 相关的证书和私钥。
        - ca.crt：组织的根证书。
        - server.crt：验证用户签名的身份证书，被组织根证书签名。
        - server.key：用户的身份私钥，用来签名。
- User2：第二个用户的信息，结构类似。（此处省略。）

2. org2

第二个组织的信息，结构类似。

cryptogen 按照配置文件中指定的结构生成了对应的组织和密钥、证书文件。

其中最关键的是各个资源下的 msp 目录内容，存储了生成的代表 MSP 身份的各种证书文件，一般包括：

- admincerts：管理员的身份证书文件；
- cacerts：信任的根证书文件；
- keystore：节点的签名私钥文件；
- signcerts：节点的签名身份证书文件；
- tlscacerts：TLS 连接用的证书；
- intermediatecerts（可选）：信任的中间证书；
- crls（可选）：证书撤销列表；
- config.yaml（可选）：记录 OrganizationalUnitIdentifiers 信息，包括根证书位置和 ID 信息。

这些身份文件随后可以分发到对应的 Orderer 节点和 Peer 节点上，并放到对应的 MSP 路径下，用于签名使用。

10.4.4 查看配置模板信息

通过 showtemplate 命令可以查看 cryptogen 内嵌默认的配置模板信息。

例如，通过如下命令查看默认配置，包括三个组织，一个 Orderer 组织以及两个 Peer 组织：Org1、Org2：

```
$ cryptogen showtemplate

OrdererOrgs:
    - Name: Orderer
      Domain: example.com
      Specs:
          - Hostname: orderer
```

```
PeerOrgs:
    - Name: Org1
      Domain: org1.example.com
      Template:
          Count: 1
      Users:
          Count: 1
    - Name: Org2
      Domain: org2.example.com
      Template:
          Count: 1
      Users:
          Count: 1
```

10.5　configtxgen 生成通道配置

由于区块链系统自身的分布式特性，对其中配置进行更新和管理是一件很有挑战的任务。一旦出现不同节点之间配置不一致，就可能导致整个网络功能异常。

在 Fabric 网络中，通过采用配置交易（Configuration Transaction，ConfigTX）这一创新设计来实现对通道相关配置的更新。配置更新操作如果被执行，也要像应用交易一样经过网络中节点的共识确认。

configtxgen（Configuration Transaction Generator）工具是一个很重要的辅助工具，它可以配合 cryptogen 生成的组织结构身份文件使用，离线生成跟通道有关的配置信息，相关的实现在 common/configtx 包下。

主要功能有如下三个：

- 生成启动 Orderer 需要的初始区块，并支持检查区块内容；
- 生成创建应用通道需要的配置交易，并支持检查交易内容；
- 生成锚点 Peer 的更新配置交易。

默认情况下，configtxgen 工具会依次尝试从 $FABRIC_CFG_PATH 环境变量指定的路径，当前路径和 /etc/hyperledger/fabric 路径下查找 configtx.yaml 配置文件并读入，作为默认的配置。环境变量中以 CONFIGTX_ 前缀开头的变量也会被作为配置项。

Fabric 代码中也提供了一些示例配置文件可以作为参考。

10.5.1　configtx.yaml 配置文件

configtx.yaml 配置文件一般包括四个部分：Profiles、Organizations、Orderer 和 Application。

- Profiles：一系列通道配置模板，包括 Orderer 系统通道模板和应用通道类型模板；
- Organizations：一系列组织结构定义，被其他部分引用；
- Orderer：Orderer 系统通道相关配置，包括 Orderer 服务配置和参与 Ordering 服务的可用组织信息；

- Application：应用通道相关配置，主要包括参与应用网络的可用组织信息。

下面以源码中提供的配置文件为例，进行示例讲解。

1. Profiles

定义了一系列的 Profile，每个 Profile 代表了某种应用场景下的通道配置模板，包括 Orderer 系统通道模板或应用通道模板，有时候也混合放到一起。

Orderer 系统通道模板必须包括 Orderer、Consortiums 信息：

- Orderer：指定 Orderer 系统通道自身的配置信息。包括 Ordering 服务配置（包括类型、地址、批处理限制、Kafka 信息、最大应用通道数目等），参与到此 Orderer 的组织信息。网络启动时，必须首先创建 Orderer 系统通道；
- Consortiums：Orderer 所服务的联盟列表。每个联盟中组织彼此使用相同的通道创建策略，可以彼此创建应用通道。

应用通道模板中必须包括 Application、Consortium 信息：

- Application：指定属于某应用通道的信息，主要包括属于通道的组织信息；
- Consortium：该应用通道所关联联盟的名称。

一般建议将 Profile 分为 Orderer 系统通道配置（至少包括指定 Orderers 和 Consortiums）和应用通道配置（至少包括指定 Applications 和 Consortium）两种，分别进行编写，如下所示：

```
Profiles:

    TwoOrgsOrdererGenesis: # Orderer 系统通道配置。通道为默认配置，添加一个 OrdererOrg
                             组织；联盟为默认的 SampleConsortium 联盟，添加了两个组织
        Orderer:
            <<: *OrdererDefaults
            Organizations: # 属于 Orderer 通道的组织
                - *OrdererOrg
        Consortiums:
            SampleConsortium: # 创建更多应用通道时的联盟
                Organizations:
                    - *Org1
                    - *Org2

    TwoOrgsChannel: # 应用通道配置。默认配置的应用通道，添加了两个组织。联盟为 SampleConsortium
        Application:
            <<: *ApplicationDefaults
            Organizations: # 初始加入应用通道的组织
                - *Org1
                - *Org2
        Consortium: SampleConsortium # 联盟
```

代码中代表一个 Profile 相关配置的数据结构定义如下，同时支持 Orderer 系统通道和应用通道的配置数据：

```
type Profile struct {
    // 应用通道相关
    Consortium  string                  `yaml:"Consortium"`
    Application *Application            `yaml:"Application"`

    // Orderer 系统通道相关
    Orderer     *Orderer                `yaml:"Orderer"`
    Consortiums map[string]*Consortium `yaml:"Consortiums"`
}
```

> 提示 在 YAML 文件中，&KEY 所定位的字段信息，可以通过 '<<:KEY' 语法来引用，相当于导入定位部分的内容。

2. Organizations

这一部分主要定义一系列的组织结构，根据服务对象类型的不同，包括 Orderer 组织和普通的应用组织。

Orderer 类型组织包括名称、ID、MSP 文件路径、管理员策略等，应用类型组织还会配置锚点 Peer 信息。这些组织都会被 Profiles 部分引用使用。

配置文件内容如下所示：

```
Organizations:
    - &OrdererOrg
        Name: OrdererOrg
        ID: OrdererOrg # MSP 的 ID
        MSPDir: msp # MSP 相关文件所在本地路径
        AdminPrincipal: Role.ADMIN # 组织管理员所需要的身份，可以为 Role.ADMIN 或
                                     Role.MEMBER

    - &Org1
        Name: Org1MSP
        ID: Org1MSP # MSP 的 ID
        MSPDir: msp # MSP 相关文件所在本地路径
        AnchorPeers: # 锚节点地址，用于跨组织的 Gossip 通信
            - Host: peer0.org1.example.com
              Port: 7051

    - &Org2
        Name: Org2MSP
        ID: Org2MSP # MSP 的 ID
        MSPDir: msp # MSP 相关文件所在本地路径
        AnchorPeers: # 锚节点地址，用于跨组织的 Gossip 通信
```

```
        - Host: peer0.org2.example.com
          Port: 7051
```

代表一个组织的相关配置的数据结构定义如下所示，包括名称、ID、MSP 文件目录、管理员身份规则、锚节点等：

```
type Organization struct {
    Name             string `yaml:"Name"`
    ID               string `yaml:"ID"`
    MSPDir           string `yaml:"MSPDir"`
    AdminPrincipal string `yaml:"AdminPrincipal"`
    AnchorPeers []*AnchorPeer `yaml:"AnchorPeers"`
}
```

3. Orderer

示例排序节点的配置，默认是 solo 类型，不包括任何组织。源码中自带的配置文件内容如下所示，包括类型、地址、批处理超时和字节数限制、最大通道数、参与组织等。被 Profiles 部分引用：

```
Orderer: &OrdererDefaults
     OrdererType: solo # orderer类型，包括solo（单点）和kafka（kafka集群作为
                       后端）
    Addresses: # 服务地址
        - orderer.example.com:7050
    BatchTimeout: 2s # 创建批量交易的最大超时，一批交易可以构建一个区块
    BatchSize: # 控制写入到区块内交易的个数
        MaxMessageCount: 10 # 一批消息最大个数
        AbsoluteMaxBytes: 98 MB # batch最大字节数，任何时候不能超过
        PreferredMaxBytes: 512 KB # 通常情况下，batch建议字节数；极端情况下，如单个消
            息就超过该值（但未超过最大限制），仍允许构成区块

    MaxChannels: 0 # ordering服务最大支持的应用通道数，默认为0，表示无限制

    Kafka:
        Brokers: # Kafka brokers作为orderer后端
            - 127.0.0.1:9092

    Organizations: # 参与维护orderer的组织，默认为空
```

代表 Orderer 相关配置的数据结构定义如下所示，包括类型、地址、块超时和限制、Kafka 信息，支持的最大通道数、关联的组织信息等：

```
type Orderer struct {
    OrdererType   string           `yaml:"OrdererType"`
    Addresses     []string         `yaml:"Addresses"`
    BatchTimeout  time.Duration    `yaml:"BatchTimeout"`
    BatchSize     BatchSize        `yaml:"BatchSize"`
```

```
    Kafka          Kafka             `yaml:"Kafka"`
    MaxChannels    uint64            `yaml:"MaxChannels"`
    Organizations  []*Organization  `yaml:"Organizations"`
}
```

4. Application

示例应用通道相关的信息，不包括任何组织。被 Profiles 部分引用。源码中自带的配置文件内容如下所示：

```
Application: &ApplicationDefaults

    Organizations: # 加入到通道中的组织的信息
```

代表 Application 相关配置的数据结构定义如下所示，记录所关联的组织：

```
type Application struct {
    Organizations []*Organization `yaml:"Organizations"`
}
```

10.5.2　命令选项

下面介绍一些关键的命令选项。

通用选项：

- -profilestring：从 configtx.yaml 中查找到指定的 profile 来生成配置，默认为使用 SampleInsecureSolo；
- -channelID string：指定操作的通道的名称，默认是 testchainid。

生成选项：

- -outputBlock：将初始区块写入指定文件；
- -outputCreateChannelTx string：将通道创建交易写入指定文件；
- -outputAnchorPeersUpdate string：创建更新锚点 Peer 的配置更新请求，需要同时使用 -asOrg 来指定组织身份；
- -asOrg string：以指定的组织身份执行更新配置交易（如更新锚节点）的生成，意味着在写集合中只包括了该组织有权限操作的键值。

查看选项：

- -inspectBlock string：打印指定区块文件中的配置信息；
- -inspectChannelCreateTx：打印通道创建交易文件中的配置更新信息。

10.5.3　生成 Orderer 初始区块并进行查看

将编写好的 configtx.yaml 文件以及提前生成好的 crypto-config 目录都放到默认的 $FABRIC_CFG_PATH/ 路径下。

通过如下命令来指定 TwoOrgsOrdererGenesis profile 生成 Orderer 通道的初始区块文件

orderer.genesis.block：

```
$ configtxgen -profile TwoOrgsOrdererGenesis -outputBlock orderer.genesis.block
[common/configtx/tool] main -> INFO 001 Loading configuration
[common/configtx/tool] doOutputBlock -> INFO 002 Generating genesis block
[common/configtx/tool] doOutputBlock -> INFO 003 Writing genesis block
```

该区块的整体结构如图 10-1 所示，包括四个组的配置：channel、orderer、application 和 consortiums。

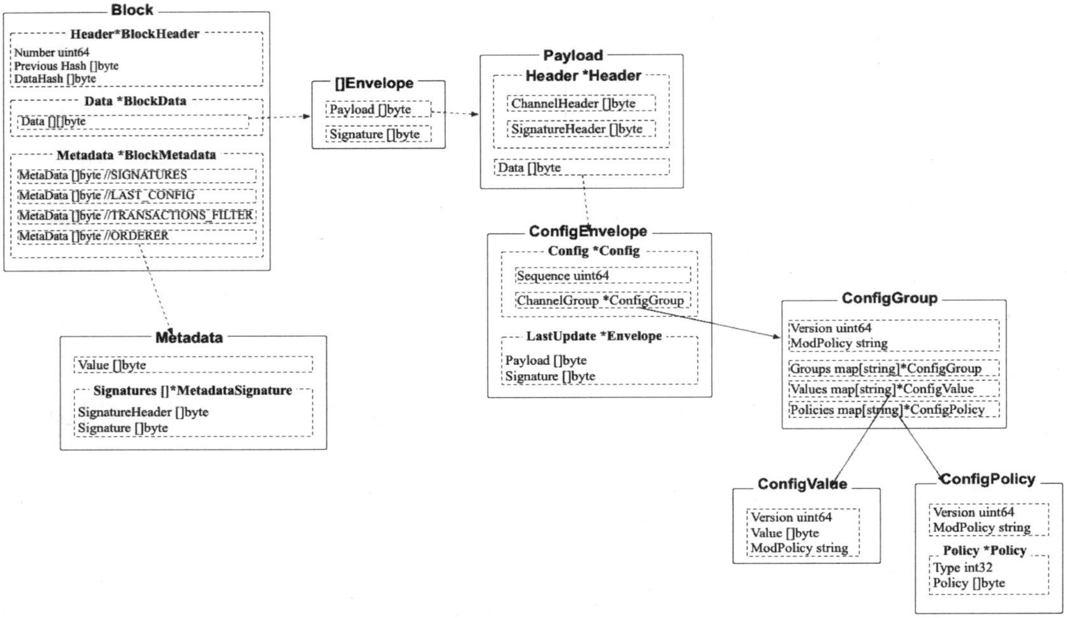

图 10-1 系统通道初始区块的整体结构

其中包括：

- channel 组配置：包括 Hash 算法、数据块 Hash 结构以及默认的全局策略；
- orderer 组配置：包括 Orderer 相关配置、Orderer 组的策略以及各成员组织的策略；
- application 组配置：包括 Application 组的策略，以及各成员组织的策略。这一部分配置在系统通道的初始区块中往往不包括；
- consortiums：包括 Consortiums 组的策略、各个 Consortium 的策略以及其下组织的策略。

注意，ConfigEnvelope 结构中，Config 域用来记录最新版本的配置内容，LastUpdate 域用来记录最近一次变更的内容（ConfigUpdate 结构）。

可以通过如下命令来查看该区块内的通道配置部分（区块内 data.payload.data.config.ChannelGroup 部分）内容，系统通道名称采用默认的 testchainid：

```
$ configtxgen -profile TwoOrgsOrdererGenesis -inspectBlock orderer.genesis.block
Config for channel: testchainid at sequence 0
{
    "Channel": {
        ...
    }
}
```

整个通道的配置构成树状结构，包括 Values、Policies、Groups 三大部分，如图 10-2 所示。

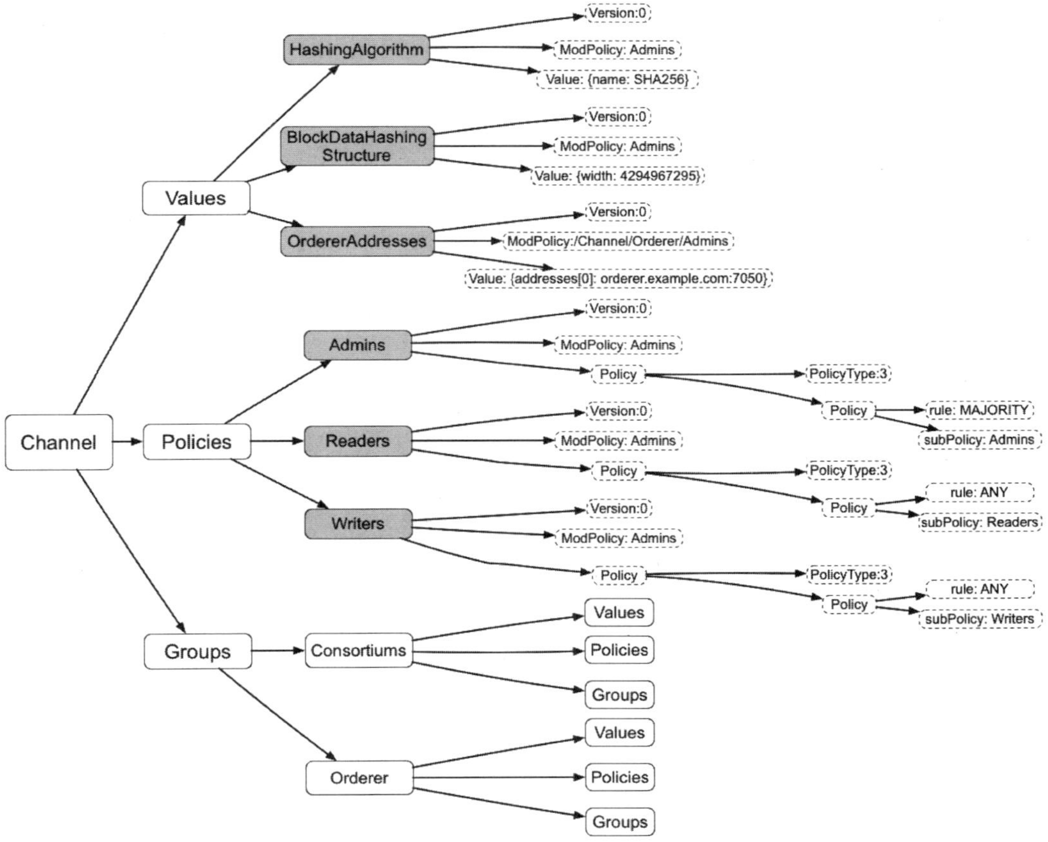

图 10-2　Orderer 初始区块内容

Values、Policies 两棵子树都只有一层，其叶子节点（深色节点）上会记录具体的配置数据。Groups 子树下则再次递归结构形成更深层的树状结构，包括 Consortium 和 Orderer 子树。

所有的叶子节点都包括三个元素：

- Value/Policy：记录所配置的内容数据结构；

- Version：该内容的版本信息，每次修改都会更新版本号；
- ModPolicy：对该内容修改策略。

下面分别对这三棵子树结构进行介绍。

1. Values 子树

Values 子树记录通道上的 Hash 算法类型、计算区块 Hash 值时构建 Merkle 树的宽度、Orderer 的地址等。

配置内容如下所示。OrdererAddresses 修改策略指定了必须是策略 Orderer 下管理员身份；对 HashingAlgorithm 和 BlockDataHashingStructure 配置修改则必须是系统通道管理员身份：

```
"OrdererAddresses": {
    "Version": "0",
    "ModPolicy": "/Channel/Orderer/Admins",
    "Value": {
        "addresses": [
            "orderer.example.com:7050"
        ]
    }
},
"HashingAlgorithm": {
    "Version": "0",
    "ModPolicy": "Admins",
    "Value": {
        "name": "SHA256"
    }
},
"BlockDataHashingStructure": {
    "Version": "0",
    "ModPolicy": "Admins",
    "Value": {
        "width": 4294967295
    }
}
```

2. Policies 子树

Policies 子树包括 Readers、Writers、Admins 三部分，分别规定了对链的读、写和管理者角色所指定的权限策略。策略中规定了如何对签名来进行验证，以证明权限。

每种角色都包括 ModPolicy（指定对该策略进行修改的身份），以及 Policy（规定了该角色需要满足的策略）。其中，Policy 又包括 PolicyType 和 Policy 域。

PolicyType 的数值代表含义为：

- 0：表示 UNKNOWN，保留值，用于初始化；
- 1：表示 SIGNATURE，必须要匹配指定签名的组合；
- 2：表示 MSP，某 MSP 下的身份即可；

- 3：表示 IMPLICIT_META，表示隐式的规则，该类规则需要对通道中所有的子组检查策略，并通过 rule 来指定具体的规则，包括 ANY、ALL、MAJORITY 三种：
  - ANY：满足任意子组的读角色；
  - ALL：满足所有子组的读角色；
  - MAJORITY：满足大多数子组的读角色。

配置内容如下，定义了子组中任意读或写权限角色即可进行读写；拥有超过一半子组的管理员权限者才拥有整体的管理权限：

```
"Readers": {
    "Version": "0",
    "ModPolicy": "Admins",
    "Policy": {
        "PolicyType": "3",
        "Policy": {
            "subPolicy": "Readers",
            "rule": "ANY"
        }
    }
},
"Writers": {
    "Version": "0",
    "ModPolicy": "Admins",
    "Policy": {
        "PolicyType": "3",
        "Policy": {
            "subPolicy": "Writers",
            "rule": "ANY"
        }
    }
},
"Admins": {
    "Version": "0",
    "ModPolicy": "Admins",
    "Policy": {
        "PolicyType": "3",
        "Policy": {
            "subPolicy": "Admins",
            "rule": "MAJORITY"
        }
    }
}
```

3. Groups.Consortiums 子树

Consortiums 包括一个联盟 SampleConsortium，由 Org1 和 Org2 两个组织构成。每个组织又进一步地构成子树结构，其结构如图 10-3 所示。

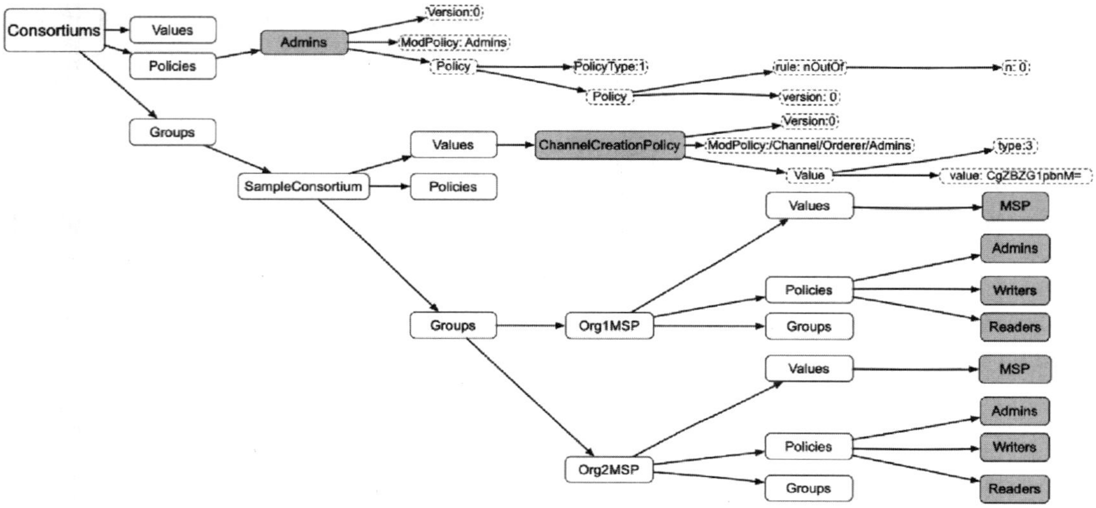

图 10-3　Orderer 初始区块中 Groups.Consortiums 子树结构

对应的配置如下所示：

```
"Consortiums": {
    "Values": {},
    "Policies": {},
    "Groups": {
        "SampleConsortium": {
            "Values": {
                "ChannelCreationPolicy": {
                    "Version": "0",
                    "ModPolicy": "/Channel/Orderer/Admins",
                    "Value": {
                        "type": 3,
                        "policy": "CgZBZG1pbnM="
                    }
                }
            },
            "Policies": {},
            "Groups": {
                "Org1MSP": {
                    ...
                },
                "Org2MSP": {
                    ...
                }
            }
        }
    }
}
```

两个组织又形成子树结构，以 Org1 为例，其结构如图 10-4 所示。

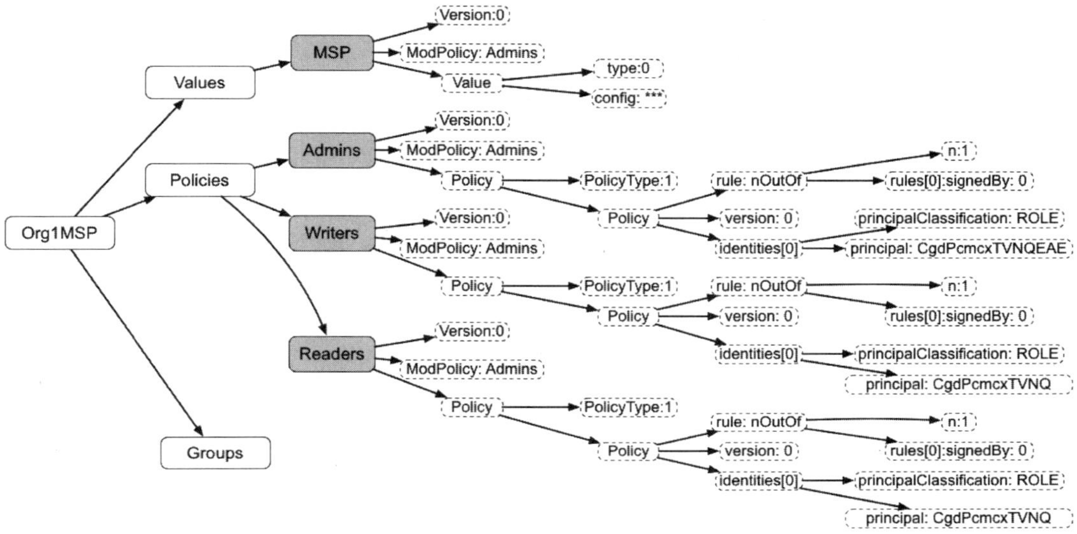

图 10-4 Org1 子树结构

其中，MSP.config 中为一个 FabricMSPConfig 结构，包括了 MSP 名称、根证书、管理员证书等信息，而“CgdPcmcxTVNQ”和“CgdPcmcxTVNQEAE=”都是“Org1MSP”的 base64 编码值。

另外，identity 采用了 MSPPrincipal 结构进行表示，该结构代表了一组特定的 identity，包括一个 PrincipalClassification 表示类型，一个 Principal 值。

PrincipalClassification 代表的类型可以为：

- 0：表示基于实体的角色来进行判断，此时 Principal 值可以为 Admin 或 Member，表示 MSP 中的管理员或成员角色；
- 1：表示基于实体所属的 ORGANIZATION_UNIT 进行判断，此时 Principal 值可以为指定的组织单元；
- 2：表示基于实体的身份来进行判断，此时 Principal 值可以为指定的实体。

4. Groups.Orderer 子树

Orderer 部分配置如图 10-5 所示。其中，Values 中大部分都是配置文件中的数据；Policies 部分包括了 Admins、BlockValidation、Readers、Writers 四种角色的权限；Groups 部分还包括了 OrdererOrg 的配置信息。

示例配置如下所示：

```
"Orderer": {
    "Values": {
```

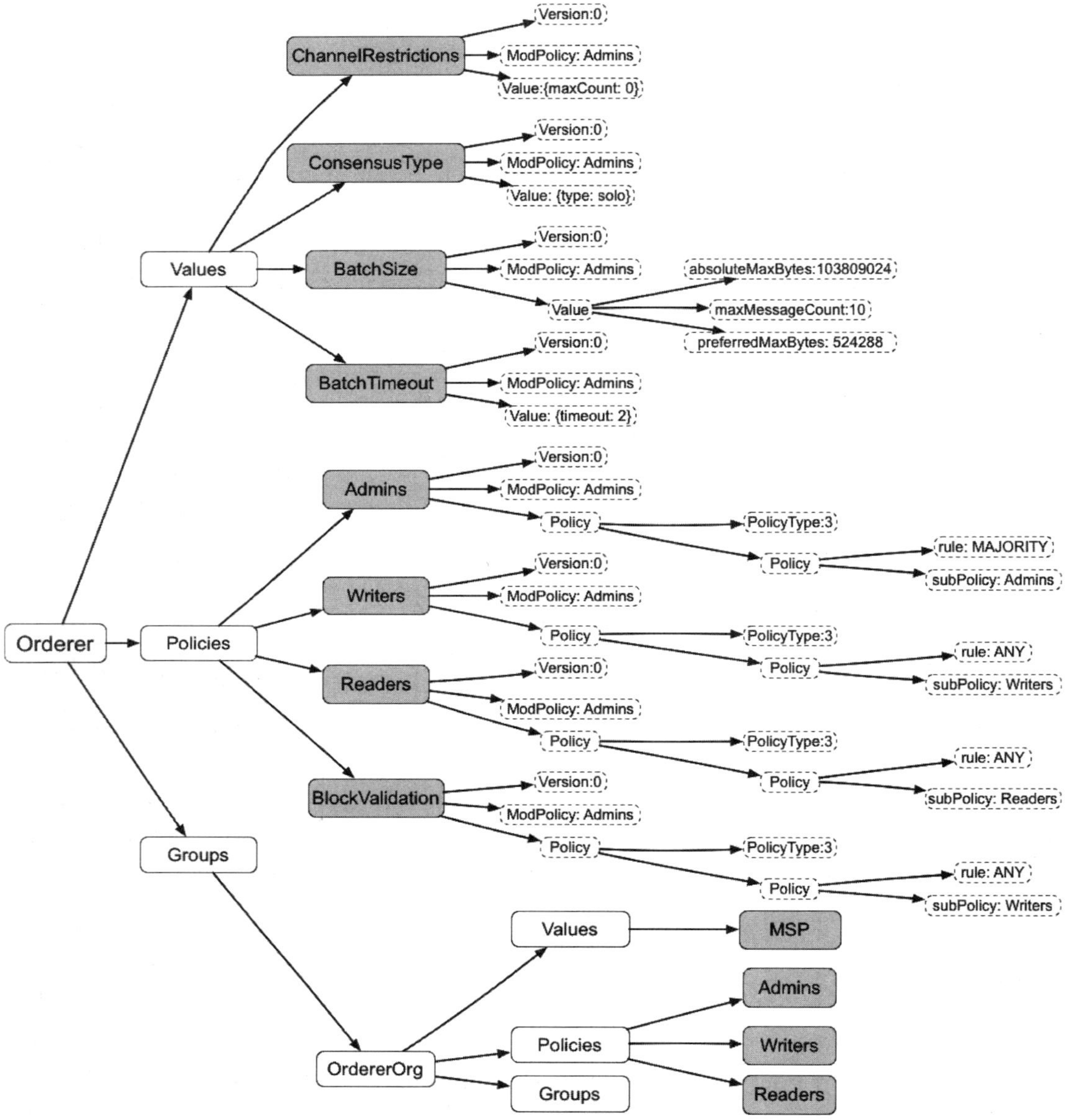

图 10-5 Orderer 初始区块中 Groups.Orderer 子树结构

```
"ChannelRestrictions": {
    "Version": "0",
    "ModPolicy": "Admins",
    "Value": {
        "maxCount": "0"
    }
},
```

```
        "ConsensusType": {
            "Version": "0",
            "ModPolicy": "Admins",
            "Value": {
                "type": "solo"
            }
        },
        "BatchSize": {
            "Version": "0",
            "ModPolicy": "Admins",
            "Value": {
                "maxMessageCount": 10,
                "absoluteMaxBytes": 103809024,
                "preferredMaxBytes": 524288
            }
        },
        "BatchTimeout": {
            "Version": "0",
            "ModPolicy": "Admins",
            "Value": {
                "timeout": "2s"
            }
        }
    },
    "Policies": {
        "Admins": {
            ...
        },
        "BlockValidation": {
            ...
        },
        "Readers": {
            ...
        },
        "Writers": {
            ...
        }
    },
    "Groups": {
        "OrderOrg": {
                    ...
            }
    }
}
```

其中 OrdererOrg 组织的结构如图 10-6 所示。

10.5.4 生成新建通道交易文件并进行查看

通过如下命令来指定生成新建 businesschannel 应用通道的交易文件：

```
$ configtxgen -profile TwoOrgsChannel -channelID businesschannel -output-
    Create-ChannelTx businesschannel.tx
```

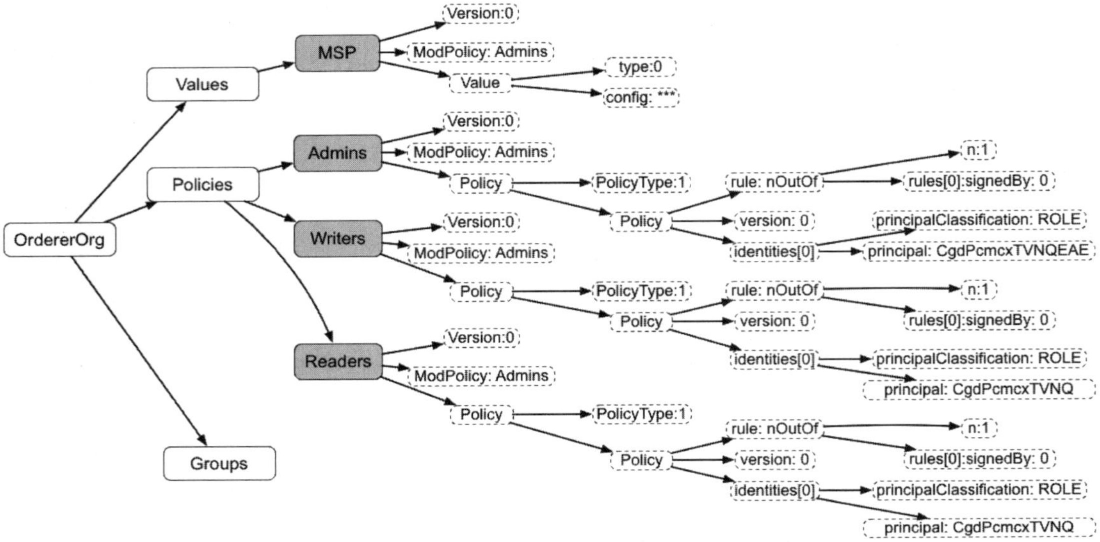

图 10-6 OrdererOrg 组织子树结构

该配置交易是个 Envelope 结构，如图 10-7 所示。

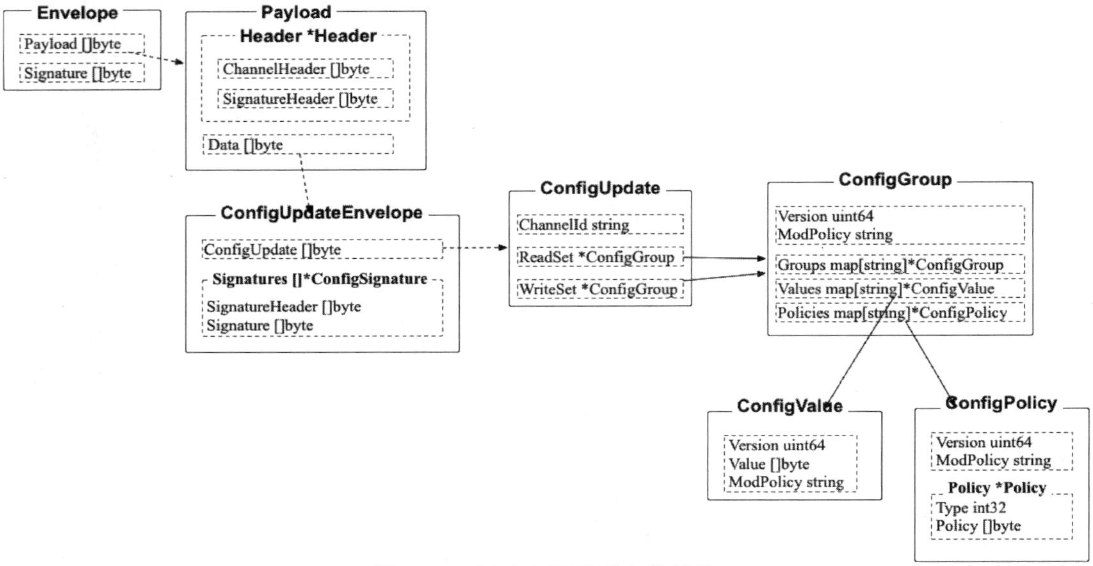

图 10-7 新建应用通道交易结构

通过如下命令查看该文件配置内容，包括读集合和写集合等信息。读集合中主要记录当前配置的版本号；写集合中记录对配置的修改和新的版本号信息（新版本号必须为当前版

本号加一):

```
$ configtxgen -profile TwoOrgsChannel -inspectChannelCreateTx businesschannel.tx

Channel creation for channel: businesschannel

Read Set:
{
    "Channel": {
        "Values": {
            "Consortium": {
                "Version": "0",
                "ModPolicy": "",
                "Value": {
                    "name": "SampleConsortium"
                }
            }
        },
        "Policies": {},
        "Groups": {
            "Application": {
                "Values": {},
                "Policies": {},
                "Groups": {
                    "Org1MSP": {
                        "Values": {},
                        "Policies": {},
                        "Groups": {}
                    },
                    "Org2MSP": {
                        "Values": {},
                        "Policies": {},
                        "Groups": {}
                    }
                }
            }
        }
    }
}

Write Set:
{
    "Channel": {
        "Values": {
            "Consortium": {
                "Version": "0",
                "ModPolicy": "",
                "Value": {
                    "name": "SampleConsortium"
                }
            }
        },
```

```
        "Policies": {},
        "Groups": {
            "Application": {
                "Values": {},
                "Policies": {
                    "Admins": {
                        "Version": "0",
                        "ModPolicy": "",
                        "Policy": {
                            "PolicyType": "3",
                            "Policy": {
                                "subPolicy": "Admins",
                                "rule": "MAJORITY"
                            }
                        }
                    },
                    "Writers": {
                        "Version": "0",
                        "ModPolicy": "",
                        "Policy": {
                            "PolicyType": "3",
                            "Policy": {
                                "subPolicy": "Writers",
                                "rule": "ANY"
                            }
                        }
                    },
                    "Readers": {
                        "Version": "0",
                        "ModPolicy": "",
                        "Policy": {
                            "PolicyType": "3",
                            "Policy": {
                                "subPolicy": "Readers",
                                "rule": "ANY"
                            }
                        }
                    }
                },
                "Groups": {
                    "Org1MSP": {
                        "Values": {},
                        "Policies": {},
                        "Groups": {}
                    },
                    "Org2MSP": {
                        "Values": {},
                        "Policies": {},
                        "Groups": {}
                    }
                }
            }
```

```
        }
    }
}

Delta Set:
[Groups] /Channel/Application
[Policy] /Channel/Application/Admins
[Policy] /Channel/Application/Writers
[Policy] /Channel/Application/Readers
```

可以看到，新建一个应用通道，对系统通道的配置更新主要是添加了 /Channel/Application 部分的配置项。

10.5.5　生成锚节点更新交易文件

可以采用类似如下命令生成锚节点更新交易文件，注意需要同时使用 -asOrg 来指定组织身份：

```
$ configtxgen -profile TwoOrgsChannel -outputAnchorPeersUpdate Org1MS-Panchors.
    tx -channelID businesschannel -asOrg Org1MSP
$ configtxgen -profile TwoOrgsChannel -outputAnchorPeersUpdate Org2MS-Panchors.
    tx -channelID businesschannel -asOrg Org2MSP
```

10.6　configtxlator 转换配置

通过之前小节的讲解可以知道，configtxgen 工具可以用来生成通道相关的配置交易和系统通道初始区块等并进行简单的查看。但是如果想对这些配置进行修改，就比较困难了，因为无论配置交易文件还是初始区块文件都是二进制格式（严格来说，是 Protobuf 消息数据结构导出到本地文件），无法直接进行编辑。

configtxlator 工具可以将这些配置文件在二进制格式和方便阅读编辑的 Json 格式之间进行转换，方便用户更新通道的配置。

configtxlator 工具自身是个比较简单的 RESTful 服务程序，启动后默认监听在 7059 端口。支持通过 --hostname=<addr> 来指定服务监听地址，通过 --port int 来指定服务端口。

例如采用如下命令启动 configtxlator 服务，并且监听在 7059 端口：

```
$ configtxlator start --hostname="0.0.0.0" --port 7059
[configtxlator] main -> INFO 001 Serving HTTP requests on 0.0.0.0:7059
```

10.6.1　RESTful 接口

目前支持三个功能接口，分别进行解码、编码或者计算配置更新量：

- 解码：接口地址为 /protolator/decode/{msgName}，支持 POST 操作，将二进制格式数据解码为 Json 格式，其中 {msgName} 需要指定 Fabric 中定义的对应 Protobuf 消

息结构的名称；

- ❑ 编码：接口地址为 /protolator/encode/{msgName}，支持 POST 操作，将 Json 格式的数据编码为二进制格式，其中 {msgName} 需要指定 Protobuf 消息类型名称；
- ❑ 计算配置更新量：接口地址为 /configtxlator/compute/update-from-configs，支持 POST 操作，计算两个配置（common.Config 消息结构）之间的二进制格式更新量。

10.6.2 解码为 Json 格式

支持将二进制格式的文件转换为 Json 格式，方便用户使用。

例如，下面命令将本地使用 configtxgen 生成的 Orderer 系统通道初始区块，转换为 Json 格式。注意区块为 common.Block 消息结构：

```
$ curl -X POST \
    --data-binary @orderer_genesis.block \
    http://127.0.0.1:7059/protolator/decode/common.Block \
    > ./orderer_genesis.json
  % Total    % Received % Xferd  Average Speed   Time    Time     Time  Current
                                 Dload  Upload   Total   Spent    Left  Speed
100 25862    0 19117  100  6745  1075k   379k --:--:-- --:--:-- --:--:-- 1098k
```

此时，用户可以很方便的查看其内容，大致结构如图 10-8 所示。

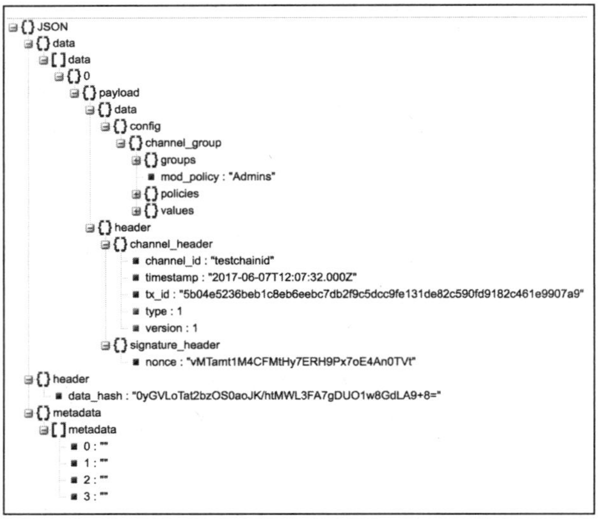

图 10-8　Orderer 初始区块转换为 Json 结构

注意 JSON.data.data[0].payload.data.config 域内数据代表了完整的通道配置信息，为 common.Config 结构，用户可以对这些配置内容进行修改。修改后保存为 orderer_genesis_new.json 文件。

读者也可以尝试对新建通道配置交易文件进行转换和查看，注意消息类型指定为对应的 common.Envelope：

```
$ curl -X POST \
    --data-binary @channel.tx \
    http://127.0.0.1:7059/protolator/decode/common.Envelope \
    > channel.json
```

生成配置交易的 Json 结构如图 10-9 所示。

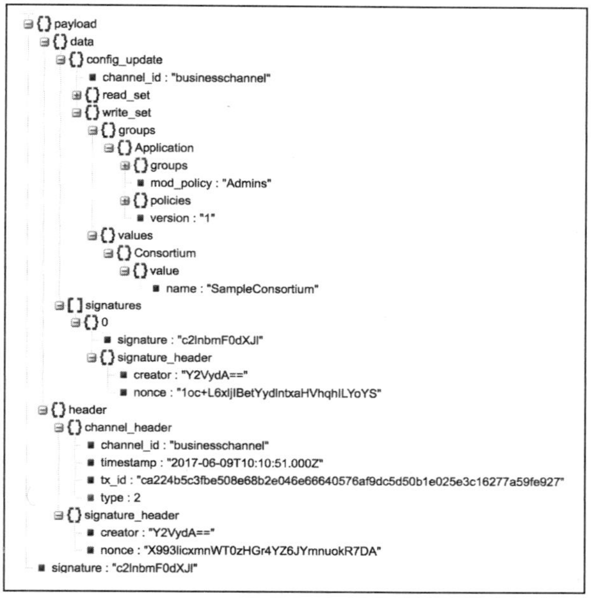

图 10-9　新建通道配置交易转换为 Json 结构

10.6.3　编码为二进制格式

反过来，利用修改后的 orderer_genesis_new.json 文件，用户也可以将其转换为二进制格式的初始区块文件：

```
$ curl -X POST \
    --data-binary @./orderer_genesis.json \
    http://127.0.0.1:7059/protolator/encode/common.Block \
    > orderer_genesis_new.block
% Total    % Received % Xferd  Average Speed   Time    Time     Time  Current
                                Dload  Upload   Total   Spent    Left  Speed
100 25862    0  6745  100 19117   630k  1786k --:--:-- --:--:-- --:--:-- 1866k
```

生成的 orderer_genesis_new.block 文件即为更新配置后的二进制格式的初始区块文件。

10.6.4　计算配置更新量

对于给定的两个配置（common.Config 结构），configtxlater 还可以比对它们的不同，计算出更新到新配置时的更新量（common.ConfigUpdate 结构）。

首先，通过如下命令获取已创建的应用通道 businesschannel 的配置区块：

```
$ peer channel fetch config businesschannel.block \
    -c businesschannel \
    -o orderer:7050
```

按照之前所述命令，将其转化为 Json 格式：

```
$ curl -X POST --data-binary @businesschannel.block http://127.0.0.1:7059/protolator/
    decode/common.Block > ./businesschannel.json
```

提取出 .data.data[0].payload.data.config 域，保存为 businesschannel_config 文件，该文件中只包括了 common.Config 结构相关数据：

```
$ jq .data.data[0].payload.data.config businesschannel.json > businesschannel_
    config.json
```

对 businesschannel_config.json 文件中的配置项（如区块最大交易消息数 Orderer.values.BatchSize.value.max_message_count 或调整通道中组织等）进行修改，另存为 businesschannel_config_new.json。利用两个配置文件编码成为二进制格式：

```
$ curl -X POST \
    --data-binary @businesschannel_config.json \
    http://127.0.0.1:7059/protolator/encode/common.Config \
    > businesschannel_config.config

$ curl -X POST \
    --data-binary @businesschannel_config_new.json \
    http://127.0.0.1:7059/protolator/encode/common.Config \
    > businesschannel_config_new.config
```

利用这两个配置文件，通过 configtxlator 提供的接口，计算出更新配置时的更新量信息，为 common.ConfigUpdate 结构的二进制文件。并根据二进制文件生成更新量的 Json 格式：

```
$ curl -X POST \
    -F original=@businesschannel_config.config \
    -F updated=@businesschannel_config_new.config \
    http://127.0.0.1:7059/configtxlator/compute/update-from-configs \
    -F channel=businesschannel \
    > config_update.config
$ curl -X POST \
    --data-binary @config_update.config \
    http://127.0.0.1:7059/protolator/decode/common.ConfigUpdate \
    > config_update.json
```

10.6.5 更新通道配置

通过计算更新量，可以得到 common.ConfigUpdate 结构的更新信息。而对通道配置进行更新时，还需要封装为 common.Envelope 结构的配置更新交易。因此需要将 common.ConfigUpdate 结构数据进行补全，补全后的文件命名为 config_update_envelope.json。

可以通过如下命令进行补全：

```
echo '{"payload":{"header":{"channel_header":{"channel_id":"businesschannel", "type":2}},
    "data":{"config_update":'$(cat config_update.json)'}}}' > config_update_
    envelope.json
```

补全后的 common.Envelope 结构的 config_update_envelope.json 文件内容类似如下结构：

```
{
    "payload":{
        "header":{
            "channel_header":{
            "channel_id":"businesschannel",
            "type":2
            }
        },
        "data":{
            "config_update": {
                ...
            }
        }
    }
}
```

利用该 common.Envelope 结构编码为二进制交易配置文件，并用它对应用通道进行更新。需要注意，更新配置需要指定相应的权限（OderMSP 的 Admin 身份）：

```
$ curl -X POST \
    --data-binary @config_update_envelope.json \
    http://127.0.0.1:7059/protolator/encode/common.Envelope \
    > config_update_envelope.tx
$ CORE_PEER_LOCALMSPID=OrderMSP
$ CORE_PEER_MSPCONFIGPATH=crypto-config/ordererOrganizations/example.com/users/
    Admin@example.com/msp
$ peer channel update \
    -o 127.0.0.1:7050 \
    -f config_update_envelope.tx \
    -c businesschannel
```

10.7　本章小结

本章首先剖析了 Peer 节点和 Orderer 节点的核心配置文件，并对其中的关键配置进行了详细讲解和说明。

为了启动一个相对复杂的 Fabric 网络，往往需要依赖多个启动配置文件，包括初始区块、配置交易文件、身份证书等。这些文件可以使用 cryptogen 工具和 configtxgen 工具进行生成，并使用 configtxlator 工具进行解析和操作。本章详细讲解了围绕这三个工具的配置说明和使用操作。通过本章内容的学习，相信读者对于 Fabric 网络的配置有了更深入的理解，可以掌握 Fabric 网络配置和管理的相关工具和技能。

Chapter 11 第 11 章

超级账本 Fabric CA 应用与配置

信息安全建立在对整个业务体系的深入理解之上。

超级账本 Fabric CA 项目为超级账本 Fabric 网络提供了基于 PKI 的身份证书管理服务。基于它提供的 ECert 和 TCert，Fabric 网络中可以根据业务需求实现十分灵活的权限控制和审计功能。毫不夸张地说，Fabric CA 为 Fabric 提供了构建面向企业场景联盟链的信任基石。

本章具体介绍了如何安装 Fabric CA，并讲解了包括服务端和客户端的一系列命令、参数和配置。最后还探讨了在生产环境对 Fabric CA 服务进行部署时需要考量的一些问题。

11.1 简介

Fabric CA 项目原来是超级账本 Fabric 内的 MemberService 组件，负责对网络内各个实体的身份证书进行管理。鉴于其功能十分重要，2017 年 2 月正式成立 Fabric CA 独立子项目，负责相关代码的维护。Fabric CA 项目主要实现了如下几个功能：

- 负责 Fabric 网络内所有实体（Identity）的身份管理，包括身份的注册、注销等；
- 负责证书管理，包括 ECerts（身份证书）、TCerts（交易证书）等的发放和注销；
- 服务端支持基于客户端命令行和 RESTful API 的交互方式。

在实现上，Fabric CA 基于开源的 CFSSL 项目框架。代码同时托管在 https://gerrit.hyperledger.org 和 https://github.com/hyperledger/fabric-ca（只读镜像）上。

另外，与超级账本 Fabric 类似，Fabric CA 也采用 Go 语言进行编写。

> 提示　CFSSl 是 Cloudflare 开源的提供 PKI 和 TLS 证书相关实现的工具集，项目地址为 https://github.com/cloudflare/cfssl。

基本组件

Fabric CA 采用了典型的 CS（Client-Server）架构，目前包含两个基本组件，分别实现服务端功能和客户端功能。

- **服务端**（Server）：fabric-ca-server 实现核心的 PKI 服务功能，支持多种数据库后台（包括 MySql、PostgreSQL 等），并支持集成 LDAP 作为用户注册管理功能；
- **客户端**（Client）：fabric-ca-client 封装了服务端的 RESTful API，提供访问服务端的命令，供用户与服务端进行交互。

通常情况下，用户通过客户端从 Fabric CA 服务端获取合法的证书文件后，即可参与到 Fabric 网络中发起交易。处理交易过程中，无需实时依赖 Fabric CA 的在线。同时，服务端本身是个可扩展的 Web 服务，可以很容易地采用集群部署的方式进行负载均衡，同时提高可靠性。

11.2　安装服务端和客户端

fabric-ca-server 和 fabric-ca-client 都是基于 Go 语言实现的，很容易通过本地编译（需要本地 Go 语言环境支持）或 Docker 镜像的方式来快速安装使用。

11.2.1　本地编译

1. 配置编译环境

本地编译需要满足如下两个基本依赖：

- Golang 1.7+，并配置 GOPATH 环境变量，建议添加 $GOPATH/bin 目录到系统路径中；
- libtool 和 libltdl-dev 依赖库。

Go 语言环境准备步骤与第 9 章的 Fabric 安装小节中介绍的相似。用户可以访问 golang.org 网站下载稳定版本的二进制压缩包进行安装。注意，仍然不推荐通过系统包管理器方式进行安装，这种方式下默认安装的版本往往比较旧。

安装后记得配置 GOPATH 环境变量：

```
export GOPATH=YOUR_LOCAL_GO_PATH/Go
export PATH=$PATH:/usr/local/go/bin:$GOPATH/bin
```

而 libtool 和 libltdl-dev 依赖库可以从系统软件库中快速获取，以 Ubuntu 系统为例，可以使用如下命令：

```
$ sudo apt install libtool libltdl-dev
```

2. 编译二进制文件

之后，可以通过如下命令来一并安装服务端（fabric-ca-server）和客户端（fabric-ca-client）二进制命令到 $GOPATH/bin 目录下：

```
$ go get -u -ldflags " -linkmode external -extldflags '-static -lpthread'" github.
    com/hyperledger/fabric-ca/cmd/...
```

也可以通过如下命令，分别单独编译服务端和客户端：

```
$ go get -u -ldflags " -linkmode external -extldflags '-static -lpthread'" github.
    com/hyperledger/fabric-ca/cmd/fabric-ca-server
$ go get -u -ldflags " -linkmode external -extldflags '-static -lpthread'" github.
    com/hyperledger/fabric-ca/cmd/fabric-ca-client
```

编译成功之后，就可以随时使用服务端和客户端命令了。例如：

```
$ fabric-ca-server -h
Hyperledger Fabric Certificate Authority Server

Usage:
    fabric-ca-server [command]

Available Commands:
    init         Initialize the fabric-ca server
    start        Start the fabric-ca server

Flags:
...

$ fabric-ca-client -h
Hyperledger Fabric Certificate Authority Client

Usage:
    fabric-ca-client [command]

Available Commands:
    enroll       Enroll an identity
    getcacert    Get CA certificate chain
    reenroll     Reenroll an identity
    register     Register an identity
    revoke       Revoke an identity

Flags:
...
```

除了本地编译方式外，也推荐用户使用 Docker 镜像的方式来快速安装使用，除了可以避免破坏本地系统环境外，还可以节约编译过程中的等待时间。

11.2.2　获取和使用 Docker 镜像

官方在 DockerHub 上的镜像名称为 hyperledger/fabric-ca，可以通过如下命令直接拉取所需的版本，官方镜像目前并没有提供 Dockerfile：

```
$ docker pull hyperledger/fabric-ca
```

也可以使用我们维护的带有完整 Dockerfile 的镜像。访问 https://hub.docker.com/r/yeasy/hyperledger-fabric-ca/tags/ 查看可用的镜像标签，获取对应镜像。

例如采用如下命令拉取最新版的 fabric-ca 镜像：

```
$ docker pull yeasy/hyperledger-fabric-ca
```

为了方便使用，可以给镜像增加与官方镜像相同的标签：

```
$ docker tag yeasy/hyperledger-fabric-ca hyperledger/fabric-ca
```

获取镜像后，可以通过如下命令来快速进入容器，执行服务端或客户端命令。例如采用默认配置进行快速初始化并启动服务：

```
$ docker run -it hyperledger/fabric-ca bash
# fabric-ca-server init -b admin:adminpw
```

1. 挂载本地配置文件

镜像中已经将配置目录（$FABRIC_CA_SERVER_HOME 和 $FABRIC_CA_CLIENT_HOME）指定为 Volume 资源。用户在启动容器时，可以将本地存放配置文件的目录挂载到容器中，以方便对证书文件和数据库进行备份和管理：

```
$ docker run -it \
    -v LOCAL_PATH:/etc/hyperledger/fabric-ca-server \
    hyperledger/fabric-ca bash
#
```

2. 暴露 RESTful 服务

此外，容器作为 CA 服务使用时，默认暴露的服务端口为 7054，为了让其他物理机能访问到容器内的服务，可以将该端口映射到本地宿主机。

例如，下列命令将本地的 7054 端口与容器端口映射关联，之后其他物理机可以通过访问本地宿主机的 7054 端口来访问容器内服务：

```
$ docker run -it \
    -v LOCAL_PATH:/etc/hyperledger/fabric-ca-server \
    -p 7054:7054
    hyperledger/fabric-ca bash
#
```

11.2.3　示例 Dockerfile

读者也可以自行通过编写 Dockerfile 在本地生成 Docker 镜像，这里给出示例文件供参考：

```
# Dockerfile for Hyperledger fabric-ca image.
# If you need a peer node to run, please see the yeasy/hyperledger-peer
    image.
# Workdir is set to $GOPATH/src/github.com/hyperledger/fabric-ca
# More usage infomation, please see https://github.com/yeasy/dockerhyper-ledger-
    fabric-ca.

FROM golang:1.8
LABEL maintainer "Baohua Yang <yeasy.github.com>"

# ca-server and ca-client will check the following env in order, to get the home
    cfg path
ENV FABRIC_CA_HOME /etc/hyperledger/fabric-ca-server
ENV FABRIC_CA_SERVER_HOME /etc/hyperledger/fabric-ca-server
ENV FABRIC_CA_CLIENT_HOME $HOME/.fabric-ca-client
ENV CA_CFG_PATH /etc/hyperledger/fabric-ca

# This is go simplify this Dockerfile
ENV FABRIC_CA_ROOT $GOPATH/src/github.com/hyperledger/fabric-ca

# Usually the binary will be installed into $GOPATH/bin, but we add local build
    path, too
ENV PATH=$FABRIC_CA_ROOT/bin:$PATH

# fabric-ca-server will open service to '0.0.0.0:7054/api/v1/'
EXPOSE 7054

RUN mkdir -p $GOPATH/src/github.com/hyperledger \
        $FABRIC_CA_SERVER_HOME \
        $FABRIC_CA_CLIENT_HOME \
        $CA_CFG_PATH \
        /var/hyperledger/fabric-ca-server

# Need libtool to provide the header file ltdl.h
RUN apt-get update \
        && apt-get install -y libtool \
        && rm -rf /var/cache/apt

# clone and build ca
RUN cd $GOPATH/src/github.com/hyperledger \
    && git clone --single-branch -b master --depth 1 https://github.com/hyper-ledger/
        fabric-ca \
  # This will install fabric-ca-server and fabric-ca-client into $GOPATH/bin/
    && go install -ldflags " -linkmode external -extldflags '-static lpthread'
        " github.com/hyperledger/fabric-ca/cmd/... \
  # Copy example ca and key files
    && cp $FABRIC_CA_ROOT/images/fabric-ca/payload/*.pem $FABRIC_CA_HOME/

VOLUME $FABRIC_CA_SERVER_HOME
```

```
VOLUME $FABRIC_CA_CLIENT_HOME

WORKDIR $FABRIC_CA_ROOT

# if no config exists under $FABRIC_CA_HOME, will init fabric-ca-serverconfig.
    yaml and fabric-ca-server.db
CMD ["bash", "-c", "fabric-ca-server start -b admin:adminpw"]
```

11.3 启动 CA 服务

服务端提供完整的证书管理功能，启动后生成 CA 服务，可以作为根 CA 来服务其他中间 CA，也可以负责签发用户证书（默认情况下）。签发用户证书时，支持用户通过客户端命令或 RESTful API 方式进行操作。

1. 配置读取

需要注意的是，fabric-ca-server 服务所需要的相关配置项会依次尝试从命令行参数、环境变量（命名需要带有 FABRIC_CA_SERVER 前缀）或主配置目录（未指定配置文件路径时）下本地配置文件来读取。因此，使用时可以根据需求采用不同方式来指定配置信息。

例如指定启用 TLS 可以通过如下三种方式来进行配置，优先级由高到低：

- 命令行参数：--tls-enabled=true
- 环境变量：FABRIC_CA_SERVER_TLS_ENABLED=true
- 配置文件 tls.enabled=true

如果都未发现，则采用内置的默认值（false）。

2. 主配置目录

本地配置文件默认都是从所谓主配置目录（Home Dir）下进行查找，还可以预置证书和密钥文件。

那么，主配置目录的具体路径是如何获取的呢？ fabric-ca-server 服务会依次尝试从环境变量 FABRIC_CA_SERVER_HOME、FABRIC_CA_HOME、CA_CFG_PATH 等中读取。一般推荐使用默认的 /etc/hyperledger/fabric-ca-server 路径作为主配置目录环境变量的指向路径，用户也可以根据需求自行设定。

当这些环境变量均未存在的情况下，fabric-ca-server 服务会使用当前目录作为主配置目录，来搜索相关的配置文件。

3. 初始化 fabric-ca-server

在首次使用 fabric-ca-server 服务的情况下，可以通过 init 命令来完成初始化。

当主目录下配置文件不存在时，需要指定一个 -b<USER_NAME>:<PASSWORD> 附加参数，来指定 Fabric-CA 启动后默认的管理员用户名和密码，该用户可以进行进一步的操作；当配置文件存在时或指定启用了 LDAP 功能，则不需要指定启动的用户名和密码。

例如通过如下命令，即可成功完成初始化，生成配置文件 fabric-ca-server-config.yam 到主配置目录：

```
$ fabric-ca-server init -b admin:pass
[INFO] Created default configuration file at /etc/hyperledger/fabric-ca-server/
       fabric-ca-server-config.yaml
Initialize BCCSP [SW]
[INFO] generate received request
[INFO] received CSR
[INFO] generating key: ecdsa-256
[INFO] encoded CSR
[INFO] signed certificate with serial number 3121152755758616817728046851163166
       76393252324960
[INFO] The CA key and certificate files were generated
[INFO] Key file location: /etc/hyperledger/fabric-ca-server/ca-key.pem
[INFO] Certificate file location: /etc/hyperledger/fabric-ca-server/ca-cert.pem
[INFO] Initialized sqlite3 data base at /etc/hyperledger/fabric-ca-server/fabric-
       ca-server.db
[INFO] Initialization was successful
```

此时检查主配置目录，会发现生成了四个文件（未事先存在的情况下）：

- ca-cert.pem：PEM 格式的 CA 证书文件，自签名；
- fabric-ca-server-config.yaml：默认配置文件；
- fabric-ca-server.db：存放数据的 sqlite 数据库；
- msp/keystore/：路径下存放个人身份的私钥文件（_sk 文件），对应签名证书。

如果主配置目录下已经存在 ca-key.pem，则默认使用它作为私钥文件（对应证书）来生成证书和其他缺失的文件。

默认情况下，fabric-ca-server-config.yaml 配置文件中并未启用 TLS。

如果需要启用 TLS，需要修改 tls.enabled 为 true，同时修改 csr.cn 以匹配实际的主机名，之后可以删掉证书和私钥文件，再重新生成对应文件。

csr 段中还有一些字段对应证书中的域，例如：

- cn：Common Name，通用名；
- names.C：Country，国家名称；
- names.ST：State，州县名称；
- names.L：Location，具体的城市名称；
- names.O：Organization，机构名称；
- names.OU：Organization Unit，机构中的具体部门名称。

4. 启动 fabric-ca-server

fabric-ca-server 服务也可以通过 start 命令来快速启动，默认会查找本地主配置目录路径下的证书文件和配置文件。

类似地，如果没有指定使用 LDAP 服务并且配置文件不存在时，需要指定一个 -b<USER_NAME>:<PASSWORD> 附加参数，来指定 Fabric-CA 默认的启动用户名和密码。

例如下列命令可以快速启动并初始化一个 fabric-ca-server 服务：

```
# fabric-ca-server start -b admin:adminpw
[INFO] Created default configuration file at /etc/hyperledger/fabric-ca-server/
       fabric-ca-server-config.yaml
Initialize BCCSP [SW]
[INFO] generate received request
[INFO] received CSR
[INFO] generating key: ecdsa-256
[INFO] encoded CSR
[INFO] signed certificate with serial number 40223566457845546136963654397072 74
       55498020171838
[INFO] The CA key and certificate files were generated
[INFO] Key file location: /etc/hyperledger/fabric-ca-server/ca-key.pem
[INFO] Certificate file location: /etc/hyperledger/fabric-ca-server/ca-cert.pem
[INFO] Initialized sqlite3 data base at /etc/hyperledger/fabric-ca-server/fabric-
       ca-server.db
[INFO] Listening at http://0.0.0.0:7054
```

所启动 fabric-ca-server 服务默认的管理员用户账号和密码分别为 admin 和 pass。

如果之前没有执行初始化命令，则启动过程中会自动先进行初始化操作，即从主配置目录搜索相关证书和配置文件，如果不存在则会自动生成。

如果用户希望指定使用某个配置文件，可以通过 -c CONFIG_FILE_PATH 参数来指定所使用的配置文件。

5. RESTful API

用户使用 Fabric CA，除了其提供的客户端命令外，还可以直接通过其提供的 RESTful 接口来进行操作。默认的 RESTful 服务监听在 0.0.0.0:7054 地址，服务前缀为 /api/v1。

接口的定义可以参考项目代码中的 swagger/swagger-fabric-ca.json 文件。主要接口如下：

- POST /cainfo：获取某个 CA 服务的基本信息，body 中可带有 caname 信息；
- POST /enroll：使用用户登记功能，body 中可带有 host、request、profile、label、caname 等信息；
- POST /reenroll：使用用户重新登记功能，body 中可带有 host、request、profile、label、caname 等信息；
- POST /register：使用用户注册功能，body 中可带有 id、type、secret、max_enrollments、affiliation_path、attrs、caname 等信息；
- POST /revoke：撤销某个证书，body 中可带有 id、aki、serial、reason、caname 等信息；
- POST /tcert：申请获取一批交易证书，body 中可带有 count、attr_names、encrypt_attrs、validity_period、caname 等信息。

用户可以通过 HTTP 请求来对接口进行调用，例如查询名称为“test_ca”的 CA 服务（已通过 fabric-ca-server start -b admin:adminpw -n test_ca 命令启动在本地）的基本信息，可以用如下命令：

```
$ curl -X POST -d '{"caname": "test_ca"}' http://localhost:7054/api/v1/cainfo
{"success":true,"result":{"CAName":"test_ca","CAChain":"LS0tLS1CRUdJTiBDR
    VJUSUZJQ0FURS0tLS0tCk1JSUNZakNDQWdtZ0F3SUJBZ0lVQjNDVERPVTQ3c1VDNUs0a2
    4vQ2FxbmgxMTRZd0NnWUlLb1pJemowRUF3SXcKZnpFTE1Ba0dBMVVFQmhNQ1ZWTXhFekF
    SQmdOVkJBZ1RDa05oYkdsbWIzSnVhV0V4RmpBVUJnTlZCQWNURFZOaApiaUJHY21GdVky
    bHpZMjh4SHpBZEJnTlZCQW9URmtsdWRHVnlibVYwSUZkcFpHZGxkSE1zSUVsdVl5NHhER
    EFLCkJnTlZCQXNUQTFkWFZ6RVVNQklHQTFVRUF4TUxaWGhoYlhCc1pTNWpiMjB3SGhjTk
    1UWXhNREV5TVRrek1UQXcKV2hjTk1qRXhNREV4TVRrek1UQXdXakIvTVFzd0NRWURWUVF
    HRXdKVlV6RVRNQkVHQTFVRUNCTUtRMkZzYVdadgpjbTVwWVRFV01CUUdBMVVFQnhNTlUy
    RnVJRVp5WVc1amFYTmpiekVmTUIwR0ExVUVDaE1XU1c1MFpYSnVaWFFnClYybGtaMlYwY
    313Z1NXNWpMakVNTUFvR0ExVUVDeE1EVjFkWE1SUXdFZ1lEVlFRREV3dGxlR0Z0Y0d4bE
    xtTnYKYlRCWk1CTUdCeXFHU000OUFnRUdDQ3FHU000OUF3RUhBMElBQktJSDViMkphU21
    xaVFYSHlxQytjbWtuSUNjRgppNUFkZFZqc1FpekRWNnVaNHY2cytQV2lKeXpmQS9yVHRN
    dllBUHEveWVFSHBCVUIxajA1M214bnBNdWpZekJoCk1BNEdBMVVkRHdFQi93UUVBd0lCQ
    mpBUEJnTlZIUk1CQWY4RUJUQURBUUgvTUIwR0ExVWREZ1FXQkJRWFowSTkKcXA2Q1A4VE
    ZIWjlidzVuUnRaeElFREFmQmdOVkhTTUVHREFXZ0JRWFowSTlxcDZDUDhURkhaOWJ3NW5
    dFp4SQpFREFLQmdncWhrak9QUVFEQWdOSEFEQkVBaUFIcDVSYnA5RW0xRy9VbUtuOFdzQ
    2JxRGZXZWNWYlpQUWozUks0Cm9HNWtRUUlnUUFlNE9PS1loSmRoM2Y3VVJhS2ZHVGY0OT
    Ivbm1SbXRLK3lTS2pwSFNyVT0KLS0tLS1FTkQgQ0VSVElGSUNBVEUtLS0tLQo="},"err
   ors":[],"messages":[]}
```

如果不带有任何参数，则尝试获取默认 CA 服务（名称为空字符串）的基本信息。其中比较关键的是 result 中的 CAChain 字段，其值是 CA 证书（ca-cert.pem）base64 编码后的内容。

11.4 服务端命令剖析

fabric-ca-server 命令主要负责启动一个 CA 服务，包括 init 和 start 两个子命令。

可以通过 fabric-ca-server [command] --help 命令来查看各个子命令的含义和选项。

11.4.1 全局命令参数

全局命令参数可以同时被 init 和 start 子命令支持，主要包括如下几个方面的参数。这些参数可以通过命令行参数方式传入，也支持通过环境变量或配置文件的方式传入。

1. 通用参数

通用参数包括服务地址、个数、CA 文件路径等，总结如表 11-1 所示。

表 11-1 通用参数

参数	类型	说明
--address	string	服务监听的地址，默认为全部地址 "0.0.0.0"

（续）

参数	类型	说明
-b, --boot	admin:pass	服务的启动用户名和密码
--ca.certfile	string	PEM 格式的 CA 证书文件，默认为 "ca-cert.pem"
--ca.chainfile	string	PEM 格式的证书链文件，默认为 "ca-chain.pem"
--ca.keyfile	string	PEM 格式的私钥文件，默认为 "ca-key.pem"
-n, --ca.name	string	CA 的名称，默认 CA 名称为空
--cacount	int	非默认 CA 的实例个数
--cafiles	stringSlice	CA 配置文件的（多个）路径
-c, --config	string	服务配置文件路径，默认为 "/etc/hyperledger/fabric-ca-server/fabricca-server-config.yaml"
-d, --debug		Debug 模式，输出更多日志内容
--parentserver.caname	string	连接到父 fabric-ca-server 服务的某个 CA 实例名称
-u, --parentserver.url	string	父 fabric-ca-server 服务地址，格式为 http://:<password>@:
-p, --port	int	本地 fabric-ca-server 服务的监听地址，默认为 7054
--registry.maxenrollments		同一个用户身份允许进行 enrollment 的次数，仅当 LDAP 不启用时生效

2. 证书签名请求参数

证书签名请求参数主要应用在需要从上层 CA 申请颁发证书的场景，总结如表 11-2 所示。

表 11-2　证书签名请求参数

参数	类型	说明
--csr.cn	string	CA 签名请求文件中的通用名（common name）域
--csr.hosts	stringSlice	CA 签名请求文件中的主机（hosts）名称域

3. 数据库相关参数

数据库相关参数目前支持 SQlite3、Postgre、MySQL 三种类型的数据库，总结如表 11-3 所示。

表 11-3　数据库相关参数

参数	类型	说明
--db.datasource	string	数据库数据来源，默认为 "fabric-ca-server.db"
--db.type	string	支持的数据库类型，可以为 SQlite3（默认）、Postgres 或 MySQL
--db.tls.certfiles	stringSlice	数据库服务 TLS 连接的证书文件，PEM 格式
--db.tls.client.certfile	string	数据库 TLS 连接的客户端一侧证书文件（当 TLS 需要双向校验时），PEM 格式
--db.tls.client.keyfile	string	数据库 TLS 连接的客户端一侧私钥文件（当 TLS 需要双向校验时），PEM 格式

4. TLS 相关参数

TLS 通过证书来识别通信对端的身份。通常情况下，服务端需要开启 TLS 认证，以防止有人假冒服务端；更为严格的情况下，还需要对客户端身份也进行 TLS 验证，以限制只允许指定的客户端连接，TLS 相关参数总结如表 11-4 所示。

表 11-4 TLS 相关参数

参数	类型	说明
--tls.certfile	string	本地服务的 TLS 证书，PEM 格式，默认为 "ca-cert.pem"
--tls.clientauth.certfiles	stringSlice	可信任的客户端 TLS 证书文件，可多个
--tls.clientauth.type	string	本地服务进行 TLS 客户端验证的策略，默认为 "noclientcert"，即不检查客户端证书
--tls.enabled		开启 TLS 认证，默认为否
--tls.keyfile	string	本地服务的 TLS 私钥文件，PEM 格式，默认为 "ca-key.pem"

5. LDAP 相关参数

LDAP 可用来支持 ECert 和 TCert 的申请管理，提供实体信息的查询和验证，LDAP 相关参数总结如表 11-5 所示。

表 11-5 LDAP 相关参数

参数	类型	说明
--ldap.enabled		启用 LDAP 来进行用户验证和属性管理
--ldap.groupfilter	string	LDAP 进行组部门过滤的模式，默认为 "（memberUid=%s）"
--ldap.tls.certfiles	stringSlice	PEM 格式编码的可信任的 TLS 证书文件列表
--ldap.tls.client.certfile	string	PEM 格式编码的客户端 TLS 证书文件，只在双向验证情况下需要
--ldap.tls.client.keyfile	string	PEM 格式编码的客户端 TLS 私钥文件，只在双向验证情况下需要
--ldap.url	string	外部的 LDAP 服务地址，格式为 ldap://adminDN:adminPassword@host[:port]/base
--ldap.userfilter	string	LDAP 进行用户搜索时的过滤模式，默认为 "（uid=%s）"

11.4.2 init 命令

命令格式为 fabric-ca-server init [flags]。

初始化一个 fabric-ca-server 服务，主要用于生成密钥相关的证书文件（文件如果已存在则跳过生成）以及配置文件等。

11.4.3 start 命令

命令格式为 fabric-ca-server start [flags]。

启动一个 fabric-ca-server 服务。

如果之前没有进行初始化操作，不存在相关密钥和配置文件，则需要指定 -b admin_user:admin_pass 参数来启动。并且启动之前会先执行初始化操作。

11.5 服务端配置文件解析

服务端配置文件最常见的路径在 /etc/hyperledger/fabric-ca-server/fabric-ca-server-config.yaml，包括通用配置、TLS 配置、CA 配置、注册管理配置、数据库配置、LDAP 配置、组织结构配置、签名、证书申请等几个部分。

1. 通用配置

包括服务监听的端口号，是否输出更多的 DEBUG 日志等：

- ❑ port: 7054：指定服务的监听端口；
- ❑ debug: false：是否启用 DEBUG 模式，输出更多的调试信息。

2. TLS 配置

主要包括是否在服务端启用 TLS，以及如果启用 TLS 后进行身份验证的证书和签名的私钥。客户端进行 TLS 认证的模式可以有如下几种：

- ❑ NoClientCert：不启用，为默认值；
- ❑ RequestClientCert：请求客户端提供证书；
- ❑ RequireAnyClientCert：要求客户端提供合法格式的证书；
- ❑ VerifyClientCertIfGiven：如果客户端提供证书，则进行验证；
- ❑ RequireAndVerifyClientCert：要求并且要验证客户端的证书。

各个配置项的具体功能可以参见下面示例的注释部分：

```
tls:
    # 是否启用 TLS，默认为否。
    enabled: false
    # TLS 证书和密钥文件
    certfile: ca-cert.pem
    keyfile: ca-key.pem
    clientauth: # 客户端验证配置，默认不进行身份验证
        type: noclientcert
        certfiles: # 进行客户端身份验证时，信任的证书文件列表
```

3. CA 配置

包括实例的名称、签名私钥文件、身份验证证书和证书链文件等。这些私钥和证书文件会用来作为生成 ECert、TCert 的根证书。

各个配置项的具体功能可以参见下面示例的注释部分：

```
ca:
    # CA 服务名称。可以支持多个服务。
    name:
    # 密钥文件（默认：ca-key.pem）
    keyfile: ca-key.pem
    # 证书文件（默认：ca-cert.pem）
```

```
    certfile: ca-cert.pem
    # 证书链文件（默认：chain-cert.pem）
    chainfile: ca-chain.pem
```

4. 注册管理配置

当 fabric-ca-server 自身提供用户的注册管理时使用，这种情况下需要禁用 LDAP 功能，否则 fabric-ca-server 将会把注册管理数据转发到 LDAP 进行查询。

该部分主要包括两方面的配置：

- ❑ 对 enrollment 过程的用户名和密码进行验证；
- ❑ 获取某个认证实体的用户属性信息。

用户属性可以附加到用户分发的 TCerts 中，用于实现对链码（chaincode）的访问权限控制。

各个配置项的具体功能可以参见下面示例的注释部分：

```
registry:
     # 允许同一个用户名和密码进行 enrollment 的最大次数。特别是，-1 表示无限制，0 表示不
       支持登记。
    maxenrollments: -1

    # 注册的实体信息，可以进行 enroll。只有当 LDAP 未启用时起作用。
    identities: # 可以指定多个
        - name: admin
          pass: adminpw
          type: client
          affiliation: ""
          maxenrollments: -1 # 同上
          attrs:
                hf.Registrar.Roles: "client,user,peer,validator,auditor"
                hf.Registrar.DelegateRoles: "client,user,validator,auditor"
                hf.Revoker: true
                hf.IntermediateCA: true  # 该 id 是否是一个中间层的 CA
```

5. 数据库配置

目前，数据库支持 SQlite3、Postgres、MySQL，可以在本段中进行配置。默认为 SQlite3 类型的本地数据库。如果要配置集群，则需要选用 Postgres 或 MySQL 远端数据库方式，并在前端部署负载均衡器（如 Nginx 或 HAProxy）。

各个配置项的具体功能可以参见下面示例的注释部分：

```
db:
    type: sqlite3
    datasource: fabric-ca-server.db # sqlite3 文件路径
    tls:
        enabled: false # 是否启用 TLS 来连接到数据库
        certfiles: db-server-cert.pem # PEM 格式的数据库服务器的 TLS 根证书，可以指定
                                        多个，用逗号隔开。
```

```
        client:
            certfile: db-client-cert.pem # PEM 格式的客户端证书文件
            keyfile: db-client-key.pem # PEM 格式的客户端证书私钥文件
```

例如，如果采用 postgres 类型，可以使用如下示例配置：

```
db:
    type: postgres
    datasource: host=postgres_server port=5432 user=admin password=pass dbname=
        fabric-ca-server sslmode=verify-full
```

其中，sslmode 可以为：

- disable：不启用 SSL；
- require：启用 SSL，但不进行证书校验；
- verify-ca：启用 SSL，同时校验 SSL 证书是否是可信 CA 签发；
- verify-full：启用 SSL，同时校验 SSL 证书是否是可信 CA 签发，以及校验服务器主机名是否匹配证书中名称。

如果采用 MySQL 类型，则可以使用如下的示例配置：

```
db:
    type: mysql
    datasource: root:rootpw@tcp(sql_server:3306)/fabric-ca?parseTime=true&tls=custom
```

6. LDAP 配置

配置使用远端的 LDAP 来进行注册管理，认证 enrollment 的用户名和密码，并获取用户属性信息。此时，服务端将按照指定的 userfilter 从 LDAP 获取对应的用户，利用其唯一识别名（distinguished name）和给定的密码进行验证。当 LDAP 功能启用时，registry 中的配置将被忽略。

各个配置项的具体功能可以参见下面示例的注释部分：

```
ldap:
    enabled: false # 是否启用 LDAP，默认不启用
    url: ldap://<adminDN>:<adminPassword>@<host>:<port>/<base> # LDAP 的服务地址
    tls:
        certfiles:
            - ldap-server-cert.pem # PEM 格式的 LDAP 服务器的 TLS 根证书，可以为多个，用
                                     逗号隔开
        client:
            certfile: ldap-client-cert.pem # PEM 格式的客户端证书文件
            keyfile: ldap-client-key.pem # PEM 格式的客户端证书私钥文件
    userfilter: (uid=%s) # 用户过滤模式
```

注意　Lightweight Directory Access Protocol（LDAP，轻量级目录访问协议），是一种为查询、搜索业务而设计的分布式数据库协议，一般具有优秀的读性能，但写性能较差。

7. 组织结构配置

每个组织可以包括若干个部门：

```
# 机构信息
affiliations:
    org1:
        - department1
        - department2
    org2:
        - department1
```

8. 签发证书相关配置

签发证书相关的配置包括签名方法、证书超时时间等。fabric-ca-server 可以作为用户证书的签发 CA（默认情况下），还可以作为根 CA 来进一步支持其他中间 CA。

各个配置项的具体功能可以参见下面示例的注释部分：

```
signing:
    default: # 默认情况下，用于签署 Ecert
        usage: # 所签发证书的 KeyUsage extension 域
            - digital signature
        expiry: 8760h
    profiles: # 不同的签发配置
        ca: # 签署中间层 CA 证书时的配置模板
            usage:
                - cert sign # 所签发证书的 KeyUsage extension 域
            expiry: 43800h
            caconstraint:
                isca: true
                maxpathlen: 0 # 限制该中间层 CA 无法进一步签署中间层 CA
```

9. 证书申请请求配置

CA 自身证书的申请请求配置。当 CA 作为根证书服务时，将基于请求生成一个自签名的证书；当 CA 作为中间证书服务时，将请求发送给上层的根证书进行签署。

具体各个配置项的功能可以参见下面示例的注释部分：

```
csr:
    cn: fabric-ca-server # 这里建议跟服务器名一致
    names:
        - C: US
          ST: "North Carolina"
          L:
          O: Hyperledger
          OU: Fabric
    hosts:
          - fabric-ca-server
          - localhost
    ca: # 配置后会加入到证书的扩展字段
```

```
        expiry: 131400h # 超时时间
        pathlength: 1 # 允许产生的中间证书的深度
```

10. BCCSP 配置

主要是配置所选择的加密库。各个配置项的具体功能可以参见下面示例的注释部分：

```
bccsp:
    default: SW
    sw:
        hash: SHA2
        security: 256
        filekeystore:
            # 存放密钥文件的路径
            keystore: msp/keystore
```

11. 多 CA 支持配置

通过 cacount: 自动创建除了默认 CA 外的多个 CA 实例，如 ca1、ca2 等。

通过 cafiles: 可以指定多个 CA 配置文件路径，每个配置文件会启动一个 CA 服务，注意不同配置文件之间需要避免出现冲突（如服务端口、TLS 证书等）。

12. 中间层 CA 配置

当 CA 作为中间层 CA 服务时的相关配置。包括父 CA 的地址和名称、登记信息、TLS 配置等。注意，当 intermediate.parentserver.url 非空时，意味着本 CA 是中间层 CA 服务，否则为根 CA 服务。

各个配置项的具体功能可以参见下面示例的注释部分：

```
intermediate:
    parentserver: # 父 CA 相关信息
        url:
        caname:

    enrollment: # 在父 CA 侧的登记信息
        hosts: # 证书主机名列表
        profile: # 签发所用的 profile
        label: # HSM 操作中的标签信息

    tls: # TLS 相关配置
        certfiles: # 信任的根 CA 证书
        client: # 客户端验证启用时的相关文件
            certfile:
            keyfile:
```

11.6　与服务端进行交互

用户可以采用包括 RESTful API 在内的多种方式跟 Fabric CA 服务端进行交互。其中最为简便的方式是通过客户端工具 fabric-ca-client。

1. 配置读取

与 fabric-ca-server 服务类似，fabric-ca-client 所需要的相关配置会依次尝试从命令行参数、环境变量（命名需要带有 FABRICCACLIENT_ 前缀）或主配置目录（未指定配置文件路径时）下的本地配置文件来读取。

主配置目录会依次尝试从环境变量 FABRIC_CA_CLIENT_HOME、FABRIC_CA_HOME、CA_CFG_PATH 中读取。一般推荐使用 $HOME/.fabric-ca-client 作为主目录环境变量的指向路径，用户也可以根据需求自行设定。

当这些环境变量均未存在的情况下，fabric-ca-client 服务会使用 $HOME/.fabric-ca-client 作为主目录，来搜索相关的配置文件。

下面展示登记用户、注册用户和登记节点等常见操作，更多命令的介绍请参考后续章节。

2. 登记用户

通过 enroll 命令可以对注册到 fabric-ca-server 中的实体进行登记，获取其证书信息。

例如通过如下命令访问本地的 Fabric CA 服务，采用默认的 admin 用户进行登记。默认情况下会在用户目录下的 .fabric-ca-client 子目录下创建默认的配置文件 fabric-ca-client-config.yaml 和 msp 子目录（包括签发的证书文件）：

```
$ fabric-ca-client enroll -u http://admin:adminpw@localhost:7054
User provided config file: .fabric-ca-client/fabric-ca-client-config.yaml
[INFO] Created a default configuration file at .fabric-ca-client/fabric-ca-
       client-config.yaml
[INFO] generating key: &{A:ecdsa S:256}
[INFO] encoded CSR
[INFO] Stored client certificate at .fabric-ca-client/msp/signcerts/cert.pem
[INFO] Stored CA certificate chain at .fabric-ca-client/msp/cacerts/localhost-
       7054.pem

$ tree .fabric-ca-client
.fabric-ca-client
|-- fabric-ca-client-config.yaml
`-- msp
    |-- cacerts
    |   `-- localhost-7054.pem
    |-- keystore
    |   `-- 8d4eef88d51033a44832db3cdbc3b5c6da61fc5916d35926a1a7e9d6d76d5d6c_sk
    `-- signcerts
        `-- cert.pem

4 directories, 4 file
```

3. 注册用户

登记后的用户身份可以采用如下命令来注册新的用户：

```
$ fabric-ca-client register \
    --id.name user1 \
    --id.type user \
    --id.affiliation org1.department1 \
    --id.attrs '"hf.Registrar.Roles=peer,user"'
    --id.attrs 'hf.Revoker=true,user_feature=value'
```

4. 登记节点

登记 Peer 或 Orderer 节点的操作与登记用户身份类似。还可以通过 -M 指定本地 MSP 的根路径来在其下存放证书文件，如下面命令所示：

```
$ fabric-ca-client enroll -u http://peer0:peer0pw@localhost:7054 -M <MSP_PATH>
```

11.7　客户端命令剖析

fabric-ca-client 命令可以跟服务端进行交互，包括 enroll、getcacert、reenroll、register、revoke 五个子命令，主要功能如下：

- enroll：登录获取 ECert；
- getcacert：获取 CA 服务的证书链；
- reenroll：再次登录；
- register：注册用户实体；
- revoke：吊销签发的实体证书。

这些子命令在实现上都是通过服务端的 RESTful 接口来进行操作的，并且都支持一系列全局命令参数。

11.7.1　全局命令参数

包括通用参数、证书签名请求参数、Enroll、注册、吊销、TLS 等多个方面的参数。

1. 通用参数

通用参数都比较简单，所有命令都可以使用，如表 11-6 所示。

表 11-6　通用参数

参数	类型	说明
--caname	string	CA 服务实例名称
-c, --config	string	配置文件路径，默认为 "/.fabric-ca-client/fabric-ca-client-config.yaml"
-d, --debug		Debug 模式，输出更多日志内容
-u, --url	string	进行连接的 fabric-ca-server 服务地址，默认为 "http://localhost:7054"
-M, --mspdir	string	指定生成证书存放目录 MSP 的路径，默认为 "msp"

2. 证书签名请求参数

证书签名请求（certificate signing request）文件十分重要，在 enroll 和 reenroll 相关过

程需要提供给服务端，如表 11-7 所示。

表 11-7 证书签名请求

参数	类型	说明
--csr.cn	string	CA 签名请求文件中的通用名（common name）域
--csr.hosts	stringSlice	CA 签名请求文件中的主机（hosts）名称域
--csr.serialnumber	string	CA 签名请求文件中的序列号（serial number）域，会成为 DN（Distinquished Name）的一部分
-m, --myhost	string	CA 签名请求文件中的主机名，默认为本地主机名称

3. 登记相关参数

登记相关参数包括登记证书代表的主机列表、硬件安全模块操作标签、颁发证书的 Profile 等，如表 11-8 所示。

表 11-8 登记相关参数

参数	类型	说明
--enrollment.hosts	string	进行 Enroll 的主机列表
--enrollment.label	string	HSM（硬件安全模块）操作相关的标签
--enrollment.profile	string	指定服务端签发证书时所使用的 profile

4. 身份实体相关参数

身份实体相关参数主要应用于注册环节和登记，如表 11-9 所示。

表 11-9 身份实体相关参数

参数	类型	说明
--id.affiliation	string	注册实体的结构
--id.attrs	string	身份实体的属性列表
--id.maxenrollments	int	重复 enroll 的允许次数，默认为无限次
--id.name	string	注册实体的名称
--id.secret	string	注册实体的密码
--id.type	string	注册实体的类型，包括 peer、app、user 等

5. 吊销证书相关参数

吊销证书相关参数用于吊销证书操作环节，如表 11-10 所示。

表 11-10 吊销证书相关参数

参数	类型	说明
-a, --revoke.aki	string	所吊销证书的颁发者的公钥标识（Authority Key Identifier）
-e, --revoke.name	string	所吊销证书所属的实体名称
-r, --revoke.reason	string	吊销证书的原因
-s, --revoke.serial	string	所吊销证书的序列号

其中，证书颁发者的公钥标识号（AKI）代表了对该证书进行签发机构的身份，一般为上级证书的证书使用者密钥标识符（Subject Key Identifier）。

序列号信息则由 CA 维护，用来追踪到该证书，当该证书被撤销时，序列号会被放入证书撤销列表中。

AKI 和序列号可以通过如下命令查看证书内容来获得：

```
$ openssl x509 -in msp/signcerts/cert.pem -text -noout
Certificate:
    Data:
        Version: 3 (0x2)
        Serial Number: // 下面的字符串就是序列号
            0e:ff:93:d8:eb:9f:03:d6:39:63:d7:50:e9:ed:27:60:69:5d:35:e1
    ...
        X509v3 extensions:
            ...
            X509v3 Authority Key Identifier: // keyid 后的字符串就是 AKI
                keyid:07:25:7E:6E:99:71:1C:40:32:1E:2C:E4:EE:E7:18:14:03:F3:3B:62
    Signature Algorithm: ecdsa-with-SHA256
         ...
```

也可以通过如下命令来快速提取 AKI 和序列号：

```
$ openssl x509 -in msp/signcerts/cert.pem -text -noout | awk '/keyid/ {gsub
    (/ *keyid:|:/,"",$1);print tolower($0)}'
07257e6e99711c40321e2ce4eee7181403f33b62
$ openssl x509 -in msp/signcerts/cert.pem -serial -noout | cut -d "=" -f 2
0EFF93D8EB9F03D63963D750E9ED2760695D35E1
```

6. TLS 相关参数

TLS 连接相关配置参数，如表 11-11 所示。

表 11-11　TLS 相关参数

参数	类型	说明
--tls.certfiles	stringSlice	信任的证书文件，PEM 编码格式
--tls.client.certfile	string	双向 TLS 时，客户端的身份验证证书文件
--tls.client.keyfile	string	双向 TLS 时，客户端的签名私钥文件

11.7.2　enroll 命令

命令格式为 fabric-ca-client enroll -u http://user:userpw@serverAddr:serverPort。该命令会向服务端申请签发 ECert 证书。

如采用下面命令获取证书文件保存到本地：

```
$ fabric-ca-client enroll -u http://admin:adminpw@localhost:7054
[INFO] User provided config file: /.fabric-ca-client/fabric-ca-client-config.yaml
[INFO] Configuration file location: /.fabric-ca-client/fabric-ca-client-config.yaml
```

```
[INFO] generating key: &{A:ecdsa S:256}
[INFO] encoded CSR
[INFO] Stored client certificate at /.fabric-ca-client/msp/signcerts/cert.pem
[INFO] Stored CA certificate chain at /.fabric-ca-client/msp/cacerts/localhost-
       7054.pem
```

该命令会在默认的主配置目录（此处为 /.fabric-ca-client）下创建 msp 目录，并存放证书相关文件：

```
msp
├──── cacerts
│     └──── localhost-7054.pem
├──── keystore
│     └──── 5515333745cdd8cca6bcb9e448129528665574a0311393e27140e0b58bdc2929_sk
└──── signcerts
     └──── cert.pem
```

其中 cacerts 目录下存放有服务端的证书，signcerts 目录下存放有服务端签发的代表客户端身份的证书，keystore 目录下的是对应客户端签名证书的私钥文件。

具体实现过程也十分简单。首先利用本地配置信息（主要是 csr 字段下信息）、生成的私钥和证书请求结构，构建 EnrollmentRequestNet 结构，之后通过 RESTful 接口 /enroll 发送给服务端。

EnrollmentRequestNet 结构中将包括如下信息：

- ❑ CAName：服务的实例名称；
- ❑ SignRequest 信息：
  - Hosts：代表的主机列表；
  - Request：CSR 请求内容，包括通用名、名称、主机、生成私钥算法和大小、CA 配置和序列号等信息；
  - Subject：所签发对象的主体；
  - Profile：服务端签发时采用的 Profile；
  - CRLOverride：覆盖撤销列表；
  - Label：HSM 操作中的标签；
  - Serial：序列号信息，会出现在证书的 DN 字段中；
  - Extensions：证书扩展域。

服务器返回消息包含有 EnrollmentResponse 结构信息，其中的数据有：

- ❑ Identity：代表所签发的 ECert 证书等信息；
- ❑ ServerInfo：服务器的信息，包括 CAName、证书链信息。

客户端利用收到的 EnrollmentResponse 结构解析出相关的文件内容，并保存到本地。

11.7.3 getcacert 命令

命令格式为 fabric-ca-client getcacert -u http://serverAddr:serverPort -M<MSP-directory>

[flags]。该命令会向服务端申请根证书信息。

例如采用下面的命令获取服务端证书文件并保存到本地主配置目录的 msp/cacerts 路径下：

```
$ fabric-ca-client getcacert -u http://admin:adminpw@localhost:7054
[INFO] Stored CA certificate chain at /.fabric-ca-client/msp/cacerts/localhost-
       7054.pem
```

实现上，客户端封装了 GetCAInfoRequest 结构，其中包括 CAName 信息，发送到服务端的 /cainfo 接口。服务端收到请求后返回 GetServerInfoResponse 结构，其中包括 CAName 和 CAChain 数据。客户端将收到的证书链（CAChain）的第一个证书写到 msp/cacerts 路径下，命名为"服务器主机名 -CA 实例名 .pem"。其他证书写到 msp/intermediatecerts 路径下。

11.7.4　reenroll 命令

命令格式为 fabric-ca-client reenroll [flags]。会利用本地配置信息再次执行 enroll 过程，生成新的签名证书材料。

执行过程如下所示，与 enroll 过程类似，获取新的证书文件：

```
# fabric-ca-client reenroll
[INFO] User provided config file: /.fabric-ca-client/fabric-ca-client-config.yaml
[INFO] Configuration file location: /.fabric-ca-client/fabric-ca-client-config.yaml
[INFO] generating key: &{A:ecdsa S:256}
[INFO] encoded CSR
[INFO] Stored client certificate at /.fabric-ca-client/msp/signcerts/cert.pem
[INFO] Stored CA certificate chain at /.fabric-ca-client/msp/cacerts/localhost-
       7054.pem
```

实现上，客户端首先要构造 ReenrollmentRequest 结构。其中包括：

- Label：HSM 过程相关的标签；
- Profile：服务端签发采用的 Profile；
- CSR：证书申请请求相关信息，包括通用名、名称、主机、生成私钥算法和大小、CA 配置和序列号等信息；
- CAName：CA 服务实例名称。

请求发送到服务端的 /reenroll 接口，服务端处理后返回 EnrollmentResponse 结构信息。客户端利用收到的 EnrollmentResponse 结构解析出相关的证书文件内容，并保存到本地。

11.7.5　register 命令

命令格式为 fabric-ca-client register [flags]。注册新的用户实体身份。

执行注册新用户实体的客户端必须已经通过登记认证，并且拥有足够的权限（所注册用户的 hf.Registrar.Roles 和 affiliation 都不能超出调用者属性）来进行注册。

例如通过如下命令来注册新的用户 new_user，注册成功后系统会返回用来登记的密码：

```
$ fabric-ca-client register --id.name new_user --id.type user --id.affiliation
    org1.department1 --id.attr hf.Revoker=true
User provided config file: /.fabric-ca-client/fabric-ca-client-config.yaml
Configuration file location: /.fabric-ca-client/fabric-ca-client-config.yaml
Password: MzklQbeynSqa
```

当然，也可以通过 --id.secret new_user_password 来指定登记的密码。

实现过程：首先客户端构造 RegistrationRequest 结构发送到服务器 /register 接口。

RegistrationRequest 结构包括：

- Name：实体名称；
- Type：实体类型，包括 peer、app、user 等；
- Secret：实体的登记密码，如果不提供，则服务端会自行生成随机密码；
- MaxEnrollment：该实体最多重复登记次数；
- Affiliation：实体所属机构；
- Attributes：实体的属性信息；
- CAName：CA 服务实例名称。

服务端处理通过后，返回 RegistrationResponse 结构，其中只包括 Secret 信息。

11.7.6 revoke 命令

命令格式为 fabric-ca-client revoke [flags]。

revoke 命令会吊销指定的证书或者指定实体相关的所有证书。执行 revoke 命令的客户端身份必须拥有足够的权限（hf.Revoker 为 true，并且被吊销者机构不能超出吊销者机构的范围）。

例如，通过如下命令吊销用户 new_user，并通过 -r 指定原因：

```
$ fabric-ca-client revoke -e "new_user" -r "affiliationchange"
[INFO] User provided config file: /.fabric-ca-client/fabric-ca-client-config.yaml
[INFO] Configuration file location: /.fabric-ca-client/fabric-ca-client-config.yaml
Revocation was successful
```

实现上也是类似的过程，客户端构造 RevocationRequest 结构发送到服务器 /revoke 接口。

RevocationRequest 结构包括：

- Name：所吊销实体名称，如不提供，则通过序列号和 AKI 来指定吊销某个证书；
- Serial：所吊销证书的序列号；
- AKI：所吊销证书的颁发者的公钥标识符；
- Reason：吊销的原因；
- CAName：CA 服务实例名称。

服务端进行吊销，不返回内容。其中，吊销原因是枚举类型，遵循 rfc5280 规范:《Internet X.509 Public Key Infrastructure Certificate and Certificate Revocation List (CRL) Profile》。具体类型在 https://godoc.org/golang.org/x/crypto/ocsp 中定义，包括如下合法取值：

```
const (
    Unspecified          = iota
    KeyCompromise        = iota
    CACompromise         = iota
    AffiliationChanged   = iota
    Superseded           = iota
    CessationOfOperation = iota
    CertificateHold      = iota

    RemoveFromCRL       = iota
    PrivilegeWithdrawn = iota
    AACompromise        = iota
)
```

11.8　客户端配置文件解析

客户端配置文件分为通用配置、TLS 配置、证书签名申请配置、注册管理配置、登记配置、BCCSP 配置等部分。

1. 通用配置

主要包括制定所访问的服务端的地址、本地身份 MSP 路径、所连接 CA 服务的实例名，如下所示：

```
# 要连接的 Fabric-ca-server 的服务监听地址，默认为 http://localhost:7054
url: http://localhost:7054

# 客户端帮助 peer 或 orderer 进行 enroll 时候，指定希望存放证书文件的 MSP 路径
mspdir: # 默认为 msp

caname: # 所连接 CA 服务上的实例名称
```

2. TLS 配置

当客户端和服务端之间采用 TLS 连接时需要进行配置，主要包括证书文件位置等。

各个配置项的具体功能可以参见下面示例的注释部分：

```
tls:
    # 是否启用 TLS，默认不启用。
    enabled: false

    certfiles: # 信任的根证书文件列表
    client:
        certfile: # 客户端的身份认证证书
        keyfile: # 客户端的签名私钥
```

3. 证书签名申请配置

客户端想要申请一个 ECert 时，需要提供证书签名申请文件（CSR）相关的信息。

各个配置项的具体功能可以参见下面示例的注释部分：

```
csr:
    cn: admin # 进行签名的实体的通用名
    serialnumber: # 会被附加到生成证书的Distinguished Name域，作为鉴别信息的一部分
    names:
        - C: US # 国家名称
          ST: "North Carolina" # 州名称
          L:  # 位置，一般为城市名称
          O: Hyperledger # 组织名称
          OU: Fabric # 组织下的单位名称
    hosts: # 所代表的主机名称列表
        - peer1
    ca: # 配置后会加入证书的扩展字段
        pathlen: # 当pathlenzero为false时，允许产生的中间证书的深度
        pathlenzero: # 是否只允许产生一级证书，true表示不能再用来签署更多中间层证书了
        expiry: # 超时时间
```

4. 注册管理配置

新注册一个实体的信息，包括名称、类型、最大 enroll 次数、机构和属性等。

各个配置项的具体功能可以参见下面示例的注释部分：

```
id:
    name: test_user # 实体名称
    type: user # 实体类型，包括peer、orderer、app、user等
    maxenrollments: -1 # 最大enroll重试次数。特别是，-1表示无限制，0表示不支持登记
     affiliation: org1.department1 # 机构。一般情况下，上级机构拥有比下级机构更大的权限，
                                     如 a.b > a.b.c
    attributes: # 实体的属性，如hf.Registrar.Roles可以确定注册身份和权限
        - name: hf.Revoker
          value: true
```

5. 登记配置

登记相关配置主要包括签发证书所使用的 profile 和 HSM 操作 label 等。

各个配置项的具体功能可以参见下面示例的注释部分：

```
enrollment:
    profile: # 服务端签发证书时所使用的profile
    label: # HSM（硬件安全模块）操作相关的标签
```

6. BCCSP 配置

加密的安全库和私钥文件路径等，默认为 ECDSA 签名算法。

各个配置项的具体功能可以参见下面示例的注释部分：

```
bccsp:
    default: SW
    sw:
```

```
hash: SHA2
security: 256
filekeystore:
    # 私钥文件路径
    keystore: msp/keystore
```

11.9　生产环境部署

Fabric CA 在整个证书管理环节中处于十分核心的位置。在生产环境中部署时，必须从多个方面进行考虑，以充分确保安全性、可靠性、规范性等指标。

1. 根证书的生成

根证书目前可以通过从权威机构（包括 GolbalSign、VeriSign）申请，或采用自行签名的方式生成。技术上来讲，两者都可以完成部署过程，并且都能保证同样的安全。但不同场景下两者各有利弊，总结如表 11-12 所示。

表 11-12　权威机构颁发与自行签名比较

指标	权威机构颁发	自行签名
适用场景	公开、私有	私有
安全性	经过验证	取决于证书管理人员的操作
易用性	易分发，系统往往自带根证书	手动分发
可管理性	第三方管理	本地管理

因此，如果应用场景不仅包括私有网络，而且需要可靠的证书机制，推荐采用权威机构颁发的根证书；如果仅面向私有网络场景，并且技术团队有较丰富的证书管理经验，则可以采用自行签名的方法进行部署。

2. 分层部署结构

在实际部署中，PKI 推荐采用分层的结构，即不由根 CA 来直接签发证书，而是通过由根 CA 签发的中间 CA 甚至更下层 CA（统称为 intermediate CA），来实现对服务器实体和用户证书的管理，Fabric CA 很好地支持了该功能。分层 CA 如图 11-1 所示。

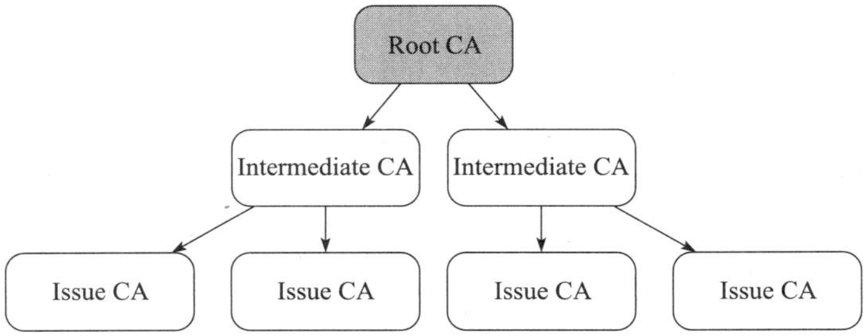

图 11-1　分层 CA 部署

之所以采用分层结构，是因为CA颁发证书的过程都需要CA的私钥进行签名，而一旦CA私钥发生泄露或所颁发证书被破坏，则该CA的信任性就遭到了破坏，需要对该CA以及依赖它的所有安全机制进行重建（可以想象，更换一个根CA（Root CA）将带来大量变更和挑战）。

因此，通过分层结构，可以隔离破坏的风险，即便发生私钥泄露，也只是影响到某个中间CA。并且，该CA一旦出现问题，其自身的证书很容易被上层CA撤销。同时，采用分层结构的情况下，根证书私钥可以处于离线状态，进行最强等级的保护（如采用基于硬件的机制），以保障安全。

3. TLS机制

Fabric CA采用了证书来识别网络中的身份，并进一步进行权限管控。TLS证书则从另一个维度来保护网络中的通信。

TLS证书在通信双方建立安全连接时，同样采用了证书机制来进行身份识别。最常见的情况是服务端启用TLS机制。这种情况下客户端会事先获取服务端的证书，并请求服务端发送带有签名的消息，用可信的服务端证书进行认证。反过来，也可以对客户端进行TLS认证，这样就确保连接到服务端的用户都是预先许可的用户。

需要注意的是，Fabric中的证书和TLS证书是两个层面：前者进行网络中的身份管理；后者确保安全连接。为了达到更安全的级别，建议同时启用这两种机制。

4. 负载均衡和高可用

由于FabricCA的服务端是典型的提供RESTful请求的Web服务，因此很容易采用传统Web服务器进行扩展的方式来实现负载均衡和高可用，包括开源的Nginx、HAProxy或商用的F5等。

这里给出基于HAProxy 1.7.0+的配置例子，负载均衡到四个本地fabric-ca服务上。

新建一个配置文件haproxy.cfg，内容为：

```
global # 全局属性
    daemon  # 是否在后台运行
    maxconn 4096  # 最大支持的并发连接数

defaults # 默认的参数，对其他段都起作用
    mode tcp  # tcp 转发模式，也可以为 http 模式
    timeout connect 5000ms  # 连接到后端 server 的超时
    timeout client 15000ms  # 来自客户端的超时时间
    timeout server 15000ms  # 后端服务器的超时时间

frontend http-in # 前端服务 http-in，接收来自客户端的请求
    bind *:7054  # 监听在对外的 7054 端口
    default_backend fabric-ca  # 转发的后端服务名称

backend  fabric-ca # 后端服务，转发的目标，一共四个服务
```

```
    balance roundrobin
    server server1 127.0.0.1:8001 maxconn 1024
    server server2 127.0.0.1:8002 maxconn 1024
    server server3 127.0.0.1:8003 maxconn 1024
    server server4 127.0.0.1:8004 maxconn 1024
```

启动四个 fabric-ca-server 服务，分别监听到本地的 8001、8002、8003、8004 端口上。后端都连接到同一个数据库集群，因此数据库也需要支持高可用。

之后采用如下命令启动 HAProxy 服务即可：

```
$ haproxy -f haproxy.cfg
```

11.10　本章小结

本章具体讲解了 Fabric CA 项目提供的诸多功能，包括如何安装、配置，以及使用它来满足管控 Fabric 网络中身份证书的诸多需求。

基于 CFSSL 开源组件，Fabric CA 项目提供了用户的注册、证书的分发和撤销等核心功能，并且支持分层的部署模型、TLS、负载均衡等特性，方便满足不同的复杂应用场景。

实际上，Fabric CA 项目遵循了 PKI 体系。因此，在部署和使用 PKI 过程中的最佳实践可以很好地应用到 Fabric CA 项目中以确保安全。当然，作为一套处于核心位置的安全系统，除了技术上要尽量规避漏洞以外，在规章制度、操作流程上更要进行严格规定和充分的实践检验。

Chapter 12 第 12 章

超级账本 Fabric 架构与设计

架构之道，在于权衡。

超级账本 Fabric 项目自诞生之日起就吸引了全球众多企业的密切关注。Fabric 首次将权限管理机制引入区块链技术领域，其可扩展的架构设计、开放的接口风格、可拔插的组件化实现都为分布式账本平台的设计和实现提供了有意义的参考。

本章将着重剖析超级账本 Fabric 项目的核心架构与创新设计，包括核心功能组件、底层通信协议、权限管理机制，以及十分灵活的用户链码和系统链码组件。最后，本章还介绍了 Fabric 网络中的核心共识组件——排序服务的设计和实现。

通过本章，读者可以从底层实现的角度认识分布式账本平台的设计思路和核心架构，学习 Fabric 在功能、性能、安全、隐私等各方面的权衡技巧。

12.1 整体架构概览

超级账本 Fabric 自诞生以来已经先后发布了两个大的版本，0.6 实验版本（2016 年 9 月）和 1.0 正式版本（2017 年 7 月）。0.6 版本实现了带有初步功能的分布式账本。基于这一版本，超级账本 Fabric 项目收集了大量在实际应用中的反馈建议，主要集中在性能、安全、可扩展性等方面。社区在此基础上，重新设计了整体架构，推出了焕然一新的 1.0 版本，重点在可扩展性和安全性上进行了改善，同时消除了网络原有的性能瓶颈。

12.1.1 核心特性

目前，超级账本 Fabric 架构的核心特性主要包括：

- 解耦了原子排序环节与其他复杂处理环节，消除了网络处理瓶颈，提高可扩展性；
- 解耦交易处理节点的逻辑角色为背书节点（Endorser）、确认节点（Committer），可以根据负载进行灵活部署；
- 加强了身份证书管理服务，作为单独的 Fabric CA 项目，提供更多功能；
- 支持多通道特性，不同通道之间的数据彼此隔离，提高隔离安全性；
- 支持可拔插的架构，包括共识、权限管理、加解密、账本机制等模块，支持多种类型；
- 引入系统链码来实现区块链系统的处理，支持可编程和第三方实现。

12.1.2　整体架构

超级账本 Fabric 的整体架构如图 12-1 所示。

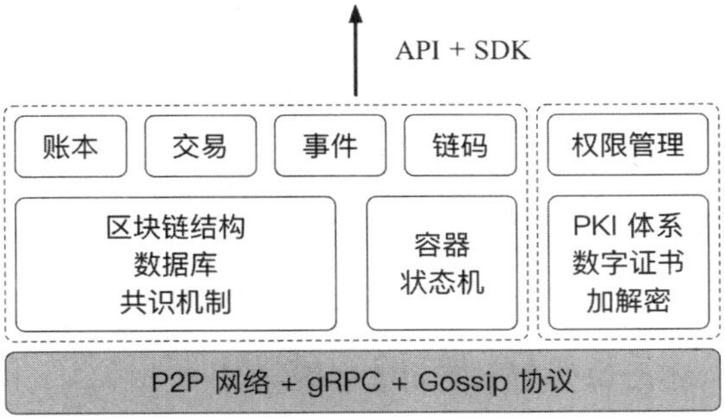

图 12-1　Fabric 整体架构

Fabric 为应用提供了 gRPC API，以及封装 API 的 SDK 供应用调用。应用可以通过 SDK 访问 Fabric 网络中的多种资源，包括账本、交易、链码、事件、权限管理等。应用开发者只需要跟这些资源打交道即可，无需关心如何实现。其中，账本是最核心的结构，负责记录应用信息，应用则通过发起交易来向账本中记录数据。交易执行的逻辑通过链码来承载。整个网络运行中发生的事件可以被应用访问，以触发外部流程甚至其他系统。权限管理则负责整个过程中的访问控制。

账本和交易进一步地依赖核心的区块链结构、数据库、共识机制等技术；链码则依赖容器、状态机等技术；权限管理利用了已有的 PKI 体系、数字证书、加解密算法等诸多安全技术。

底层由多个节点组成 P2P 网络，通过 gRPC 通道进行交互，利用 Gossip 协议进行同步。

层次化结构提高了架构的可扩展和可插拔性，方便开发者以模块为单位进行开发。

12.1.3　典型工作流程

对于常见的公有区块链，用户只需要将交易通过服务接口直接发送到区块链网络中，网络中的对等节点负责完成所有的共识和处理过程。对于联盟链场景，要更多地考虑权限管理相关的功能需求。比如哪些身份可以向网络中发送交易？哪些交易可以发送到网络中？

超级账本 Fabric 根据交易过程中不同环节的功能，在逻辑上将节点角色解耦为 Endorser 和 Committer，让不同类型节点可以处理不同类型的工作负载。

典型的交易处理过程示例如图 12-2 所示。

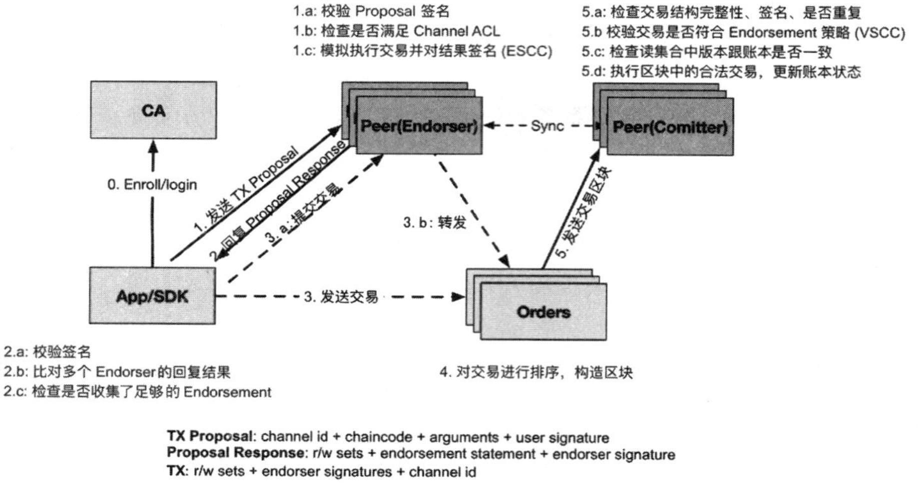

图 12-2　示例交易处理过程

在整个交易过程中，各个组件的主要功能如下：

- 客户端（App）：客户端应用使用 SDK 来跟 Fabric 网络打交道。首先，客户端从 CA 获取合法的身份证书来加入网络内的应用通道。发起正式交易前，需要先构造交易提案（Proposal）提交给 Endorser 进行背书（通过 EndorserClient 提供的 ProcessProposal(ctx context.Context, signedProp *pb.SignedProposal) (*pb.ProposalResponse, error) 接口）；客户端收集到足够（背书策略决定）的背书支持后可以利用背书构造一个合法的交易请求，发给 Orderer 进行排序（通过 BroadcastClient 提供的 Send(env *cb.Envelope) error 接口）处理。客户端还可以通过事件机制来监听网络中消息，获知交易是否被成功接收。命令行客户端的主要实现代码在 peer/chaincode 目录下。
- Endorser 节点：主要提供 ProcessProposal(ctx context.Context, signedProp *pb.SignedProposal) (*pb.ProposalResponse, error) 方法（代码在 core/endorser/endorser.go 文件）供客户端调用，完成对交易提案的背书（目前主要是签名）处理。收到来自客户端的交易提案后，首先进行合法性和 ACL 权限检查，检查通过则模拟运行交易，对交易导致的状态变化（以读写集形式记录，包括所读状态的键和版本，所写状态的键值）进行背书并返回结果给客户端。注意网络中可以只有部分节点担任 Endorser 角色。主要代码在 core/endorser 目录下。
- Committer 节点：负责维护区块链和账本结构（包括状态 DB、历史 DB、索引 DB 等）。该节点会定期地从 Orderer 获取排序后的批量交易区块结构，对这些交易进行落盘前的最终检查（包括交易消息结构、签名完整性、是否重复、读写集合版本是否匹配等）。检查通过后执行合法的交易，将结果写入账本，同时构造新的区块，更新区块中 BlockMetadata[2]（TRANSACTIONS_FILTER）记录交易是否合法等信息。同一个物理节点可以仅作为 Committer 角色运行，也可以同时担任 Endorser 和 Committer 这两种角色。主要实现代码在 core/committer 目录下；

- Orderer：仅负责排序。为网络中所有合法交易进行全局排序，并将一批排序后的交易组合生成区块结构。Orderer 一般不需要跟账本和交易内容直接打交道。主要实现代码在 orderer 目录下。对外主要提供 Broadcast(srv ab.AtomicBroadcast_BroadcastServer) error 和 Deliver(srv ab.AtomicBroadcast_DeliverServer) error 两个 RPC 方法（代码在 orderer/server.go 文件）。
- CA：负责网络中所有证书的管理（分发、撤销等），实现标准的 PKI 架构。主要代码在单独的 fabric-ca 项目中。CA 在签发证书后，自身不参与网络中的交易过程。

12.2　核心概念与组件

要理解超级账本 Fabric 的设计，首先要掌握节点、交易、排序、共识、通道等基本组件和相关核心概念。弄清楚了这些核心组件的功能，就可以准确地把握 Fabric 的底层运行原理，并深入理解其在架构上的设计初衷。知其然，进而可以知其所以然。超级账本 Fabric 采用了模块化功能设计，整体的功能模块结构如图 12-3 所示。

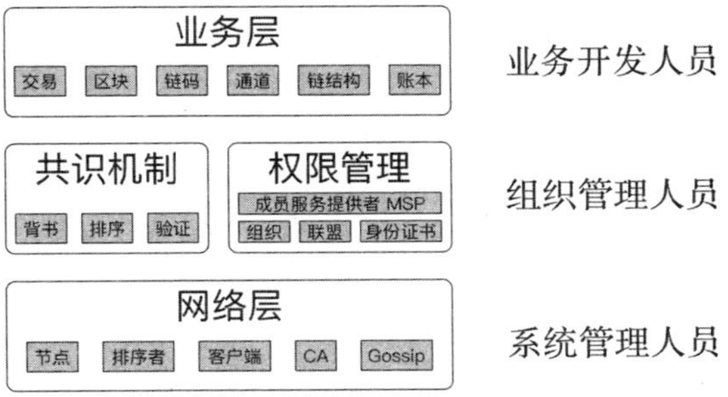

图 12-3　Fabric 核心组件

总体来看，超级账本 Fabric 面向不同的开发人员提供了不同层面的功能，自下而上可以分为三层：

- 网络层：面向系统管理人员。实现 P2P 网络，提供底层构建区块链网络的基本能力，包括代表不同角色的节点和服务。
- 共识机制和权限管理：面向联盟和组织的管理人员。基于网络层的连通，实现共识机制和权限管理，提供分布式账本的基础。
- 业务层：面向业务应用开发人员。基于分布式账本，支持链码、交易等跟业务相关的功能模块，提供更高一层的应用开发支持。

下面分别介绍这些模块的功能和作用。

12.2.1 网络层相关组件

网络层通过软、硬件设备，实现了对分布式账本结构的连通支持，包括节点、排序者、客户端等参与角色，还包括成员身份管理、Gossip 协议等支持组件。下面分别介绍。

1. 节点

节点（Peer）的概念最早来自于 P2P 分布式网络，意味着在网络中担任一定职能的服务或软件。节点功能可能是对等一致的，也可能是分工合作的。

在超级账本 Fabric 网络中，Peer 意味着在网络中负责接收交易请求、维护一致账本的各个 fabric-peer 实例。这些实例可能运行在裸机、虚拟机甚至容器中。节点之间彼此通过 gRPC 消息进行通信。

按照功能角色划分，Peer 可以包括三种类型：

- Endorser（背书节点）：负责对来自客户端的交易提案进行检查和背书；
- Committer（确认节点）：负责检查交易请求，执行交易并维护区块链和账本结构；
- Submitter（提交节点）：负责接收交易，转发给排序者，目前未单独出现。

这些角色是功能上的划分，彼此并不相互排斥。一般情况下，网络中所有节点都具备 Committer 功能，部分节点具有 Endorser 功能，Submitter 功能则往往集成在客户端（SDK）实现。

Peer 节点相关的主要数据结构包括 PeerEndpoint 和 endorserClient。前者代表一个 Peer 节点在网络中的接入端点；后者实现 EndorserClient 接口，代表连接到 Peer 节点的客户端句柄，提供对 Endorser 角色实现的 ProcessProposal(ctx context.Context, signedProp *pb.SignedProposal) (*pb.ProposalResponse, error) 方法的访问，如图 12-4 所示。

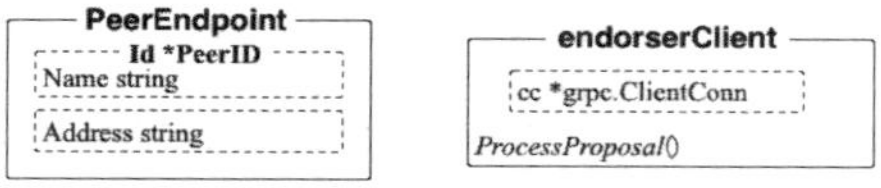

图 12-4　Peer 节点相关数据结构

2. 排序者

排序者（Orderer）也称为排序节点，负责对所收到的交易在网络中进行全局排序。

Orderer 主要提供了 Broadcast(srv ab.AtomicBroadcast_BroadcastServer) error 和 Deliver(srv ab.AtomicBroadcast_DeliverServer) error 两个接口。前者代表客户端将数据（交易）发给 Orderer，后者代表从 Orderer 获取到排序后构造的区块结构。客户端可以使用 atomicBroadcastClient 结构访问这两个接口。atomicBroadcastClient 结构如图 12-5 所示，维持了一个 gRPC 的双向通道。

图 12-5 atomicBroadcastClient 结构

Orderer 可以支持多通道。不同通道之间彼此隔离，通道内交易相关信息将仅发往加入通道内的 Peer（同样基于 gRPC 消息），从而提高隐私性和安全性。

在目前的设计中，所有的交易信息都会从 Orderer 经过，因此，Orderer 节点在网络中必须处于可靠、可信的地位。

从功能上看，Orderer 的目的是对网络中的交易分配全局唯一的序号，实际上并不需要交易相关的具体数据内容。因此为了进一步提高隐私性，发往 Orderer 的可以不是完整的交易数据，而是部分信息，比如交易加密处理后的结果，或者仅仅是交易的 Hash 值、Id 信息等。这些改进设计会降低对 Orderer 节点可靠性和安全性的需求。社区目前也已经有了一些类似的设计讨论。

提示 *参考* FAB-1151：Side DB - Private Channel Data

---

3. 客户端

客户端是用户和应用跟区块链网络打交道的桥梁。客户端主要包括两大职能：

- ❑ 操作 Fabric 网络：包括更新网络配置、启停节点等；
- ❑ 操作运行在网络中的链码：包括安装、实例化、发起交易调用链码等。

这些操作需要跟 Peer 节点和 Orderer 节点打交道。特别是链码实例化、交易等涉及共识的操作，需要跟 Orderer 交互，因此，客户端往往也需要具备 Submitter 的能力。

网络中的 Peer 和 Orderer 等节点则对应提供了 gRPC 远程服务访问接口，供客户端进行调用。

目前，除了基于命令行的客户端之外，超级账本 Fabric 已经拥有了多种语言的 SDK。这些 SDK 封装了对底层 gRPC 接口的调用，可以提供更完善的客户端和开发支持，包括 Node.Js、Python、Java、Go 等多种实现。

4. 成员身份管理

CA 节点（Fabric-CA）负责对 Fabric 网络中的成员身份进行管理。

Fabric 网络目前采用数字证书机制来实现对身份的鉴别和权限控制，CA 节点则实现了 PKI 服务，主要负责对身份证书进行管理，包括生成、撤销等。

需要注意的是，CA 节点可以提前签发身份证书，发送给对应的成员实体，这些实体在部署证书后即可访问网络中的各项资源。后续访问过程中，实体无须再次向 CA 节点进行请求。因此，CA 节点的处理过程跟网络中交易的处理过程是完全解耦的，不会造成性能瓶颈。

5. Gossip 协议

Fabric 网络中的节点之间通过 Gossip 协议来进行状态同步和数据分发。

Gossip 协议是 P2P 领域的常见协议，用于进行网络内多个节点之间的数据分发或信息交换。由于其设计简单，容易实现，同时容错性比较高，而被广泛应用到了许多分布式系统，例如 Cassandra 采用它来实现集群失败检测和负载均衡。

Gossip 协议的基本思想十分简单，数据发送方从网络中随机选取若干节点，将数据发送过去；接收方重复这一过程（往往只选择发送方之外节点进行传播）。这一过程持续下去，网络中所有节点最终（时间复杂度为节点总个数的对数）都会达到一致。数据传输的方向可以是发送方发送或获取方拉取。

在 Fabric 网络中，节点会定期地利用 Gossip 协议发送它看到的账本的最新数据，并对发送消息进行签名认证。通过使用该协议，主要实现如下功能：

- 通道内成员的探测：新加入通道的节点可以获知其他节点的信息，并发送 Alive 信息宣布在线；离线节点经过一段时间后可以被其他节点感知。
- 节点之间同步数据：多个节点之间彼此同步数据，保持一致性。另外，Leader 节点从 Orderer 拉取区块数据后，也可以通过 Gossip 传播给通道内其他节点。

提示 Cassandra 是 Apache 旗下的开源分布式结构化数据存储方案，由 Facebook 在 2008 年贡献到开源社区。

12.2.2 共识相关组件

共识（consensus）来自于分布式系统领域。

在 Fabric 中，共识过程意味着多个 Peer 节点对于某一批交易的发生顺序、合法性以及它们对账本状态的更新结果达成一致的观点。满足共识则意味着多个节点可以始终保证相同的状态，对于以同样顺序到达的交易可以进行一致的处理。

具体来看，Fabric 中的共识包括背书、排序和验证三个环节的保障。

1. 背书过程

背书（endorsement）是指背书节点对收到的来自客户端的请求（交易提案）按照自身的逻辑进行检查，以决策是否予以支持的过程。

通常情况下，背书过程意味着背书节点对请求提案和造成的状态变更（读写集）添加数字签名。

对于调用某个链码的交易来讲，它需要获得一定条件的背书才被认为合法。例如必须是来自某些特定身份成员的一致同意；或者某个组织中超过一定数目的部分成员的支持；或者指定的某个成员个体的支持。这些规则由链码的背书策略来指定。背书策略内容是比较灵活的，可以使用多种规则自由组合，并在链码进行实例化（instantiate）的时候指定。

2. 排序服务

排序服务（ordering service）通常是由排序节点组成的集群来提供。排序，意味着对一段时间内的一批交易达成一个网络内全局一致的顺序。

目前，排序服务采用了可拔插的架构，除了用于测试的 solo 模式，后端还可以接入包括 Kafka 在内的 CFT 类型后端，或者支持第三方实现的 BFT 类型后端。

排序服务除了负责达成一致顺序外，并不执行其他操作，这就避免了它成为整个网络的处理瓶颈。同时，排序服务节点很容易进行横向扩展，以提高整个网络的吞吐率。

3. 验证过程

验证（validation）是对排序后的一批交易进行提交到账本之前最终检查的过程。

验证过程包括检查交易结构自身完整性，交易所带背书签名是否满足预设的背书策略，并且交易的读写集是否满足多版本并发控制（Multi-Version Concurrency Control，MVCC）的相关要求等。

交易在验证环节如果进行了状态写操作，则对应读集合中所有状态的当前版本必须要跟执行背书时一致。否则该交易会被标记为不合法（invalid），对应交易不会被执行，也不影响世界状态。

确认前的验证过程是十分有必要的，可以避免交易并发时的状态更新冲突，确保交易发生后所有节点看到的结果都是一致的。

12.2.3　权限管理相关组件

权限管理是超级账本 Fabric 项目对区块链领域的一大贡献。Fabric 中提出了成员服务提供者（Membership Service Provider，MSP）的概念，抽象代表了一个身份验证的实体。基于它可以实现对不同资源进行基于身份证书的权限验证。

1. 成员服务提供者

成员服务提供者代表了用于对某个资源（成员、节点、组织等）进行身份验证的一组机制，是实现权限管理的基础。

基于 MSP，资源实体可以对数据签名进行确认，网络可以对签名的身份进行验证。通常情况下，一个组织或联盟可以对应到一个层级化的 MSP。

一个资源实体的 MSP 结构中往往包括签名和验证算法，以及一组符合 X.509 格式的证书，这些证书最后都需要追溯到同一个信任的根。

- 一组信任的根证书，是整个组织证书信任的基础，根证书可以签发中间层证书；
- MSP 的管理员的身份证书，管理员可以对 MSP 中证书进行管理；
- 组织单元（Organizational Unit）列表（可选）；
- 一组信任的中间证书，中间证书由根证书签发（可选）；
- 证书撤销列表，代表被吊销的证书名单（可选）。

Fabric 中 MSP 相关实现代码都在 msp 目录下，目前采用了 bccspmsp 结构来代表一个成员身份结构，并且采用了 MSPConfig（主要是其成员 FabricMSPConfig）结构来代表跟该实体相关的证书信息。其主要数据结构如图 12-6 所示。

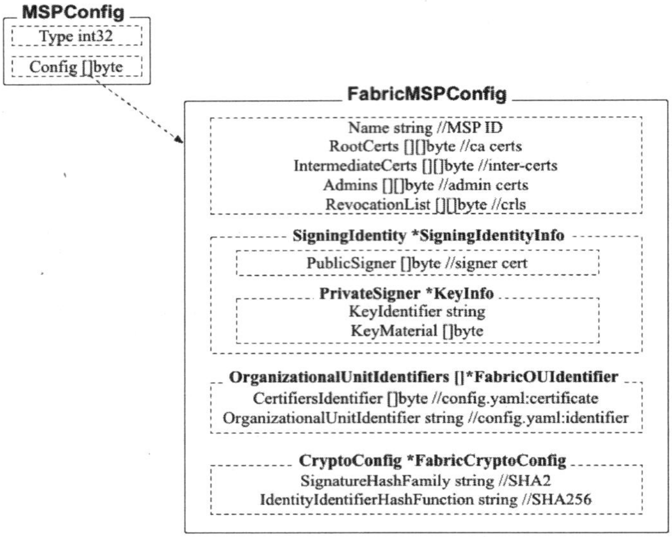

图 12-6　MSPConfig 数据结构

警告 MSP 中各实体资源的证书必须被证书信任树上的叶子节点签名。中间层签名的证书会被认为是非法实体证书。

---

2. 组织

组织（organization）代表一组拥有共同信任的根证书（可以为根 CA 证书或中间 CA 证书）的成员。

这些成员由于共享同样的信任根，彼此之间信任度很高，可以相互交换比较敏感的内容。同一个组织的成员节点在网络中可以被认为是同一个身份，代表组织进行签名。组织中成员可以为普通成员角色或者管理员角色，后者拥有更高的权限，可以对组织配置进行修改。

组织一般包括名称、ID、MSP 信息、管理策略、认证采用的密码库类型、一组锚点节点位置等信息。

通常情况下，多个组织为了进行数据沟通，可以加入到同一个通道中。

如图 12-7 所示，三家银行一共三个组织，两两加入到同一个通道中彼此进行相关数据交互，而无需担心被其他人看到。

3. 联盟

联盟（consortium）由若干组织构成的集合，是联盟链场景所独有的结构形式。

联盟一般用于多个组织相互合作的场景，例如某联盟中指定需要所有参与方同时对交易背书，才允许在网络中进行执行。

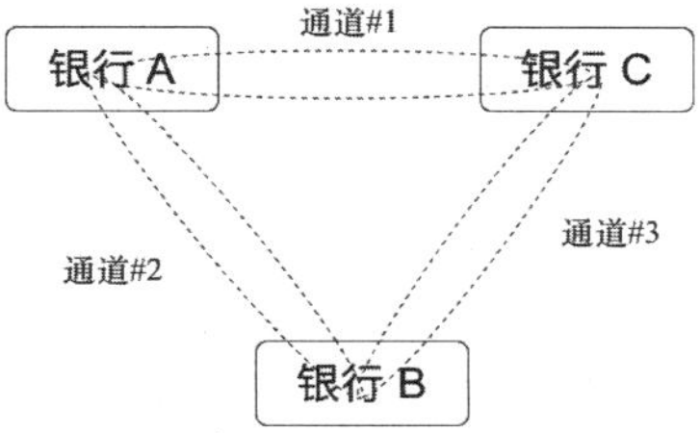

图 12-7　组织示例

联盟中的组织成员会使用同一个排序服务，并且遵循相同的通道创建策略（Channel-CreationPolicy）。通道创建策略可以为 ALL、MAJORITY 或者 ANY（默认值）。通道在创建时也必须指定所绑定的联盟信息。例如，某个联盟内可能定义必须要所有成员都同意才能创建新的通道；或者任何成员都可以自行创建新的通道。通道创建策略会成为所新建通道 Application 组的修改策略（mod_policy）。

在设置联盟时候，每个组织都需要指定自己的 ID 信息，该信息必须要跟该组织所关联的 MSP ID 一致。

此外，当通道创建后，联盟内成员理论上可以邀请其他联盟的成员加入到通道，但这种做法一般不推荐。

提示　策略相关原理可以参考本章后续小节内容。

---

4. 身份证书

身份证书（certificate）是 Fabric 中权限管理的基础。目前采用了基于 ECDSA 算法的非对称加密算法来生成公钥和私钥，证书格式则采用了 X.509 的标准规范。

Fabric 中采用单独的 Fabric CA 项目来管理证书的生成。每一个实体、组织都可以拥有自己的身份证书，并且证书也遵循了组织结构，方便基于组织实现灵活的权限管理。

12.2.4　业务层相关组件

对于应用开发人员来说，很多时候无需了解底层网络的实现细节，但十分有必要学习和掌握业务层的相关概念。交易、区块、通道、账本等概念，体现了基于区块链技术的分布式账本平台的特点，支撑了上层的分布式应用。

1. 交易

交易（transaction）是超级账本 Fabric 项目中的一个基础概念。

交易意味着通过调用链码实现对账本状态进行一次改变。客户端可以通过发送交易请求来让分布式账本记录信息。

通常来说，要构造一次交易，首先要创建交易提案（Transaction Proposal）。当一个交易提案获得足够的背书支持时，可以构造出合法的交易请求，进而可以发给排序节点进行排序。

交易消息经过排序者的排序后，会广播到网络中的各个节点进行确认。如果节点对交易进行本地验证通过，则对应接受该交易指定的状态变更，最终更新本地账本。

一个典型交易的结构如图 12-8 所示，除了签名头部和背书结构（执行交易的结果读写集合和签名）外，核心载荷数据在 ChaincodeInvocationSpec 结构中，封装了该交易相关的类型、时间戳、链码信息和调用参数等信息。

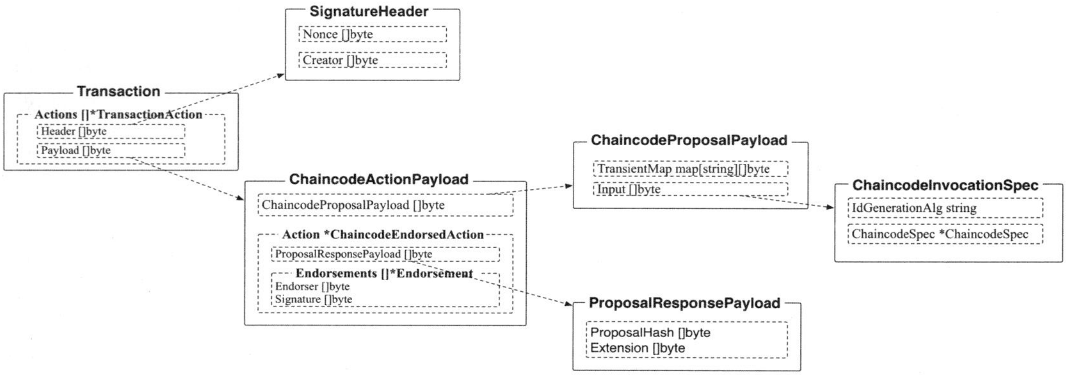

图 12-8　交易结构

2. 区块

区块（block）意味着一组进行排序后的交易的集合。

区块链以区块为单位对多个交易的历史进行链接，通过调整区块大小可以在吞吐性能和确认时间之间进行平衡。

超级账本 Fabric 项目中的典型区块结构如图 12-9 所示。

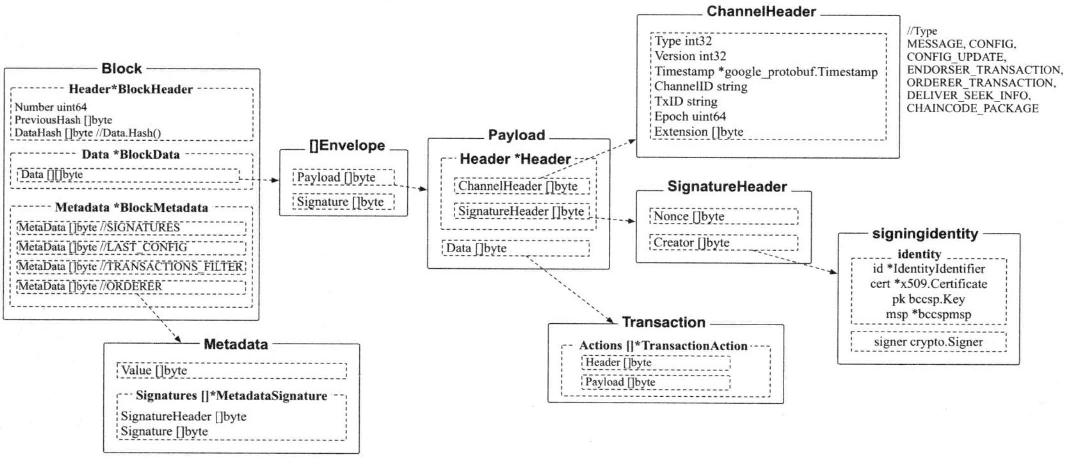

图 12-9　区块结构

典型地，区块结构包括区块头（Header）、数据（Data）、元数据（Metadata）三部分结构。

其中，区块头用于构建区块链结构，包括 Number、PreviousHash、DataHash 等三个值。Number 记录了区块的序号；PreviousHash 记录了所关联的前一个区块的头部域的 Hash 值；DataHash 则为本区块 Data 域内容的 Hash 值。

可见，只要两个区块头部的 Hash 值相同，则意味着区块内容（包括区块头和数据域）也完全一致。

Data 域中以 Envelope 结构记录区块内的多个交易信息。这些交易可以采用 Merkle 树结构进行组织。在目前的实现中，Fabric 采用了单层（宽度为 math.MaxUint32）的 Merkle 树结构，实际上退化为了线性数组结构。

Metadata 域中则记录一些辅助信息，包括：

- Metadata[BlockMetadataIndex_SIGNATURES]：签名信息，目前对空值签名，带有签名即可；
- Metadata[BlockMetadataIndex_LAST_CONFIG]：通道的最新配置区块的索引；
- Metadata[BlockMetadataIndex_TRANSACTIONS_FILTER]：交易是否合法的标记；
- Metadata[BlockMetadataIndex_ORDERER]：通道的排序服务信息。

3. 链码

链码（chaincode）或链上代码，是 Fabric 中十分关键的一个概念。

链码源自智能合约的思想，并进行了进一步扩展，支持多种高级编程语言。

目前超级账本 Fabric 项目中提供了用户链码和系统链码。前者运行在单独的容器中，提供对上层应用的支持，后者则嵌入在系统内，提供对系统进行配置、管理的支持。

一般所谈的链码为用户链码，通过提供可编程能力提供了对上层应用的支持。用户通过链码相关的 API 编写用户链码，即可对账本中状态进行更新操作。

链码最核心的结构为 ChaincodeSpec，对链码的部署和调用都基于该结构进行进一步封装（ChaincodeDeploymentSpec 和 ChaincodeInvocationSpec），相关结构如图 12-10 所示。链码信息至少需要指定名称、版本号和实例化策略。

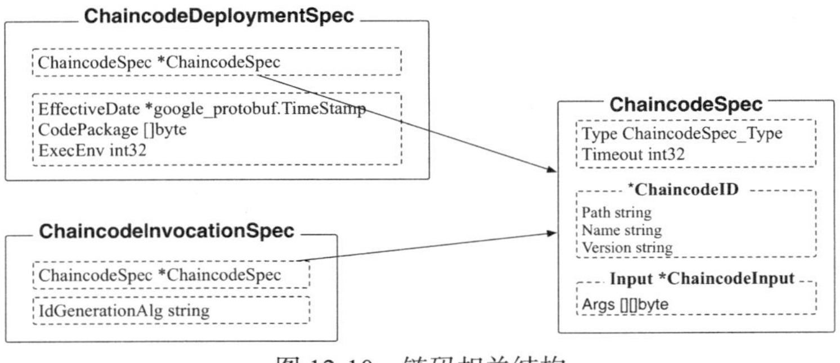

图 12-10 链码相关结构

链码经过安装和实例化操作后，即可被调用。在安装时候，需要指定具体安装到哪个 Peer 节点（Endorser）；实例化时还需要指定是在哪个通道内进行实例化。链码之间还可以通过互相调用，创建更灵活的应用逻辑。

Fabric 目前主要支持基于 Go 语言的链码，并对基于 Java 语言的链码实现提供了实验性的支持。

注意 目前用户链码的相互调用情况下，所调用链码暂时仅支持读操作。

---

4. 通道

通道（channel），狭义地讲，是排序服务上划分的彼此隔离的原子广播渠道，由排序服务进行管理。

通道与绑定到该通道上的配置和数据（包括交易、账本、链码实例、成员身份等），一起构成了一条完整的区块链（Chain）。这些数据只会被加入到通道内的组织成员所感知和访问到，通道外的成员无法访问到通道内数据。由于通道与链结构是一一对应的，有时候两者概念可以混用。

目前，通道包括应用通道（Application Channel）和系统通道（System Channel）两种类型，前者供用户应用使用，负责承载各种交易；后者则负责对应用通道进行管理。

通道在创建时候，会指定所关联的访问策略、初始所包括的组织身份（证书范围等，通过 MSP 检验）、锚节点、Orderer 服务地址等。通道创建后会构成一条区块链结构，初始区块中包含初始配置相关的信息。通道的配置信息可以被更新配置区块（Reconfiguration Block）进行更新。

加入应用通道内的节点需要指定或选举出代表节点（Leading Peer），负责代表组织从 Orderer 处拉取排序后的区块信息，然后通过 Gossip 协议传播给组织（准确地说，同一个 MSP）内其他节点。同时，每个组织可以指定锚节点（Anchor Peer），负责代表组织跟其他组织的成员进行数据交换。

特别地，对于每个排序服务来说，会绑定一条特殊的排序系统通道（Ordering System Channel）。该通道负责网络中应用通道的创建，并且是 Fabric 网络中启动时所创建的首个通道（Genesis Channel）。如图 12-11 所示。

用户需要创建新的应用通道时，需要向这个系统通道发送配置交易（Configuration Transaction）来实现，并且配置交易所构成的区块，会作为新建应用通道的初始区块（Genesis Block）。

注意 通道跟消息队列（Message Queue）中主题（Topic）的概念十分类似，只有加入到其中的成员才能收到其中的消息。

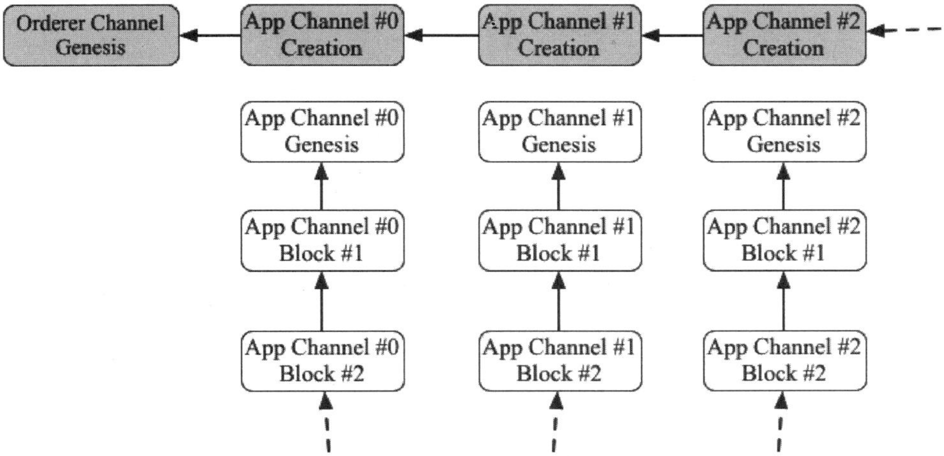

图 12-11　系统通道负责管理应用通道

5. 链结构

链结构（chain）跟通道是一一对应的。

理解了通道，理解链结构就比较简单了。一条链结构将包括如下内容：

- 所绑定的通道内的所有的交易信息，这些交易以区块形式进行存放；
- 通道内所安装和实例化的链码的相关信息；
- 对链进行操作的权限管理，以及参与到链上的组织成员。

一般情况下，一条典型链结构如图 12-12 所示，包括了各个区块依次串联而成的线性结构。

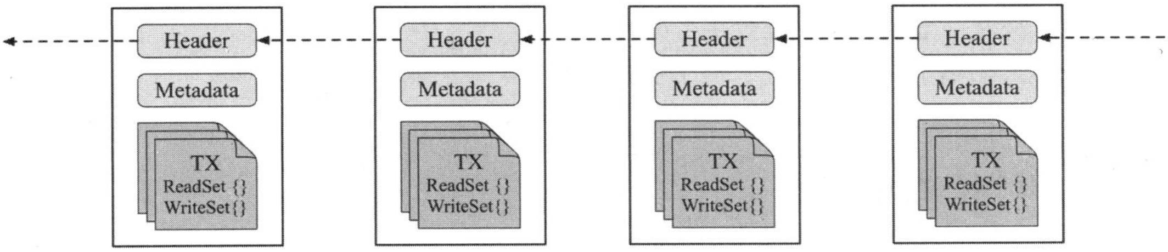

图 12-12　链结构

6. 账本

账本（ledger）也是 Fabric 中十分关键的一个结构，基于区块链结构进行了进一步的延伸。

正如它的名字所暗示的，账本主要负责记录发生在网络中的交易信息。应用开发人员通过编写和执行链码发起交易，实际上是对账本中记录的状态进行改变。

一个典型的账本结构如图 12-13 所示。

从结构上看，账本包括**区块链**（blockchain）结构，以及多个数据库结构。

- State Database：状态数据库，由区块链结构中交易执行推演而成，记录最新的世界状态；

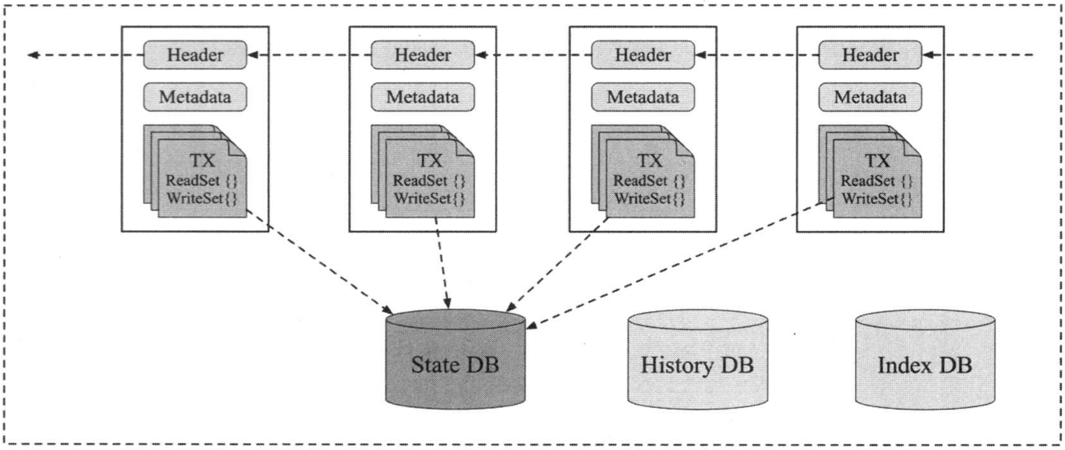

图 12-13 账本结构

- History Database：历史数据库，存放各个状态的历史变化记录；
- Index Database ：索引数据库，存放索引信息，例如从 Hash、编号索引到区块，从 ID 索引到交易等。

其中，区块链结构一般通过文件系统进行存储；状态数据库支持 LevelDB、CouchDB 两种实现；历史数据库和索引数据库则主要支持 LevelDB 实现。

从数据库的角度看，区块链结构记录的是状态变更的历史，状态数据库记录的是变更的最终结果。每一次对账本状态的变更通过交易导致的读写集合来进行表达。因此，发生交易实际上就是对一个读写集合进行接受的过程。

由于通道隔离了交易，因此，每个通道都拥有对应的隔离的账本结构。

12.3 gRPC 消息协议

Fabric 中大量采用了 gRPC 消息在不同组件之间进行通信交互，主要包括如下几种情况：客户端访问 Peer 节点，客户端和 Peer 访问 Orderer 节点，链码容器跟 Peer 节点之间，以及多个 Peer 节点之间的通信。

12.3.1 Envelope 消息结构

这些通信消息大多采用了 Envelope 结构来进行封装。

Envelope 消息结构定义在 protos/common/common.proto 文件中，结构如图 12-14 所示。

Envelope 消息结构并不复杂，包括一个 Payload 域存放数据，以及 Payload 域中内容进行签名的 Signature 域。

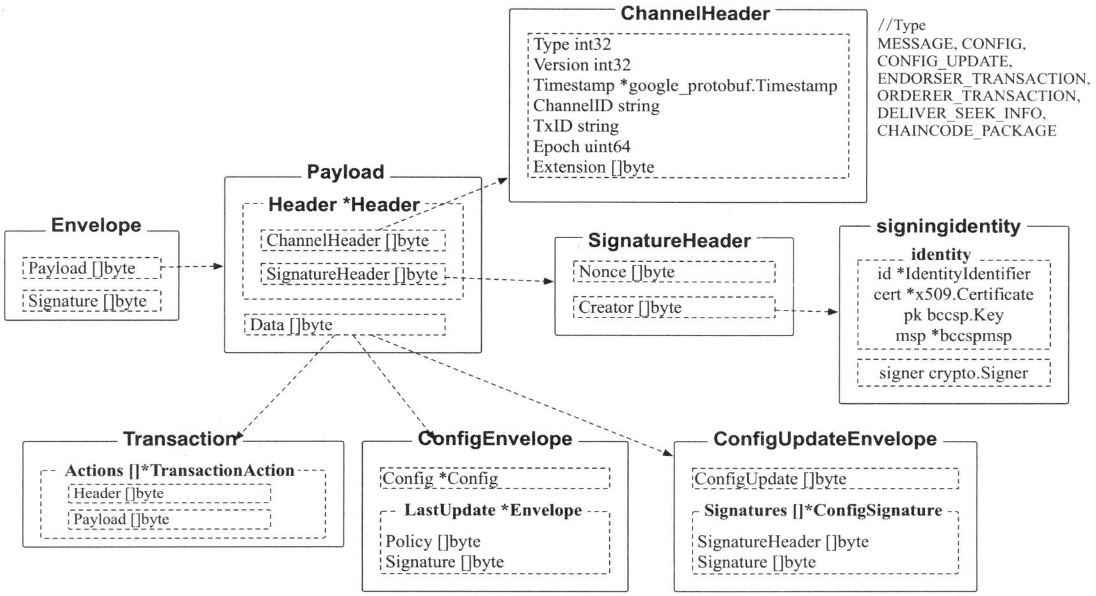

图 12-14 Envelope 消息结构

Payload 域中又包括 Header 域（记录类型、版本、签名者信息等元数据）和 Data 域（记录消息内容）。

Header 域是一个通用的结构。包括两种头部：ChannelHeader 和 SignatureHeader（主要记录签名者的身份信息）。

ChannelHeader 中记录了跟通道和交易相关的很多信息，包括：

- Type：int32 类型，代表了结构体（如 Envelope）的类型。结构体消息根据类型不同，其 Payload 可以解码为不同的结构。类型可以为 MESSAGE、CONFIG、CONFIG_UPDATE、ENDORSER_TRANSACTION、ORDERER_TRANSACTION、DELIVER_SEEK_INFO、CHAINCODE_PACKAGE 等；
- Version：int32 类型，版本号记录了消息协议的版本，一般为 0；
- Timestamp：*google_protobuf.Timestamp 类型，消息创建时候的时间；
- ChannelID：string 类型，消息所关联的通道 ID；
- TxID：string 类型，交易的 ID，由交易发起者创建；
- Epoch：uint64 类型，所属的世代，目前指定为所属区块的高度值；
- Extension：[]byte 类型，扩展域。

12.3.2 客户端访问 Peer 节点

客户端通过 SDK 和 Endorser Peer 进行交互，执行包括链码相关操作（安装、实例化、升级链码以及调用），加入、列出应用通道和监听事件操作。

大部分消息都采用了 SignedProposal 结构（定义在 protos/peer/proposal.pb.go 文件），消息中 ChannelHeader.Type 为 ENDORSER_TRANSACTION，并且发往的 gRPC 服务地址为 /protos.Endorser/ProcessProposal。这些操作消息总结如表 12-1 所示。

表 12-1 操作消息总结

操作	ChannelHeader.Type	调用位置
链码相关操作	ENDORSER_TRANSACTION	/protos.Endorser/ProcessProposal
加入应用通道	CONFIG	/protos.Endorser/ProcessProposal
列出所加入的应用通道	ENDORSER_TRANSACTION	/protos.Endorser/ProcessProposal
监听事件	N/A	/protos.Events/Chat

其中，SignedProposal 消息结构如图 12-15 所示。

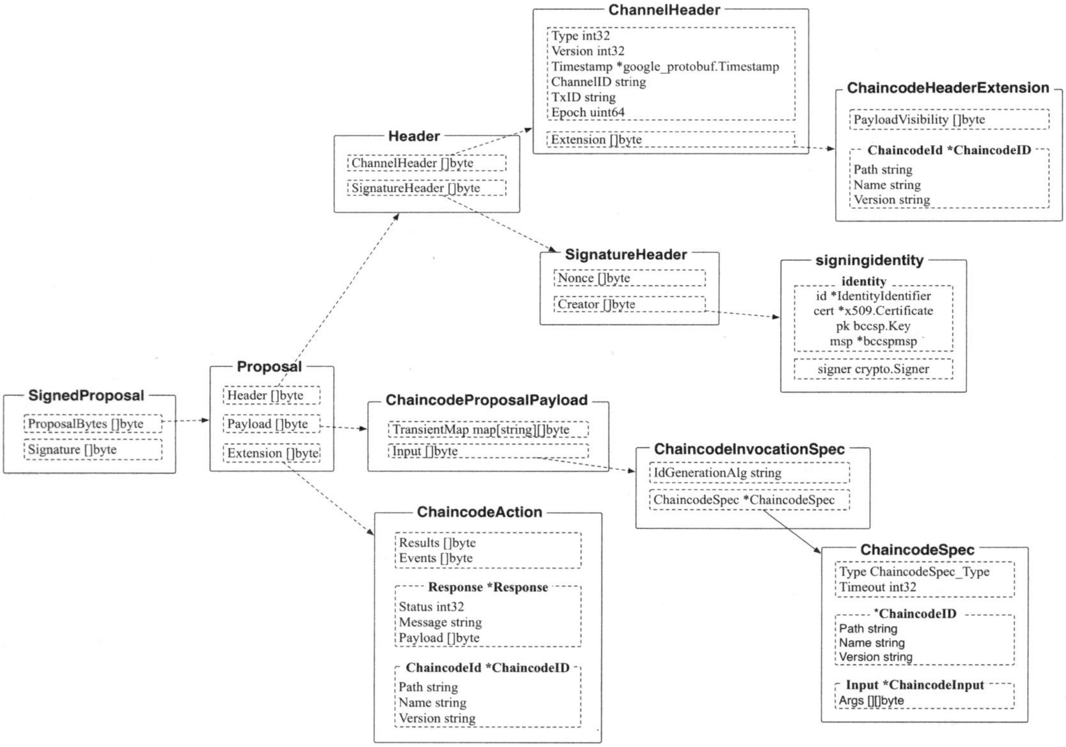

图 12-15 SignedProposal 消息结构

SignedProposal 消息结构结构中包括 Proposal 和对其的签名。

Proposal 消息结构中同样包括 Header 域、Payload 域，以及扩展域。其中，Payload 域和扩展域如何解码都取决于 ChainHeader 中的 Type 指定的类型。

以背书过程为例，Endorser Peer 返回的消息则为 ProposalResponse 结构（定义在 protos/peer/proposal.pb.go 文件），如图 12-16 所示。

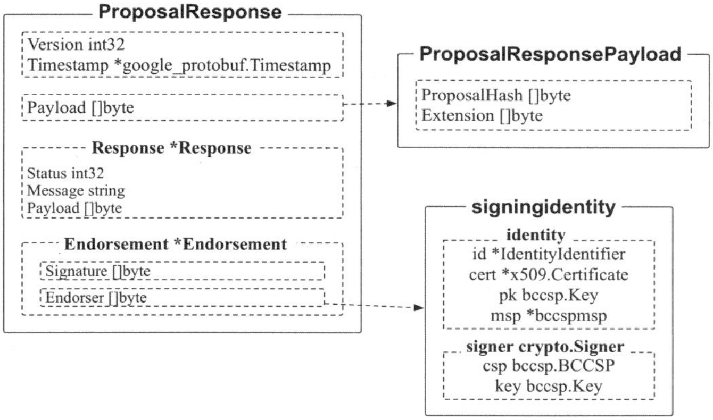

图 12-16　ProposalResponse 消息结构

ProposalResponse 消息结构包括如下数据：

- Version：int32 类型，记录消息协议的版本号信息；
- Timestamp *google_protobuf.Timestamp 类型，记录消息创建的时间；
- Response：*Response 类型，记录背书操作是否成功；
- Payload：[]byte 类型，记录背书提案的 Hash 值等；
- Endorsement：*Endorsement 类型，记录背书信息，主要是各背书者对提案的签名信息。

12.3.3　客户端、Peer 节点访问 Orderer

客户端通过 SDK 与 Orderer 进行交互，执行操作如链码实例化、调用和升级，应用通道创建和更新，以及区块结构获取等。

Peer 节点可以直接向 Orderer 请求获取区块结构，两者采用了同样的方法获取接口。请求消息都采用了 Envelope 结构，并且都发往 /orderer.AtomicBroadcast/BroadcastgRPC 服务地址。从 Orderer 获取信息时，则发往 /orderer.AtomicBroadcast/DelivergRPC 服务地址。gRPC 消息总结如表 12-2 所示。

表 12-2　客户端访问 Orderer 的 gRPC 消息

操作	ChannelHeader.Type	调用位置
链码实例化、调用和升级	ENDORSER_TRANSACTION	/orderer.AtomicBroadcast/Broadcast
创建和更新应用通道	CONFIG_UPDATE	/orderer.AtomicBroadcast/Broadcast，/orderer.AtomicBroadcast/Deliver
获取区块结构	CONFIG_UPDATE	/orderer.AtomicBroadcast/Deliver

12.3.4　链码容器和 Peer 节点之间的操作

链码容器启动后，会向 Peer 节点进行注册，gRPC 地址为 /protos.ChaincodeSupport/Register。消息为 ChaincodeMessage 结构（定义在 protos/peer/chaincode_shim.proto 文件），如图 12-17

所示。其中，Payload 域中可以包括各种 Chaincode 操作消息，如 GetHistoryForKey、GetQuery-Result、PutStateInfo、GetStateByRange 等。

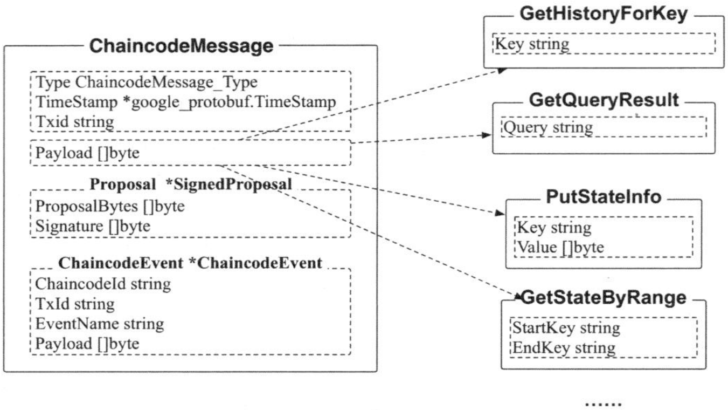

图 12-17 ChaincodeMessage 消息结构

注册完成后，双方建立起双工通道，通过更多消息类型实现多种交互，这将在 12.5 节予以介绍。

12.3.5 多个节点之间的操作

Peer 节点之间可以通过 Gossip 协议来完成区块分发、状态同步等过程，主要过程为通过 GossipClient 客户端的 GossipStream 双向流进行通信，发送 SignedGossipMessage 消息结构。相关定义在 protos/gossip/message.proto 文件中，gRPC 服务地址主要为 /gossip.Gossip/GossipStream。

此外，通过单独的 Ping 服务（gRPC 服务地址为 /gossip.Gossip/Ping）来实现对远端 Peer 在线状态进行探测。

SignedGossipMessage 消息结构如图 12-18 所示。

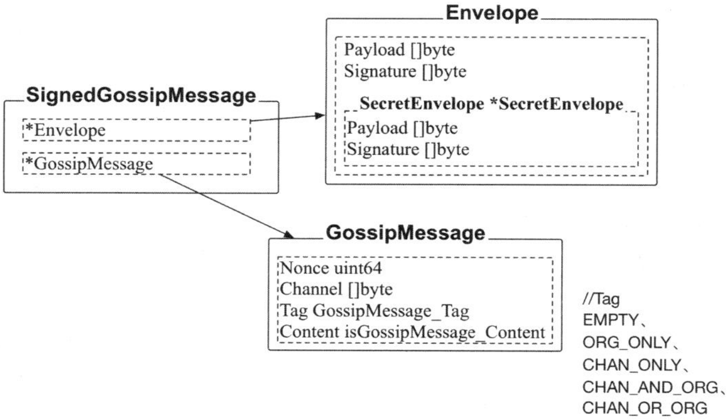

图 12-18 SignedGossipMessage 消息结构

其中，消息 Tag 可以为 EMPTY、ORG_ONLY、CHAN_ONLY、CHAN_AND_ORG、CHAN_

OR_ORG 等 5 种。

消息 Content 可以为如下 17 种类型，分别适用于不同的场景：

- 成员消息：AliveMsg、MemReq、MemRes；
- 区块消息：DataMsg；
- 推拉消息：Hello、DataDig、DataReq、DataUpdate；
- 建立连接消息：Conn；
- 空消息：Empty；
- 选举消息：LeadershipMsg；
- 身份消息：PeerIdentity；
- 状态消息：StateInfo、StateInfoPullReq、StateRequest、StateResponse、StateSnapshot。

12.4　权限管理和策略

权限管理是联盟链中十分重要的功能，一般要解决谁（身份）在某个场景（条件）下是否允许采取某个操作（行动）的问题。

超级账本 Fabric 项目通过策略（policy）来指定和实现网络中的各种场景下的权限限制。

12.4.1　策略应用场景

常见的策略场景包括 10 种情况，总结如表 12-3 所示。其中，大部分都与系统配置链码相关。

表 12-3　常见的策略场景

场景	策略检查	相关实现文件
新建应用通道时	Orderer 会检查是否申请者满足 Orderer 系统通道的 Writers 策略	orderer/multichain/chainsupport.go
节点加入应用通道时	配置管理系统链码（CSCC）会检查申请者是否为某个 MSP 的管理员身份	core/scc/cscc/configure.go
节点获取所加入通道列表时	配置管理系统链码（CSCC）会检查申请者是否为某个 MSP 的成员身份	core/scc/cscc/configure.go
获取某应用通道的区块时	配置管理系统链码会检查是否满足应用通道的 Readers 策略	core/scc/cscc/configure.go
客户向节点安装链码时	链码生命周期管理系统链码（LSCC）会检查安装提案中签名者是否为某个 MSP 的 Admin 身份	core/scc/lscc/lscc.go
客户端向节点实例化部署链码时	链码生命周期管理系统链码（LSCC）会检查实例化提案中背书签名是否已经满足了所指定的背书策略	core/scc/lscc/lscc.go
客户端向节点调用链码时	背书节点在背书过程中会检查链码是否满足应用通道的 Writers 策略和 Readers 策略；确认节点也会检查交易是否满足背书策略。	core/endorser/endorser.go 和 core/scc/lscc/lscc.go
调用 Broadcast() 接口向 Orderer 发送交易信息时	Orderer 会检查是否满足通道的 Writers 策略	orderer/multichain/chainsupport.go

（续）

场景	策略检查	相关实现文件
调用 Deliver() 接口从 Orderer 获取区块结构时	Orderer 会检查是否满足通道的 Readers 策略	orderer/common/deliver/deliver.go
节点通过 Gossip 协议获取到区块时	节点对区块进行校验，检查需要满足 BlockValidation 策略	peer/gossip/mcs.go

12.4.2 身份证书

执行策略检查的基础是身份证书机制。

通过基于 PKI 的成员身份管理，Fabric 网络可以对接入的节点和用户的各种能力进行限制。

Fabric 设计中考虑了三种类型的证书：登记证书（Enrollment Certificate）、交易证书（Transaction Certificate），以及保障通信链路安全的 TLS 证书。证书的默认签名算法为 ECDSA，Hash 算法为 SHA-256：

- 登记证书（ECert）：颁发给提供了注册凭证的用户或节点等实体，一般长期有效；
- 交易证书（TCert）：颁发给用户，控制每个交易的权限，一般针对某个交易，短期有效；
- 通信证书（TLSCert）：控制对网络层的接入访问，可以对远端实体身份进行校验，防止窃听。

目前，在实现上，主要通过 ECert 来对实体身份进行检验，通过检查签名来实现权限管理。TCert 功能暂时未启用。

12.4.3 权限策略的实现

权限策略，负责对通道内数据的各种操作权限进行管理。一般包括对读身份（Readers，例如获取通道的交易、区块等数据）、写身份（Writers，例如向通道发起交易）、管理员身份（Admins，例如加入通道、修改通道的配置信息）等权限进行限制。

操作者通过签名组合满足了指定的规则，则证明拥有了对应的权限身份，允许执行相应的操作。

1. 数据结构

实现上，每种策略结构都要实现 Evaluate(signatureSet []*cb.SignedData) error 方法。该方法中会对于给定的一组签名数据，按照一定规则对它们进行检验，看是否符合约定的条件。符合则说明满足了该策略。

策略相关的数据结构定义在 protos/common/policies.proto 文件中，其中主要包括 Policy、SignaturePolicyEnvelope（内嵌 SignaturePolicy 结构）和 ImplicitMetaPolicy 三种数据结构，如图 12-19 所示。

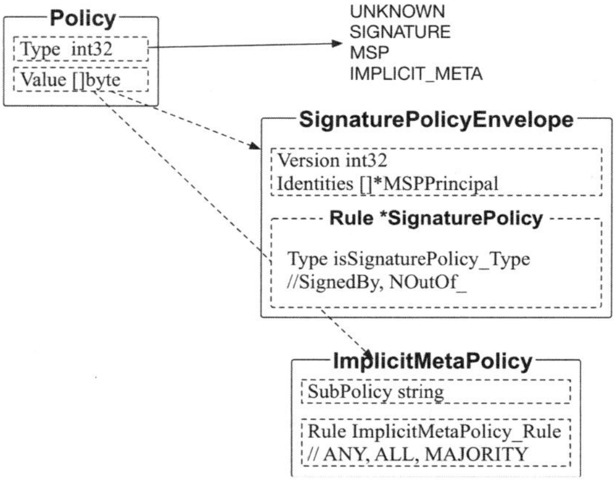

图 12-19 策略相关的数据结构

Policy 消息的定义如下。

```
message Policy {
    enum PolicyType {
        UNKNOWN = 0;    // 初始化保留类型
        SIGNATURE = 1;
        MSP = 2;
        IMPLICIT_META = 3;
    }
    int32 type = 1;     // 类型
    bytes value = 2;    // 规则
}
```

其中，PolicyType 的数值代表策略的类型，具体含义为：

- 0：表示 UNKNOWN，保留值，用于初始化；
- 1：表示 SIGNATURE，代表策略指定必须要匹配签名的组合，如某个 MSP 中至少三个签名；
- 2：表示 MSP，代表策略必须要匹配某 MSP 下的指定身份身份，如 MSP 的管理员身份；
- 3：表示 IMPLICIT_META，表示隐式类型规则。该类规则需要对策略域下子策略进行检查，并通过 Rule 来指定具体的规则，包括 ANY、ALL、MAJORITY 三种：
  - ANY：满足任意子组的对应策略；
  - ALL：满足所有子组的对应策略；
  - MAJORITY：满足过半子组的对应策略。

目前已经实现支持的策略类型包括 SignaturePolicy 和 ImplicitMetaPolicy 两种。

2. SIGNATURE 策略

SIGNATURE 策略指定通过签名来对数据进行认证，例如数据必须满足一定的签名身份组合。

相关数据结构主要包括 SignaturePolicy 消息体和封装后使用的 SignaturePolicyEnvelope，两者定义如下所示。

```
message SignaturePolicy {
    message NOutOf {
        int32 n = 1;
        repeated SignaturePolicy rules = 2;
    }
    oneof Type {
        int32 signed_by = 1;
        NOutOf n_out_of = 2;
    }
}

type SignaturePolicyEnvelope struct {
    Version    int32  `protobuf:"varint,1,opt,name=version" json:"version,omitempty"`
    Rule      *SignaturePolicy `protobuf:"bytes,2,opt,name=policy" json:"policy,
```

```
        omitempty"`
    Identities []*common1.MSPPrincipal `protobuf:"bytes,3,rep,name=identities" json:
        "identities,omitempty"`
}
```

其中，SignaturePolicy 结构体代表了一个策略的具体内容。支持指定某个特定签名，或者满足给定策略集合中的若干个（NOutOf）即可。NOutOf 用法十分灵活，基于它可以递归地构建任意复杂的策略语义，指定多个签名规则的与、或组合关系。

SignaturePolicyEnvelope 结构体代表了一个完整的策略，包括版本号（Version）、策略规则（Rule）和策略关联的实体集合（Identities）。注意实体集合采用 MSPPrincipal 结构表示，代表了 MSP 中的一组特定身份的集合。比如属于某个 MSP 的成员或者管理员身份的实体，或属于 MSP 中某个具体组织单位（OrganizationUnit）的实体，当然也可以指定为某个特定的签名实体。

MSPPrincipal 结构如图 12-20 所示。

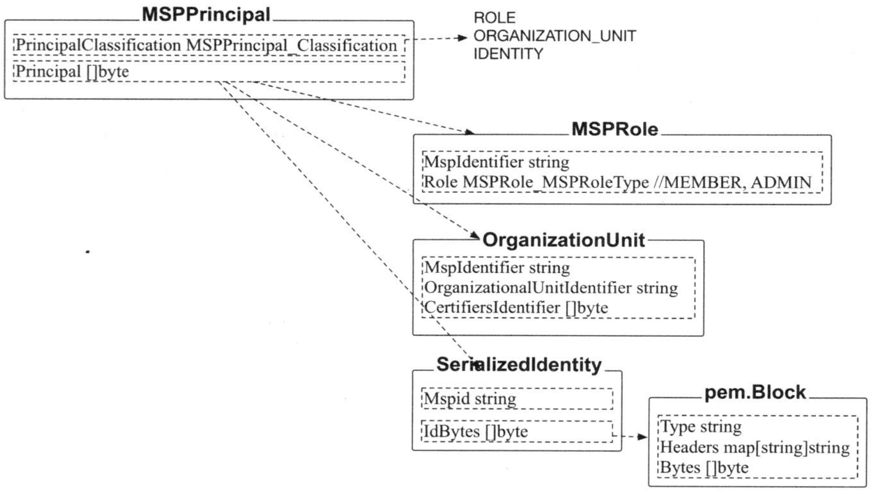

图 12-20　MSPPrincipal 数据结构

例如，某个策略指定签名内容需要满足 MP1 集合中身份签名，或者 MP2 集合和 MP3 集合中身份同时签名，则可以表达为 MP1 || (MP2 && MP3))。对应的策略结构如下所示：

```
SignaturePolicyEnvelope{
    version: 0,
    rule: SignaturePolicy{
        n_out_of: NOutOf{
            N: 1,
            rules: [
                SignaturePolicy{ signed_by: 0 },
                SignaturePolicy{
                    n_out_of: NOutOf{
```

```
                        N: 2,
                        rules: [
                            SignaturePolicy{ signed_by: 1 },
                            SignaturePolicy{ signed_by: 2 },
                        ],
                    },
                },
            ],
        },
    },
    identities: [MP1, MP2, MP3],
}
```

需要注意，策略的匹配过程是有序的（可参考 FAB-4749）。进行策略检查时，给定的多个签名会依次按照策略顺序依次跟 MSPPrincipal 指定的集合进行匹配，某个签名一旦匹配某 MSPPrincipal 则会被消耗掉。例如上述例子中，假如 MP1 代表组织 A 的管理员，MP2 代表组织 B 的成员，MP3 代表组织 B 的管理员，那么对于签名组合 [S1={ 组织 B 的管理员 }, S2={ 组织 B 的成员 }]，并不会匹配成功。因为，S1 在匹配 MP2 后会被消耗掉，剩下的 S2 在匹配 MP3 时会失败。因此，签名时要将优先级较低的签名放到前面，比如代表成员身份的签名应当放到管理员身份前。反之，对于策略的 Principal 列表，则应该将高优先级的放到前面。

对于策略的检查主要实现在 msp/mspimpl.go 代码文件的 SatisfiesPrincipal(id Identity, principal *m.MSPPrincipal) error 方法中。

另外，对于管理员身份的检查，是将签名的证书跟节点 msp/admincerts 路径下的证书列表进行匹配，查找到则认为匹配；对于成员身份，则需要所签名证书是被节点同一 MSP 根签发即可。

3. IMPLICIT_META 策略

IMPLICIT_META 策略不直接进行签名检查，而是通过引用其子元素的策略（最终还是通过 SIGNATURE 策略）来进行检查。检查结果通过 Rule 来进行限制。

相关的结构体主要为 ImplicitMetaPolicy，定义如下：

```
message ImplicitMetaPolicy {
    enum Rule {
        ANY = 0;                // 任意子策略被满足即可
        ALL = 1;                // 所有的子策略都必须满足
        MAJORITY = 2;           // 超过一半的子策略被满足
    }
    string sub_policy = 1;      // 在子元素中查找的子策略类型名称
    Rule rule = 2;              // 限制规则为 MAJORITY
}
```

其中，sub_policy 限定查找的子策略的类型（Readers、Writers 或 Admins），rule 指定限制的规则。

例如，对于应用通道，如果包括两个组织 Org1 和 Org2，那么如下的通道读策略

（/Channel/Application/Reader）实际上意味着 Org1 和 Org2 中任意读权限的拥有者都对拥有通道读权限：

```
ImplicitMetaPolicy{
    sub_policy: "Readers",
    rule: ANY,
}
```

12.4.4 通道策略

通道策略（Channel Policy）是层级化结构，最上层为 /Channel，下面是各级元素。在每一级别都可以指定策略，作为本层级的默认策略。

一个典型的例子如图 12-21 所示，包括一个 Orderer 组织和一个应用组织。

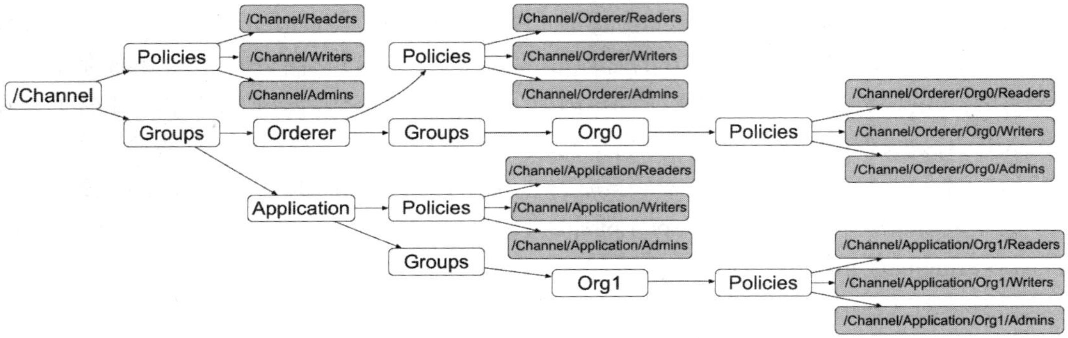

图 12-21　通道策略的层级结构

未经修改情况下，使用 configtxgen 工具生成配置区块，会为通道内元素预先定义一些默认的策略（代码在 common/configtx/tool/provisional 包中），如下所示：

```
# 全局默认默认策略
/Channel/Readers: ImplicitMetaPolicy-ANY Readers
/Channel/Writers: ImplicitMetaPolicy-ANY Writers
/Channel/Admins : ImplicitMetaPolicy-MAJORITY Admins

# 应用通道的默认策略（仅当应用通道）
/Channel/Application/Readers: ImplicitMetaPolicy-ANY Readers
/Channel/Application/Writers: ImplicitMetaPolicy-ANY Writers
/Channel/Application/Admins : ImplicitMetaPolicy-MAJORITY Admins

# 应用通道中各组织的默认策略（仅当应用通道）
/Channel/Application/Org/Readers: SignaturePolicy for 1 of MSP Org Member
/Channel/Application/Org/Writers: SignaturePolicy for 1 of MSP Org Member
/Channel/Application/Org/Admins : SignaturePolicy for 1 of MSP Org Admin

# 系统通道的默认策略
```

```
/Channel/Orderer/Readers: ImplicitMetaPolicy-ANY Readers
/Channel/Orderer/Writers: ImplicitMetaPolicy-ANY Writers
/Channel/Orderer/BlockValidation : ImplicitMetaPolicy-ANY Writers
/Channel/Orderer/Admins : ImplicitMetaPolicy-MAJORITY Admins

# 系统通道中各组织的默认策略
/Channel/Orderer/Org/Readers: SignaturePolicy for 1 of MSP Org Member
/Channel/Orderer/Org/Writers: SignaturePolicy for 1 of MSP Org Member
/Channel/Orderer/Org/Admins : SignaturePolicy for 1 of MSP Org Admin

# 联盟组的默认策略（仅当系统通道）
/Channel/Consortiums/Admins: SignaturePolicy for ANY

# 联盟的默认策略（仅当系统通道）
/Channel/Consortiums/Consortium/ChannelCreationPolicy: ImplicitMeta-Policy-ANY for Admin

# 联盟中组织的默认策略（仅当系统通道）
/Channel/Consortiums/Consortium/Org/Readers: SignaturePolicy for 1 of MSP Org Member:
    ImplicitMetaPolicy-ANY for Admin
/Channel/Consortiums/Consortium/Org/Writers: SignaturePolicy for 1 of MSP Org Member
/Channel/Consortiums/Consortium/Org/Admins : SignaturePolicy for 1 of MSP Org Admin
```

12.4.5 背书策略

用户在实例化链码时，可以指定背书策略（Endorsement Policy）。

背书策略采用了 SignaturePolicy 结构进行指定，同样可以基于 MSPPrincipal 结构构建任意复杂的签名校验组合。

例如，指定某几个组织内的任意成员身份进行背书，或者至少有一个管理员身份进行背书等。

语法上，背书策略支持通过 -P 指定哪些 SignaturePolicy 会被需要；通过 -T 指定所需要的 SignaturePolicy 个数。

目前，客户端已经实现了对背书策略的初步支持，通过 -P 来指定通过 AND、OR 组合的成员身份（admin，member）集合。

下面的命令可以指定要么 Org1 的管理员进行背书，或者 Org2 和 Org3 的成员同时进行背书，才满足背书策略：

```
-P OR('Org1.admin', AND('Org2.member', 'Org3.member'))
```

12.4.6 实例化策略

实例化策略（Instantiation Policy）一般用于最终确认阶段，Committer 利用 VSCC 对网络中进行链码部署的操作进行权限检查。

目前，实例化策略同样采用了 SignaturePolicy 结构进行指定，可以基于 MSPPrincipal 结构构建任意复杂的签名校验组合。

默认情况下，会以当前 MSP 的管理员身份作为默认的策略，即只有当前 MSP 管理员可以进行链码实例化操作。这可以避免链码被通道中其他组织成员私自在其他通道内进行实例化。

12.5 用户链码

用户链码对应用开发者来说十分重要，它提供了基于区块链分布式账本的状态处理逻辑，基于它可以开发出多种复杂的应用。

在超级账本 Fabric 项目中，用户可以使用 Go 语言来开发链码，未来还将支持包括 Java、JavaScript 在内的多种高级语言。

用户链码相关的代码都在 core/chaincode 路径下。其中 core/chaincode/shim 包中的代码主要是供链码容器侧调用使用，其他代码主要是 Peer 侧使用。

12.5.1 基本结构

Fabric 中为链码提供了很好的封装支持，用户编写链码十分简单。

下面给出了链码的典型结构，用户只需要关注到 Init() 和 Invoke() 函数的实现上，在其中利用 shim.ChaincodeStubInterface 结构，实现跟账本的交互逻辑：

```
package main

import (
    "errors"
    "fmt"
    "github.com/hyperledger/fabric/core/chaincode/shim"
)

type DemoChaincode struct { }

func (t *DemoChaincode) Init(stub shim.ChaincodeStubInterface) pb.Response {
    //more logics using stub here
    return stub.Success(nil)
}

func (t *DemoChaincode) Invoke(stub shim.ChaincodeStubInterface) pb.Response
    //more logics using stub here
    return stub.Success(nil)
}

func main() {
    err := shim.Start(new(DemoChaincode))
    if err != nil {
        fmt.Printf("Error starting DemoChaincode: %s", err)
    }
}
```

用户链码支持 install、instantiate、invoke、query、upgrade、package、signpackage 等操作，其生命周期被生命周期管理系统链码（Lifecycle System Chaincode，LSCC）进行管理。

12.5.2 链码与 Peer 的交互过程

用户链码目前运行在 Docker 容器中，跟 Peer 节点之间通过 gRPC 通道进行通信，双方通过 ChaincodeMessage 消息进行交互。

ChaincodeMessage 消息结构如图 12-22 所示，其中，Type 为消息的类型，TxId 为关联的交易的 ID，Payload 中则存储消息内容。

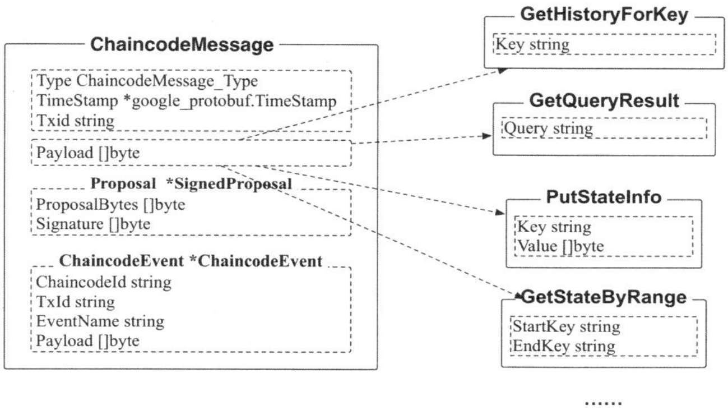

图 12-22 ChaincodeMessage 消息结构

消息类型包括 REGISTER、REGISTERED、INIT、READY、TRANSACTION、COMPLETED、ERROR、GET_STATE、PUT_STATE、DEL_STATE、INVOKE_CHAINCODE、RESPONSE、GET_STATE_BY_RANGE、GET_QUERY_RESULT、QUERY_STATE_NEXT、QUERY_STATE_CLOSE、KEEPALIVE、GET_HISTORY_FOR_KEY 等 19 种消息，这些消息负责整个用户链码的完整生命周期。

用户链码容器和所属 Peer 节点之间的主要交互过程如图 12-23 所示。

典型情况下，链码自注册到 Peer 开始，一直到被调用过程，主要步骤大致如下：

1）用户链码调用 shim.Start() 方法后，首先会向 Peer 发送 ChaincodeMessage_REGISTER 消息尝试进行注册。之后开始等待接收来自 Peer 的消息。此时状态为初始的 created。

2）Peer 收到来自链码容器的 ChaincodeMessage_REGISTER 消息，注册到本地的一个 handler 结构，返回 ChaincodeMessage_REGISTERED 消息给链码容器。更新状态为 established，之后自动发出 ChaincodeMessage_READY 消息给链码侧，更新状态为 ready。

3）链码侧收到 ChaincodeMessage_REGISTERED 消息后，不进行任何操作，注册成功。更新状态为 established。收到 ChaincodeMessage_READY 消息后更新状态为 ready。

4）Peer 侧发出 ChaincodeMessage_INIT 消息给链码容器，对链码进行进行初始化。

5）链码容器收到 ChaincodeMessage_INIT 消息，调用用户链码代码 Init() 方法进行初始化，成功后，返回 ChaincodeMessage_COMPLETED 消息。此时，链码容器可以被调用了。

6）链码被调用时，Peer 发出 ChaincodeMessage_TRANSACTION 消息给链码。

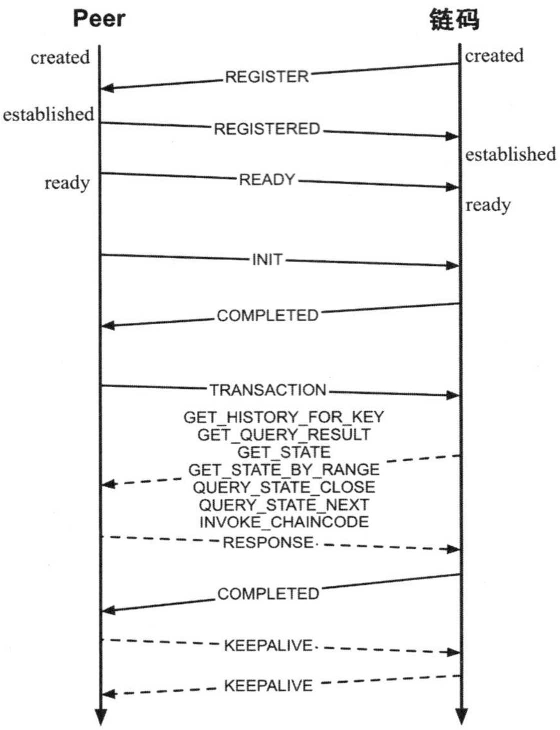

图 12-23 链码消息交互

7）链码收到 ChaincodeMessage_TRANSACTION 消息，会调用 Invoke() 方法，根据 Invoke 方法中用户实现的逻辑，可以发出以下消息给 Peer 侧：

- ChaincodeMessage_GET_HISTORY_FOR_KEY
- ChaincodeMessage_GET_QUERY_RESULT
- ChaincodeMessage_GET_STATE
- ChaincodeMessage_GET_STATE_BY_RANGE
- ChaincodeMessage_QUERY_STATE_CLOSE
- ChaincodeMessage_QUERY_STATE_NEXT
- ChaincodeMessage_INVOKE_CHAINCODE

Peer 侧收到这些消息，进行相应的处理，并回复 ChaincodeMessage_RESPONSE 消息。最后，链码侧会回复调用完成的消息 ChaincodeMessage_COMPLETE 给 Peer 侧。

8）在上述过程中，Peer 和链码侧还会定期的发送 haincodeMessage_KEEPALIVE 消息给对方，以确保彼此在线。

12.5.3 链码处理状态机

无论是链码容器侧还是 Peer 侧，都是根据收到的消息触发处理逻辑，然后进入下一个状态，十分适合采用有限状态机（Finite State Machine，FSM）结构进行描述。Fabric 项目采用了 github.com/looplab/fsm 包实现了基于状态机的链码逻辑处理。

1. 链码容器侧处理

链码侧主要实现了 Handler 结构体来处理消息，并通过各种 handleXXX 方法具体实现来自 Chaincode 接口中定义的各种对账本的操作：

Handler 结构体实现代码在 core/chaincode/shim/handler.go 文件，主要定义如下：

```
type Handler struct {
    sync.RWMutex
    //shim to peer grpc serializer. User only in serialSend
    serialLock sync.Mutex
    To         string
    ChatStream PeerChaincodeStream
    FSM        *fsm.FSM
    cc         Chaincode
    //Multiple queries (and one transaction) with different txids can be executing
        in parallel for this chaincode
    //responseChannel is the channel on which responses are communicated by the
        shim to the chaincodeStub.
    responseChannel map[string]chan pb.ChaincodeMessage
    nextState       chan *nextStateInfo
}
```

Handler 结构体的主要成员包括：

- ChatStream：跟 Peer 进行通信的 gRPC 流；
- FSM：最重要的事件处理状态机，根据收到不同事件调用不同方法；
- cc：所面向的链码；
- responseChannel：本地 chan，字典结构，key 是 TxID，value 里面可以放上一些消息，供调用者后面使用；
- nextState：本地 chan，可以存放下一步要进行的操作和数据。

链码侧对链码消息处理的状态机如图 12-24 所示，最关键的是在 ready 状态下处理来自 Peer 的各种消息。

2. Peer 侧状态机

Peer 侧也通过了一个 Handler 结构体来处理链码容器侧过来的各种消息。该结构体的定义在 core/chaincode/handler.go 文件中，定义代码如下所示：

```
type Handler struct {
    sync.RWMutex
    //peer to shim grpc serializer. User only in serialSend
```

```
    serialLock   sync.Mutex
    ChatStream   ccintf.ChaincodeStream
    FSM          *fsm.FSM
    ChaincodeID *pb.ChaincodeID
    ccInstance   *sysccprovider.ChaincodeInstance

    chaincodeSupport *ChaincodeSupport
    registered       bool
    readyNotify      chan bool
    // Map of tx txid to either invoke tx. Each tx will be
    // added prior to execute and remove when done execute
    txCtxs map[string]*transactionContext

    txidMap map[string]bool

    // used to do Send after making sure the state transition is complete
    nextState chan *nextStateInfo

    policyChecker policy.PolicyChecker
}
```

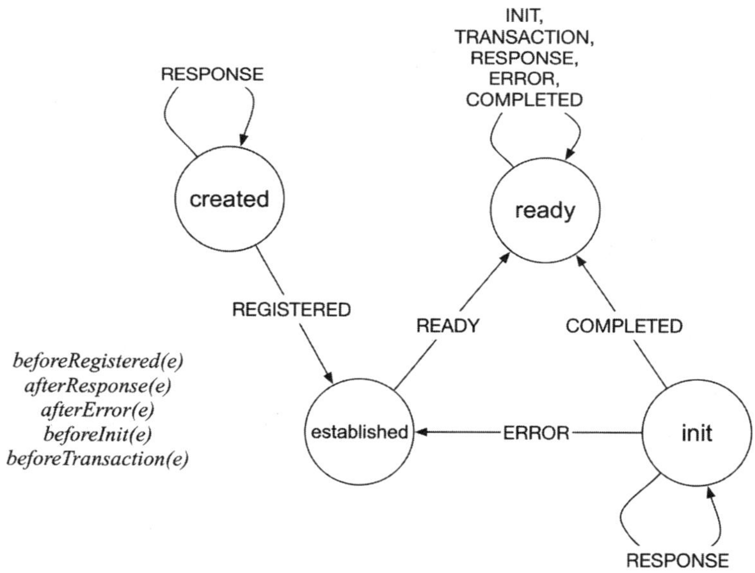

图 12-24 链码侧状态机

Handler 结构体的主要成员包括：

- ChatStream：跟链码侧进行通信的 gRPC 通道；
- FSM：核心的事件处理状态机，根据收到不同事件调用不同方法；
- ChaincodeID：所关联的链码 ID；
- ccInstance：代表链码实例；
- chaincodeSupport：提供对链码的执行、注册、启动、停止等操作；

- registered：是否已注册；
- readyNotify：本地 chan，通知就绪状态；
- txCtxs：字典结构，存储交易 ID 到交易的映射；
- nextState：本地 chan，存储状态切换的相关数据；
- policyChecker：根据通道策略，对签名进行检查等。

Peer 侧对链码消息处理的状态机如图 12-25 所示，最主要的是在 ready 状态下处理来自链码侧的各种消息。

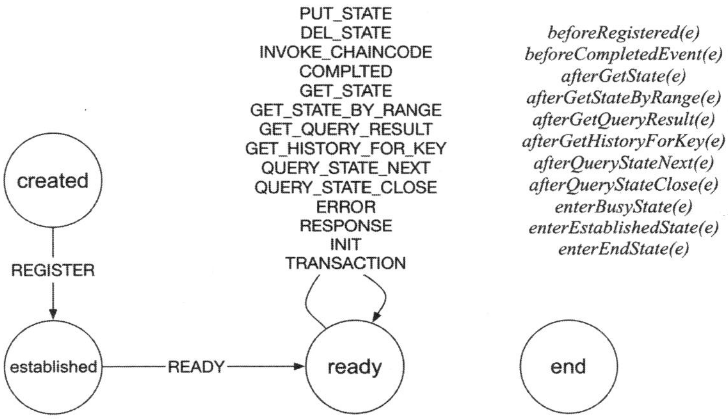

图 12-25　Peer 侧状态机

12.6　系统链码

系统链码（System Chaincode）是超级账本 Fabric 项目在设计上的一大创新。

通过上一小节的阅读，相信读者已经了解，最常见的用户应用链码（User Application Chaincode），由应用开发者来编写逻辑，运行在链码容器中，通过 Fabric 提供的有限接口与账本平台进行交互。

而系统链码则负责 Fabric 节点自身的处理逻辑，包括系统配置、背书、校验等工作。这些处理过程最初通过硬编码（Hard-Coded）的方式固化在系统中。Fabric 通过系统链码的形式来实现，运行在 Peer 主进程内，兼顾了逻辑实现和管理的灵活性，以及通信的性能。

系统链码目前仅支持 Go 语言，在 Peer 节点启动时会自动完成注册和部署，以进程内逻辑形式跟主进程进行交互。

目前，Fabric 中包括五大类型的系统链码，主要功能如表 12-4 所示。

表 12-4　Fabric 五大类型系统链码

系统链码名称	功能介绍	是否支持链外调用
Configuration System Chaincode（CSCC）	负责账本和链的配置管理	是
Endorsement System Chaincode（ESCC）	负责背书签名过程	否

（续）

系统链码名称	功能介绍	是否支持链外调用
Lifecycle System Chaincode（LSCC）	负责管理用户链码的生命周期	是
Query System Chaincode（QSCC）	负责提供账本和链的信息查询功能，包括区块和交易等	是
Verification System Chaincode（VSCC）	交易提交前根据背书策略进行检查，并对读写集合的版本进行验证	否

这些链码的实现都在 fabric/core/scc 路径下，下面分别予以讲解。

1. 配置系统链码

Configuration System Chaincode，即配置系统链码，顾名思义，是负责配置管理的系统链码，支持被从链外进行调用。

CSCC 主要代码实现在 core/scc/cscc 路径下，目前支持如下类型的 Invoke 方法：

- JoinChain：当某个节点申请加入某条通道时被调用。负责根据传入的初始区块参数生成所加入通道的创世区块，并完成账本、通道相关数据结构的初始化工作。调用后，节点本地将维护所加入通道的数据结构，并创建初始区块；
- GetConfigBlock：当需要获取节点在某个通道上配置时候被调用。该方法获取指定通道的配置区块（未更新时等价于初始区块）的内容；
- UpdateConfigBlock：当需要更新节点在某个通道上的配置时被调用。根据传入的区块数据生成区块结构，替换掉现有的配置区块结构。替换后，配置区块数据将跟该通道内的初始区块不再一致；
- GetChannels：需要获取到节点所加入所有通道列表时被调用。该方法获取该节点已经加入的所有通道的信息。

2. 背书管理系统链码

Endorsement System Chaincode，即背书管理系统链码。负责背书（签名）过程，并可以支持对背书策略进行管理，仅支持链内系统调用。

ESCC 主要代码实现在 core/scc/escc 路径下，目前提供了 Invoke 方法，会对传入的链码提案的模拟运行结果进行签名，之后创建响应消息返回给客户端。

3. 生命周期系统链码

Lifecycle System Chaincode，即生命周期系统链码，负责对用户链码的生命周期进行管理，支持被从链外进行调用。

LSCC 主要代码实现在 core/scc/lscc 路径下。

链码的生命周期包括安装、部署、升级、权限管理、获取信息等环节。这些操作都可以通过对 LSCC 进行 Invoke 来实现：

- INSTALL：安装意味着将用户链码相关文件打包，放置到节点的文件系统，默认在 /

var/hyperledger/production/chaincodes/ 路径下面；

- DEPLOY：意味着链码被部署和实例化（Instantiate），生成链码容器。在此过程中会检查通道的 ACL，从本地拿到链码数据，检查 Instantiation Policy；
- UPGRADE：升级链码时被调用。检查 Instantiation Policy，通过则对本地文件进行替换，并生成新的链码容器；
- GETCCINFO：获取链码信息时被调用。检查节点对该通道是否有读权限，通过则返回指定链码的信息；
- GETCCDATA：获取链码数据时被调用。检查节点对该通道是否有读权限，通过则返回指定链码的完整数据；
- GETCHAINCODES：获取节点在通道上的链码信息，检查节点是否具有管理员权限，通过则返回在通道上的所有的链码信息，包括已安装和已实例化的。

4. 查询系统链码

Query System Chaincode，查询系统链码，负责提供一些账本和链信息的查询方法，包括 GetChainInfo、GetBlockByNumber、GetBlockByHash、GetTransactionByID、GetBlockByTxID 等，支持被从链外进行调用。QSCC 主要代码实现在 core/scc/qscc 路径下：

- GetChainInfo：获取区块链的信息，包括高度值、当前区块 Hash 值、上一个区块 Hash 值等；
- GetBlockByNumber：根据给定的高度，返回对应区块的数据；
- GetBlockByHash：根据给定的区块头 Hash 值，返回对应区块的数据；
- GetTransactionByID：根据给定的 TxID，返回对应交易的数据；
- GetBlockByTxID：根据给定的 TxID，返回包含该交易的区块的数据。

5. 验证系统链码

Verification System Chaincode，验证系统链码，负责担任 Committer 角色的节点对从 Orderer 收到的一批交易进行写入前的再次验证，仅支持链内系统调用。

VSCC 主要代码实现在 core/scc/vscc 路径下。该链码比较简单，提供了 Invoke 方法，其主要过程为：

- 首先解析出交易结构，并对交易结构格式进行校验；
- 检查交易的读集合中元素版本跟本地账本中版本一致；
- 检查带有合法的背书信息（目前主要是检查签名信息）；
- 通过则返回正确，否则返回错误消息。

12.7　排序服务

排序服务在超级账本 Fabric 网络中起到十分核心的作用。所有交易在发送到网络中交由 Committer 进行验证接受之前，需要先经过排序服务进行全局排序。排序服务提供了原子广播排序功能。

在目前架构中，排序服务的功能被抽取出来，作为单独的 fabric-orderer 模块来实现，代码主要在 fabric/orderer 目录下。

排序服务主要由三部分组成：gRPC 协议对外提供服务接口；账本组件网络中每个应用通道维护区块链结构，排序插件跟不同类型的排序后端打交道，如图 12-26 所示。

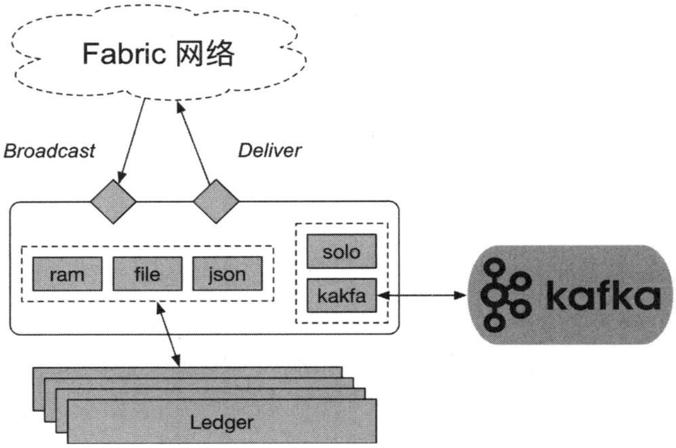

图 12-26　Orderer 主要结构

12.7.1　gRPC 服务接口

Orderer 通过 gRPC 接口提供了对外的调用服务，主要包括两个接口：Broadcast(srv ab.AtomicBroadcast_BroadcastServer) error 和 Deliver(srv ab.AtomicBroadcast_DeliverServer) error。其中：

- Broadcast(srv ab.AtomicBroadcast_BroadcastServer) error：意味着客户端发送交易请求到排序服务进行排序处理。gRPC 服务接口地址是 /orderer.AtomicBroadcast/Broadcast；
- Deliver(srv ab.AtomicBroadcast_DeliverServer) error：意味着客户端或 Peer 从排序服务获取排序后的区块（批量交易）。gRPC 服务接口地址是 /orderer.AtomicBroadcast/Deliver。

实现上，Orderer 通过 server 结构（实现 AtomicBroadcast_BroadcastServer 接口，代码在 orderer/server.go 文件）来作为入口结构，封装了 handlerImpl 和 deliverserver 两个句柄结构（代码在 orderer/common/broadcast,deliver 两个包中）来分别处理 Broadcast(srv ab.AtomicBroadcast_BroadcastServer) error 和 Deliver(srv ab.AtomicBroadcast_DeliverServer) error 两个对外的接口。

这些结构和关键方法如图 12-27 所示。

其中，比较关键的是通过 multiLedger 结构来管理网络中的链和账本结构；通过 Processor 结构来对通道配置更新交易进行处理。

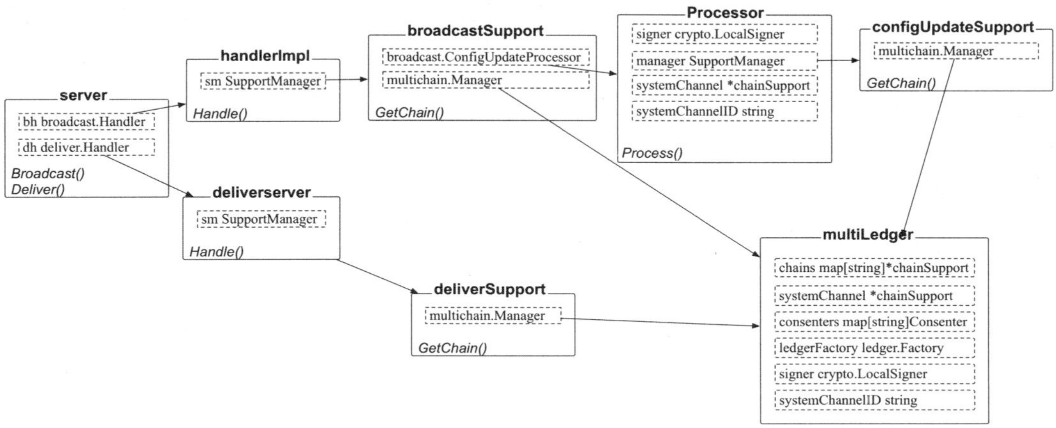

图 12-27　Orderer 主服务结构和方法

12.7.2　链和账本管理

Orderer 节点本地需要维护网络中的账本结构。服务启动后会默认从本地文件进行查找和加载。其中，账本结构支持三种实现类型：

- ram：存放近期若干区块到内存中。保存的近期区块个数由配置 $ORDERER_RAMLEDGER_HISTORYSIZE 指定（可以通过命令行、环境变量、配置文件等方式指定）；
- file：存放区块记录到本地文件系统。当 $ORDERER_FILELEDGER_LOCATION 有配置时，默认是 $ORDERER_FILELEDGER_LOCATION/chains 下；否则在临时目录下创建 $ORDERER_FILELEDGER_PREFIX 目录；
- json：存放区块记录到本地文件系统（存储格式为 json）。当 $ORDERER_FILELEDGER_LOCATION 有配置时，默认是 $ORDERER_FILELEDGER_LOCATION/chains 下；否则在临时目录下创建 $ORDERER_FILELEDGER_PREFIX 目录。

以 file 类型账本为例，其初始化后本地路径结构可能如下所示：

```
/var/hyperledger/production/orderer/
|-- chains
|   `-- testchainid
|       `-- blockfile_000000
`-- index
    |-- 000001.log
    |-- CURRENT
    |-- LOCK
    |-- LOG
    `-- MANIFEST-000000
```

注意，Orderer 中账本结构实际上维护的主要还是区块链结构，不包括状态数据库（Peer 节点中会维护）。

链和账本结构的维护通过核心的 multiLedger 结构（实现 Manager 接口，代码在 orderer/multichain/manager.go 文件）来实现。

其中成员包括对本地链结构进行管理的结构 chains 和 systemChannel、对后端共识插件的调用 consenters、对本地账本结构进行维护的三种类型的账本，以及用于签名的签名结构 signer。方法则包括获取 ChainSupport 结构的 GetChain()、获取系统通道 ID 的 SystemChannelID()，以及生成配置管理器的 NewChannelConfig() 方法。

这些结构和关键方法如图 12-28 所示，各个类型账本都实现了 Append(blockcb.Block)、Height()、Iterator(startPositionab.SeekPosition) 等方法。

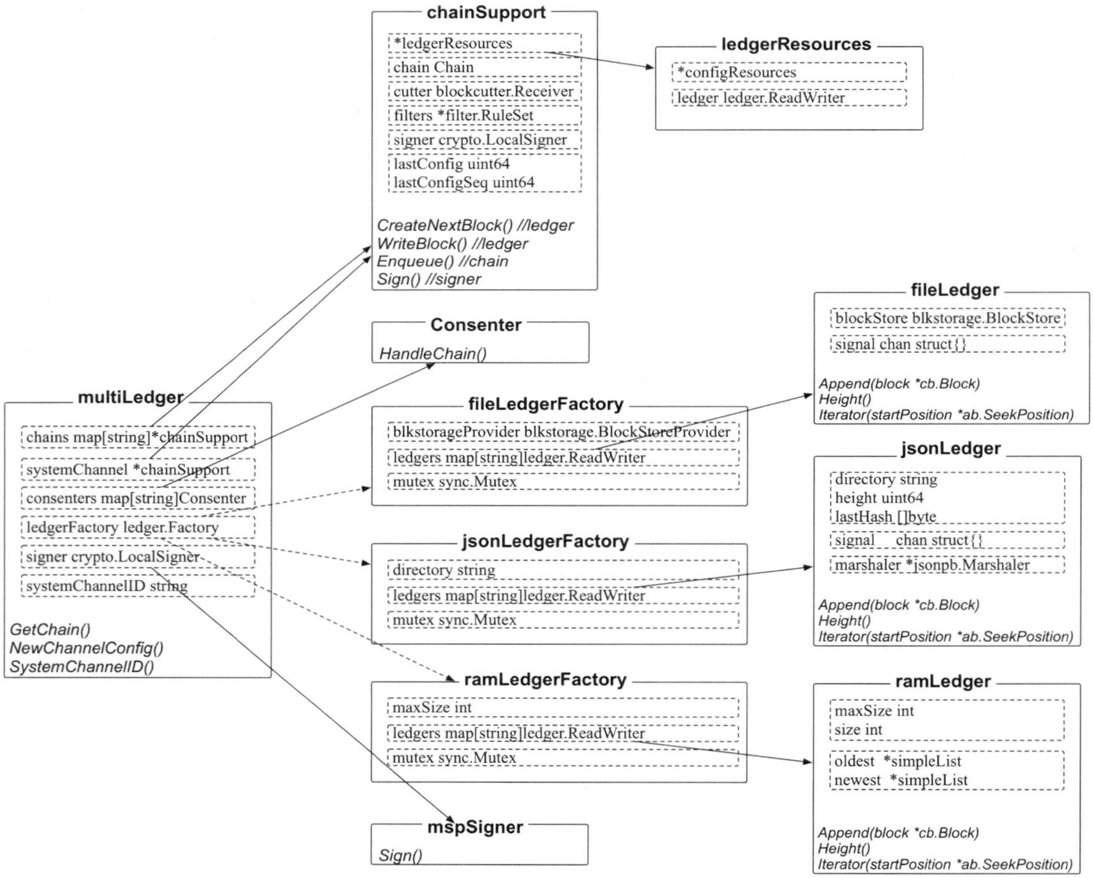

图 12-28　multiLedger 结构和方法

12.7.3　通道配置更新

对通道配置的更新主要通过 Processor 结构（实现在 orderer/configupdate/configupdate.

go 文件）来完成，该结构主要提供了 Process(envConfigUpdate *cb.Envelope) (*cb.Envelope, error) 方法。

相关的数据结构如图 12-29 所示。

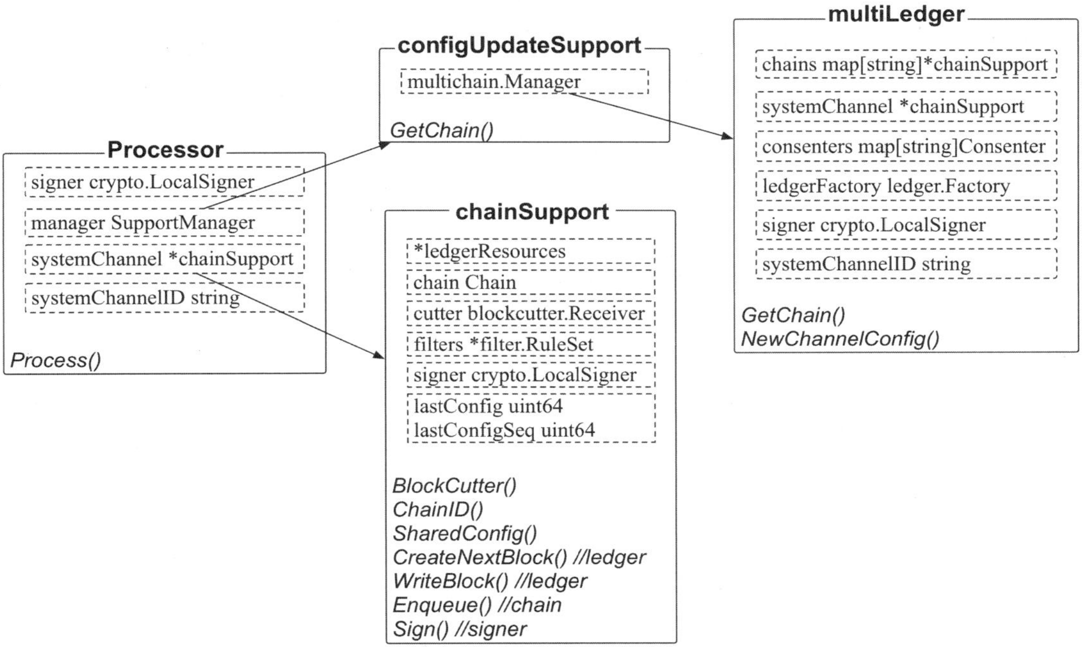

图 12-29　Processor 结构和方法

其中，Process() 方法接收一个 CONFIG_UPDATE 类型的 Envelope 结构消息，根据请求类型（新建通道或更新配置），将其转换为新建应用通道的请求，或者转换为对通道进行配置更改的请求。

主要过程包括如下步骤：

1）从请求中提取 channelID，检查本地是否存在对应的链结构。

2）如果 channelID 对应的链在本地存在，则意味着这是一个对已有通道进行配置更新的请求。调用 multiLedger.chainSupport 结构的 ProposeConfigUpdate(env *cb.Envelope) (*cb.ConfigEnvelope, error) 方法进行处理。实际上，最终调用的是 common.configtx 包中 configManager 结构的对应方法。

该方法先将 Envelope 结构中的 ConfigUpdateEnvelope 内容取出，之间进行权限检查，最后通过 processConfig(channelGroup *cb.ConfigGroup) (*configResult, error) 方法进行处理。Processer 拿到处理后的 ConfigEnvelope 消息，创建并返回一个带有签名的 Envelope 结构。

3）如果 channelID 对应的链在本地不存在，则意味着这是一个新建通道的请求。调用 multiLedger.chainSupport 结构的 NewChannelConfig(envConfigUpdate *cb.Envelope) (configtxapi.

Manager, error) 方法进行处理。

该方法利用传入的参数创建一个 CONFIG 类型的 Envelope 结构并对其签名，并调用 common.configtx 包中的 NewManagerImpl(envConfig *cb.Envelope, initializer api.Initializer, callOnUpdate []func(api.Manager)) (api.Manager, error) 方法创建并返回一个 configManager 结构。

该结构进一步调用其 ProposeConfigUpdate(configtx *cb.Envelope) (*cb.ConfigEnvelope, error) 方法进行处理，得到 ConfigEnvelope 结构。之后将 ConfigEnvelope 结构封装为 CONFIG 类型的 Envelope 结构并进行签名。最后，将得到的结构作为数据，封装为 ORDERER_TRANSACTION 类型的 Envelope 结构并进行签名并返回。

12.7.4 共识插件

Orderer 在共识上采用了可拔插的架构设计，将共识扔给后端插件完成。对于共识插件来说，接受交易信息进行排序，然后决定什么时候（取决于超时时间配置和打包尺寸限制）对交易进行切割并打包，打包后返回批量交易。

目前，Orderer 模块中包括三种共识插件：

- ❑ Solo：单节点的排序功能。试验性质，不具备可扩展性和容错，不能在生产环境中使用；
- ❑ Kafka：基于 Kafka 集群的排序实现。支持 CFT 容错，支持可持久化和可扩展性，可在生产环境中使用；
- ❑ SBFT：支持 BFT 容错的排序实现，目前尚未完成。

这些后端需要实现 Consenter 接口。Consenter 接口主要提供了 HandleChain(support ConsenterSupport, metadata *cb.Metadata) (Chain, error) 方法，用来返回一个所对应的 Chain 结构。

目前，Consenter 接口主要包括两种实现：solo.consenter（实现代码在 orderer/solo/consensus.go 文件中）和 kafka.consenterImpl（实现代码在 orderer/kafka/consenter.go 文件中）。Consenter 接口和实现如图 12-30 所示。

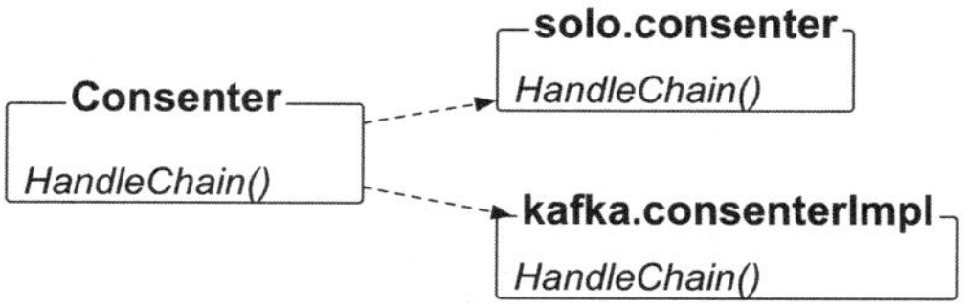

图 12-30 Consenter 接口和实现

返回的 Chain 结构也对应包括两种实现：solo.chain（实现代码在 orderer/solo/consensus.go 文件中）和 kafka.chainImpl（实现代码在 orderer/kafka/chain.go 文件中）。Chain 接口和实现如图 12-31 所示。

Chain 接口是排序过程中十分重要的结构，其对应的 Start() 方法在 Orderer 服务启动后执行初始化过程中会被调用（相关代码在 orderer/multichain/manager.go 文件中）。

1. Solo 排序后端

Solo 排序后端在整个 Orderer 启动后初始化时候会创建一个 solo.chain 结构，并调用其 Start() 方法，该方法会创建一个 goroutine（执行 main() 方法），在后台一直轮询 sendChan 中是否有新的消息到达，或者是否超时（$CONFIGTX_ORDERER_BATCHTIMEOUT）。

新消息到达后会通过 Enqueue() 方法，写入到 sendChan 中。

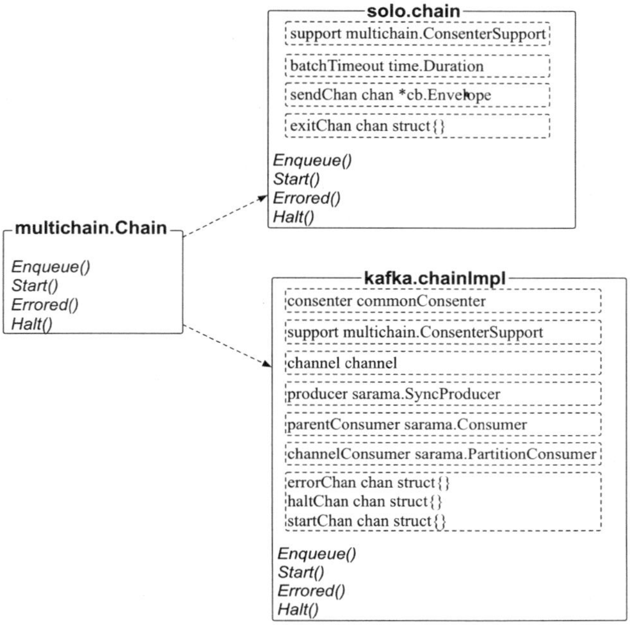

图 12-31　Chain 接口和实现

goroutine 检查有新交易消息到达后会通过 blockcutter.receiver 结构（实现代码在 orderer/common/blockcutter/blockcutter.go 文件中）的 Ordered() 方法进行排序。如果积累的交易消息足够多，或者发生超时，则调用 blockcutter.receiver 结构的 Cut() 方法进行切分为区块，并在本地创建新的区块写到账本结构中。

solo.chain 结构如图 12-32 所示。

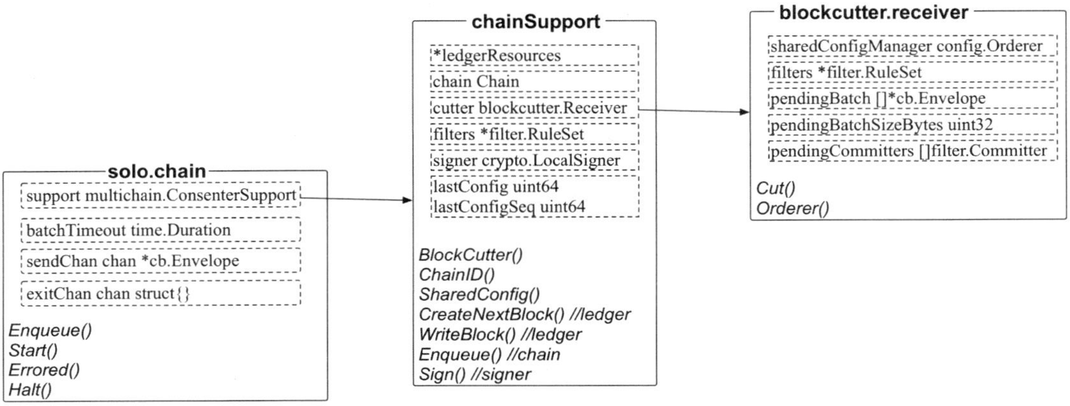

图 12-32　Solo 排序后端的 Chain 结构

2. Kafka 排序后端

Kafka 排序后端在整个 Orderer 启动后初始化时候会创建一个 kafka.chainImpl 结构，并调用其 Start() 方法，该方法同样会创建一个 goroutine（执行 startThread() 方法）。

与 solo 情况不同的是，Kafka 排序后端是利用 github.com/Shopify/sarama 包来询问 Kafka 集群中是否有新的消息到达，或者是否超时（$CONFIGTX_ORDERER_BATCHTIMEOUT）。此时 Orderer 组件本身起到代理的角色，很容易扩展到多个实例。

kafka.chainImpl 结构中包括一个 producer 成员（负责往 Kafka 集群发送消息）、一个 parentConsumer 成员（管理各分区的 consumer），以及一个 channelConsumer 成员（分区 consumer，从指定的 topic 和分区获取数据），如图 12-33 所示。

主要处理过程与 solo 插件类似。kafka.chainImpl 结构的 processMessagesToBlocks() 方法（位于 orderer/kafka/chain.go 文件）核心也是一个轮询过程，主要通过 channelConsumer 来获取来自 Kafka 集群的消息。核心消息包括 TimeToCut、Regular 两种。

收到 TimeToCut 消息意味着对交易进行切割，调用 Cut() 切割出新区块，并写入本地账本结构。

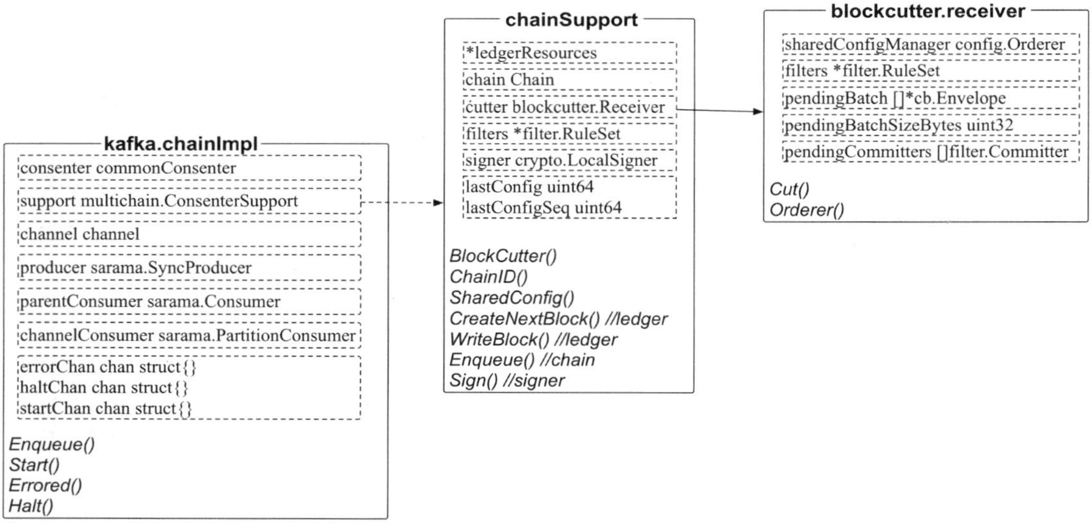

图 12-33　Kafka 排序后端的 Chain 结构

收到 Regular 消息则调用 Ordered() 进行排序，看是否满足生成区块的条件。满足则也生成新的区块，写入本地账本结构。

12.8　本章小结

本章剖析了超级账本 Fabric 项目的架构与设计，包括核心的概念和组件功能、通信协议以及关键的权限管理、链码设计、排序服务等。这些设计来自很多一线企业的区块链实现和应用经验，并融合了来自社区的众多区块链和分布式账本技术专家的论证。

从这些设计中，读者可以体会到 Fabric 项目针对联盟链的特定场景进行了诸多的优化。包括利用基于数字证书的权限机制，可以满足现实世界中不同企业、组织、部门之间进行业务交互的需求，进行分层的权限管控；可扩展的共识机制，可以满足不同信任级别的交易场景，消除网络中性能瓶颈；解耦交易的背书和执行阶段，通过不同角色节点来支持不同负载下的灵活部署；以及为了更好支持主流开发生态，遵循了诸多来自业界的实践规范，并采用了来自开源界的标准化组件。

未来，Fabric 项目还将在共识、SDK、数据隐私性保护、交易证书等方面进行进一步的增强，打造更为安全、可靠，并且易用的开源分布式账本实现，以满足商业场景下复杂多变的应用需求。

Chapter 13 第 13 章

区块链应用开发

代码即律法（Code is law）。

数字货币曾是区块链技术的唯一应用场景。对智能合约的支持突破了场景限制，极大地丰富了区块链应用的适用范围，让基于区块链技术的分布式账本支持多行业、大规模的商业应用成为可能。

作为区块链应用开发者，需要根据业务逻辑来开发与分布式账本打交道的智能合约，以及相应的用户侧应用程序。成熟的区块链底层平台会为应用提供强大的开发接口与框架。例如，超级账本 Fabric 支持了基于主流编程语言的智能合约（链码）设计，极大地方便了应用开发人员快速开发新型的分布式应用，或将已有应用迁移到区块链系统上。

本章将以 Fabric 链码为例介绍其基本工作原理和核心的 API，并通过案例演示如何利用 Fabric 网络提供的接口来实现典型的上层应用，最后还讨论了区块链应用开发的一些实践经验。通过本章学习，读者将学会编写基于区块链的分布式应用，掌握链码开发的实践技巧。

13.1 简介

区块链应用，一般由若干部署在区块链网络中的智能合约，以及调用这些智能合约的应用程序组成。

典型的区块链应用程序的工作过程如图 13-1 所示。其中，用户专注于与业务本身相关的应用程序；智能合约则封装了与区块链账本直接交互的相关过程，被应用程序调用。

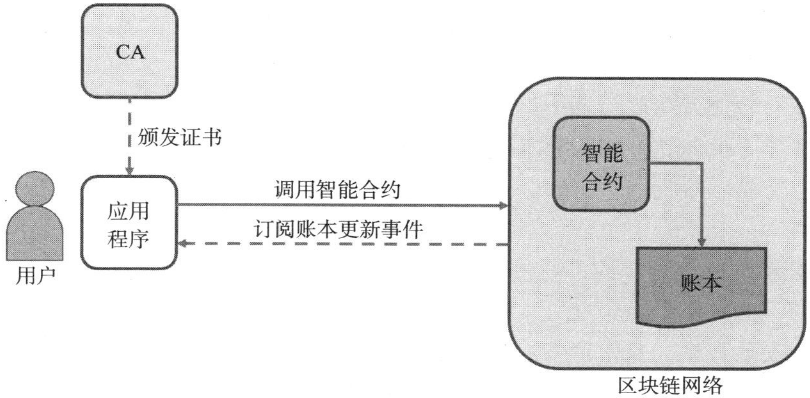

图 13-1　区块链应用程序

为了实现完整的运行在区块链之上的分布式应用，开发者不仅需要开发上层应用，还需要编写智能合约代码。

智能合约往往是无状态的、事件驱动的代码。被调用时智能合约会自动执行合约功能，支持进行图灵完备的计算。智能合约可以操作账本中的状态，这些状态往往记录着与业务相关的重要数据（例如，资产的拥有者）。应用程序通过向区块链网络发送交易来调用智能合约。同一个区块链网络可以部署多个智能合约，应用程序通过名称、版本号来指定具体调用哪个智能合约。

在需要访问控制的场景下，应用程序还需从 CA 处获取证书，得到访问区块链网络的许可。

1. 智能合约开发

智能合约直接与账本结构打交道，处于十分核心的位置。智能合约代码本质上是为了对上层业务逻辑进行支持。设计得当的智能合约可以简化上层应用开发的过程；反之则可能导致上层应用开发中碰到障碍。

智能合约最终会部署在区块链网络中与账本进行交互。开发者需要了解所选用区块链平台的智能合约结构、语言特性、状态存储方式等知识。比如，比特币网络为代表的区块链并不支持高级语言，所支持的处理逻辑也会受到限制。而超级账本 Fabric 项目支持了包括 Go 语言在内的多种高级语言，并支持图灵完备的处理逻辑，可以支持开发更复杂的上层应用。

此外，开发者还需要对智能合约的生命周期管理进行考虑，包括代码的编写、版本管理、提交验证，以及升级版本等，都需要遵循一套标准的规范。

本章后续内容会以超级账本 Fabric 为例，介绍智能合约（链码）的开发与案例。

2. 应用程序开发

应用程序通过调用智能合约提供的方法接口来实现业务逻辑。由于离用户侧更贴近，应用程序的开发更为灵活，可以采用已有的主流开发语言进行开发，包括 Javascript、Python、Go、Java 等。

在运行位置上，应用程序既可以运行在区块链网络的节点上，又可以运行在中心化的服务器上，但必须保证可以访问到智能合约暴露的服务接口。

为了方便对智能合约进行调用，部分区块链平台还提供了命令行工具和 SDK。

以超级账本 Fabric 为例，社区提供的 SDK 封装了一系列与区块链网络打交道的基本方法，包括发送交易、监听网络事件、查询区块和交易信息等，能够提高对智能合约进行使用的效率。

比如，对于执行智能合约，通过 SDK 可以很容易地经以下 4 个步骤完成一次完整的调用和确认。

- 从 CA 获取合法的身份证书；
- 构造合法的交易提案提交给 Endorser 节点进行背书；
- 收集到足够多 Endorser 支持后，构造合法的交易请求，发给 Orderer 节点进行排序；
- 监听事件，确保交易已经写入账本。

Fabric 目前分别有 Node.Js、Python、Java、Go 等语言的 SDK，开发者可以根据应用程序的特点和开发环境自由选择。

13.2 链码的原理、接口与结构

在超级账本 Fabric 中，链码（chaincode）延伸自智能合约的概念（链码使用参见本书 9.5 节），支持采用主流高级编程语言编写。

链码会对 Fabric 应用程序发送的交易做出响应，执行代码逻辑，与账本进行交互。区块链网络中的成员商定业务逻辑后，可将业务逻辑编程到链码中，大家遵循合约执行。

链码会创建一些状态（state）并写入账本中。状态带有绑定到链码的命名空间，仅限于创建它的链码使用，不能被其他链码直接访问。不过，在合适的许可范围内，一个链码也可以调用另一个链码，间接访问其状态。另外，在一些场景下，不仅需要访问状态的当前值，还需要能够查询状态的所有历史值，这就对存放账本状态的数据库提出了更多的要求。

链码在 Fabric 节点上的隔离沙盒（目前为 Docker 容器）中执行，并通过 gRPC 协议来与节点进行交互。必要的交互包括调用链码、读写账本、返回响应结果等。

Fabric 支持多种计算机语言实现的链码，包括 Golang、JavaScript、Java 等。下面以 Golang 为例介绍链码需要实现的接口和必要结构。

13.2.1 Chaincode 接口

每个链码都需要实现以下 Chaincode 接口：

```
type Chaincode interface {
    Init(stub ChaincodeStubInterface) pb.Response
    Invoke(stub ChaincodeStubInterface) pb.Response
}
```

其中：

- Init ：当链码收到实例化（instantiate）或升级（upgrade）类型的交易时，Init 方法会被调用；
- Invoke：当链码收到调用（invoke）或查询（query）类型的交易时，Invoke 方法会被调用。

13.2.2　链码结构

一个链码的必要结构如下所示：

```
package main

// 引入必要的包
import (
    "github.com/hyperledger/fabric/core/chaincode/shim"
    pb "github.com/hyperledger/fabric/protos/peer"
)

// 声明一个结构体
type SimpleChaincode struct {}

// 为结构体添加 Init 方法
func (t *SimpleChaincode) Init(stub shim.ChaincodeStubInterface) pb.Response {
    // 在该方法中实现链码初始化或升级时的处理逻辑
    // 编写时可灵活使用 stub 中的 API
}

// 为结构体添加 Invoke 方法
func (t *SimpleChaincode) Invoke(stub shim.ChaincodeStubInterface) pb.Response {
    // 在该方法中实现链码运行中被调用或查询时的处理逻辑
    // 编写时可灵活使用 stub 中的 API
}

// 主函数，需要调用 shim.Start() 方法
func main() {
    err := shim.Start(new(SimpleChaincode))
    if err != nil {
        fmt.Printf("Error starting Simple chaincode: %s", err)
    }
}
```

1. 依赖包

从 import 代码段可以看到，链码需要引入如下的依赖包：

- "github.com/hyperledger/fabric/core/chaincode/shim" ：shim 包提供了链码与账本交互的中间层。链码通过 shim.ChaincodeStub 提供的方法来读取和修改账本状态；
- pb "github.com/hyperledger/fabric/protos/peer": Init 和 Invoke 方法需要返回 pb.Response 类型。

2. Init 和 Invoke 方法

编写链码，关键是要实现 Init 和 Invoke 这两个方法。

当部署或升级链码时，Init 方法会被调用。如同名字所描述的，该方法用来完成一些初始化的工作。当通过调用链码来做一些实际性的工作时，Invoke 方法被调用，因此响应调用或查询的业务逻辑都需要在该方法中实现。

Init 或 Invoke 方法以 stub shim.ChaincodeStubInterface 作为传入参数，pb.Response 作为返回类型。其中，stub 包含丰富的 API，功能包括对账本进行操作、读取交易参数、调用其他链码等，链码开发者最好能够熟练使用这些 API。

stub 中包含的 API 将在下一节详细介绍。

13.2.3 链码基本工作原理

在 Fabric 中，链码运行在节点上的沙盒（Docker 容器）中，被调用时的基本工作流程如图 13-2 所示。

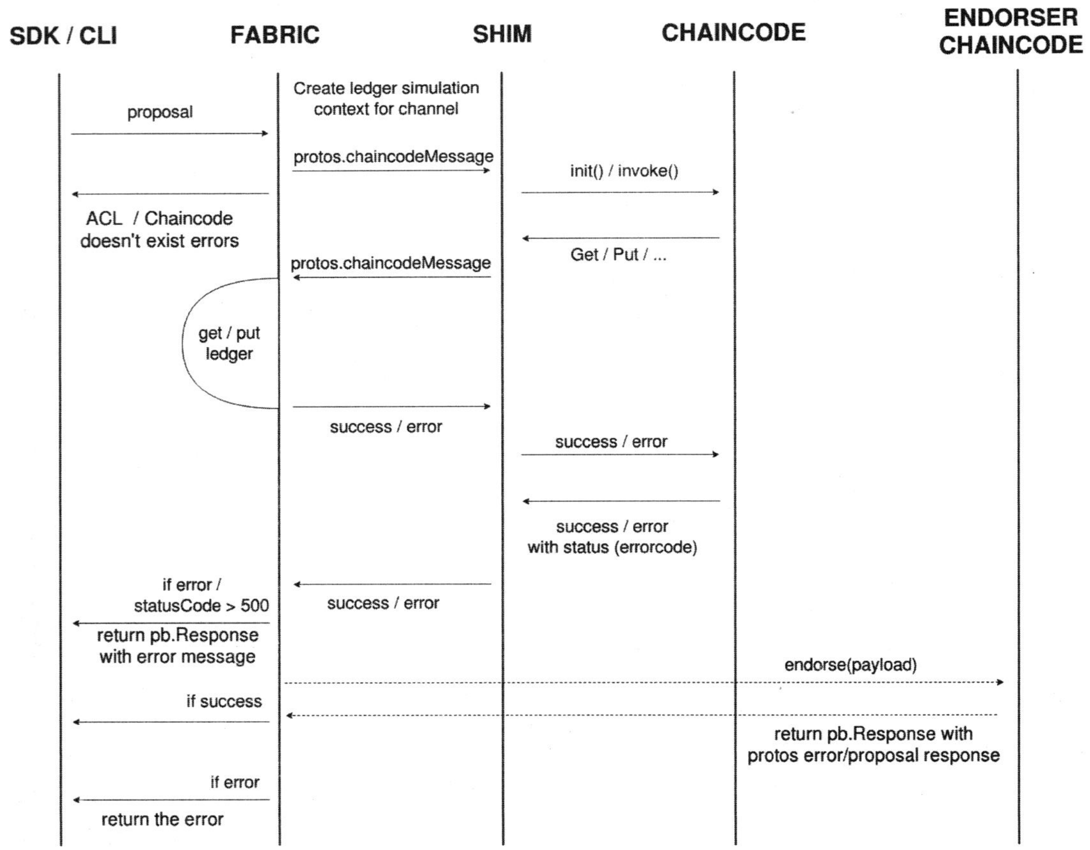

图 13-2 链码工作流程

首先，用户通过客户端（SDK 或 CLI），向 Fabric 的背书节点（endorser）发出调用链码的交易提案（proposal）。节点对提案进行包括 ACL 权限检查在内的各种检验，通过后则创建模拟执行这一交易的环境。

之后，节点和链码容器之间通过 gRPC 消息来交互，模拟执行交易并给出背书结论。两者之间采用 ChaincodeMessage 消息，基本结构如下：

```
message ChaincodeMessage {

    enum Type {
        UNDEFINED = 0;
        REGISTER = 1;
        REGISTERED = 2;
        INIT = 3;
        READY = 4;
        TRANSACTION = 5;
        COMPLETED = 6;
        ERROR = 7;
        GET_STATE = 8;
        PUT_STATE = 9;
        DEL_STATE = 10;
        INVOKE_CHAINCODE = 11;
        RESPONSE = 13;
        GET_STATE_BY_RANGE = 14;
        GET_QUERY_RESULT = 15;
        QUERY_STATE_NEXT = 16;
        QUERY_STATE_CLOSE = 17;
        KEEPALIVE = 18;
        GET_HISTORY_FOR_KEY = 19;
    }

    Type type = 1;
    google.protobuf.Timestamp timestamp = 2;
    bytes payload = 3;
    string txid = 4;
    SignedProposal proposal = 5;
    ChaincodeEvent chaincode_event = 6;
}
```

链码容器的 shim 层则是节点与链码交互的中间层。当链码的代码逻辑需要读写账本时，链码会通过 shim 层发送相应操作类型的 ChaincodeMessage 给节点，节点本地操作账本后返回响应消息。

客户端收到足够的背书节点的支持后，便可以将这笔交易发送给排序节点（orderer）进行排序，并最终写入区块链。

13.3　链码开发 API

工欲善其事，必先利其器。作为链码中的利器，shim.ChaincodeSubInterface 提供了一系列 API，供开发者在编写链码时灵活选择使用。

这些 API 可分为四类：账本状态交互 API、交易信息相关 API、参数读取 API、其他 API，下面分别介绍。

13.3.1 账本状态交互 API

如前文所述，链码需要将一些数据记录在分布式账本中。需要记录的数据称为状态（state），以键值对（key-value）的形式存储。账本状态交互 API 可以对账本状态进行操作，十分重要。方法的调用会更新交易提案的读、写集合，在 Committer 进行验证时会再次执行，跟账本状态进行比对。这类 API 的大致功能参见表 13-1。

表 13-1 账本状态交互 API

API	方法格式	说明
GetState	GetState(key string) ([]byte, error)	负责查询账本，返回指定键对应的值
PutState	PutState(key string, value []byte) error	尝试在账本中添加或更新一对键值。这一对键值会被添加到写集合中，等待 Committer 进一步的验证，验证通过后会真正写入到账本
DelState	DelState(key string) error	在账本中删除一对键值。同样，将对键值的删除记录到交易提案的写集合中，等待 Committer 进一步的验证，验证通过后会真正写入到账本
GetStateByRange	GetStateByRange(startKey, endKey string) (StateQueryIteratorInterface, error)	查询指定范围内的键值，startKey、endKey 分别指定起始（包括）和终止（不包括），当为空时默认是最大范围。返回结果是一个迭代器 StateQueryIteratorInterface 结构，可以按照字典序迭代每个键值对，最后需调用 Close() 方法关闭
GetStateByPartialCompositeKey	GetStateByPartialCompositeKey(objectType string, keys []string) (StateQueryIteratorInterface, error)	根据局部的复合键（前缀）返回所有匹配的键值。返回结果也是一个迭代器 StateQueryIteratorInterface 结构，可以按照字典序迭代每个键值对，最后需调用 Close() 方法关闭
GetHistoryForKey	GetHistoryForKey(key string) (HistoryQueryIteratorInterface, error)	返回某个键的所有历史值。需要在节点配置中打开历史数据库特性（ledger.history.enableHistoryDatabase = true）
GetQueryResult	GetQueryResult(query string) (StateQueryIteratorInterface, error)	对（支持富查询功能的）状态数据库进行富查询（rich query）。返回结果为迭代器结构 StateQueryIteratorInterface。注意该方法不会被 Committer 重新执行进行验证，因此，不应该用于更新账本状态的交易中。目前仅有 CouchDB 类型的状态数据库支持富查询

提示 每个链码有自己的命名空间，所以不用担心自己设定的键与账本中其他链码的键冲突。

13.3.2 交易信息相关 API

交易信息相关 API 可以获取到与交易自身相关的数据。用户对链码的调用（初始化和升级时调用 Init() 方法，运行时调用 Invoke() 方法）过程中会产生交易提案。这些 API 支持查询当前交易提案结构的一些属性，具体信息参考表 13-2。

表 13-2　交易信息相关 API

API	方法格式	说明
GetTxID	GetTxID() string。	该方法返回交易提案中指定的交易 ID。一般情况下，交易 ID 是在客户端生成提案时候产生的数字摘要，由 Nonce 随机串和签名者身份信息，一起进行 SHA256 哈希运行生成
GetTxTimestamp	GetTxTimestamp() (*timestamp.Timestamp, error)	返回交易被创建时的客户端打上的时间戳。这个时间戳是直接从交易 ChannelHeader 中提取的，所以在所有背书节点（endorsers）处看到的值都相同
GetBinding	GetBinding() ([]byte, error)	返回交易的 binding 信息。 注意：交易的 binding 信息是将交易提案的 nonse、Creator、epoch 等信息组合起来，再进行哈希得到的数字摘要
GetSignedProposal	GetSignedProposal() (*pb.SignedProposal, error)	返回该 stub 的 SignedProposal 结构，包括了跟交易提案相关的所有数据
GetCreator	GetCreator() ([]byte, error)	返回该交易的提交者的身份信息，从 signedProposal 中的 SignatureHeader.Creator 提取
GetTransient	GetTransient() (map[string][]byte, error)	返回交易中带有的一些临时信息，从 ChaincodeProposal-Payload.transient 域提取，可以存放一些应用相关的保密信息，这些信息不会被写到账本中

13.3.3　参数读取 API

调用链码时支持传入若干参数，参数可通过 API 读取。具体信息参考表 13-3。

表 13-3　参数读取 API

API	方法格式	说明
GetArgs	GetArgs() [][]byte	提取调用链码时交易 Proposal 中指定的参数，以字节串（Byte Array）数组形式返回。可以在 Init 或 Invoke 方法中使用。这些参数从 ChaincodeSpec 结构中的 Input 域直接提取
GetArgsSlice	GetArgsSlice() ([]byte, error)	提取调用链码时交易 Proposal 中指定的参数，以字节串形式返回
GetFunctionAndParameters	GetFunctionAndParameters() (string, []string)	提取调用链码时交易 Proposal 中指定的参数，其中第一个参数作为被调用的函数名称，剩下的参数作为函数的执行参数。 这是链码开发者和用户约定俗成的习惯，即在 Init/Invoke 方法中编写实现若干子函数，用户调用时以第一个参数作为函数名，链码中的代码根据函数名称可以仅执行对应的分支处理逻辑
GetStringArgs	GetStringArgs() []string	提取调用链码时交易 Proposal 中指定的参数，以字符串（String）数组形式返回

13.3.4　其他 API

除了上面的几类 API 外，还有一些辅助 API，参见表 13-4。

表 13-4 其他 API

API	方法格式	说明
CreateCompositeKey	CreateCompositeKey(objectType string, attributes []string) (string, error)	给定一组属性（attributes），该 API 将这些属性组合起来构造返回一个复合键。返回的复合键可以被 PutState 等方法使用。objectType 和 attributes 只允许合法的 utf8 字符串，并且不能包含 U+0000 和 U+10FFFF
SplitCompositeKey	SplitCompositeKey(compositeKey string) (string, []string, error)	该方法与 CreateCompositeKey 方法相对，给定一个复合键，将其拆分为构造复合键时所用的属性
InvokeChaincode	InvokeChaincode(chaincodeName string, args [][]byte, channel string) pb.Response	调用另一个链码中的 Invoke 方法，如果被调用链码在同一个通道内，则添加其读写集合信息到调用交易；否则执行调用但不影响读写集合信息。如果 channel 为空，则默认为当前通道。目前仅限于读操作，同时不会生成新的交易
SetEvent	SetEvent(name string, payload []byte) error	设定当这个交易在 Committer 处被认证通过，写入到区块时发送的事件（event）

后面将通过具体的应用开发案例来介绍上述 API 的使用

13.4 应用开发案例一：转账

Fabric 项目中自带一些完整链码的示例，如 Go 编写的链码（位于 examples/chaincode/go）和 Java 编写的链码（位于 examples/chaincode/java）。

本节将以 Go 语言典型链码 chaincode_example02.go 为例进行讲解。该链码简单实现了两方的转账功能，很适合初学者上手。

链码代码位置在 examples/chaincode/go/chaincode_example02/chaincode_example02.go。

13.4.1 链码结构

链码的必要结构如下。如前文所述，必要结构包括引入必要的包、声明链码结构体、实现 Init 和 Inovoke 方法、主函数：

```
package main

// 引入必要的包
import (
    ……
)

// 声明链码结构体
type SimpleChaincode struct {
}

// 实现 Init 方法
```

```
func (t *SimpleChaincode) Init(stub shim.ChaincodeStubInterface) pb.Response {
    ……
}

// 实现 Invoke 方法
func (t *SimpleChaincode) Invoke(stub shim.ChaincodeStubInterface) pb.Response {
    ……
}

// 主函数
func main() {
    ……
}
```

本例的链码实现了三个 Invoke 的分支方法：invoke、delete、query。Invoke 被调用时，会根据交易参数定位到不同的分支处理逻辑。各分支方法总结如表 13-5。

表 13-5　三个 Invoke 的分支方法总结

方法	分支方法	功能	参数示例
Init	无	添加两个实体和初始余额	["init","a","100","b","200"]
Invoke	query	查询一个实体的余额	["query","a"]
	invoke	一个实体向另一实体转账	["invoke","a","b","50"]
	delete	删除一个实体	["delete","b"]

13.4.2　Init 方法

Init 方法中，首先通过 stub 的 GetFunctionAndParameters() 方法提取本次调用的交易中所指定的参数：

```
_, args := stub.GetFunctionAndParameters()
```

注意，GetFunctionAndParameters() 的返回值类型为 (functionstring, params []string)。其中 function string 是交易参数中的第一个参数，params []string 是交易参数中从第二个参数起所有参数的列表（若交易只有一个参数，则为空列表）。

例如，如果实例化链码时指定参数 {"Args":["init","a","100","b","200"]}，则 GetFunctionAndParameters() 的返回值中，function 等于 "init"，params 等于 ["a","100","b","200"]。

本例中，用下划线忽略了返回的 function 值，用 args 变量记录其他参数。

接下来检查 args 参数数量，必须为 4，否则会通过 shim.Error() 函数创建并返回一个状态为 ERROR 的 Response 消息：

```
if len(args) != 4 {
    return shim.Error("Incorrect number of arguments. Expecting 4")
}
```

分别读取 4 个参数。设用该链码实现转账的两个实体分别为 a 和 b，则 A、Aval、B、Bval 的值分别表示 a 的名称、a 的初始余额、b 的名称、b 的初始余额：

```
A = args[0]
Aval, err = strconv.Atoi(args[1])
if err != nil {
    return shim.Error("Expecting integer value for asset holding")
}
B = args[2]
Bval, err = strconv.Atoi(args[3])
if err != nil {
    return shim.Error("Expecting integer value for asset holding")
}
```

之后，最为关键的是将必要的状态值记录到分布式账本中。stub 的 PutState() 函数可以尝试在账本中添加或更新一对键值（需要等待 Committer 节点验证通过，才真正写入账本得到确认）。

Pustate() 方法格式为 PutState(key string, value []byte) error，其中 key 为键，类型是 string；value 为值，类型是字节数组。以下代码向账本中存入了两对键值，分别记录了 a 和 b 的余额：

```
err = stub.PutState(A, []byte(strconv.Itoa(Aval)))
if err != nil {
    return shim.Error(err.Error())
}

err = stub.PutState(B, []byte(strconv.Itoa(Bval)))
if err != nil {
    return shim.Error(err.Error())
}
```

最后，通过 shim.Success(nil) 创建并返回状态为 OK 的 Response 消息。

13.4.3 Invoke 方法

Invoke 方法中，同样通过 stub 的 GetFunctionAndParameters() 方法提取本次调用的交易中所指定的参数：

```
function, args := stub.GetFunctionAndParameters()
```

之后根据 function 值的不同，执行不同的分支处理逻辑。

本例在 Invoke 中实现了三个分支处理逻辑：query、invoke 和 delete。由代码可见，为每个分支的处理逻辑都编写了一个方法：

```
if function == "invoke" {
    return t.invoke(stub, args)
} else if function == "delete" {
    return t.delete(stub, args)
} else if function == "query" {
    return t.query(stub, args)
}
```

1. query 分支

query 分支实现了查询一个实体的余额。

query 方法需要传入一个参数，即实体的名称。例如，如果调用链码时指定参数 {"Args":["query","a"]}，则功能为查询实体 a 的余额。

具体来说，通过 stub 的 GetState() 函数查询余额。该函数格式为 GetState(key string) ([]byte, error)，功能为传入键，返回键对应的值。

如果成功查询到余额，则返回 shim.Success(Avalbytes)，即返回状态为 OK 的 Response 消息，并将余额 Avalbytes 写入 Response 的 Payload 字段中。

2. invoke 分支

invoke 分支实现了两个实体之间的转账。

invoke 方法需要传入三个参数，分别为付款方名称、收款方名称、转账数额。例如，如果调用链码时指定参数 {"Args":["invoke","a","b","50"]}，则功能为 a 向 b 转账 50。

具体，先用 GetState() 函数得到双方余额，之后计算转账后的余额，再通过 PutState() 函数更新键值写入账本。

3. delete 分支

delete 分支实现了删除一个实体。

delete 方法需要传入一个参数，即实体的名称。例如，如果调用链码时指定参数 {"Args":["delete","b"]}，则功能为删除实体 b。

具体，通过 sub 的 DelState() 函数删除实体。该函数格式为 DelState(key string) error，功能为传入键，从账本中删除键对应的键值。注意，虽然键值从账本中删除，但删除操作的交易记录会保存在区块中。

13.5　应用开发案例二：资产权属管理

通过智能合约进行资产权属管理是许多区块链应用场景的基础。

本节将以大理石的权属管理为例，介绍如何在链码中定义一种资产，并围绕这种资产提供创建、查询、转移所有权等操作。

与案例一相比，该案例的链码使用了 shim.ChaincodeSubInterface 中更为丰富的 API。链码代码可参考 examples/chaincode/go/marbles02/marbles_chaincode.go。

13.5.1　链码结构

与案例一类似，该链码的主要结构如下所示：

```
package main

// 引入必要的包
```

```go
import (
    "bytes"
    "encoding/json"
    "fmt"
    "strconv"
    "strings"
    "time"

    "github.com/hyperledger/fabric/core/chaincode/shim"
    pb "github.com/hyperledger/fabric/protos/peer"
)

// 声明名为 SimpleChaincode 的结构体
type SimpleChaincode struct {
}

// 声明大理石（marble）结构体
type marble struct {
    ObjectType string `json:"docType"`
    Name       string `json:"name"`
    Color      string `json:"color"`
    Size       int    `json:"size"`
    Owner      string `json:"owner"`
}

// 主函数，需要调用 shim.Start() 方法
func main() {
    err := shim.Start(new(SimpleChaincode))
    if err != nil {
        fmt.Printf("Error starting Simple chaincode: %s", err)
    }
}

// 为 SimpleChaincode 添加 Init 方法
func (t *SimpleChaincode) Init(stub shim.ChaincodeStubInterface) pb.Response {
    // 不做具体处理
    return shim.Success(nil)
}

// 为 SimpleChaincode 添加 Invoke 方法
func (t *SimpleChaincode) Invoke(stub shim.ChaincodeStubInterface) pb.Response {
    function, args := stub.GetFunctionAndParameters()
    fmt.Println("invoke is running " + function)

    // 定位到不同的分支处理逻辑
    if function == "initMarble" {
        return t.initMarble(stub, args)
    } else if function == "transferMarble" {
        return t.transferMarble(stub, args)
    } else if function == "transferMarblesBasedOnColor" {
```

```
        return t.transferMarblesBasedOnColor(stub, args)
    } else if function == "delete" {
        return t.delete(stub, args)
    } else if function == "readMarble" {
        return t.readMarble(stub, args)
    } else if function == "queryMarblesByOwner" {
        return t.queryMarblesByOwner(stub, args)
    } else if function == "queryMarbles" {
        return t.queryMarbles(stub, args)
    } else if function == "getHistoryForMarble" {
        return t.getHistoryForMarble(stub, args)
    } else if function == "getMarblesByRange" {
        return t.getMarblesByRange(stub, args)
    }

    fmt.Println("invoke did not find func: " + function) //error
    return shim.Error("Received unknown function invocation")
}
```

在链码中，可以自定义结构体类型来表示一种资产，并设定资产的各种属性。本例中定义了大理石（marble）资产，其属性包括类型、名称、颜色、尺寸、拥有者。具体映射到代码中，对 marble 类型的声明如下：

```
type marble struct {
    ObjectType string `json:"docType"`
    Name       string `json:"name"`
    Color      string `json:"color"`
    Size       int    `json:"size"`
    Owner      string `json:"owner"`
}
```

可以看到，marble 包含 5 个成员，分别对应各个属性。注意，这里为每一个成员变量设定了标签（如 json:"docType"），用于指定将结构体序列化成特定格式（如 JSON）时该字段的键的名称。

13.5.2　Invoke 方法

链码的 Init 方法中未进行任何处理，Invoke 方法中则包含了 9 个分支方法。各分支方法的功能和参数示例如表 13-6 所示。

表 13-6　Invoke 方法中的 9 个分支方法总结

方法	分支方法	功能	参数示例
Init	无	无	[]
Invoke	initMarble	创建一个大理石信息并写入账本	["initMarble","marble1","blue","35","tom"]
Invoke	readMarble	从账本中读取一个大理石信息	["readMarble","marble1"]

（续）

方法	分支方法	功能	参数示例
Invoke	delete	删除一个大理石信息	["delete","marble1"]
Invoke	transferMarble	更改一个大理石的拥有者	["transferMarble","marble2","jerry"]
Invoke	getMarblesByRange	返回所有名称在指定字典序范围内的大理石的信息	["getMarblesByRange","marble1","marble3"]
Invoke	transferMarblesBasedOnColor	更改指定颜色的所有大理石的拥有者	["transferMarblesBasedOnColor","blue","jerry"]
Invoke	queryMarbles	富查询（rich query）大理石信息	["queryMarbles","{\"selector\":{\"owner\":\"tom\"}}"]
Invoke	queryMarblesByOwner	返回指定拥有者拥有的所有大理石的信息	["queryMarblesByOwner","tom"]
Invoke	getHistoryForMarble	返回一个大理石的所有历史信息	["getHistoryForMarble","marble1"]

下面对分支方法逐一进行介绍。

1. initMarble 方法

initMarble 方法根据输入参数创建一个大理石，并写入账本。

方法接受 4 个参数，依次表示大理石名称、颜色、尺寸、拥有者名称。例如，如果调用链码时指定参数 {"Args":["initMarble","marble1","blue","35","tom"]}，则功能为创建并记录一个名称为 marble1、蓝色、尺寸为 35 的大理石，拥有者为 tom。

读取参数后，首先使用 stub.GetState() 进行查重。如果同样名称的大理石在账本中已经存在，则返回 error 的 Response：

```
// 检查大理石是否已经存在
marbleAsBytes, err := stub.GetState(marbleName)
if err != nil {
    return shim.Error("Failed to get marble: " + err.Error())
} else if marbleAsBytes != nil {
    fmt.Println("This marble already exists: " + marbleName)
    return shim.Error("This marble already exists: " + marbleName)
}
```

创建相应的 marble 类型变量，并用 json.Marshal() 方法将其序列化到 JSON 对象中。自定义类型的变量序列化之后才可以写入账本，同理，对于从账本中读取出的信息需要反序列化后才便于进行操作：

```
// 创建 marble，并序列化为 JSON 对象
objectType := "marble"
marble := &marble{objectType, marbleName, color, size, owner}
marbleJSONasBytes, err := json.Marshal(marble)
```

```
if err != nil {
    return shim.Error(err.Error())
}
```

之后，用 stub.PutState() 将序列化后的内容写入账本，以大理石名称 marbleName 为键：

```
// 将 marbleJSONasBytes 存入状态
err = stub.PutState(marbleName, marbleJSONasBytes)
if err != nil {
    return shim.Error(err.Error())
}
```

代码中同时加入了与复合键（composite key）、范围查找相关的功能，读者可以继续观察并学习代码中如何调用相应的 stub 方法。

在 initMarble 中，为了支持之后针对某一特定颜色的大理石进行范围查找，需要将该大理石的颜色与名称这两个属性组合起来创建一个复合键，并记录在账本中。这里，复合键的意义是将一部分属性也构造为了索引的一部分，使得针对这部分属性做查询时，可以直接根据索引返回查询结果，而不需要具体提取完整信息来作比对：

```
indexName := "color~name"
colorNameIndexKey, err := stub.CreateCompositeKey(indexName, []string
    {marble.Color, marble.Name})
if err != nil {
    return shim.Error(err.Error())
}
```

这里调用了 stub 的 CreateCompositeKey 方法来创建复合键。该方法格式为 CreateCompositeKey(objectType string, attributes []string) (string, error)，实际上会将 objectType 和 attributes 中的每个 string 串联起来，中间用 U+0000 分割；同时在开头加上 \x00，标明该键为复合键。

最后，以复合键为键，以 0x00 为值，将复合键记录入账本中：

```
value := []byte{0x00}
stub.PutState(colorNameIndexKey, value)
```

2. readMarble 方法

根据大理石名称，readMarble 方法会在账本中查询并返回大理石信息。

方法接受 1 个参数，即大理石名称。例如，如果调用链码时指定参数 {"Args":["readMarble","marble1"]}，则功能为查找名称为 marble1 的大理石，如果找到，返回其信息：

```
valAsbytes, err := stub.GetState(name)
if err != nil {
    jsonResp = "{\"Error\":\"Failed to get state for " + name + "\"}"
    return shim.Error(jsonResp)
} else if valAsbytes == nil {
    jsonResp = "{\"Error\":\"Marble does not exist: " + name + "\"}"
```

```
        return shim.Error(jsonResp)
    }

    return shim.Success(valAsbytes)
```

3. delete 方法

根据大理石名称，delete 方法会在账本中删除大理石信息。

方法接受 1 个参数，即大理石名称。例如，如果调用链码时指定参数 {"Args":["delete", "marble1"]}，则功能为删除名称为 marble1 的大理石的信息。

除了删除以大理石名称为键的状态，还需删除该大理石的颜色与名称复合键。所以方法中第一步需要读取该大理石的颜色：

```
var marbleJSON marble

valAsbytes, err := stub.GetState(marbleName)
if err != nil {
    jsonResp = "{\"Error\":\"Failed to get state for " + marbleName + "\"}"
    return shim.Error(jsonResp)
} else if valAsbytes == nil {
    jsonResp = "{\"Error\":\"Marble does not exist: " + marbleName + "\"}"
    return shim.Error(jsonResp)
}

err = json.Unmarshal([]byte(valAsbytes), &marbleJSON)
if err != nil {
    jsonResp = "{\"Error\":\"Failed to decode JSON of: " + marbleName + "\"}"
    return shim.Error(jsonResp)
}
```

其中用 json.Unmarshal 方法将从账本中读取到的值反序列化为 marble 类型变量 marbleJSON。则大理石颜色为 marbleJSON.Color。

删除以大理石名称为键的状态：

```
err = stub.DelState(marbleName)
if err != nil {
    return shim.Error("Failed to delete state:" + err.Error())
}
```

删除以大理石的颜色与名称复合键为键的状态：

```
indexName := "color~name"
colorNameIndexKey, err := stub.CreateCompositeKey(indexName, []string{marbleJSON.
    Color, marbleJSON.Name})
if err != nil {
    return shim.Error(err.Error())
}
```

```
err = stub.DelState(colorNameIndexKey)
if err != nil {
    return shim.Error("Failed to delete state:" + err.Error())
}
```

4. transferMarble 方法

transferMarble 方法用于更改一个大理石的拥有者。

方法接受两个参数，依次为大理石名称和新拥有者名称。例如，如果调用链码时指定参数 {"Args":["transferMarble","marble2","jerry"]}，则功能是将名称为 marble2 的大理石的拥有者改为 jerry。

首先用 stub.GetState() 方法从账本中取得信息，再用 json.Unmarshal() 方法将其反序列化为 marble 类型：

```
marbleAsBytes, err := stub.GetState(marbleName)
if err != nil {
    return shim.Error("Failed to get marble:" + err.Error())
} else if marbleAsBytes == nil {
    return shim.Error("Marble does not exist")
}

marbleToTransfer := marble{}
err = json.Unmarshal(marbleAsBytes, &marbleToTransfer)
if err != nil {
    return shim.Error(err.Error())
}
```

更改大理石的拥有者：

```
marbleToTransfer.Owner = newOwner
```

最后将更改后的状态写入账本：

```
marbleJSONasBytes, _ := json.Marshal(marbleToTransfer)
err = stub.PutState(marbleName, marbleJSONasBytes)
if err != nil {
    return shim.Error(err.Error())
}
```

5. getMarblesByRange 方法

给定大理石名称的起始和终止，getMarblesByRange 可以进行范围查询，返回所有名称在指定范围内的大理石信息。

方法接受两个参数，依次为字典序范围的起始（包括）和终止（不包括）。例如，调用链码时可以指定参数 {"Args":["getMarblesByRange","marble1","marble3"]} 进行范围查询，返回查找到的结果的键值。

方法中调用了 stub.GetStateByRange(startKey, endKey) 进行范围查询，其返回结果是一

个迭代器 StateQueryIteratorInterface 结构，可以按照字典序迭代每个键值对，最后需调用 Close() 方法关闭：

```
resultsIterator, err := stub.GetStateByRange(startKey, endKey)
if err != nil {
    return shim.Error(err.Error())
}
defer resultsIterator.Close()
```

通过迭代器的迭代构造出查询结果的 JSON 数组，最后通过 shim.Success() 方法来返回结果：

```
var buffer bytes.Buffer
buffer.WriteString("[")

bArrayMemberAlreadyWritten := false
for resultsIterator.HasNext() {
    queryResponse, err := resultsIterator.Next()
    if err != nil {
        return shim.Error(err.Error())
    }
    if bArrayMemberAlreadyWritten == true {
        buffer.WriteString(",")
    }
    buffer.WriteString("{\"Key\":")
    buffer.WriteString("\"")
    buffer.WriteString(queryResponse.Key)
    buffer.WriteString("\"")

    buffer.WriteString(", \"Record\":")
    // 记录本身就是一个 JSON 对象
    buffer.WriteString(string(queryResponse.Value))
    buffer.WriteString("}")
    bArrayMemberAlreadyWritten = true
}
buffer.WriteString("]")

fmt.Printf("- getMarblesByRange queryResult:\n%s\n", buffer.String())

return shim.Success(buffer.Bytes())
```

6. transferMarblesBasedOnColor 方法

transferMarblesBasedOnColor 用于将指定颜色大理石的所有权全部更新为指定用户。

方法接受两个参数，依次为大理石颜色、目标拥有者名称。例如，调用链码时可以指定参数 {"Args":["transferMarblesBasedOnColor","blue","jerry"]}，将所有蓝色大理石的拥有者都改为 jerry。

该方法的重点在于查找到所有蓝色大理石，这里便用到了之前创建的复合键。给定复合键的前缀，stub.GetStateByPartialCompositeKey 方法可以返回所有满足条件的键值对。其返回结果也是一个迭代器 StateQueryIteratorInterface 结构，可以按照字典序迭代每个键值对：

```
coloredMarbleResultsIterator, err := stub.GetStateByPartialCompositeKey("
    color~name", []string{color})
if err != nil {
    return shim.Error(err.Error())
}
defer coloredMarbleResultsIterator.Close()
```

可以观察 GetStateByPartialCompositeKey 的参数，回忆之前创建复合键的过程，这里指定了前缀为当时设定的 objectType（"color~name"）加上 attributes 的第一个 string（color 的值）。事实上，GetStateByPartialCompositeKey 在实现上是以复合键前缀为起始，前缀加 utf8.MaxRune 为终止，通过调用范围查找返回的匹配结果。

接下来迭代所有匹配的大理石，并更新拥有者：

```
var i int
for i = 0; coloredMarbleResultsIterator.HasNext(); i++ {
    responseRange, err := coloredMarbleResultsIterator.Next()
    if err != nil {
        return shim.Error(err.Error())
    }

    // 得到 color~name 复合键中的颜色和名称的值
    objectType, compositeKeyParts, err := stub.SplitCompositeKey(response-Range.Key)
    if err != nil {
        return shim.Error(err.Error())
    }
    returnedColor := compositeKeyParts[0]
    returnedMarbleName := compositeKeyParts[1]
    fmt.Printf("- found a marble from index:%s color:%s name:%s\n", object-Type,
        returnedColor, returnedMarbleName)

    response := t.transferMarble(stub, []string{returnedMarbleName, newOwner})
    if response.Status != shim.OK {
        return shim.Error("Transfer failed: " + response.Message)
    }
}

responsePayload := fmt.Sprintf("Transferred %d %s marbles to %s", i, color, newOwner)
fmt.Println("- end transferMarblesBasedOnColor: " + responsePayload)
return shim.Success([]byte(responsePayload))
```

注意，对于每一次迭代，这里使用 stub.SplitCompositeKey() 方法拆分了复合键，得到构造复合键时所用的各个 attributes，即大理石颜色和名称。得到名称后，通过内部调用 transfer-Marble() 方法更新拥有者。

7. queryMarbles 方法

如果使用支持富查询的数据库（如 CouchDB）作为状态数据库，则可以进行规则更为复杂的富查询（richquery）。

这里需要使用的 stub 方法是 stub.GetQueryResult，格式为 GetQueryResult(query string)(StateQueryIteratorInterface, error)。传入的参数为富查询指令字符串，具体语法和使用的数据库有关；返回结果为迭代器结构 StateQueryIteratorInterface。

以目前支持的 CouchDB 为例，富查询的语法可以参考 CouchDB 官方文档关于 Selector 语法部分的介绍：http://docs.couchdb.org/en/2.0.0/api/database/find.html#find-selectors。

举例来讲，对于 GetQueryResult 方法，如果传入参数为 "{"selector":{"owner":"tom"}}"，则表示查询拥有者为 tom 的所有大理石；如果传入参数为 "{"selector":{"$and":[{"size":{"$gte":2}},{"size":{"$lte":10}},{"$nor":[{"size":3}, {"size":5}, {"size":7}]}]}}"，则表示查询所有满足 size >= 2 且 size <= 10 且 size 不等于 3、5、7 的大理石。

注意，stub.GetQueryResult 方法不会被 Committer 重新执行进行验证，因此，不应该被用于更新账本状态的交易中，建议只用于查询状态。

本例的 queryMarbles 方法对 stub.GetQueryResult 做了封装，将所有通过富查询查询到的结果组合为一个 JSON 数组，最后返回。核心代码如下：

```
resultsIterator, err := stub.GetQueryResult(queryString)
if err != nil {
    return nil, err
}
defer resultsIterator.Close()

var buffer bytes.Buffer
buffer.WriteString("[")

bArrayMemberAlreadyWritten := false
for resultsIterator.HasNext() {
    queryResponse, err := resultsIterator.Next()
    if err != nil {
        return nil, err
    }
    if bArrayMemberAlreadyWritten == true {
        buffer.WriteString(",")
    }
    buffer.WriteString("{\"Key\":")
    buffer.WriteString("\"")
    buffer.WriteString(queryResponse.Key)
    buffer.WriteString("\"")

    buffer.WriteString(", \"Record\":")
    // 记录本身就是一个 JSON 对象
    buffer.WriteString(string(queryResponse.Value))
```

```
    buffer.WriteString("}")
    bArrayMemberAlreadyWritten = true
}
buffer.WriteString("]")

fmt.Printf("- getQueryResultForQueryString queryResult:\n%s\n", buffer.String())

return buffer.Bytes(), nil
```

8. queryMarblesByOwner 方法

queryMarblesByOwner 方法使用富查询，返回所有属于指定用户的大理石信息。

具体，根据传入的拥有者参数 owner，构造富查询指令字符串如下：

```
queryString := fmt.Sprintf("{\"selector\":{\"docType\":\"marble\",\"owner\":\
    "%s\"}}", owner)
```

之后进行富查询，返回值的构造格式同上。

9. getHistoryForMarble 方法

getHistoryForMarble 用于对一个大理石的历史信息进行查询。

这里使用了 stub 的 stub.GetHistoryForKey 方法，能够返回某个键的所有历史值。格式为 GetHistoryForKey(key string) (HistoryQueryIteratorInterface, error)，输入参数为键，返回结果是一个迭代器 HistoryQueryIteratorInterface 结构，可以迭代该状态的每个历史值，还包括每个历史值的交易 ID 和时间戳信息：

```
resultsIterator, err := stub.GetHistoryForKey(marbleName)
if err != nil {
    return shim.Error(err.Error())
}
defer resultsIterator.Close()
```

之后通过历史值的迭代，构造出包含完整历史值、更新时对应的交易 ID 和时间戳的 JSON 数组，最后返回结果：

```
var buffer bytes.Buffer
buffer.WriteString("[")

bArrayMemberAlreadyWritten := false
for resultsIterator.HasNext() {
    response, err := resultsIterator.Next()
    if err != nil {
        return shim.Error(err.Error())
    }

    if bArrayMemberAlreadyWritten == true {
        buffer.WriteString(",")
```

```
        }
        buffer.WriteString("{\"TxId\":")
        buffer.WriteString("\"")
        buffer.WriteString(response.TxId)
        buffer.WriteString("\"")

        buffer.WriteString(", \"Value\":")
        // 如果是删除操作，则将对应的历史值记为null
        if response.IsDelete {
            buffer.WriteString("null")
        } else {
            buffer.WriteString(string(response.Value))
        }
        buffer.WriteString(", \"Timestamp\":")
        buffer.WriteString("\"")
        buffer.WriteString(time.Unix(response.Timestamp.Seconds, int64(response.Timestamp.
            Nanos)).String())
        buffer.WriteString("\"")

        buffer.WriteString(", \"IsDelete\":")
        buffer.WriteString("\"")
        buffer.WriteString(strconv.FormatBool(response.IsDelete))
        buffer.WriteString("\"")

        buffer.WriteString("}")
        bArrayMemberAlreadyWritten = true
    }
    buffer.WriteString("]")

    fmt.Printf("- getHistoryForMarble returning:\n%s\n", buffer.String())

    return shim.Success(buffer.Bytes())
```

13.6 应用开发案例三：调用其他链码

在同一个区块链上可以部署多个链码，链码与链码之间可以相互调用。这种方式有助于将智能合约的工作模块化，并为应用开发带来更多灵活性。

本节将通过一个示例介绍如何在链码中调用其他链码，详细代码可见 examples/chaincode/go/passthru/passthru.go。

该链码的功能可以形容为同一个区块链中其他链码的“网关”，其对外暴露的 Invoke 接口功能可以使用户指定想要调用的其他链码的 ID、方法和参数，通过该“网关”链码传递给指定链码，获得调用结果后再返回给用户。

这里对最核心的 Invoke 方法进行分析，其核心实现代码如下：

```
func (p *PassthruChaincode) iq(stub shim.ChaincodeStubInterface, function string,
```

```
    args []string) pb.Response {
    if function == "" {
        return shim.Error("Chaincode ID not provided")
    }
    chaincodeID := function

    return stub.InvokeChaincode(chaincodeID, util.ToChaincodeArgs(args...), "")
}

func (p *PassthruChaincode) Invoke(stub shim.ChaincodeStubInterface) pb.Response {
    function, args := stub.GetFunctionAndParameters()
    return p.iq(stub, function, args)
}
```

调用其他链码需要使用 stub.InvokeChaincode 方法。该方法用于调用另一个链码中的 Invoke 方法，格式为 InvokeChaincode(chaincodeName string, args [][]byte, channel string) pb.Response，其中 chaincodeName 为链码 ID，args 为调用参数，channel 为调用的链码所在通道。如果 channel 为空，则默认为当前通道。

需要注意，stub.InvokeChaincode 方法目前仅限于读操作，同时不会生成新的交易。

示例中，将 Invoke 的参数原封不动传递给 iq 方法，其中 function 的值表示想要调用的链码的 ID。

iq 方法以链码 ID、调用参数（需要用 "github.com/hyperledger/fabric/common/util" 的 ToChaincodeArgs 方法将 []string 类型转换为 [][]byte 类型）、默认当前通道为参数，通过 InvokeChaincode 来完成对另一个链码的调用，并返回结果。

13.7 应用开发案例四：发送事件

Fabric 应用程序除了通过主动查询来获取当前已确认的状态，还可以通过订阅并监听事件（event）来获取交易执行信息，用于进行交易确认或者审计。

本节的例子将展示如何在链码中发送事件。详细代码可见 examples/chaincode/go/eventsender/eventsender.go。

发送事件需要使用 stub.SetEvent 方法。方法格式为 SetEvent(namestring, payload []byte) error。其中，name 表示事件名称，payload 为事件内容。

通过该方法，可以设定当这个交易在 Committer 处被认证通过，写入到区块时所发送的事件。

示例链码的 invoke 分支方法被调用时，会将记录在账本中的递增序列和 Invoke 传入的参数串联起来作为事件内容，以 evtsender 为事件名称，调用 stub.SetEvent 方法。

关键代码如下所示：

```
func (t *EventSender) invoke(stub shim.ChaincodeStubInterface, args []string)
    pb.Response {
```

```
        b, err := stub.GetState("noevents")
        if err != nil {
            return shim.Error("Failed to get state")
        }
        noevts, _ := strconv.Atoi(string(b))

        tosend := "Event " + string(b)
        for _, s := range args {
            tosend = tosend + "," + s
        }

        err = stub.PutState("noevents", []byte(strconv.Itoa(noevts+1)))
        if err != nil {
            return shim.Error(err.Error())
        }

        err = stub.SetEvent("evtsender", []byte(tosend))
        if err != nil {
            return shim.Error(err.Error())
        }
        return shim.Success(nil)
    }
```

应用开发者可以使用 SDK 中封装的方法监听链码发出的事件，并据此作出处理逻辑。也可以简单用 Fabric 提供的 block-listener 工具监听并查看事件。

block-listener 工具代码位于 examples/events/block-listener，其中展示了如何利用事件客户端来从网络中获取事件信息。创建事件客户端的核心代码如下所示：

```
func createEventClient(eventAddress string, _ string) *adapter {
    var obcEHClient *consumer.EventsClient

    done := make(chan *pb.Event_Block)
    adapter := &adapter{notfy: done}
    obcEHClient, _ = consumer.NewEventsClient(eventAddress, 5, adapter)
    if err := obcEHClient.Start(); err != nil {
        fmt.Printf("could not start chat. err: %s\n", err)
        obcEHClient.Stop()
        return nil
    }

    return adapter
}
```

13.8 开发最佳实践小结

链码作为一种新型的应用逻辑，由于天然运行在分布式系统中，被封装在容器内，跟现有的应用场景往往存在较大差异。在开发链码过程中，也需要始终注意其独特的运行特点，设计合理的代码逻辑。

1. 重视资源限制

由于链码运行在容器内，这意味着单个链码所能占用的资源会受到容器资源的限制。考虑到现有的容器系统，默认的资源限制往往不大，因此在链码代码中不建议编写资源消耗型的应用。

例如如果代码中出现大量消耗内存且不释放的逻辑，容易造成内存泄露，最后导致整个容器响应缓慢或者崩溃，这都将给上层应用带来较多的挑战。

另外，容器内往往不提供稳定的文件系统或网络的支持，甚至整个容器都可能出现被杀死后重新启动新容器的情况，因此代码中不应该假设有稳定的外部文件系统和网络接口可供访问。

2. 无状态设计

链码在设计上是典型的无状态（Stateless）设计，链码逻辑中所有处理的状态都存在于账本上，而不是链码结构自身。因此，链码的方法最好都设计为类似“函数式”风格，不能依赖通过临时变量等方式记录之前的运行结果。

无状态设计在之前被广泛应用到了 Web 服务等诸多领域。从这个角度看，应用和链码层类似 Web 中的服务应用，而账本层则类似于 Web 后端的数据存储。

某些特定场景下，用户可能需要支持有状态的需求，例如对出错进行重试处理等。这种情况下，有状态的逻辑代码需要放在应用侧进行实现。

目前，Fabric SDK 在设计上从使用方便的角度采用了带有状态的实现，未来从安全角度考虑也将支持无状态的设计和实现。

3. 避免非确定性逻辑

当链码部署运行后，区块链网络中的多个节点上都会启动链码容器并执行其内部指定的逻辑。当多个相同链码的实例对同一调用得到彼此不相同的结果时，无法收集足够的背书，网络中也将无法完成共识。此时，与此链码相关联的交易实际上将无法完成。因此，合格的链码必须保证内部不能出现非确定性的逻辑。

但当某些情况下，可能业务需求必须采用一些非确定性设计，比如类似抽奖之类的操作，需要采用随机数生成；再比如查询外部数据源（如天气预报或股票）的值，可能出现不同节点由于查询时间或所处位置的不同导致结果不同。

对于这样的情况，一种方法是避免将这部分非确定性的代码在链码中实现，而是放在外部通过代理服务来完成。所有的节点需要使用数据时向该代理进行查询即可，避免出现不一致。另外一种思路是将这些非确定的查询改为确定性查询，例如在调用时通过传入足够多的参数或进行平滑处理（如指定查询范围或者取最值），让返回的结果在一定范围下是确定的，也可以避免问题。

4. 链码结构设计

上层应用和链码代码在某种程度上共同完成了业务逻辑。不同的是，链码封装了对区块链账本的操作，上层应用通过直接调用链码接口来使用，而不会意识到底层区块链结构的存在。

因此，某些情况下，部分功能或逻辑既可以贴近链码侧，又可以贴近上层应用侧。实际上，从应用架构的角度，上层应用的逻辑和链码逻辑是完全有机的结合，并不存在明显的界限。

实践中，有人会愿意把大部分逻辑都放进链码侧实现，只保留简单、少量的应用接口。这样对上层应用的要求很轻，可以更好地支持现有业务系统，但当业务逻辑发生变化时，需要对链码进行升级；也有人倾向只将跟账本打交道的核心逻辑封装到链码里，链码实际上是一个轻量级的接入层。这意味着上层应用要实现更多的业务逻辑，同时底层链码可以尽可能的保持稳定。

两种模式从设计上各有利弊。一般而言，跟信任相关的逻辑因为要通过区块链系统的共识和验证，必须要放到链码中实现。容易发生变动的业务逻辑代码则更应该放到应用侧实现。目前，以 Fabric 为代表的区块链账本平台对链码的支持越来越完善，所能支持的逻辑代码功能可以越来越复杂。

5. 链码的生命周期管理

链码代码作为跟应用密切相关的逻辑代码，是企业十分核心的数字资产。从开发者编写链码、调试链码到部署到区块链中进行调用，整个生命周期都必须被严格把控。

链码代码跟其他应用代码一样，一旦丢失将无法从运行实例中恢复，因此应该采用可靠的代码管理机制进行保存。在测试环节推荐采用单独的区块链网络，测试通过上到生产链后也需要先在部分节点上进行安装验证，通过之后再进行大规模部署。

由于无状态的设计，链码容器在发生故障后可以被安全卸载，只要保留了链码代码的前提下，都可以重新进行生成。链码容器生成所依赖的基础镜像必须安全可靠，内容尽量简单，不要包含逻辑代码，通过安全仓库或者提前分发形式部署到运行节点中。

链码部署进入运行状态后，理论上任何具备合适权限的用户都可以对其进行调用。因此，链码名称、版本号和调用接口最好进行私密保护，采用相对难猜的命名，并且不能泄露给无关实体。为了避免通道内其他组织在获知链码信息后在其他通道进行实例化，还需要通过指定实例化的策略来进行限制（FAB-3156）。另外，调用过程推荐进行必要的监控处理，可以通过以下方法把控：事件方式进行监听，对事件进行实时审计，对异常情况制定响应流程。

13.9 本章小结

本章介绍了区块链应用开发的知识，以 Fabric 链码为例讲解了智能合约的概念和工作原理，并结合实际开发案例讲解了链码应用的开发过程，最后还总结了实践中的注意事项。

如果说区块链账本平台提供了计算机硬件，那么链码相当于计算机指令集，在整个区块链技术栈中处于十分核心的位置。

分布式账本结合智能合约所构建出的新型应用逻辑，相较于传统应用，更加重视可信任性、安全性和效率的提升。通过本章的学习，相信读者能够在实践中体会这一新型应用逻辑的独特之处，掌握区块链应用的开发技巧。

第 14 章 Chapter 14

区块链服务平台设计

规模是困难之源。

信息产业过去的十年，是云计算的十年。云计算技术为传统信息行业带来了前所未有的便捷。用户无需在意底层实现细节，通过简单的操作，即可获得可用的计算资源，节约大量运维管理的时间成本。

区块链平台作为分布式基础设施，其部署和维护过程需要多方面的技能，这对很多应用开发者来说都是不小的挑战。为了解决这些问题，区块链即服务（Blockchain as a Service，BaaS）平台应运而生。BaaS 可以利用云服务基础设施的部署和管理优势，为开发者提供创建、使用，甚至安全监控区块链平台的快捷服务。目前，业界已有一些区块链前沿技术团队率先开发并上线了区块链服务平台。

本章将首先介绍 BaaS 的概念，之后分别介绍业界领先的 IBM Bluemix 和微软 Azure 云上所提供的区块链服务。最后，还介绍了超级账本的区块链管理平台——Cello 项目，以及如何使用它快速搭建一套可以个性化的区块链服务平台。

14.1 简介

区块链即服务（Blockchain as a Service，BaaS），是部署在云计算基础设施之上，对外提供区块链网络的生命周期管理和运行时服务管理等功能的一套工具。

构建一套分布式的区块链方案绝非易事，既需要硬件基础设施的投入，也需要全方位的开发和运营管理（DevOps）。BaaS 作为一套工具，可以帮助开发者快速生成必要的区块链环境，进而验证所开发的上层应用。

除了区块链平台本身，一套完整的解决方案实际上还可以包括设备接入、访问控制、服务监控等管理功能。这些功能，让 BaaS 平台可以为开发者提供更强大的服务支持。

从 2016 年起，业界已有一些前沿技术团队发布了 BaaS 平台，除了商业的方案如 IBM Bluemix 和微软 Azure 云之外，超级账本开源项目也发起了 Cello 项目，以提供一套实现区块链平台运营管理功能的开源框架。

14.1.1 参考架构

图 14-1 给出了区块链即服务功能的参考架构，自上而下分为多层结构。最上层面向应用开发者和平台管理员提供不同的操作能力；核心层负责完成包括资源编排、系统监控、数据分析和权限管理等重要功能；下层可以通过多种类型的驱动和代理组件来访问和管理多种物理资源。

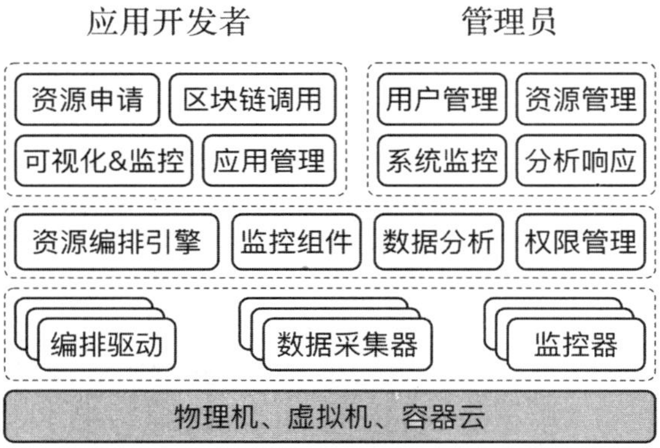

图 14-1 区块链服务参考架构

BaaS 平台所提供的业务能力通常包括：

- 用户按需申请区块链网络，以及所需的计算、存储与网络连接资源；
- 用户对申请到的区块链进行生命周期管理，甚至支持灵活、弹性的区块链配置；
- 通过提供接口，让用户自由访问所申请到的区块链网络并进行调用；
- 提供直观的区块链可视化监控与操作界面，将区块链应用与底层平台无缝对接；
- 提供简单易用的智能合约开发与测试环境，方便用户对应用代码进行管理；
- 为管理员提供用户管理和资源管理操作；
- 为管理员提供对系统各项健康状态的实时监控；
- 提供对平台内各项资源和应用层的数据分析和响应能力。

14.1.2 考量指标

对于 BaaS 服务提供方，搭建这样一套功能完善、性能稳定的 BaaS 平台存在诸多挑战。

可以从如下几个角度进行考量设计：

- 性能保障：包括区块链和应用的响应速度，监控实时性等；
- 可扩展性：支持大规模场景下部署和管理的能力，可以快速进行扩展；
- 资源调度：对于非均匀的资源请求类型可以智能的予以平缓化处理，合理分配系统资源；
- 安全性：注意平衡用户操作区块链的自由度与平台自身的安全可控；
- 可感知性：深度感知数据行为，如可以准确实时评估区块链的运行状况，给用户启发；
- 底层资源普适性：底层应当支持多种混合计算架构，容易导入物理资源。

此外，对于面向开发者的 BaaS 服务，创建的区块链环境应当尽量贴近实际应用场景，让用户可以将经过检验的区块链模型很容易地迁移到生产环境。甚至可以直接联动支持第三方发布平台，直接将经过验证的应用推向发布环境。

14.2 IBM Bluemix 云区块链服务

Bluemix 是 IBM 推出的开放的 PaaS 云平台，包含大量平台和软件服务，旨在帮助开发者实现一站式地应用开发与部署管理。

2016 年，Bluemix 面向开发者推出了基于超级账本 Fabric 的区块链服务，供全球的区块链爱好者使用。用户可以通过访问 https://console.ng.bluemix.net/catalog/services/blockchain 使用该服务。

1. 服务介绍

Bluemix 为用户提供了在云上灵活管理超级账本 Fabric 区块链网络的能力，让开发者专注于快速创建、操作和监控区块链网络，而无需过多考虑底层硬件资源。同时，Bluemix 云平台本身也提供了安全、隐私性方面的保障，并对相关资源进行了性能优化。

Bluemix 目前提供了几种不同类型的区块链网络部署方案，包括免费的基础套餐到收费的高性能方案等。不同方案针对开发者的不同需求，在运行环境、占用资源、配置方式上都有所区别。

对于超级账本 Fabric 网络试用者，可选择免费的基础套餐，获得一个包含各类型 Peer 节点和 CA 的完整区块链试用网络，用户可以自行尝试部署链码并实时观察账本状态的变化。

2. 使用服务

Bluemix 云平台提供的仪表盘（Dashboard）提供了十分直观的管理方式，用户可以通过 Web 界面来获取和访问区块链资源。

如图 14-2 所示，用户创建网络后，可以进入 Dashboard 看到属于自己的区块链网络，同时观察各节点的状态，以及与身份认证相关的服务凭证。

对于已经申请到的区块链网络，用户可以通过 Dashboard 对其部署并调用链码，并实时查看响应结果。例如，图 14-3 中展示了部署自带的 example02 链码。

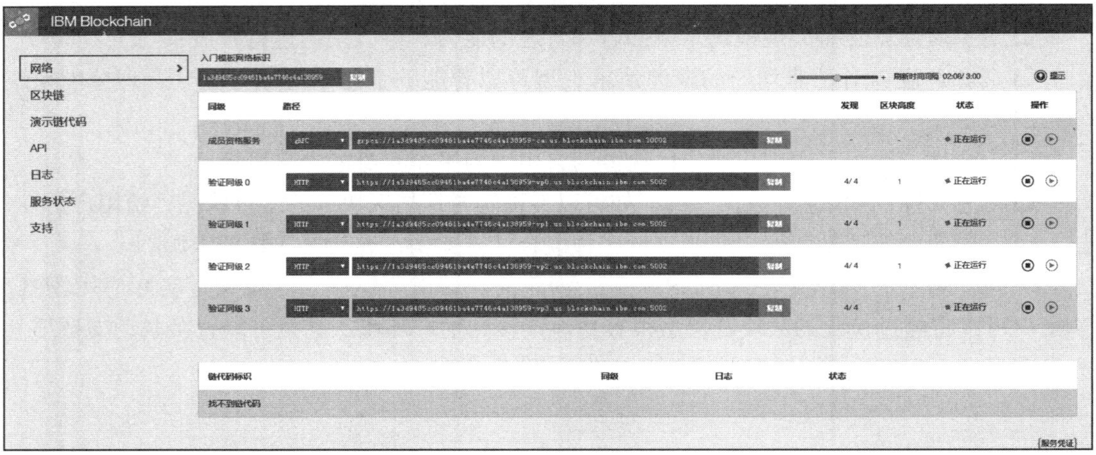

图 14-2　Bluemix 区块链服务仪表盘

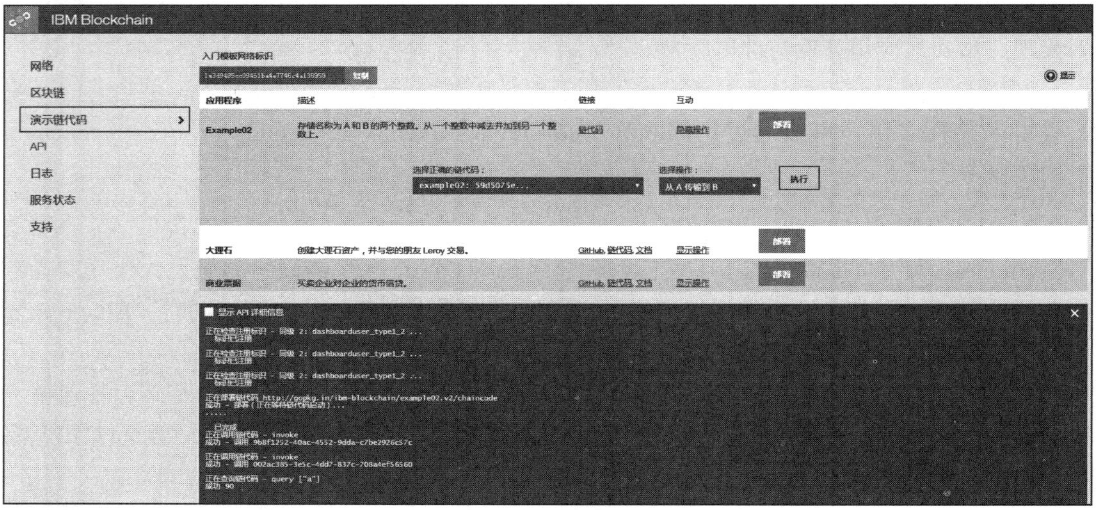

图 14-3　通过 Dashboard 操作链码

对链码的操作会发送交易，进而生成新的区块。可通过 Dashboard 观察与区块链状态、区块内容相关的信息。例如，图 14-4 中区块链生成了 4 个区块，并执行了 1 次部署和 2 次调用。

平台同时会收集各节点的日志信息，监控和记录服务的运行状态。用户同样可以在 Dashboard 中实时查看。如图 14-5 所示，显示了服务和网络的正常运行时间等。

同时，Bluemix 云平台会将与区块链网络交互所需的 gRPC 或 HTTP 接口地址开放给用户，供用户通过 SDK 等进行远程操作，实现更多跟区块链、链码和应用相关的丰富功能。

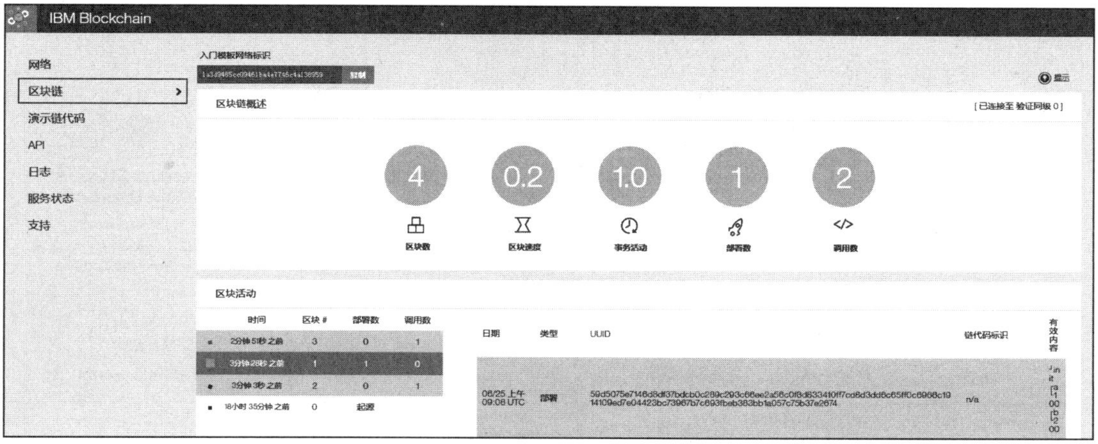

图 14-4　通过 Dashboard 观察区块链

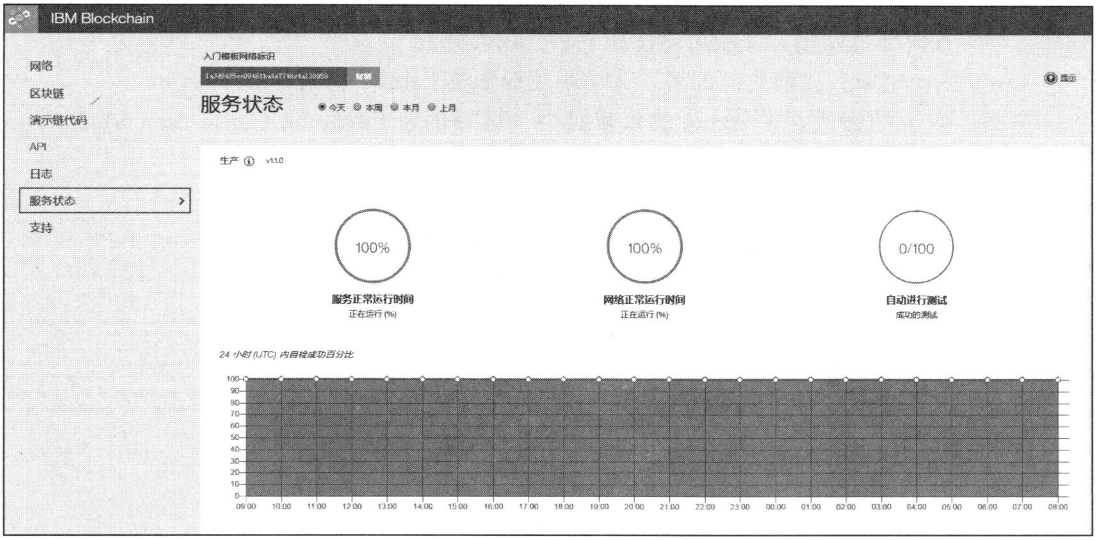

图 14-5　通过 Dashboard 获取服务状态

14.3　微软 Azure 云区块链服务

Azure 是微软推出的云计算平台，向用户提供开放的 IaaS 和 PaaS 服务。Azure 陆续在其应用市场中提供了若干个与区块链相关的服务，分别面向多种不同的区块链底层平台，其中包括以太坊和超级账本 Fabric。

可以在应用市场（https://azuremarketplace.microsoft.com/en-us/marketplace/apps）中搜索“blockchain”关键字查看这些服务，如图 14-6 所示。

下面具体介绍其中的 Azure Blockchain Service。

图 14-6　Azure 上的区块链服务

使用 Azure 服务，用户可以在几分钟之内在云中部署一个区块链网络。云平台会将一些耗时的配置流程自动化，使用户专注在上层应用方案。

Azure 区块链服务目前支持部署以太坊或超级账本 Fabric 网络。

下面以以太坊为例，在 Azure 的仪表盘中，选择创建 Ethereum Consortium Blockchain 后，输入一些配置选项，则可以开始部署该模拟网络，如图 14-7 所示。

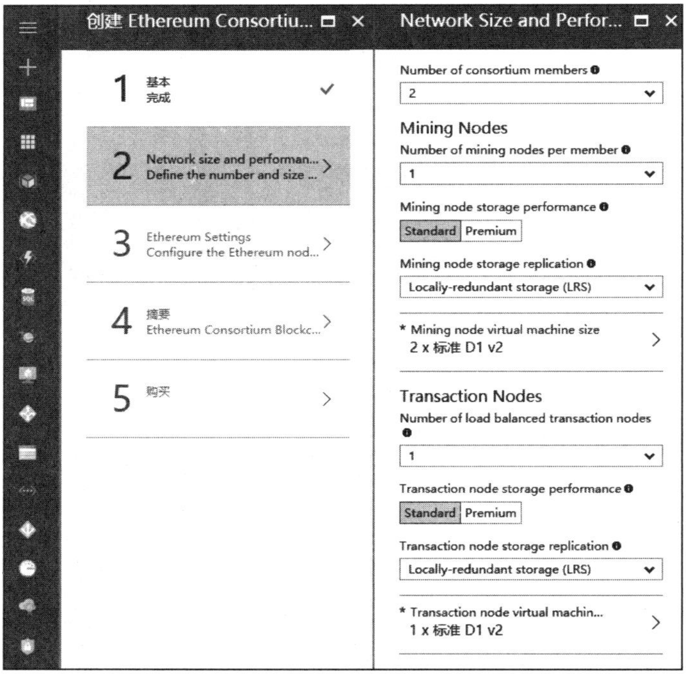

图 14-7　Azure 区块链配置

部署过程需要几分钟时间。完成后，可进入资源组查看部署结果，如图 14-8 所示，成功部署了一个以太坊网络。

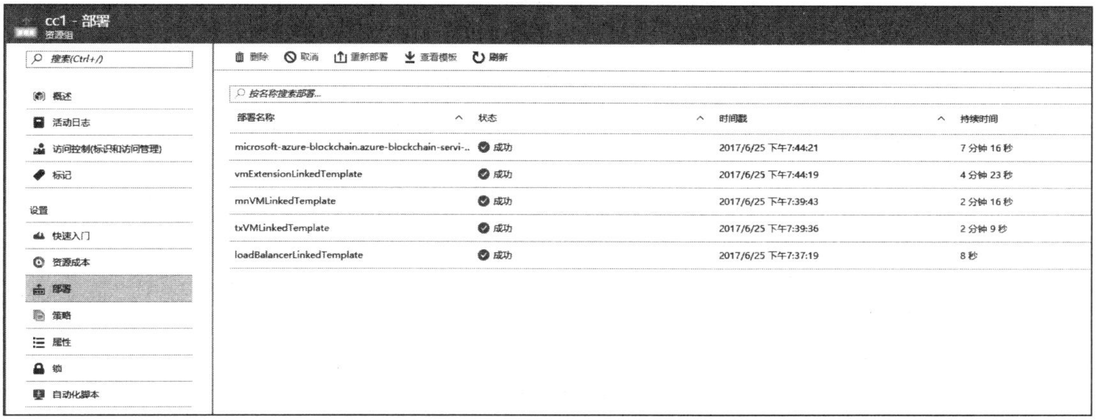

图 14-8 Azure 区块链部署结果

点击 microsoft-azure-blockchain 开头的链接，可以查看网络的一些关键接口，包括管理网址、RPC 接口地址等。

复制管理网址 ADMIN-SITE 的链接，用浏览器打开，可以进入区块链管理界面。界面中可查看网络各节点信息，也可以新建一个账户，并从 admin 账户向其发送 1000 个以太币。结果如图 14-9 所示。

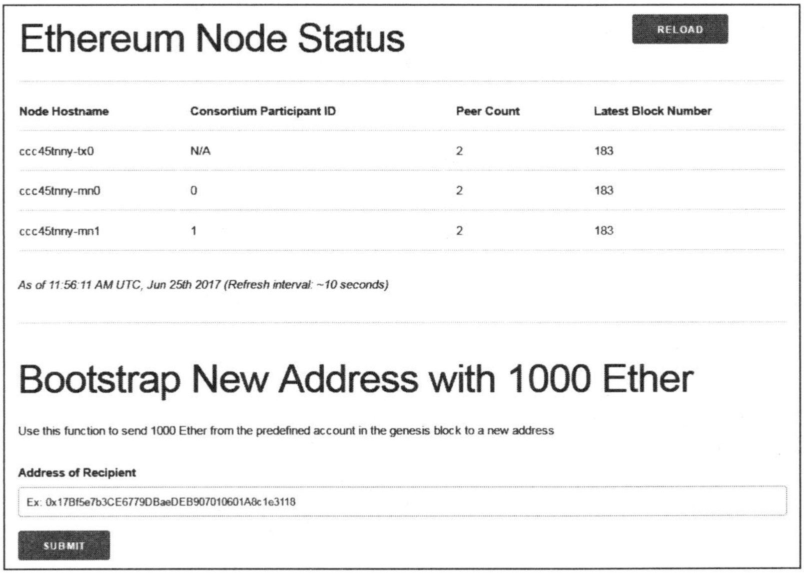

图 14-9 Azure 区块链管理界面

Azure 云平台提供了相对简单的操作界面，更多的是希望用户通过 RPC 接口地址来访问所部署的区块链示例。用户可以自行通过 RPC 接口与以太坊模拟网络交互，部署和测试智能合约，此处不再赘述。

14.4 使用超级账本 Cello 搭建区块链服务

从前面的讲解中可以看到，区块链服务平台能够有效加速对区块链技术的应用，解决企业和开发者进行手动运营管理的负担。但是这些方案都是商业用途，并且只能在线使用。

超级账本的 Cello 项目为本地搭建区块链服务管理平台提供了开源的解决方案，可以实现在多种类型的物理资源上实现区块链网络的生命周期管理。

正如 Cello 的名字所蕴意，它就像一把精巧的大提琴，以区块链为琴弦，可以奏出更加动人的乐章。

14.4.1 基本架构和特性

Cello 项目由笔者领导的 IBM 技术团队于 2017 年 1 月贡献到超级账本社区，主要基于 Python 和 Javascript 语言编写。该项目的定位为区块链管理平台，支持部署、运行时管理和数据分析等功能，可以实现一套完整的 BaaS 系统的快速搭建。其基本架构如图 14-10 所示。

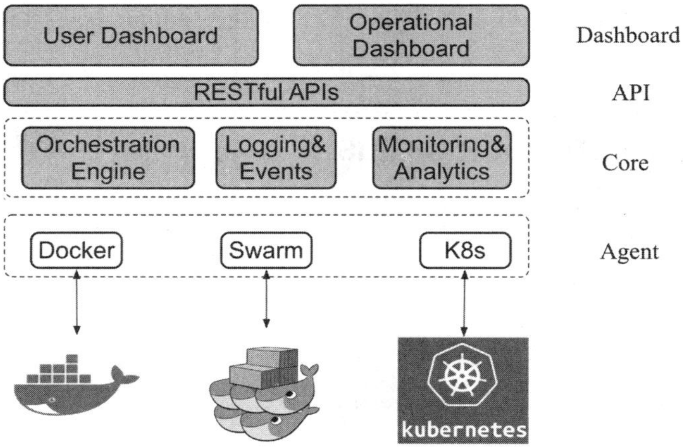

图 14-10　Cello 基本架构

在实现区块链环境快速部署的同时，Cello 也提供了不少对区块链平台进行运行时管理的特性，这些特性总结如下：

- 管理区块链的全生命周期，包括创建、配置、使用、健康检查、删除等；
- 支持多种基础架构作为底层资源池，包括裸机、虚拟机、容器云（Docker、Swarm、Kubernetes）等；
- 支持多种区块链平台及自定义配置（目前以支持超级账本 Fabric 为主）；

- ❑ 支持监控和分析功能，实现对区块链网络和智能合约的运行状况分析；
- ❑ 提供可插拔的框架设计，包括区块链平台、资源调度、监控、驱动代理等都很容易引入第三方实现。

下面具体介绍如何以 Docker 主机为资源池，用 Cello 快速搭建一个区块链服务平台。

14.4.2　环境准备

Cello 采用了典型的主从（Master-Worker）架构。用户可以自行准备一个 Master 物理节点和若干个 Worker 节点。其中，Master 节点负责管理（例如，创建和删除）Worker 节点中的区块链集群，通过 8080 端口对外提供网页 Dashboard，通过 80 端口对外提供 RESTful API。Worker 节点负责提供区块链集群的物理资源，例如基于 Docker 主机或 Swarm 的方式启动多个集群，作为提供给用户可选的多个区块链网络环境。

图 14-11 展示了一个典型的 Cello 部署拓扑。每个节点默认为 Linux（如 Ubuntu16.04）服务器或虚拟机。

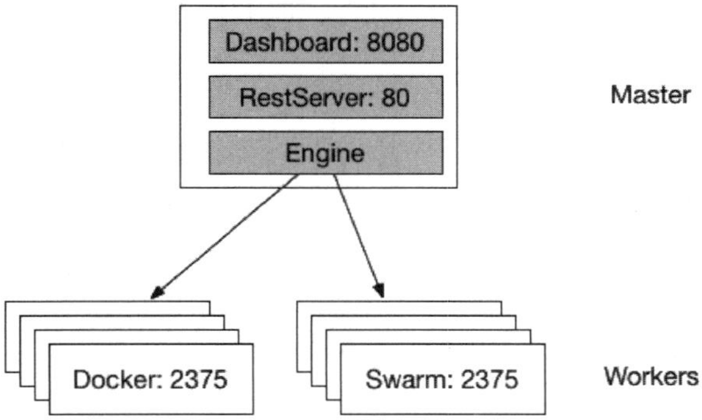

图 14-11　Cello 部署拓扑示例

为了支持区块链网络，Worker 和 Master 节点需要配备足够的物理资源。例如，如果希望在一个 Worker 节点上能够启动至少 10 个区块链集群，则建议节点配置至少为 8 CPU、16G 内存、100G 硬盘容量。

14.4.3　下载 Cello 源码

Cello 代码的官方仓库在社区的 Gerrit 上，并实时同步到 GitHub 仓库中，读者可以从任一仓库中获取代码。例如通过如下命令从官方仓库下载 Cello 源码：

```
$ git clone http://gerrit.hyperledger.org/r/cello && cd cello
```

14.4.4　配置 Worker 节点

1. 安装和配置 Docker 服务

首先安装 Docker，推荐使用 1.12 或者更新的版本。可通过如下命令快速安装 Docker：

```
$ curl -fsSL https://get.docker.com/ | sh
```

安装成功后，修改 Docker 服务配置。对于 Ubuntu 16.04，更新 /lib/systemd/system/ docker.service 文件如下：

```
[Service]
DOCKER_OPTS="$DOCKER_OPTS -H tcp://0.0.0.0:2375 -H unix:///var/run/docker.sock
    --api-cors-header='*' --default-ulimit=nofile=8192:16384 --default-ulimit=
    nproc=8192:16384"
EnvironmentFile=-/etc/default/docker
ExecStart=
ExecStart=/usr/bin/dockerd -H fd:// $DOCKER_OPTS
```

修改后，需要通过如下命令重启 Docker 服务：

```
$ sudo systemctl daemon-reload
$ sudo systemctl restart docker.service
```

2. 下载 Docker 镜像

对于超级账本 Fabric v1.0 集群所需的镜像，可以使用如下命令进行自动下载：

```
$ cd scripts/worker_node_setup && bash download_images.sh
```

3. 防火墙配置

为了确保 Worker 上的容器可以正常访问，通过如下命令确保主机开启 IP 转发：

```
$ sysctl -w net.ipv4.ip_forward=1
```

同时检查主机的 iptables 设置，确保必要的端口被打开（如 2375、7050 ~ 10000 等）。

14.4.5 配置 Master 节点

1. 下载 Docker 镜像

使用如下命令下载运行服务所必要的 Docker 镜像。其中，python:3.5 镜像是运行 Cello 核心组件的基础镜像；mongo:3.2 提供了数据库服务；yeasy/nginx:latest 提供了 Nginx 转发功能；mongo-express:0.30 镜像是为了调试数据库，可以选择性安装：

```
$ docker pull python:3.5 \
    && docker pull mongo:3.2 \
    && docker pull yeasy/nginx:latest \
    && docker pull mongo-express:0.30
```

2. 安装 Cello 服务

首次运行时，可以通过如下命令对 Master 节点进行快速配置，包括安装 Docker 环境、创建本地数据库目录、安装依赖软件包等：

```
$ make setup
```

如果安装过程没有提示出现问题，则说明当前环境满足了运行条件。如果出现问题，可通过查看日志信息进行定位。

3. 管理 Cello 服务

可以通过运行如下命令来快速启动 Cello 相关的组件服务（包括 dashboard、restserver、watchdog、mongo、nginx 等）：

```
$ make start
```

类似地，运行 make stop 或 make restart 可以停止或重启全部服务。

若希望重新部署某个特定服务（如 dashboard），可运行如下命令：

```
$ make redeploy service=dashboard
```

运行如下命令可以实时查看所有服务的日志信息：

```
$ make logs
```

若希望查看某个特定服务的日志，可运行如下命令进行过滤，如只查看 watchdog 组件的日志：

```
$ make log service=watchdog
```

14.4.6　使用 Cello 管理区块链

Cello 服务启动后，管理员可以通过 Cello 的 Dashboard 页面管理区块链。

默认情况下，可通过 Master 节点的 8080 端口访问 Dashboard。默认的登录用户名和密码为 admin:pass。

如图 14-12 所示，Dashboard 有多个页面，各页面的功能如表 14-1 所示。

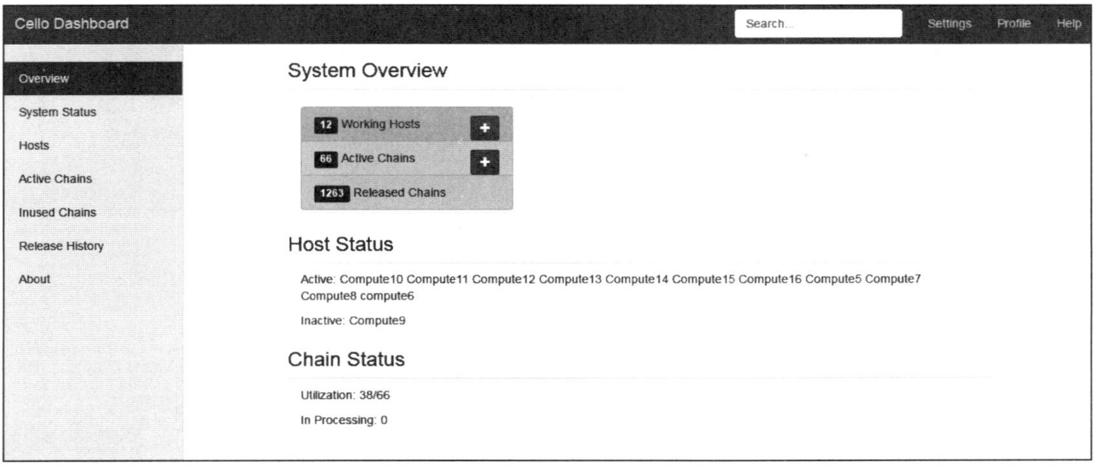

图 14-12　Cello Dashboard

表 14-1 Dashboard 各页面的功能

页面	功能
Overview	展示系统整体状态
System Status	展示一些统计信息
Hosts	管理所有主机（Worker 节点）
Active Chains	管理资源池中的所有链
Inused Chains	管理用户正在占用的链
Released History	查看链的释放历史

1. Hosts 页面

在 Hosts 页面，管理员可以管理所有资源池中已存在的主机，或添加新主机。表格中会显示主机的类型、状态、正在运行的区块链数量、区块链数量上限等。所有设定为 non-schedulable（不会自动分配给用户）的主机会用灰色背景标识，如图 14-13 所示。

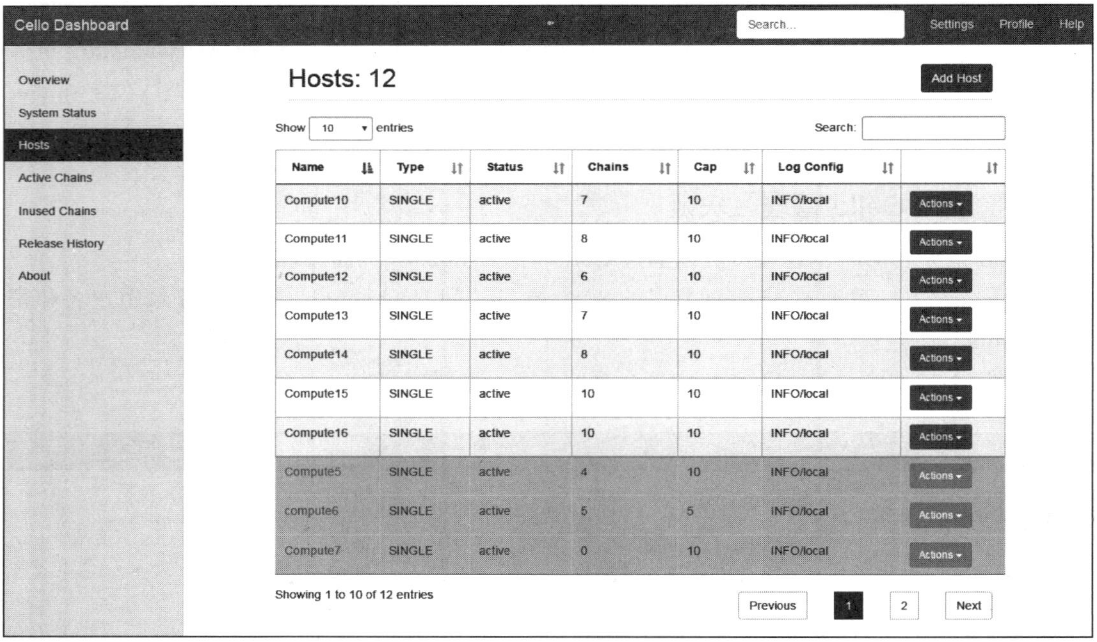

图 14-13 Hosts 页面

点击一个主机的 Action 下拉菜单，有如下选项可供操作该主机：

- Fillup：将主机运行的区块链数添加至上限；
- Clean：清理主机中所有未被用户占用的链；
- Config：更改主机配置，如名称和链数量上限；
- Reset：重置该主机，只有当该主机没有用户占用的链时可以使用；
- Delete：从资源池中删除该主机。

点击 Hosts 页面的 Add Host 按钮，可以向资源池中添加主机。需要设定该主机的名称、Daemon URL 地址（例如，Worker 节点的 docker daemon 监听地址和端口）、链数量上限、日志配置、是否启动区块链至数量上限、是否可向用户自动分配，如图 14-14 所示。

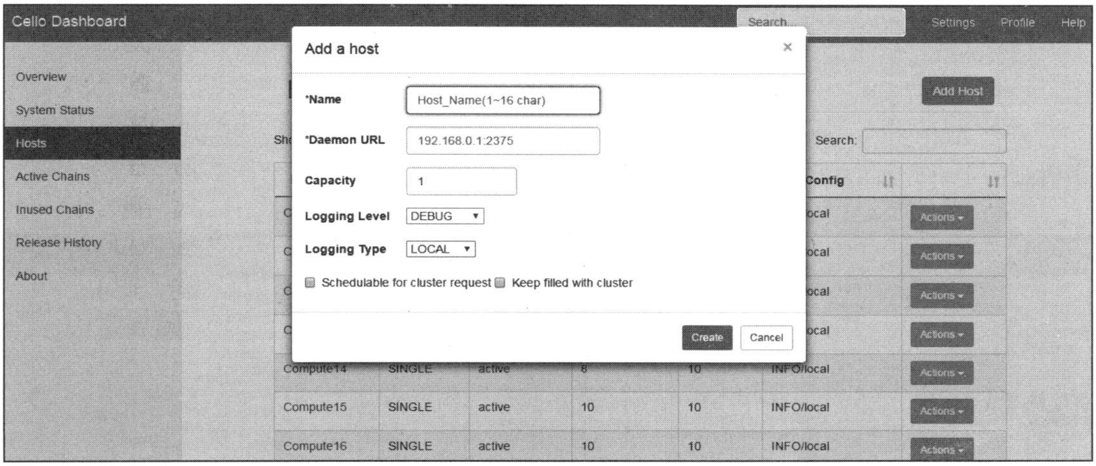

图 14-14　添加主机

2. Active Chains 页面

Active Chains 页面会显示所有正在运行的链，包括链的名称、类型、状态、健康状况、规模、所属主机等信息。正在被用户占用的链会用灰色背景标识，如图 14-15 所示。

图 14-15　Active Chains 页面

点击一条链的 Actions 下拉菜单，有如下选项可供操作该链：

❑ Start：如果这条链处于停止状态，则启动；

❑ Stop：停止运行中的链；

❑ Restart：重新启动这条链；

❑ Delete：删除这条链；

❑ Release：将占用的链释放，随后会被删除。

点击 Active Chains 页面的 Add Chain 按钮，可以向资源池中添加更多链（如果还有未被占满的主机），如图 14-16 所示。

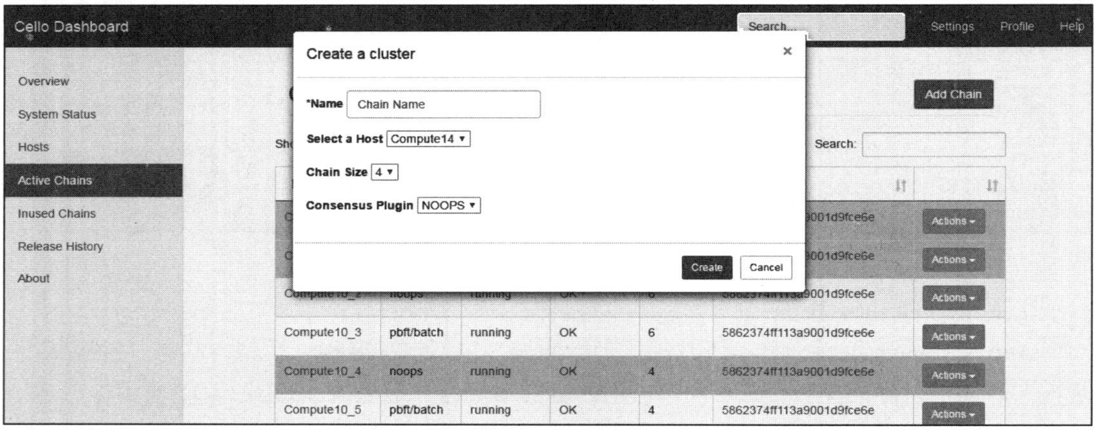

图 14-16 添加链

14.4.7 基于 Cello 进行功能扩展

Cello 已经提供了完整的区块链管理功能，并提供了图形界面和 API。

用户可以通过向 Cello 的 Master 节点（默认为 80 端口）发送 RESTful API 来申请、释放区块链，或查看区块链相关信息，如其对外开放的接口，可供用户进行远程交互。RESTful API 的说明可在 Cello 的文档中查阅。

对于区块链服务提供者，可以利用这些 API 为用户呈现友好的区块链申请和操作界面，在 Cello 的基础之上构建和实现更多功能。

14.5 本章小结

本章介绍了区块链即服务的概念，阐述了整合云计算技术能够为区块链部署和管理所带来的便捷。接下来提出了区块链服务平台的参考架构，并从功能和性能等实践角度总结了平台设计的考量指标。

本章随后还介绍了业界领先的 IBM Bluemix 和微软 Azure 云上提供的区块链服务。最后讲解了如何使用超级账本 Cello 项目快速搭建一套个性化的区块链服务平台。

区块链技术的普及离不开生态系统和相关工具的成熟，区块链应用的落地同样离不开完善的 DevOps 支持。本章的内容能够给予读者不同的视角，从系统方案的角度出发，思考如何在新技术变革中保持应对变化的敏捷与高效。

附 录

Appendix A 附录A

术 语 表

通用术语

Blockchain（区块链）：基于密码学的可实现信任化的信息存储和处理的结构和技术。

Byzantine Failure（拜占庭错误）：指系统中存在除了消息延迟或不可送达故障以外的错误，包括消息被篡改、节点不按照协议进行处理等，潜在地会对系统造成针对性的破坏。

CDN：Content Delivery Network（内容分发网络），利用在多个地理位置预先配置的缓存服务器，自动从距离近的缓存服务器进行对请求的响应，以实现资源的快速分发。

Consensus（共识）：分布式系统中多个参与方对某个信息达成一致，多数情况下为对发生事件的顺序达成一致。

Decentralization（去中心化）：无需一个独立第三方的中心机构存在，有时候也叫多中心化。

Distributed（分布式）：非单体中央节点的实现，通常由多个个体通过某种组织形式联合在一起，对外呈现统一的服务形式。

Distributed Ledger（分布式账本）：由多家联合维护的去中心化（或多中心化）的账本记录平台。

DLT：Distributed Ledger Technology（分布式账本技术），包括区块链、权限管理等在内的实现分布式账本的技术。

DTCC：Depository Trust and Clearing Corporation（存托和结算公司），全球最大的金融交易后台服务机构。

Fintech：Financial Technology，与金融相关的信息技术。

Gossip：一种P2P网络中多个节点之间进行数据同步的协议，如随机选择邻居进行转发。

LDAP：Lightweight Directory Access Protocol（轻量级目录访问协议），是一种为查询、搜索业务而设计的分布式数据库协议，一般具有优秀的读性能，但写性能往往较差。

Market Depth（市场深度）：衡量市场承受大额交易后汇率的稳定能力，例如证券交易市场出现大额交易后价格不出现大幅波动。

MTBF：Mean Time Between Failures（平均故障间隔时间），即系统可以无故障运行的预期时间。

MTTR：Mean Time to Repair（平均修复时间），即发生故障后，系统可以恢复到正常运行的预期时间。

MVCC：Multi-Version Concurrency Control（多版本并发控制），数据库领域的技术，通过引入版本来实现并发更新请求的乐观处理，当更新处理时数据版本跟请求中注明版本不一致时则拒绝更新。发生更新成功则将数据的版本加一。

Non-validating Peer（**非验证节点**）：不参与账本维护，仅作为交易代理响应客户端的请求，并对交易进行一些基本的有效性检查，之后转发给验证节点。

P2P（**点到点的通信网络**）：网络中所有节点地位均等，不存在中心化的控制机制。

SLA/SLI/SLO：Service Level Agreement/Indicator/Objective，分别描述服务可用性对用户的承诺，功能指标和目标值。

SWIFT: Society for Worldwide Interbank Financial Telecommunication（环球银行金融电信协会），运营世界金融电文网络，服务银行和金融机构。

Turing-complete（**图灵完备**）：指一个机器或装置能用来模拟图灵机（现代通用计算机的雏形）的功能，图灵完备的机器在可计算性上等价。

Validating Peer（**验证节点**）：维护账本的核心节点，参与一致性维护、对交易的验证和执行。进一步可以划分为 Endorser、Committer 等多种角色。

密码学与安全相关

ASN.1：Abstract Syntax Notation One，定义了描述数据的表示、编码、传输、解码的一套标准，广泛应用于计算机、通信和安全领域。

CA：Certificate Authority，负责证书的创建、颁发，是 PKI 体系中最为核心的角色。

CRL：Certification Revocation List（证书吊销列表），包含所撤销的证书列表。

CSR：Certificate Signing Request（证书签名申请），包括通用名、名称、主机、生成私钥算法和大小、CA 配置和序列号等信息，用来发给 CA 服务以颁发签名的证书。

DER：Distinguished Encoding Rules，ASN.1 中定义的一种二进制编码格式，可用于保存证书或密钥内容。

Genesis Block（**创世区块**）：区块链的第一个区块，一般用于初始化，不带有交易信息。

Hash（**哈希算法**）：可将任意长度的二进制值映射为较短的、固定长度的二进制值的算法。

IES：Integrated Encryption Scheme（集成加密机制），一种混合加密机制，可以应对选择明文攻击（可以获知任意明文和对应密文）情况下的攻击，包括 DLIES（基于离散对数）和 ECIES（基于椭圆曲线）两种实现。

Nonce：密码学术语，表示一个临时的值，多为随机字符串。

OCSP：Online Certificate Status Protocol（在线证书状态协议），通过查询服务可在线确认证书的状态（如是否撤销）。在 RFC 2560 中定义。

PKCS：Public-Key Cryptography Standards（公钥密码标准），由 RSA 实验室提出，定义了利用 RSA 算法和相关密码学技术来实现安全的系列规范，目前包括 15 个不同领域的规范。最早的版本在 1991 年提出，目前最新版本为 2012 年提出的 2.2 版本。

PEM：Privacy Enhanced Mail，用于保存证书和密钥的一种编码格式，在 RFC 1421-1424 中定义。

PKI：Public Key Infrastructure，基于公钥体系的安全基础架构。

SM：国家商用密码算法，2010 年以来陆续由国家密码管理局发布的相关标准和规范，主要包括：SM2（基于椭圆曲线密码的公钥密码算法标准）、SM3（Hash 算法标准）、SM4（基于分组加密的对称密码算法标准）、SM9（基于身份的数字证书体系）。

比特币、以太坊相关术语

Bitcoin（比特币）：最早由中本聪提出和实现的基于区块链思想的数字货币技术。

DAO：Decentralized Autonomous Organization（分布式自治组织），基于区块链的按照智能合约联系起来的松散自治群体。

Lightning Network（闪电网络）：通过链外的微支付通道来增大交易吞吐量的技术。

Mining（挖矿）：通过暴力尝试找到一个字符串，使得它加上一组交易信息后的 Hash 值符合特定规则（例如前缀包括若干个 0），找到的人可以宣称发现了新区块，并获得系统奖励的数字货币。

Miner（矿工）：参与挖矿的人或组织。

Mining Machine（矿机）：专门为数字货币挖矿而设计的设备，包括基于软件、GPU、FPGA、专用芯片等多种实现。

Mining Pool（矿池）：采用团队协作方式集中算力进行挖矿，对产出的数字货币进行分配。

PoS：Proof of Stake（股份持有证明），拥有代币或股权越多的用户，挖到矿的概率越大。

PoW：Proof of Work（工作量证明），在一定难题前提下求解一个 SHA256 的 Hash 问题。

Smart Contract（智能合约）：运行在区块链上的提前约定的合同。

Sybil Attack（女巫攻击）：少数节点通过伪造或盗用身份伪装成大量节点，进而对分布式系统进行破坏。

超级账本相关术语

Anchor（锚定）：一般指作为刚启动时的初始联络元素或与其他结构的沟通元素。如刚加入一个通道的节点，需要通过某个锚点节点快速获取通道内的情况（如其他节点的存在信息）。

Auditability（审计性）：在一定权限和许可下，可以对链上的交易进行审计和检查。

Block（区块）：代表一批得到确认的交易信息的整体，将由共识加入到区块链中。

Blockchain（区块链）：由多个区块链接而成的链表结构，除了初始区块，每个区块头部都包括前继区块内容的 Hash 值。

Chaincode（链码）：区块链上的应用代码，扩展自“智能合约”概念，支持 Golang、Nodejs 等语言，多为图灵完备。

Channel（通道）：Fabric 网络上的私有隔离机制。通道中的链码和交易只有加入该通道的节点可见。同一个节点可以加入多个通道，并为每个通道内容维护一个账本。

Committer（提交节点）：一种 Peer 节点角色，负责对 Orderer 排序后的交易进行检查，选择合法的交易执行并写入存储。

Commitment（提交）：提交节点完成对排序后交易的验证，将交易内容写到区块，并更新世界状态（World State）的过程。

Confidentiality（保密）：只有交易相关方可以看到交易内容，其他人未经授权无法看到。

Endorser（推荐节点或背书节点）：一种 Peer 节点角色，负责检验某个交易是否合法，是否愿意为之背书、签名。

Endorsement：背书过程。按照链码部署时候的背书策略，相关 Peer 对交易提案进行模拟和检查，决策是否为之背书。如果交易提案获得了足够多的背书，则可以构造正式交易进行进一步的共识。

Invoke（调用）：一种交易类型，对链码中的某个方法进行调用，一般需要包括调用方法和调用参数。

Ledger（账本）：包括区块链结构（带有所有的交易信息）和当前的世界状态，见后面的 World State 术语。

Member（成员）：代表某个具体的实体身份，在网络中拥有自己的根证书。节点和应用都必须属于某个成员身份。同一个成员可以在同一个通道中拥有多个 Peer 节点，其中一个为 Leader 节点，代表成员与排序节点进行交互，并分发排序后的区块给属于同一成员的其他节点。

MSP：Member Service Provider（成员服务提供者），抽象的实现成员服务（身份验证、证书管理等）的组件，实现对不同类型的成员服务的可拔插支持。

Orderer（**排序节点**）：共识服务角色，负责将看到的交易排序，提供全局确认的顺序。

Permissioned Ledger（**带权限的账本**）：网络中所有节点必须是经过许可的，非许可过的节点则无法加入网络。

Privacy（**隐私保护**）：交易员可以隐藏交易的身份，其他成员在无特殊权限的情况下，只能对交易进行验证，而无法获知身份信息。

System Chain（**系统链**）：由对网络中配置进行变更的配置区块组成，一般可用来作为组成网络成员们形成的联盟约定。

Transaction（**交易**）：执行账本上的某个函数调用或者部署、更新链码。调用的具体函数在链码中实现。

Transactor（**交易者**）：发起交易调用的客户端。

World State（**世界状态**）：最新的全局账本状态，Fabric 用它来存储历史交易发生后产生的最新的状态，可以用键值或文档数据库来实现。

Appendix B 附录 B

常见问题解答

通用问题

问：区块链是谁发明的，有什么特点？

答：区块链相关的思想最早是比特币的发明者中本聪（化名）在论文中提出（但没有明确定义）作为比特币网络的核心支持技术。自那以后，区块链技术逐渐脱离比特币网络，成为一种通用的可以支持分布式记账能力的底层技术，具有去中心化和加密安全等特点。

问：区块链和比特币是什么关系？

答：比特币是基于区块链技术的一种数字现金（cash）应用；区块链技术最早在比特币分布式系统中得到应用和验证，确保了比特币系统于 2009 年上线后，在完全自治情况下可以正常运转。

问：区块链和分布式数据库是什么关系？

答：两者定位完全不同。分布式数据库是解决高可用和可扩展场景下的数据存储问题；区块链则是在多方（无须中心化中介角色存在）之间提供一套可信的记账和合约履行机制。

问：区块链有哪些种类？

答：根据部署场景公开程度，可以分为公有链（public chain）、联盟链（consortium chain）和私有链（private chain）；从功能上看，可以分为以支持数字货币为主的数字货币区块链（如比特币网络）、支持智能合约的通用区块链（如以太坊网络）、面向复杂商业应用场景支持权限管理的分布式账本平台（如超级账本）。

问：（公有链情况下）区块链是如何防止有人作恶的？

答：区块链并没有试图保障每一个人都不作恶，每个参与者都默认在最长的链上进行扩展。当某个作恶者尝试延续一个非法链的时候，实际上在跟所有的“非作恶”者进行竞争。因此，当作恶者超过一半（还要保持选择一致）时，在概率意义上才能破坏规则；而代价是一旦延续失败，所有付出的资源（例如算力）都将浪费掉。

问：区块链的智能合约应该怎么设计？

答：首先，智能合约类似于其他应用程序，在架构上既可以采取 monolithic 的方式（一个合约针对一个具体商业应用，功能完善而复杂），也可以采取 microservice 的方式（即每个合约功能单一，多个合约一起构建应用）；选择哪种模式根本上取决于其上商业应用的特点。其次，从灵活性角度，推荐适当对应用代码进行切分，划分到若干个智能合约，尽量保持智能合约的可复用性。

问：如何查看 PEM 格式证书内容？

答：可以通过如下命令转换证书内容进行输出：

```
openssl x509 -noout -text -in<ca_file>;
```

另外，还可以通过如下命令来快速从证书文件中提取所证明的公钥内容：

```
openssl x509 -noout -pubkey -in<ca_file>
```

问：已知私钥，如何生成公钥？

答：对于椭圆曲线加密算法，可以通过如下命令生成公钥：

```
openssl ec -pubout -outform PEM -in<private_key>
```

问：如何校验某证书是否被根证书签名？

答：已知“根证书文件”和“待验证证书文件”情况下，可以使用如下命令进行验证：

```
openssl verify -CAfile<root_cafile><ca_to_verify>
```

问：为何 Hash 函数将任意长的文本映射到定长的摘要，很少会发生冲突？

答：像 SHA-1 这样的 Hash 函数可以将任意长的文本映射到相对很短的定长摘要。从理论上讲，从一个很大的集合映射到一个小的集合上必然会出现冲突。Hash 函数之所以很少出现冲突的原因在于虽然输入的数据长度可以很大，但其实人类产生的数据并非全空间集合的，这些数据往往是相对有序（低熵值）的，实际上也是一个相对较小的集合。当然，这个集合自身可能比输出的结果要大，但这个冲突的概率远没有输入是全空间集合时那么夸张。

比特币、以太坊相关

问：比特币区块链为何要设计为每 10 分钟才出来一个块，快一些不可以吗？

答：这主要是从公平的角度考虑的，当某一个新块被计算出来后，需要在全球的比特币网络内公布。临近的矿工将最先拿到消息并开始新一轮的计算，较远的矿工则较晚得到通知。最坏情况下，可能需要数十秒的延迟。为尽量确保矿工们都处在同一起跑线上，这个时间不能太短。但太长了又会导致每个交易的“最终”确认时间过长，目前看，10 分钟左右是一个相对合适的折中。另外，也是从存储代价的角度，让拥有不太大存储的普通节点可以参与到网络的维护。

问：比特币区块链每个区块大小为何是 1MB，大一些不可以吗？

答：这也是折中的结果考虑的。区块产生的平均时间间隔是固定的 10 分钟，大一些，意味着发生交易的吞吐量可以增加，但节点进行验证的成本会提高（Hash 处理约为 100MB/s），同时存储整个区块链的成本会快速上升。区块大小为 1MB，意味着每秒可以记录 1MB/(10*60)=1.7KB 的交易数据，而一般的交易数据大小在 0.2 ~ 1KB。

实际上，之前比特币社区也曾多次讨论过改变区块大小的提案，但都未被最终接受。

问：以太坊网络跟比特币网络有何关系？

答：以太坊网络所采用的区块链结构源于比特币网络。基于同样设计原理，但以太坊提出了许多改善设计，包括支持更灵活的智能合约，支持除了 PoW 之外的更多共识机制（尚未实现）等。

超级账本项目

问：超级账本项目与传统公有区块链有何不同？

答：超级账本是首个面向联盟链场景的开源项目，在这种场景下，参与账本的多方存在一定的信任前提，并十分看重对接入账本各方的权限管理、审计功能、传输数据的安全可靠等特性。超级账本在考虑了商业网络的这些复杂需求后，提出了创新的架构和设计，是首个在企业应用场景中得到大规模部署和验证的开源项目。

问：区块链最早是公有链形式，为何现在联盟链在很多场景下得到更多推崇？

答：区块链技术出现以前，中心化的信任机制可以实现很高的性能和便捷的监管，但一旦中心机制出现故障，则导致系统的信任前提发生破坏。区块链技术可以提供无中介化情况下的信任保障。公有链情况下，任何人都可以参与监督，可以实现信任的最大化，但随之而来会有性能低下、缺乏监管等问题。

联盟链在两者之间取得了平衡。非中心化的联盟共识，让系统可信任度以指数形式增加；同时，联盟形成的信任前提，可以在不影响信任情况下实现更优化的性能，并支持权限管理。这对于复杂应用场景，特别是企业场景可以提供更好的支持。

问：采用 BFT 类共识算法时，节点掉线后重新加入网络，出现无法同步情况怎么办？

答：这是某些算法设计导致的情况。掉线后的节点重新加入到网络中，其视图（view）会领先于其他节点。其他节点正常情况下不会发生视图的变更，发生的交易和区块内容不会同步到掉线节点。出现这种情况，可以有两种解决方案：一种方案是强迫其他节点出现视图变更，例如也发生掉线或者在一段时间内强制变更；另一种方案是等待再次产生足够多的区块后触发状态追赶。

问：超级账本 Fabric 里的安全性和隐私性是如何保证的？

答：首先，Fabric 1.0 及以后的版本提供了对多通道的支持，不同通道之间的链码和交易是不可见的，即交易只会发送到该通道内的 Peer 节点。此外，在进行背书阶段，客户端可以根据背书策略选择性地发送交易到通道内的某些特定 Peer 节点。其次，用户可以对交易的内容进行加密（基于证书的权限管理）或 Hash 处理，同时，只有得到授权的节点或用户才能访问到交易。另外，排序节点无须访问到交易内容，因此，可以选择不将完整交易（对交易输入数据进行隐藏，或者干脆进行加密或 Hash 处理）发送到排序节点。最后，所有数据在传输过程中可以通过 TLS 来进行安全保护。需要配合使用许多层级的保护来获得不同层级的安全性。

实践过程中，也需要对节点自身进行安全保护，通过防火墙、IDS 等防护措施避免节点自身的攻击；另外可以通过审计和分析系统对可疑行为进行探测和响应。

Appendix C 附录 C

Golang 开发相关

Golang 是一门年轻的语言。它在设计上借鉴了传统 C 语言的高性能特性，又借鉴了多种现代语言的优点，被认为具有很大的潜力。要用好 Golang，首先要掌握好相关的开发工具。

这里介绍如何快速安装和配置 Golang 环境，选用合适的编辑器和 IDE，以及如何配合使用 Golang 的配套开发工具来提高开发效率。

安装与配置 Golang 环境

Golang 环境安装十分简单，可以通过包管理器或自行下载方式进行，为了使用最新版本的 Golang 环境，推荐大家通过下载环境包方式进行安装。

首先，从 https://golang.org/dl/ 页面查看最新的软件包，并根据自己的平台进行下载，例如 Linux 环境下，目前最新的环境包为 https://storage.googleapis.com/golang/go1.8.linux-amd64.tar.gz。

下载后，直接进行环境包的解压，存放到默认的 /usr/local/go 目录（否则需要配置 $GOROOT 环境变量指向自定义位置）下：

```
$ sudo tar -C /usr/local -xzf go1.8.linux-amd64.tar.gz
```

此时，查看 /usr/local/go 路径下，可能看到如下几个子目录：

- api：Go API 检查器的辅助文件，记录了各个版本的 API 特性；
- bin：Go 语言相关工具的二进制命令；

- doc：存放文档；
- lib：一些第三方库；
- misc：编辑器和开发环境的支持插件；
- pkg：存放不同平台标准库的归档文件（.a 文件）；
- src：所有实现的源码；
- test：存放测试文件。

安装完毕后，可以添加 Golang 工具命令所在路径到系统路径，方便后面使用。并创建 $GOPATH 环境变量，指向某个本地创建好的目录（如 $HOME/Go），作为后面 Golang 项目的存放目录。

添加如下环境变量到用户启动配置（如 $HOME/.bashrc）中：

```
export PATH=$PATH:/usr/local/go/bin
export GOPATH=$HOME/Go
export GOROOT=/usr/local/go
```

更多平台下的安装可以参考 https://golang.org/doc/install。

编辑器与 IDE

使用传统编辑器如 VIM，可以安装相应的 Golang 支持插件，如 vim-go。

目前支持 Go 语言的 IDE（Integrated Development Environment）还不是特别丰富，推荐使用 Jet Brains 出品的 Pycharm 或 Gogland。

Pycharm 本来是面向 Python 语言的 IDE 产品，但可以通过安装 Go 语言插件来支持 Go 语言。

Gogland 是专门针对 Go 语言设计的 IDE，在代码的补全、分析等方面性能更优越。可以从 https://www.jetbrains.com/go/ 下载获取。

高效开发工具

Go 语言自带了不少高效的工具和命令，使用好这些工具和命令，可以很方便地进行程序的维护、编译和调试。下面介绍部分工具。

1. go doc 和 godoc

go doc 可以快速显示指定软件包的帮助文档。

godoc 是一个类似的命令，功能更强大，它以 Web 服务的形式提供文档，即允许用户通过浏览器查看软件包的文档。可以通过如下命令进行快速安装：

```
$ go get golang.org/x/tools/cmd/godoc
```

godoc 命令使用格式如下：

```
$ godoc package [name ...]
```

比较有用的命令行参数包括：

- ❑ -http=:PORT：指定监听的地址，默认为 :6060；
- ❑ -index：支持关键词索引；
- ❑ -play：支持 Go 语言的 playground，用户可以在浏览器里面对 Go 语言进行测试。

例如，下面的命令将在本地快速启动一个类似 https://golang.org/ 的网站，包括本地软件包的文档和 playground 等（参见图 C-1）：

```
$ godoc -http=:6060 -index -play
```

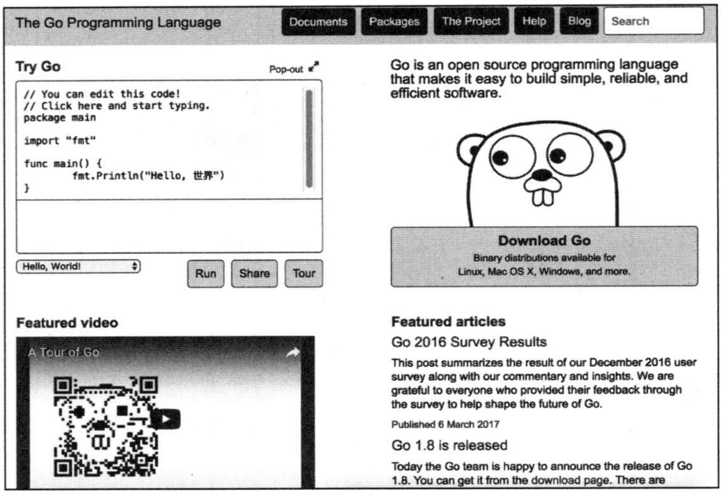

图 C-1 godoc 启动本地网站

2. go build

编译软件包，例如编辑当前软件包内容：

```
$ go build .
```

支持如下参数：

- ❑ -x：可以打印出执行过程的详细信息，辅助调试；
- ❑ -gcflags：指定编译器参数；
- ❑ -ldflags：指定链接器参数，常见的可以通过 -X 来动态指定包变量值。

3. go clean

清理项目，删除编译生成的二进制文件和临时文件。使用格式如下：

```
$ go clean
```

支持如下参数：

- ❑ -i：删除 go install 安装的文件；
- ❑ -n：打印删除命令，而不执行，方便进行测试检查；
- ❑ -r：递归清除，对依赖包也执行清理工作；
- ❑ -x：执行清除过程同时打印执行的删除命令，方便进行测试检查。

4. go env

打印与 go 相关的环境变量，命令使用格式如下：

```
$ go env [var ...]
```

例如，通过如下命令查看所有跟 go 相关的环境变量：

```
$ go env

GOARCH="amd64"
GOBIN=""
GOEXE=""
GOHOSTARCH="amd64"
GOHOSTOS="darwin"
GOOS="darwin"
GOPATH="/opt/Go"
GORACE=""
GOROOT="/usr/local/go/1.8.3/libexec"
GOTOOLDIR="/usr/local/go/1.8.3/libexec/pkg/tool/darwin_amd64"
GCCGO="gccgo"
CC="clang"
GOGCCFLAGS="-fPIC -m64 -pthread -fno-caret-diagnostics -Qunused-arguments -fmessage-
    length=0 -fdebug-prefix-map=/var/folders/d8/3h28zg552853gpp7ymrxl2r80000gn/
    T/go-build128111214=/tmp/go-build -gno-record-gcc-switches -fno-common"
CXX="clang++"
CGO_ENABLED="1"
PKG_CONFIG="pkg-config"
CGO_CFLAGS="-g -O2"
CGO_CPPFLAGS=""
CGO_CXXFLAGS="-g -O2"
CGO_FFLAGS="-g -O2"
CGO_LDFLAGS="-g -O2"
```

5. go fmt 和 gofmt

两者都是对代码进行格式化检查和修正。

go fmt 命令实际上是对 gofmt 工具进行了封装，默认调用 gofmt -l -w 命令。

gofmt 命令的使用格式如下：

```
$ gofmt [flags] [path ...]
```

支持如下参数：

- -d：仅显示不符合格式规定的地方，不进行修正；
- -e：打印完整错误内容，默认是只打印 10 行；
- -l：列出不符合格式规定的文件路径；
- -r：重写的规则；
- -s：对代码尝试进行简化；
- -w：对不符合默认风格的代码进行修正。

6. go get

快速获取某个软件包并执行编译和安装，例如：

```
$ go get github.com/hyperledger/fabric
```

支持如下参数：

- -u：可以强制更新到最新版；
- -d：仅获取软件包，不执行编译安装。

7. go install

对本地软件包执行编译，并将编译好的二进制文件安装到 $GOPATH/bin。

等价于先执行 go build 命令，之后执行复制命令。

8. go list

列出本地包中的所有的导入依赖。

命令格式为：

```
$ go list [-e] [-f format] [-json] [build flags] [packages]
```

其中，-e 可以指定忽略出错的包。

9. go run

编译并直接运行某个主程序包。

需要注意，执行 go run 的程序包必须是主包，意味着包内必须有入口的主函数：main。

10. go test

执行软件包内带的测试用例（*_test.go 文件），例如递归执行当前包内所有的测试案例：

```
$ go test ./...
```

支持如下参数：

- -v：可以参数来打开详细测试日志，辅助调试。

11. golint

对代码进行格式风格检查，打印出不符合 Go 语言推荐风格的代码。

安装该工具十分简单，通过如下命令即可快速安装：

```
$ go get -u github.com/golang/lint/golint
```

使用时，指定软件包路径即可，如对超级账本 Fabric 项目所有代码进行风格检查：

```
$ golint $GOPATH/src/github.com/hyperledger/fabric/...
```

注意后面的 ... 表示递归检查所有子目录下内容。

12. goimports

也是代码风格检查工具，重点在于对 imports 相关格式进行检查，比较强大的是能自动修正。

安装该工具十分简单，通过如下命令即可快速安装：

```
$ go get golang.org/x/tools/cmd/goimports
```

使用时，也是指定软件包路径即可。

另外，goimports 支持几个很有用的参数：

- -d：仅显示修订，不实际写入文件；
- -e：显示所有的错误；
- -l：列出含有错误的文件路径；
- -w：将修订直接写入文件，不显示出来；
- -srcdir：指定对软件包进行查找的相对路径。

13. go tool

go tool 命令中包括许多有用的工具子命令，例如 addr2line、api、asm、cgo、compile、cover、dist、doc、fix、link、nm、objdump、pack、pprof、trace、vet。

其中，比较常用的包括 vet 和 fix。vet 对代码的准确性进行基本检查，如函数调用参数缺失、不可达代码，或调用格式不匹配等。使用也十分简单，指定要检查的软件包路径即可。fix 则可以对自动对旧版本的代码进行升级修复，替换为使用新版本的特性。

可以通过 go tool cmd -h 命令查看子目录具体支持的相关参数，在此不再赘述。

14. govendor

长期以来，Go 语言对外部依赖都没有很好的管理方式，只能从 $GOPATH 下查找依赖。这就造成不同用户在安装同一个项目时可能从外部获取到不同的依赖库版本，同时当无法联网时，无法编译依赖缺失的项目。

自 1.5 版本 Go 语言开始引入 govendor 工具，该工具将项目依赖的外部包放到项目下的 vendor 目录下（对比 Nodejs 的 node_modules 目录），并通过 vendor.json 文件来记录依赖包的版本，方便用户使用相对稳定的依赖。

对于 govendor 来说，主要存在三种位置的包：项目自身的包组织为本地（local）包；

传统的存放在 $GOPATH 下的依赖包为外部（external）依赖包；被 govendor 管理的放在 vendor 目录下的依赖包则为 vendor 包。

具体来看，这些包可能的类型如表 C-1 所示。

表 C-1 vendor 包的类型

状态	缩写状态	含义
+local	l	本地包，即项目自身的包组织
+external	e	外部包，即由 $GOPATH 管理，但不在 vendor 目录下
+vendor	v	已由 govendor 管理，即在 vendor 目录下
+std	s	标准库中的包
+unused	u	未使用的包，即包在 vendor 目录下，但项目并没有用到
+missing	m	代码引用了依赖包，但该包并没有找到
+program	p	主程序包，意味着可以编译为执行文件
+outside		外部包和缺失的包
+all		所有的包

常见的命令如表 C-2 所示，格式为 govendor COMMAND。通过指定包类型，可以过滤仅对指定包进行操作。

表 C-2 常见的命令

命令	功能
init	初始化 vendor 目录
list	列出所有的依赖包
add	添加包到 vendor 目录，如 govendor add +external 添加所有外部包
add PKG_PATH	添加指定的依赖包到 vendor 目录
update	从 $GOPATH 更新依赖包到 vendor 目录
remove	从 vendor 管理中删除依赖
status	列出所有缺失、过期和修改过的包
fetch	添加或更新包到本地 vendor 目录
sync	本地存在 vendor.json 时候拉去依赖包，匹配所记录的版本
get	类似 go get 目录，拉取依赖包到 vendor 目录

附录 D Appendix D

ProtoBuf 与 gRPC

ProtoBuf 是一套接口描述语言（Interface Definition Language，IDL），类似于 Apache 的 Thrift。相关处理工具主要是 protoc，基于 C++ 语言实现。用户写好 .proto 描述文件，之后便可以使用 protoc 自动编译生成众多计算机语言（C++、Java、Python、C#、Golang 等）的接口代码。这些代码可以支持 gRPC，也可以不支持。

gRPC 是 Google 开源的 RPC 框架和库，已支持主流计算机语言。底层通信采用 HTTP2 协议，比较适合互联网场景。gRPC 在设计上考虑了跟 ProtoBuf 的配合使用。

两者分别解决不同问题，可以配合使用，也可以分开单独使用。典型的配合使用场景是，写好 .proto 描述文件定义 RPC 的接口，然后用 protoc（带 gRPC 插件）基于 .proto 模板自动生成客户端和服务端的接口代码。

ProtoBuf

需要工具主要包括：

- 编译工具：protoc，以及一些官方没有带的语言插件；
- 运行环境：各种语言的 protobuf 库，不同语言有不同的安装来源。

语法类似于 C++ 语言，可以参考 ProtoBuf 语言规范：https://developers.google.com/protocol-buffers/docs/proto。

比较核心的，message 是代表数据结构（里面可以包括不同类型的成员变量，包括字符串、数字、数组、字典……），service 代表 RPC 接口。变量后面的数字是代表进行二进制编码时候的提示信息，1 ~ 15 表示热变量，会用较少的字节来编码。另外，支持导入。

默认所有变量都是可选的（optional），repeated 则表示数组。主要 service rpc 接口接受单个 message 参数，返回单个 message。如下所示：

```
syntax = "proto3";
package hello;

message HelloRequest {
    string greeting = 1;
}

message HelloResponse {
    string reply = 1;
    repeated int32 number=4;
}

service HelloService {
    rpc SayHello(HelloRequest) returns (HelloResponse){}
}
```

编译最关键的参数是输出语言格式参数，例如，Python 为 --python_out=OUT_DIR。

一些还没有官方支持的语言，可以通过安装 protoc 对应的 plugin 来支持。例如，对于 Go 语言，可以按照如下方式安装：

```
$ go get -u github.com/golang/protobuf/{protoc-gen-go,proto} // 前者是 plugin，
    后者是 go 的依赖库
```

之后，正常使用 protoc --go_out=./ hello.proto 来生成 hello.pb.go，会自动调用 protoc-gen-go 插件。

ProtoBuf 提供了 Marshal/Unmarshal 方法来将数据结构进行序列化操作。所生成的二进制文件在存储效率上比 XML 高 3 ~ 10 倍，并且处理性能高 1 ~ 2 个数量级。

gRPC

相关工具主要包括：

- 运行时库：各种不同语言有不同的安装方法（参考 https://github.com/grpc/grpc/ blob/master/INSTALL.md），主流语言的包管理器都已支持；
- protoc，以及 gRPC 插件和其他插件：采用 ProtoBuf 作为 IDL 时，对 .proto 文件进行编译处理。

类似其他 RPC 框架，gRPC 的库在服务端提供一个 gRPC Server，客户端的库是 gRPC Stub。典型的场景是客户端发送请求，同步或异步调用服务端的接口。客户端和服务端之间的通信协议是基于 HTTP2 的 gRPC 协议，支持双工的流式保序消息，性能比较好，同时也很轻量。

采用 ProtoBuf 作为 IDL，则需要定义 service 类型。生成客户端和服务端代码。用户自

行实现服务端代码中的调用接口，并且利用客户端代码来发起请求到服务端。一个完整的例子可以参考 https://github.com/grpc/grpc-go/blob/master/examples/helloworld。

以上面 proto 文件为例，需要执行时添加 gRPC 的 plugin：

```
$ protoc --go_out=plugins=grpc:. hello.proto
```

gRPC 更多原理可以参考官方文档：http://www.grpc.io/docs。

1. 生成服务端代码

服务端相关代码如下，主要定义了 HelloServiceServer 接口，用户可以自行编写实现代码：

```
type HelloServiceServer interface {
        SayHello(context.Context, *HelloRequest) (*HelloResponse, error)
}

func RegisterHelloServiceServer(s *grpc.Server, srv HelloServiceServer) {
        s.RegisterService(&_HelloService_serviceDesc, srv)
}
```

用户需要自行实现服务端接口，代码如下。其中比较重要的是创建并启动一个 gRPC 服务的过程：

- 创建监听套接字：lis, err := net.Listen("tcp", port)；
- 创建服务端：grpc.NewServer()；
- 注册服务：pb.RegisterHelloServiceServer()；
- 启动服务端：s.Serve(lis)。

```
type server struct{}

// 这里实现服务端接口中的方法
func (s *server) SayHello(ctx context.Context, in *pb.HelloRequest) (*pb.HelloReply,
    error) {
    return &pb.HelloReply{Message: "Hello " + in.Name}, nil
}

// 创建并启动一个 gRPC 服务的过程：创建监听套接字、创建服务端、注册服务、启动服务端
func main() {
    lis, err := net.Listen("tcp", port)
    if err != nil {
        log.Fatalf("failed to listen: %v", err)
    }
    s := grpc.NewServer()
    pb.RegisterHelloServiceServer(s, &server{})
    s.Serve(lis)
}
```

编译并启动服务端。

2. 生成客户端代码

生成的 go 文件中客户端相关代码如下，主要实现了 HelloServiceClient 接口。用户可以通过 gRPC 来直接调用这个接口：

```
type HelloServiceClient interface {
    SayHello(ctx context.Context, in *HelloRequest, opts ...grpc.CallOption)
        (*HelloResponse, error)
}

type helloServiceClient struct {
    cc *grpc.ClientConn
}

func NewHelloServiceClient(cc *grpc.ClientConn) HelloServiceClient {
    return &helloServiceClient{cc}
}

func (c *helloServiceClient) SayHello(ctx context.Context, in *HelloRequest,
    opts ...grpc.CallOption) (*HelloResponse, error) {
        out := new(HelloResponse)
        err := grpc.Invoke(ctx, "/hello.HelloService/SayHello", in, out, c.cc, opts...)
        if err != nil {
            return nil, err
        }
        return out, nil
}
```

用户直接调用接口方法：创建连接、创建客户端、调用接口：

```
func main() {
    //设置与服务器连接
    conn, err := grpc.Dial(address, grpc.WithInsecure())
    if err != nil {
        log.Fatalf("did not connect: %v", err)
    }
    defer conn.Close()
    c := pb.NewHelloServiceClient(conn)

    //Contact the server and print out its response.
    name := defaultName
    if len(os.Args) > 1 {
        name = os.Args[1]
    }
    r, err := c.SayHello(context.Background(), &pb.HelloRequest{Name: name})
    if err != nil {
        log.Fatalf("could not greet: %v", err)
    }
    log.Printf("Greeting: %s", r.Message)
}
```

编译并启动客户端，查看到服务端返回的消息。

附录E Appendix E

参考资源

论文

[1] L Lamport. Time, Clocks, and the Ordering of Events in a Distributed System. ACM, 1978, 21(7):558–565.

[2] M Pease, R Shostak, L Lamport. Reaching Agreement in the Presence of Faults. Journal of the ACM, 1980, 27(2): 228-234.

[3] M J Fischer, N A Lynch, M S Paterson. Impossibility of Distributed Consensus with One Faulty Process. ACM, 1985, 32(2):374–382.

[4] L Lamport. The Part-Time Parliament. ACM, 1998, 16(2):133–169.

[5] M Castro, B Liskov. Practical Byzantine Fault Tolerance. Osdi '06 Proceedings of Symposium on Operating Systems Design & Implementation, 1999, 2:1–14.

[6] 中本聪 .Bitcoin: A Peer-to-Peer Electronic Cash System. 2008. https://bitcoin.org/bitcoin.pdf.

[7] A Back, M Corallo, L Dashjr, M Friedenbach, G Maxwell, A Miller, A Poelstra, J Timón, P Wuille. Enabling Blockchain Innovations with Pegged Sidechains. 2014, 1–25.

[8] T D Joseph Poon. The Bitcoin Lightning Network: Scalable Off-Chain Payments. 2016, 1–59. http://lightning.network/lightning-network-paper.pdf.

[9] Adam Back, Matt Corallo, Luke Dashjr, Mark Friedenbach, Gregory Maxwell, Andrew Miller, Andrew Poelstra, Jorge Timón, Pieter Wuille. Enabling Blockchain Innovations with Pegged Sidechains. 2014. https://www.blockstream.com/sidechains.pdf.

[10] Gentry C, Halevi S. Implementing Gentry's Fully-Homomorphic Encryption Scheme. International Conference on Theory & Applications of Cryptographic Techniques: Advances in Cryptology, 2011, 6632:129-148.

[11] Dijk M van, Gentry C, Halevi S, Vaikuntanathan V. Fully Homomorphic Encryption over the Integers. Lecture Notes in Computer Science, 2010,2009(4):24-43.

[12] López Alt, Adriana, Eran Tromer, Vinod Vaikuntanathan. On-the-Fly Multiparty Computation on the Cloud via Multikey Fully Homomorphic Encryption. Proceedings of the Annual ACM Symposium on Theory of Computing, 2012:1219-1234.

[13] I Miers, C Garman, M Green, A D Rubin. Zerocoin: Anonymous Distributed E-Cash from Bitcoin. Proc. Security & Privacy, 2013:397–411.

[14] F Reid, M Harrigan. An Analysis of Anonymity in the Bitcoin System. Security & Privacy, 2013:197–223.

[15] K Bhargavan, A Delignat-Lavaud, C Fournet, A Gollamudi, G Gonthier, N Kobeissi, A Rastogi, T Sibut-Pinote, N Swamy, S Zanella-Béguelin. Formal Verification of Smart Contracts. ACM Workshop, 2016:91-96.

项目网站

- 比特币项目官方网站：https://bitcoin.org/；
- blockchain.info：比特币信息统计网站；
- bitcoin.it：比特币 wiki，相关知识介绍；
- 以太坊项目官方网站：https://www.ethereum.org；
- 以太坊网络的状态统计：https://etherchain.org/；
- 超级账本项目官方网站：https://hyperledger.org；
- 超级账本 Docker 镜像：https://hub.docker.com/r/hyperledger/。

培训课程

Bitcoin and Cryptocurrency Technologies, Princeton University。

区块链即服务

- IBM Bluemix BaaS：https://console.ng.bluemix.net/catalog/services/blockchain/；
- 微软 Azure BaaS：https://azure.microsoft.com/en-us/solutions/blockchain。

推荐阅读

分布式系统：概念与设计（原书第5版）

作者：George Coulouris 等 ISBN：978-7-111-40392-0 定价：128.00元

本书全面介绍分布式系统的原理、体系结构、算法和设计，
内容涵盖分布式系统的相关概念、系统模型、数据复制、分布式文件系统、分布式事务、
分布式系统设计等，内容全面，巨细靡遗，是分布式领域的著名教材，被国外多所大学选作为教材。

云计算与分布式系统：从并行处理到物联网

作者：Kai Hwang 等 ISBN：978-7-111-41065-2 定价：85.00元

本书覆盖高性能计算、分布式与云计算、虚拟化和网格计算等技术，
阐述了如何为科研、电子商务、社会网络和超级计算等创建高性能、可扩展的可靠系统，
介绍了硬件和软件、系统结构、新的编程范式，以及强调速度性能和节能的生态系统方面的最新进展。
作者将应用与技术趋势相结合，揭示了计算的未来发展，提供的案例研究来自亚马逊、微软、谷歌等。

推荐阅读

系统架构：复杂系统的产品设计与开发

作者：[美] 爱德华·克劳利 等 ISBN：978-7-111-55143-0 定价：119.00元

本书由系统架构领域3位领军人物亲笔撰写，系统架构领域资深专家Norman R. Augustine作序推荐，Amazon全五星评价。

阐述了架构思维的强大之处，目标是帮助系统架构师规划并引领系统开发过程中的早期概念性阶段，为整个开发、部署、运营及演变的过程提供支持。

架构真经：互联网技术架构的设计原则（原书第2版）

作者：[美] 马丁 L. 阿伯特 等 ISBN：978-7-111-56388-4 定价：79.00元

本书系统阐释50条支持企业高速增长的有效而且易用的架构原则，将技术架构和商业实践完美地结合在一起，可以帮助互联网企业的工程师快速找到解决问题的方向。

多位业内专家联袂力荐。

软件架构

作者：[法] 穆拉德·沙巴纳·奥萨拉赫 ISBN：978-7-111-54264-3 定价：59.00元

从软件架构的概念、发展和最常见的架构范式入手，详细介绍20年来软件架构领域取得的研究成果；

全面讲解软件架构的知识、工具和应用，涵盖复杂分布式系统开发、服务复合和自适应软件系统等当今最炙手可热的主题。

DevOps：软件架构师行动指南

作者：[澳] 伦恩·拜斯 等 ISBN：978-7-111-56261-0 定价：69.00元

本书从软件架构师视角讲解了引入DevOps实践所需要掌握的技术能力，涵盖了运维、部署流水线、监控、安全与审计以及质量关注。

通过3个经典案例研究，讲解了在不同场景下应用DevOps实践的方法，这对于想应用DevOps实践的组织具有切实的指导意义。